D1640732

Lektorat: Hans Thill

Titel der Originalausgabe: Le quatrième Siècle
© 1964 Éditions du Seuil, Paris

© 1991 Verlag Das Wunderhorn
Schröderstraße 16
6900 Heidelberg
Alle Rechte für die deutsche Ausgabe vorbehalten
Erste Auflage
Umschlagbild: Wifredo Lam, Composition, 1938/39
                    © VG Bild-Kunst, Bonn, 1991
Satz: Cyan, Heidelberg
Druck: Fuldaer Verlagsanstalt.
ISBN 3-88423-070-0

EDOUARD GLISSANT

DIE ENTDECKER DER NACHT

AUS DEM FRANZÖSISCHEN VON BEATE THILL

WUNDERHORN

Ich widme dieses Buch dem Andenken an
Albert Béville
(1917– 1962)

Wir sprachen vom Haus der Sklaven, wir
erwähnten die Holzschnitzereien, mit deren
Hilfe man die Marrons identifizierte, er zeigte
mir die Eisen, die ihnen um die Fußgelenke
gelegt wurden. Er blickte aber auch in die
Zukunft; die Gegenwart ist ihm auf immer
verwehrt. Sein Name und Beispiel sind für
mich untrennbar mit der Suche nach unserer
Gegenwart verbunden.

DIE SANDSPITZE

1. Kapitel

„Dieser Wind", sagte Papa Longué, „dieser Wind, der hinauf-
weht, du kannst nichts tun als warten, daß er bis zu deinen
Händen steigt, und dann zum Mund, zu den Augen, zum Kopf.
Als wäre ein Mensch nur da, um auf den Wind zu warten, zu
ertrinken, ja, hörst du, um ein für alle Mal zu ertrinken in diesem
Wind wie im endlosen Meer ..."

„Und man kann auch nicht sagen," dachte er (vor dem Kind
kauernd) weiter, „man kann nicht sagen, daß es im Leben keine
Notwendigkeit gibt, auch wenn ich hier mit meinen alten Knochen
ganz allein durchwühlen soll, was getan-wohlgetan ist, die Erde mit
ihren Geschichten seit so langer Zeit, ja, ich bin da, um dieses Kind
vor mir zu haben, schau doch, Longoué, du sagst die Kinderschar,
schau die Béluse-Augen, den Béluse-Kopf, eine Rasse, die nicht
sterben will, endloses Ende, du denkst, es ist Kindheit – und doch
ist da schon die Kraft und das Morgen, der wird nicht wie die
anderen, er ist ein Béluse und doch wie ein Longoué, aus dem wird
etwas, Longoué, ich sage dir, er wird was hergeben, du weißt es
nicht, aber die Béluse haben sich seither doch verändert: Warum
kommt er dann sonst, warum kommt er her und redet nicht, redet
nicht, hörst du Papa Longoué, warum bleibt er ganz allein mit dir,
wenn es nicht eine Notwendigkeit gibt, einen Malfini-Vogel im
Himmel, der die Fäden zieht, du zieh nicht, Longoué, zieh die
Fäden nicht, du käust nur wieder, du sagst: 'Die Wahrheit ist wie ein
Blitz vorübergegangen', du bist nur noch alte Knochen, Longoué,
was bleibt ist Erinnerung, oder?, zieh also lieber an deiner Pfeife
und nichts weiter, alter Satan, warum denn sonst ..."

Kein Strohhalm regte sich auf dem Dach der Hütte. Sie war wie
ein Block aus Lehm und Gras mitten auf den gestampften Platz

gesetzt – einen Standort, dessen Oberfläche das Wasser in gezackte Grate verwandelt hatte, die man besser mied, derart hatten die Rinnsale die Erde an ihren Rändern aufgeworfen und die Trockenheit hatte sie dann zu schneidenden Kämmen gehärtet – ja die Hütte war ein glutgebrannter Klumpen und doch gab sie durch ein Wunder der Hitze am Morgen Geräusche von sich wie ein seltsamer Baum. Und in der Umgebung (wenn eine der beiden anwesenden Personen sich zu Farnen und Bambus wandte, die den Ort umstanden, wenn sie den Wind einzufangen suchte, hinter das Geheimnis dieses halb verfaulenden, halb sich verzehrenden Reichtums gelangen wollte, der die Vegetation mehr noch als die Glut ihrer Säfte wuchern ließ) war das Sprühen eines Dufts zu spüren, der so brennend und durchdringend war, daß er in der Tat von der knisternden Hütte aufzusteigen schien, als stammte dieses Sprühen aus einem Köhlerofen, in dem die Hütte das kräftig klopfende Herz in der Mitte darstellte. Wenn die beiden Männer, der Alte und das Kind, den Vorhang aus Bäumen rings um den Platz streiften, taten sie dies weniger, um sich eines Schauspiels zu vergewissern, dessen Anblick ihnen seit langer Zeit vertraut war (hinter den düsteren, stillen Bambusrohren die Farne in tausend Rissen, ihre helle Tiefe, und dahinter die tragische Klarheit der Ebene, die durch die Löcher im Blattwerk zu sehen war), sondern um ihr lastendes Nachdenken für eine Weile zu unterbrechen, um sich so von dem schweigenden Dialog zu erholen, den sie führten, und vielleicht auch, um den Augenblick hinauszuschieben, in dem einer von ihnen ein Wort, einen Satz oder einen Spruch „laut würde denken müssen", was eine neue Etappe des Weges darstellte (zum Beispiel, wenn Papa Longoué ruhig und heiter, die Erregung, die ihn aufwühlte, verbergend, sagte: „Nein, diesmal war es wirklich ein Longoué, der nicht unter dem Fluch stand"); im Grunde, um nicht eine weitere Vertraulichkeit eingehen zu müssen. Denn das Wort ruft nach dem Wort.

10

Dann schauten sie sogleich auf die rote Erde vor ihnen, die von parallelen Graten durchzogen war, der Wind hatte sie gleichmäßig zur Tür aus Kistenholz hingeneigt, sie betrachteten nur noch die rote Erde, vielleicht, weil sie fürchteten, von all dem pflanzlichen Aufruhr ringsum abgelenkt zu werden. Ihnen lag mehr als sie zugeben wollten an diesem stummen Forschen, nichts fürchteten sie so sehr wie die unabänderliche Macht der laut ausgesprochenen Worte – und verlegten sich weiter auf das gemeinsame Grübeln nach den dichten, im Dunkeln liegenden Dingen der Vergangenheit.

Sie schauten auf das Feuer vor ihnen, die drei geschwärzten Steine, die Holzkohle unter ihrer Asche, die lebendige Glut, die plötzlich aufsteigenden Rauchschwaden, als der so leichte, unmerkliche Wind endlich durch das Gitter der Bambusrohre drang. Nur die Reglosigkeit aller Dinge – die Lichtung, die aufgewühlte, doch trockene, glühende Erde, die Hütte, das Feuer davor, die beiden am Feuer kauernden Gestalten – konnte im Kontrast dem trägen Rauch in der Luft etwas Geschwindes geben. Und selbst das Knistern der Holzkohle erschien nur wie ein schwaches Echo, wie ein geringer, fröstelnder Widerschein vom lauten Schrei der Sonne, die um diese Stunde bereits hoch am Himmel flammte.

Mathieu Béluse war schon sehr früh am Morgen gekommen, wie er es häufiger tat – ohne daß man von den Zeiten seines Besuchs auf eine Absicht oder eine Annäherung schließen konnte. Und wie sonst auch würde er natürlich bis zur Nacht bleiben, dem Alten gegenübersitzen und mit einem unbändigen Gleichmut auf die seltenen Augenblicke warten, in denen jener endlich die sperrige, ruhige Geschichte von den Urgroßvätern weitererzählte. Ein schon mit grünen Bananen, Wasser und grobkörnigem Salz gefüllter Kessel stand auf dem Feuer. Unauslöschlicher Glanz des Himmels, der Erde, der einfachen Dinge.

„Man kann nicht behaupten, daß er nicht gewitzt ist, immer sagt er 'Ich weiß nichts', aber Papa Longoué ist noch gewitzter, mein Sohn; du willst eine Geschichte wissen, die du schon weißt, ja, sonst wärst du nicht zu einem alten Teufel wie mir gekommen, ohne Geld, du kommst ohne Konsultation, keine Krankheit, kein Feind, keine Liebe, keine Sorgen, du willst wissen, ob ein Béluse und ein Longoué das gleiche sind, aber mein Gott, wie kann dieser kleine Junge Ende und Anbeginn wissen, es ist so lange Zeit her, daß Gestern verstorben ist, keiner erinnert Gestern, so lange Zeit, Meister Nacht, so lang, schau her, ein junger Sproß, er wächst im Gestern, will die Nacht suchen, da muß man reden, Longoué, es muß sein, bald bist du tot und überlebt und nicht einmal die räudigen Hunde wollen etwas von dir ...“

Er fachte das Feuer vor sich an, blies auf ein Stück Reisig und führte es mit einer raschen Geste in den Kopf seiner Pfeife, begann wieder zu rauchen. Seine schwarze Haut färbte sich an einigen Stellen violett, da sie über den Knochen spannte. Sein aschgraues Haar war noch dicht. Mit den nach unten ausgefransten Hosen und dem schmutzigen, vom jahrelangen, ununterbrochenen Tragen auf der Haut klebenden Unterhemd glich er einer schwarzen, halb entkleideten Mumie. Ja. Aber seinen Augen konnte keiner standhalten, denn sie hatten zugleich die Tiefgründigkeit der Gegenwart und die lastenden Geheimnisse des Damals erspäht. Und, was die Zukunft angeht, wies seine Stellung als Quimboiseur schon darauf hin, daß Papa Longoué ihr Meister war. Nur von den Worten machte er wenig Gebrauch: „Gibt es in all der Erde, die wir sehen, einen einzigen Schrei, der Wissen bringt?“

„Aber wenn alles vom Anfang her kommt? Longoué, ho! Am Ende des Lebens die Kindheit. Du siehst sie, er ist die Jugend. Er mag trocken sein, doch hat er diese Augen. Ja, er hat die Macht. Er kann etwas erreichen. Seine Augen sprechen für ihn, das habe ich gesehen. Denn dieser-da ist ein Béluse, aber er ist wie ein

Longoué, so ist das. Zwei Stunden sitzt er ganz starr. Er hat Geduld, wenn also geredet werden muß, dann du, Longoué?"

So beschleunigte anscheinend die Last des Schweigens, diese Anhäufung von Blitzen, dieser heiße, inmitten der Hitze selbst von der mählichen Macht der beiden Männer, von ihrer reglosen, geduldigen Konfrontation angehäufte Klumpen, bei Papa Longoué schließlich den Wunsch (darin war er verletzlicher als sein junger Gefährte), möglichst schnell die Sache zu beenden, und damit schien Mathieu zu erreichen, was er sich vorgenommen hatte, nämlich, den Alten zum Sprechen zu bringen (in jener unschätzbaren, mit Wendungen und Wiederholungen gespickten Redeweise, die dennoch genauso sicher einem Wissen zustrebte, das außerhalb der Wörter lag, und nur von Papa Longoué erahnt werden konnte: denn er sah nichts klar voraus und ließ sich in Wahrheit von der zufälligen Folge seiner Worte leiten; ja, es war ein Sprechen im Einklang mit der Dichte des Tages, der Schwere der Hitze, der gemächlichen Erinnerung), um jene Vergangenheit zu erhellen, und vielleicht auch eben jene Glut der Vergangenheit zu erklären, die Mathieu auf so unerklärliche Weise in sich spürte. So gab Longoué mehr und mehr nach, ohne es zu merken, oder?, daß er dem Gebot des Halbwüchsigen gehorchte, er dachte im Gegenteil, er selbst brächte diesen (einen begabten Jungen, der die Sprüche der Alten hören wollte und der den Glanz in den Augen hatte) nach und nach an jenen Punkt, wo er von sich aus die magische Folge der Ereignisse verstehen und besitzen würde. Papa Longoué ahnte bei seinem jungen Freund aber noch andere Fähigkeiten außer der Gabe der Finsternis; und Mathieu seinerseits wußte, daß Logik und Klarheit den Quimboiseur abschrecken mußten. Beide hatten im übrigen Angst vor den Worten und drangen in der Erkenntnis umsichtig voran. Doch fühlten sie im voraus, daß sie sich in einem Punkt treffen müßten, obwohl sie (dachte Longoué) ein Béluse und ein Longoué waren. Der Mann gab also dem Kind nach und begann seine Wörter zurechtzulegen, selbst seiner eigenen Rede zu folgen, sie zu ordnen und auszuweiten.

„Sag mir die Vergangenheit, Papa Longoué! Was ist das, die Vergangenheit?"

Hier ließ sich der Quimboiseur nicht vom Anschein täuschen. Er wußte wohl, daß die Frage, in dieser kindlichen Form gestellt, ihn völlig einnehmen sollte. Daß diese Form eine letzte Konzession war, die Mathieu ihm machen wollte, wo der Junge doch ganz einfach hätte fragen können: „Warum müssen wir immer wieder auf die Vergangenheit zurückkommen?" oder jegliche andere, offene, klare Frage ohne Umschweife hätte stellen können. Nein, er hatte darüber nachgedacht, in welche Wendung er es fassen konnte. Zum ersten Mal hatte Papa Longoué den Verdacht, daß sein Gegenüber nicht mehr so jung war wie es schien. Er wollte Mathieu in die Augen schauen, noch einmal nachforschen, in diesen Augen etwas finden, das dafür oder dagegen sprach. Er tat es nicht, aus Angst, eben das zu finden, was er fürchtete: eine andere Glut als die begierigen Vertrauens, die Lunte einer Kritik, eines Urteils; er widerstand weise und hob den Kopf zum flammenden Himmel, wie um dort Hilfe zu suchen. Die schwarz-rote Pfeife rauchte in seiner Hand. Die Hitze überall war machtvoll und sanft.

Er setzte den irdenen Kessel aufs Feuer, es war eine brüske, fast verzweifelte Geste; doch beobachtete er währenddessen Mathieu, in der Hoffnung, diese plötzliche Geste würde ihn zusammenfahren lassen. Der Junge regte sich nicht: er schaute ruhig auf die grünen Bananen, den grauen Schaum auf der Wasseroberfläche ... „Er ist kein Kind mehr", dachte der andere mit einer gewissen Bitterkeit, „er ist ein Mann." Das Essen brodelte bereits auf dem Feuer. Dieses Geräusch in der Sonne, der herbe Duft der Bananen, der trockene Geruch der Kohle, die langsamen Wellenbewegungen der Bäume (denn der Wind erhob sich) wirkten allmählich betäubend.

Mathieu und Longoué blieben lange Zeit schweigsam, hatten den Kampf vergessen. Doch war die Pause, diese Abwesenheit, ein anderer Kampf ... Schließlich begann der Erwachsene sanft zu reden:

„Sie sind dumm, die da unten. Sie sagen, 'vergangene Zeit – gute Zeit'. Doch was in den Wäldern geschieht, wird in der Tiefe des Waldes gehütet! Deshalb gehe ich in den Wäldern umher und nicht nach Unten. Denn ich schaue zur Seite meines Vaters, mein Sohn ist fortgegangen. Wer sagt 'die Vergangenheit', der sagt: 'Guten Tag, Vater!' Doch sieh dir das Leben an, der, dessen Sohn fort ist, kann nicht mehr sagen 'Guten Tag, mein Sohn!' Mein Sohn ist fort."

„Dein Sohn ist fort", sagte Mathieu.

Doch es war nicht so sehr der Tod. Gut, sein Sohn war gestorben. Im Großen Krieg auf der anderen Seite der Wasser. Die Longoué würden nicht mehr Wache halten im Wald: die Rasse würde verlöschen. Denn der Vorfahre hatte Melchior und Liberté, den Sohn, gezeugt, und Melchior hatte Apostrophe und Liberté, die Tochter, gezeugt, und Apostrophe hatte Papa Longoué gezeugt und Papa Longoué hatte Ti-René gezeugt, welcher den plötzlichen Tod gezeugt hatte. Es war nicht so sehr der Tod. Es war, daß man einen Nachkommen brauchte, der ausgewählt, der erwählt war. Einen jungen Sproß, durch den ihr Wurzeln in der Erde der Zukunft habt. Das war es. Sich mit der Kraft der Jugend wieder an das Morgen hängen. Doch Ti-René war zu schnell gestorben. Es gab nur noch diesen Mathieu – einen Béluse.

So war es gewesen. Der erste Béluse zeugte Anne, jenen, der Liberté, den Sohn, tötete. Und Anne zeugte Saint-Yves und Stéfanise, die mit Apostrophe lebte, dem Sohn vom Bruder jenes Mannes, den ihr Vater getötet hatte. Und Saint-Yves zeugte Zéphirin. Und Zéphirin zeugte den Mathieu, der in den Krieg am anderen Ufer ging zur gleichen Zeit wie Ti-René; doch er, Mathieu, kam zurück. Und er zeugte Mathieu, den Sohn, der gegenwärtig bei Papa Longoué war (um ihm endlose Fragen zu stellen), wie ja schon sein eigener Enkel hier sein könnte (ach, der auch!), wenn Ti-René, sein Sohn, der Vagabund ohne Bindung, nicht im Großen Krieg auf der anderen Seite der Wasser getötet worden wäre.

Soviel konnte man also sagen: daß die Béluse den Longoué die ganze Zeit gefolgt waren, wie um sie einzuholen. Da war Anne Béluse, der Liberté Longoué töten sollte; und diese Angelegenheit war erst beendet, als Stéfanise sozusagen als Reparation einen Neffen des Mannes, den ihr Vater tötete, zum Mann nahm. Immer war ein Béluse einem Longoué auf den Fersen gewesen: Als hätten die Béluse seit dem Tag der Ankunft, nach der langen Agonie auf dem Meer, die unbändige Gewalt der Longoué auslöschen wollen, indem sie ihr nacheiferten. So war Mathieu, der Vater, Ti-René in den Großen Krieg gefolgt; auch wenn beide offiziell mobilisiert worden waren, sollte man nicht denken, daß Mathieu Ti-René nicht verfolgt habe – das Vorgehen der Regierung hatte hier nur den Erfordernissen des Schicksals entsprochen, das war alles. Doch Mathieu war aus diesem Krieg zurückgekommen. Das hieß, daß die Béluse die Longoué auf jeden Fall eingeholt hatten. Nicht nur, weil Papa Longoué durch seine Mutter Stéfanise, die Frau von Apostrophe, ein halber Béluse war, sondern auch, weil die Longoué in seiner Person als Papa Longoué versiegen würden, während Mathieu, der Sohn, lebte und zeugen würde.

„Wo ist deine Kraft, Meister Nacht, wo ist deine Anwesenheit? Reiß diese Erde-da auf, laß die Worte daraus aufschießen wie Filaos! ...“

Und Papa Longoué lachte leise, denn er dachte an die Longoué, von denen jeder einen Namen hinterlassen hatte, angefangen beim ersten Ahnen, um sich vom anderen zu unterscheiden. Zum Beispiel: Liberté hieß der zweite Sohn des Vorfahren, weil sein Vater sich geweigert hatte, auf der Besitzung *L'Acajou* sich der

Sklaverei zu unterwerfen; das galt auch für die anderen, für die Namen gab es immer eine Erklärung. Denn die Namen waren in der Nacht vorausgegangen, man mußte sie nur sehen und pflükken. Ausgenommen, ja ausgenommen der Vorfahre, von dem keine Benennung bekannt war, da er sich gleich am ersten Tag, ja, man kann sagen, in der Stunde der Ankunft, in die Wälder geflüchtet hatte und dort seinen Söhnen Namen gegeben, sich selbst aber vergessen hatte (indem er sich wiederfand). Ausgenommen also jenes erste Reis, das ein Longoué wie kein anderer gewesen war, und – wie dumm, wie dumm – Papa Longoué, den letzten in der Reihe, den man immer nur bei diesem doppelten Namen gerufen hatte: Papa Longoué. – In der Verknüpfung beider Worte lag etwas wie Ironie: *Papa*, das ist Sanftmut und Güte, und *Longoué*, das ist Raserei und Gewalt. So gesellte sich der letzte Longoué mit der Anonymität des Familiennamens zum ersten, jedoch war der eine unanfechtbar ein Schöpfer gewesen, während der andere nur mehr ein Seher war, notfalls ein guter Quimboiseur. Und so würde die Rasse verlöschen, wie sie begonnen hatte, nur im Namen des Stammbaums. Dem ersten Longoué war freilich nicht die Zeit vergönnt gewesen, namentlich ein Longoué zu sein (selbst wenn er alle Eigenschaften der Familie schon in sich getragen hatte) und der letzte würde im Gedächtnis der Menschen nur als ein Papa bestehen, als Papa Longoué. Ohne weitere Eigenschaft, ohne weitere persönliche Würde, als der kraftlose Zweig, von dem man lediglich sagen konnte, daß er zum Baum gehörte und Schluß. Und dieser Zweig liegt hier auf der Erde. Als wollte der ganze Wald, den die Familie dargestellt hatte, dieser Wald von Menschen, vom trockenen Wind so stark bewegt, all das Harz wilder und rauher Menschen, die in der Dichte von Hitze und Nacht erbebt waren, als wollten sie sich alle jetzt wieder in die Erde begeben, den klaren Himmel und den Blitz verlassend, womit sie auf der Erdkruste nur diesen lächerlichen letzten Wuchs zurückließen, der von Zartheit und Güte gezeichnet schon welk geworden war.

Der Wind begann über den Platz zu blasen, Mathieu fühlte ihn sanft an den Beinen, genau wie eine niedrige Savanne, ein von Lianen befreites Feld. Aber dieser Wind war unerbittlich, er drängte aus eigener Kraft in die Enge vor den Bäumen, er schoß heftig auf: ein Unkraut, das den beiden Männern bald bis zur Brust reichen würde. Der Wind war ein Wasser, das im Tiegel der Hitze anstieg, bis es beinahe die Sonne ertränkte.

Weiterhin konnte man soviel sagen: Daß die Béluse und die Longoué sich gewissermaßen im selben Wind verbündet hatten, in einer Wut, einer Kraft, die zunächst von den Longoué kam, die dann aber in der unbegreiflichen Geduld Béluse Wurzeln geschlagen hatte. Und (dachte Papa Longoué, ein Meister der Zukunft, der in Mathieu gerne die Zukunft bewahrt hätte) war der letzte Zweig nicht Béluse und von den Longoué war nichts geblieben? ... „Warum sagen sie sonst alle Papa Longoué? Ich bin zu sanft, das ist es!" Vielleicht hatte Stéfanise, seine Mutter, die Kraft nicht wirklich geerbt? Er hatte zwar stets fest daran geglaubt, aber vielleicht war sie doch bis zum Ende eine Béluse geblieben und hatte ihrem Sohn dieses sanftmütige und schwache Naturell übertragen.

Doch da lachte Longoué, er lachte: Er mußte daran denken, daß der einzige Gewaltakt, der in der Geschichte beider Familien amtlich bekannt war, von einem Béluse begangen wurde, jenem Anne Béluse, der Stéfanises Vater gewesen war, also sein ureigener Großvater. Was hatte Anne getan? Er hatte Liberté Longoué getötet. Aus Liebe und Eifersucht. Seit jener Zeit mußte man glauben, daß es eine unterirdische Gewalt war, sie schlief im Blut. Konnte man nicht sagen, daß sie in Mathieu wieder auftauchte, trotz aller Studien und Bildung?

Außerdem war Stéfanise, eine geborene Béluse, wie eine Longoué fortgegangen: dafür gab es genügend Beweise. Sie hatte

18

die Zeit gehabt, sich zu ändern. Nur Papa Longoué („Ich, Longoué, den sie Papa nennen") hatte die Zeit gefehlt, er hatte seinen Vater kaum gekannt, der fünf Jahre nach seiner Geburt gestorben war. Und, als sei das noch nicht genug, hatte auch er wiederum seinen Sohn Ti-René überhaupt nicht gekannt, denn dieser hatte die Neigung, durch die Gegend zu vagabundieren, mal hier mal dort, und vor allem (damals nämlich hatte der Quimboiseur gehofft, daß sein Sohn einmal doch noch in den Wald zurückkehren würde), ja, vor allem wegen des Großen Kriegs jenseits der Wasser. Und so stand Papa Longoué („Ich, Longoué, der keine Zeit hatte") schließlich alleine da, nichts, was er zusammenfügen konnte, nicht seinen Sohn mit seinem Vater und daher auch nicht die Vergangenheit mit der Zukunft. Er war die Oberfläche des Winds, die liebkost, er war jedoch nicht der Wind in all seiner Kraft, der sich tief drinnen selbst vorandrängt, der vom Fuß der Bäume ausgeht und bis zur Sonne reicht.

„Hast du mich gehört", schrie Mathieu, „du tust nur als ob!"

„Dränge nicht zu sehr, junger Mann! Ich sag' dir, du drängst zu sehr."

„Wo dränge ich denn? Was sagst du, ich dränge? Was heißt das, Papa?"

Dieser Wind stieg wirklich an. Die Glut des Feuers lebte in rhythmischen Stößen auf, doch bald würde sie erlöschen, da sie sich in der Gewalt der Lüfte verzehrte. Der Kessel schien auf den drei schwarzen Steinen zu wanken. Sogar die Erde regte sich: es war, als schwankten die Lehmgrate zur Hütte hin. Der Wind reichte noch nicht bis zur Hüfte eines Mannes, er stieg aber gleichmäßig an.

„Der Wind ist es", sagte Longoué, „ja, es ist dieser Wind, den du verlangst!"

Noch schrie er – und kapitulierte schon:

„Kann einer denn die Kraft dieses starken Windes messen, der die Hügel hinaufweht? ..."

Denn heute schleppen sie sich in ihrem kleinen Winkel Erde dahin und sehen nicht! Wo ist dieser Wind? Wo? Welcher?

„Sie sehen nicht mal das Schiff!"

„Das Schiff der Ankunft?"

„Das Schiff der Ankunft", sagte Papa Longoué.

Hunderte und Aberhunderte von ihnen sind gekommen – verstehst du? Wie konnten sie je die fauligen Planken, die ihm vom Bug herabhingen wie Arme ohne Hände, wie konnten sie je dieses Schiff in den Dunst ihrer Erinnerung entschwinden lassen? Gerade dieses Schiff? Das eines Julimorgens unter wahnsinnigem Regen in den Hafen eingefahren war?

Hinter den Sümpfen der *Sandspitze* waren die grauen Mauern des Forts als ferne Klippen schwach erkennbar, von bläulichen Rauchschwaden gekrönt, die sich in der Regenwand rasch auf-lösten. Die ganze Wasserfront entlang nur herabstürzende Massen einer unberechenbaren Vegetation, dazwischen ab und zu eine Werft oder ein Lagerschuppen wie ein Leprageschwür. Auf dem Schiff schoß das Wasser über die Brücke, rann in den Frachtraum und durchnäßte die dort verharrende Ladung. Der Kommandant hatte die Luken öffnen und die Ladepforten abnehmen lassen, damit das Wasser fließen konnte. Es war halb zehn Uhr und die Sonne glänzte durch den Regen.

(Die *Rose-Marie*. Man hatte sie ungeduldig erwartet; das Land brauchte Arbeitskräfte. Es hatte das ganze Können des Herrn an Bord erfordert, damit zwei Drittel der geladenen Sklaven den *sicheren Port* erreichten. Krankheit, Ungeziefer, Selbstmord, Re-volten und Exekutionen hatten entlang des ganzen Seewegs Leichen gesät. Aber zwei Drittel war ein ausgezeichnetes Ergebnis. Überdies war der Kapitän den englischen Schiffen entkommen. Ein hervorragender Seemann.)

Der Regen wusch Holz, Segel und Tauwerk; er verstärkte noch den schwarzen Fleck an der Stelle für das Eisengitter. Man sah die Streifen geschwärzten Holzes, vom Wasser aufgedunsen, wo das erhitzte Gitter neben dem Kohlebecken aufgestellt worden war. Und ringsherum dicke Blutspuren, denn es hatte dazu gedient, die Aufmüpfigen, die sich weigerten, während der halbstündigen Hygienerunde auf Deck zu marschieren, im Rhythmus des Feuers zum Tanzen zu bringen. Auch das Eisen selbst war noch da, verzogen, verbeult, geschwärzt und blutig; nicht einmal das Regenwasser, das mit einem fröhlichen Knattern daranschlug, konnte es von dem an ihm klebenden, dicken Pech aus verbranntem Blut und Rost säubern.

Am Heck lag das Tau, aufgerollt wie eine überfressene Schlange. Es diente dazu, die zum Exempel ausgewählten Meuterer durch das Wasser zu ziehen. Sie wurden ins Meer geworfen: wie um den Meeresgrund zu betören oder die Position zu bestimmen und die Wassertiefe auszuloten. Beim Heraufkommen aus dem Schiffsbauch in die blendende Helligkeit, nach den ersten Augenblicken unter dem rohen Himmel, der hellerleuchteten Nacht, schaute jeder der Unglücklichen dieses Tau lange an. Jeder mußte hinsehen, manchmal auch absichtlich mit einer lastenden Durchdringlichkeit. Mehr noch als das Blech hatte das Tau die Weite des Ozeans gemessen, indem es beinahe jedes Mal seine Last von schwarzem Fleisch in die Abgründe hinabfallen ließ ...

„Schneller, Papa, schneller, das ist bekannt, die Bücher habe ich gelesen!"

Alles ließ man im Regen liegen, die Bleipeitschen, die steifen Riemen, den Querbalken für den Galgen (er war in Wirklichkeit beeindruckender als ein großer Schiffsmast) und den Stock mit dem Haken, der denen in den Hals gesteckt wurde, die ihre Zunge zu verschlucken suchten, sowie das große Becken für Meerwasser, in das die Mannschaften ihre Köpfe tauchten, wenn sie erstickt aus den Tiefen des Schiffsbauchs heraufkamen, ebenso das Glüh-eisen, ein Besteck für jene, die das verschimmelte Brot und den mit Brackwasser übergossenen Schiffszwieback nicht essen woll-ten, und schließlich das Netz, mit dem die Sklaven jeden Monat zum großen Bad im Meer hinabgelassen wurden: es schützte vor den Haien und vor der Versuchung zu sterben.

Der Regen wusch alles ab, bereitete alles für den Verkauf vor, erteilte die Absolution. Währenddessen wurde der Geruch im Schiffsraum noch durchdringender. Das Wasser schwemmte Ver-faultes, Kot, Rattenkadaver mit. Von dem Erbrochenen gesäubert war die *Rose-Marie* wieder wie eine Rose, welche jedoch ihre Nahrung aus einem lebendigen Misthaufen holt. Da beschloß der Kommandant, die Toilette des Schiffs auch unten zu vollenden. Es war zehn Uhr.

(Denn die Zeit spielt eine Rolle bei dieser Ankunftszeremonie, welche das neue Dasein einleitete. Kein Dasein, halt nein!, ein Sterben ohne Hoffnung. Und dann ist die Hoffnung doch noch gekommen. Denn bei diesem Tagesablauf muß die Folge der Ereignisse mit peinlicher Genauigkeit beachtet werden. Auch weil die Zeit, die langsam ausgerufenen Stunden, die einzige Zuflucht war bis zur Nacht, bis zur Flucht, der Beerdigung im Urwald, vor den eifernden Meuten der Hunde und Jäger, die alle von dem Herrn mit dem blauen Blick angeführt wurden; dieser schrie, um die Tiere anzufeuern, während der andere, sein Intimfeind, der Bucklige mit der hämischen Stimme, verzweifelt nach Luft rang und dennoch nicht davon abließ, auf der Höhe des Jägers zu bleiben, um ihn mit seiner bloßen Anwesenheit zu quälen. Denn nach der langen Nacht im Schiffsbauch waren die Stunden ein Beiwerk, ein unerhörter Luxus für jene, die am Grund der unter-schiedslosen Flut der Wogen endlos den Tod eingeatmet hatten. Weil die Stunden, die einfach im flammenden Himmel vorübergin-gen, vielleicht eine Öffnung auf etwas erschlossen, auf etwas anderes, das nicht die niedrige, faulige Wand eines Schiffsbauchs sein würde).

„Du wirst dich noch verlieren in deinem Regen, vor lauter Warten und Warten! Du wirst dich verlieren ..."

Dann bildete die Mannschaft mit großen Wasserbehältern eine Kette: Das Abmustern der Sklaven begann. Sie stiegen also aus der Tiefe des Schiffsbauchs herauf. Wenn sie an Deck humpelten, ein jeder mit Eisenketten an den Vordermann geschmiedet, goß man ihnen einen großen Eimer Wasser über den Kopf. Ein Matrose rieb ihnen mit Hilfe eines langstieligen Besens den Körper ab, riß dabei die Wunden auf und in Fetzen herunter, was ohnehin nur noch schmutzige Stoffreste waren. Ein großer Schwall Wasser im strömenden Regen wie die Taufe für das neue Leben. Die Mannschaften spotteten über die schwarzen, wahnsinnigen Tölpel, die vom Meerwasser und vom Regen zweimal durchnäßt wurden. Die *Rose-Marie* trug ihren Misthaufen ab.

Bald war das Deck mit dieser schweigsamen Herde angefüllt. Sie schauten nicht einmal zur Küste hinüber, obwohl sie doch ohne Zweifel das Ende der Reise bedeutete. Männer, Frauen und Nachwuchs, dicht aneinandergedrängt, senkten die Köpfe zum Deck, ja, als wäre dieses Deck trockenes und doch günstiges Land, da sie die langen Planken so gut kannten, weil sie alle zwei Wochen an ihnen hatten entlangrennen müssen. Als wären diese Planken aufgeschüttete, von Wind und Wasser herausgeschnitzte Grate aus Erde vor der Kajüte, an welcher der Kapitän stand.

„Eine gute Überfahrt, Monsieur Lapointe, wirklich gut."

„Ja, Kapitän", antwortete der Zweite, „wirklich ausgezeichnet!"

Der gutmütige Herr des Schiffs betrachtete seine Ladung. Sie hatte bei Gott die Reise nicht schlecht überstanden. Er konnte versuchen, sie direkt auf dem Markt zu verkaufen und sich die üblichen vier Tage Mast ersparen. Aus der schwarzen Masse war allenfalls in langen Abständen ein leises Murren zu hören.

„Ich verstehe es nicht", murmelte Duchêne, „ich verstehe nicht, warum sie plötzlich so still sind. In zehn Jahren Berufsausübung habe ich sie beim Anlegen nie schreien, stöhnen, nicht einmal zum Land hinüberschauen sehen, zum Ufer, endlich Land. Man könnte meinen, das Ende der Reise sei das Schlimmste für sie."

Der Zweite lachte gehemmt. Ihn interessierten nur Zahlen, nicht Rätsel. Manchmal langweilte ihn der Kapitän, ohne daß er es sich einzugestehen wagte. Für ihn war das alles Bargeld und sonst nichts. Bald würde er Herr auf einem eigenen Schiff sein, dann würde man schon sehen.

So geschah es. Und um elf Uhr war alles bereit. Fertig. Das Gitter repariert, das Tau wieder unschuldig wie ein Gerät für das Anlegemanöver, der Galgen ganz unbedeutend: ein kleiner Mast ohne Querbalken und Haken; die Peitschen in der Waffenkammer, ebenso das Glüheisen, und das Netz immer noch am selben Ort wie zum Fischfang am Feierabend; das Schiff war also befreit von den Zeichen der Hölle, ein ehrbares Handelsschiff.

„Gutes Omen für den Verkauf, Monsieur Lapointe, Regen bei der Ankunft! ... Macht schon die Hälfte der Wasch- und Scheuerarbeiten! Schöner Tag heute! Die Leute gut gelaunt und die *Rose* sauber! ... Als Nächstes sollen die Frachträume gescheuert werden! Ah, wir bekommen Besuch! ..."

Noch immer der Geruch nach Erbrochenem, Blut und Tod, den nicht einmal der Regen auslöschen konnte. Doch war die Säuberung gut gediehen, der Geruch würde verfliegen; bis zur nächsten Reise. Bis der nächste Todesmief an dieser Reede ankern würde.

(Ich kann ihn noch riechen, dachte Papa Longoué. Nach all der Zeit. Angefangen mit dem ersten Schiff, als dieser Handel noch ein Abenteuer war, bei dem keiner wußte, ob damit ein ordentlicher Profit zu machen wäre, bis zur *Rose-Marie*, als es schon ein einträgliches Geschäft geworden war, ja, bis zu jenem Morgen, der die beiden Vorfahren von Bord der *Rose-Marie* gehen sah, um die Geschichte zu beginnen, die für mich die wahre Geschichte ist. Ich rieche den Geruch. Meine Mutter Stéfanise hat es mich gelehrt, sie hatte es von ihrem Mann Apostrophe und der von Melchior und der von Longoué selbst, dem ersten, der das Deck des Negerschiffs betreten hatte ...)

(Nicht als allererster, aber jedenfalls vor Béluse, so daß von den beiden, die als einzige auf dem Schiff zählten, er, Longoué, der Initiator, der Vorkämpfer, der Entdecker des neuen Landes war. Weder dem einen noch dem anderen war zu diesem Zeitpunkt der flaue Gestank aufgefallen, den das Schiff verbreitete, sie waren von der Verpestung im Schiffsbauch noch so betäubt; sie bemerkten jedoch die Auswirkung dieses Geruchs, als das Boot mit den Leuten von der Hafenbehörde und den beiden Weißen anlegte; wobei einer sich ein Taschentuch vor Mund und Nase hielt, während der zweite, der mit den blauen Augen, voll Verachtung für die Empfindlichkeit seines Freundes, dem Kapitän wacker zurief und auf das Deck sprang, ganz nah vor die erste Reihe der Mohren, augenscheinlich ohne dabei Angst oder Widerwillen zu empfinden: Denn diese provokante Gebärde (war sie nicht eine Provokation gegenüber den Elenden?) des Mannes mit den blauen Augen wies beinahe ebenso sehr wie das Taschentuch des Buckligen auf die Stärke des Geruches hin. Lange Zeit später wußte Longoué, der Vorfahre, daß, was das Schiff so unmerklich verströmte, sicher genauso schlimm war wie der schreckliche Brodem unten im Schiff; und dann entdeckte er im Gedächtnis über der dicken Masse von Fäulnis und Ungeziefer jenen vom Regen weggefegten Geschmack des Todes wieder, der den Buckligen so angeekelt hatte. Er fand ihn unter dem Holz und den Wurzeln wieder. Und er konnte seine Söhne diesen Geruch kosten lassen, von einer Generation zur nächsten, bis zu Papa Longoué).

„O geduldiger Gott, schütze mich! Ich sage dir, schütze mich ...“

Der Mann sprang also auf die Brücke. Der Kapitän schüttelte ihm voller Zuneigung und Hochachtung beide Hände. Dieser Kolonist und sein Kumpan, der mit gezwungener Höflichkeit empfangen wurde, waren unversöhnliche Feinde: und sie konnten nicht voneinander lassen.

„Der arme Senglis", sagte La Roche lachend – und seine blauen Augen leuchteten auf – „er wird sich nie an den Geruch der Neger gewöhnen. Er kann sich aber auch nicht dazu durchringen, mich allein zu Ihnen kommen zu lassen."

Der Kommandant lächelte sanft: er verstand Senglis mit seinem feinen Taschentuch.

„Also da haben Sie eine schöne Ladung, mein Freund! Ich hoffe, Sie reservieren den Besten für mich?"

Duchêne schüttelte den Kopf, bei jeder Ankunft ließ er sich auf dieses Ritual ein: Den Wettlauf zwischen den beiden Nachbarn, in dem sich jeder das beste Angebot sichern wollte. La Roche gewann jedesmal. So stand es geschrieben. Er hatte einen guten Blick und keine Angst vor den Negern. Er betastete sie von Nahem, gleich auf dem Deck, obwohl er damit sein Leben riskierte, mitten unter all den Verzweifelten, einer von ihnen würde ihn sicher eines Tages erwürgen oder niederschlagen, bevor die Mannschaft einschreiten konnte. Und Senglis kaufte nichts.

„Meine Herren, ich kann doch nicht vor der Zurschaustellung auf dem Markt verkaufen!"

„An andere, Duchêne! Ich nehme das auf mich. Die Herren vom Hafen können schon einmal anfangen, damit wir fertig werden!"

Die Beamten machten sich also an ihre Inspektion: Eine reine Formalität. La Roche's Anwesenheit machte jede Beanstandung der „Behörde" hinfällig. Der listige Kapitän wußte das.

Und mit einem Mal (es war Mittag), als sie, die beiden Herren,

die zwei Offiziere und die Hafenangestellten sich zur Kommando-
brücke begaben, wo der Herr an Bord ihnen auf die glückliche
Ankunft einen Trunk anbieten wollte, genau in diesem Moment
brach der Tumult, der unglaubliche Aufstand in der Menge aus,
was zunächst an eine Meuterei denken ließ (so daß Senglis
plötzlich eine Pistole zückte, während der Zweite zur Waffenkammer stürzte), sogleich sah man aber, daß sich nicht etwa eine
Revolte ankündigte, die im Grunde natürlich, zum gegebenen
Moment aber sehr unwahrscheinlich war, sondern, so verblüffend
es schien, eine Streiterei oder genauer gesagt, eine Abrechnung
unter den Negern.

Der Kapitän hätte einen Aufstand nicht gefürchtet, zumal jetzt,
im Hafen, vor den beruhigenden Schießscharten des Fort Royal,
doch diese Feststellung ließ ihn erstarren: zwei Sklaven prügelten
sich, wälzten sich zwischen ihren Leidensgenossen hin und her.
Aber diese wichen nicht auseinander, und wenn sie mitunter beim
Aufprall des einen oder anderen hinfielen, standen sie ohne ein
Murren, ohne einen Laut wieder auf: Als wären sie nicht von
diesen beiden zu Fall gebracht worden, sondern von einem
zufälligen Mißgeschick, das keiner weiteren Beachtung wert war,
oder eher noch von einer so gefährlichen Macht stammte, daß
man sich ihr besser unterwarf, ohne sie zu erklären oder gar sich
ihr entgegenzustellen – und, um ganz sicher zu gehen, ihr nicht
die geringste Beachtung schenkte.

Die Matrosen schauten verständnislos, weil der Kapitän zögerte einzuschreiten. La Roche brach in schallendes Gelächter aus
und schrie:

„Senglis, Ihr habt ja eine Pistole!"

Das löste den Bann der Zuschauer und sie stürzten herbei.

Voller Scham über ihre Verblüffung, die sie wie auf dem Deck
angewurzelt hatte stehen lassen, kamen alle herbei. Ihre Wut warf
sie direkt vor Béluse und Longoué, diese wurden von zwei

Menschentrauben angegriffen, die sich an ihre schwarzen Leiber hängten wie zwei Larvenschwärme. Damals gab es aber noch keinen Béluse oder Longoué, zumindest nicht mit diesen ganz neuen Namen: es gab nur die beiden Kämpfer, die von der einen Seite zur anderen geworfen wurden. Der eine Sklave zwängte seinen Gegner an die Balustrade, als wollte er ihm die Nieren auf dem nassen Holz zerquetschen; doch beide hatten sie die gleichen verdrehten Augen, beiden ging der Atem stoßweise; hier inmitten dieser Entfesselung der Kräfte konnten sie ihre Kräfte nicht messen. Der Sklave, der die Oberhand hatte, wurde von einer ersten Matrosengruppe zur anderen Seite gebracht, wo er weiterkämpfte. Sein Gegner erlitt auf der anderen Seite das gleiche Los, gegen das er sich ebenso wehrte. Es vergingen fast fünf Minuten, bis sie niedergeschlagen und blutüberströmt in Ketten gelegt waren. Und eine weitere Minute, bis die Matrosen wieder Atem geholt hatten: stillschweigend, als hätten sie durch Ansteckung ebenfalls die Sprache verloren. Sie schauten alle auf den Kapitän, warteten auf Anweisungen, fürchteten vielleicht, daß sie die beiden Neger losbinden sollten, und daß diese ihren Platz in der Herde wieder einnehmen würden.

„Ich verstehe das nicht", murmelte Duchêne, „woher nehmen sie noch die Kraft, sich zu prügeln? Woher nur? Warum wollen sie es überhaupt? Welchen Anlaß oder Grund haben sie?"

„Es gibt keinen Grund", flüsterte Senglis, „Sie kennen sie noch nicht."

Ohne diesen kurzen Dialog zu beachten, rief La Roche dem Gefangenen, der den anderen scheinbar malträtiert hatte, etwas zu. Ja, er wandte sich direkt an diesen Neger, obwohl seine Worte dem Kapitän galten.

„Den will ich, mein Freund, nichts kann mich davon abbringen. Bei Gott, Senglis, Ihr werdet für das Decken einiges berappen müssen, wenn Ihr Eure Negerinnen schwängern lassen wollt."

„Und ich nehme den anderen", schrie Senglis. „Abgemacht, Kapitän!"

„Gebt jedem 30 Hiebe und trennt sie von den anderen. Sie stehen zu Ihrer Disposition, meine Herren."

„Ach was! Sie werden ihn mir noch beschädigen, ich meine es ernst, Duchêne, wirklich! Lassen Sie's bleiben, ich werde ihn selbst bestrafen lassen."

„Nicht auf meinem Schiff, Monsieur. So leid es mir tut, Ihnen widersprechen zu müssen. Gebt ihnen die 30 Hiebe. Seien Sie beruhigt, wir haben hervorragende Vollstrecker."

„Also gut, ich vertraue Ihnen", sagte La Roche. Er ließ die Gruppe ohne weiteres stehen und ging, um sich seine Neuerwerbung aus der Nähe anzusehen. Die zwei behäbigen Matrosen konnten den wutschäumenden Neger nur unter großen Mühen mit Hilfe von Stricken zurückhalten. La Roche schaute ihn lange an; der Sklave hielt seinem Blick stand. Der Colon packte seinen Kopf und ließ ihn vor sich auf die Knie fallen. Nur der blutüberströmte Nacken war zu sehen, der striemige Rücken, den er unter seinem Stiefel festhielt.

Der Pflanzer fixierte die beiden Matrosen, deren ausdrucksloser Blick auf ein Schauspiel ohne Dichte und Realität ganz hinten am Horizont gerichtet schien.

„Bindet ihn los!", befahl er.

Die beiden Männer fuhren zusammen, wagten nicht, sich offen an den Kapitän zu wenden, wagten nicht, sich dem Willen eines so mächtigen Herrn zu verweigern. Sie traten von einem Bein aufs andere und gaben, nach ihren Waffen tastend, die Arme und Beine ihres Gefangenen frei. Dieser stand auf, stellte sich vor den Mann hin, der bereits sein Herr war. Er blickte sich um, holte tief Luft, hob den Arm und lächelte beinahe: Als nähme er sich seinen Teil von der Geschichte, als wollte er sagen, daß er die Abrechnung auf später verschieben wolle, dann beschrieb er in einer raschen, halb rituellen Gebärde ein Zeichen der Drohung gegen den Colon in die Luft. Danach stand er aufrecht da, reglos und fern unterm Juliregen, der ihn nicht zu benetzen, sondern seinem schwarzen nackten Leib zu entströmen schien wie heimlicher Tau. Die Mannschaft wartete auf das Zeichen zu töten oder wenigstens auf diese Masse einzuschlagen. Es war einfach undenkbar, daß dieser Neger nicht gehenkt werden sollte. Aber Monsieur de La Roche wandte sich langsam ab und ging wieder zur Gruppe der Offiziere hinüber.

„Eines Tages werdet Ihr daran glauben müssen", grinste der bucklige Mann.

„Ein roher Bursche, Kapitän Duchêne! Sind Sie sicher, daß Sie ihn mir nicht zu sehr beschädigen?"

„Seien Sie unbesorgt, Monsieur, unser Koch ist ein lobenswerter Chirurg. Außerdem wird ihm jedes Salz und jeder Sud aus der Küche zur Verfügung stehen, wir sind ja im Hafen ... Gehen wir", fügte der gute Mann hinzu, „lassen Sie uns hineingehen und einen heben. Ich fürchte nur, ich habe meinen ganzen Rumvorrat aufgebraucht, leider Gottes."

„Das soll Sie nicht verdrießen, ich habe vorgesorgt. Ich habe Ihnen vom besten zurücklegen lassen. Kommen Sie, kommen Sie."

„Ach, Monsieur", sagte der Kapitän, bevor er in der Tür seiner Kajüte verschwand, „für einen unglücklichen Reisenden nach all den freudlosen Monaten der Unrast sind Sie ein wahrer Schutzengel."

Dann kehrte auf der *Rose-Marie* tiefer Friede ein: Es war nicht die abenteuerliche Stille der weiten See, es war die ruhige Geschäftigkeit ehrbaren Handwerks. So endete die erste Schlacht, welche die kürzeste war. Trocken und hitzig wie ein ordentlicher Scheit Holzkohle. Die erste, wortlose Schlacht. Es bleibt nur noch zu sagen, daß nach zwei Stunden Bestandsaufnahme ein Großteil der Sklaven ausgeladen war, einschließlich der Erwerbungen von La Roche und Senglis. Letztere bestiegen wieder ihr Boot, nachdem sie sich lautstark vom Kapitän verabschiedet hatten. Der Regen hatte aufgehört, als wäre er zufrieden, seine Aufgabe pünktlich erledigt zu haben. Das grünlich gelbe Wasser der Reede wurde von immer stärkeren Böen aufgewühlt. Die *Rose-Marie* schwankte, ihre Masten wiegten sich: ein Symbol der Heiterkeit und Stille. Dem Schiff konnte die wachsende Gewalt der Brecher nichts anhaben, hatte es doch das himmlische Bad des Regens empfangen.

Auf dem Boot machte Senglis die unruhige See schwer zu schaffen. Unter den Sarkasmen seines Freundes wurde er noch bleicher.

„Senglis", flüsterte La Roche, „was hattet Ihr mit der versteckten Pistole im Sinn? Nicht wahr, unseren Bekannten erzähle ich besser nichts davon, nicht wahr?"

Dann schrie er über das klappende Rauschen der Wellen und das Aufklatschen der Ruder und das Kreischen der Riemen hinweg: „Hallo Ihr, weiß einer von Euch, was dieser Neger da vor mir in die Luft malen wollte?"

Der Schlagmann, der mit ihnen im Boot saß, wandte sich der Silhouette der *Rose-Marie* zu, die sich gegen den klaren Himmel und das rostige Wasser abhob (eigenartig, denn da er etwas wußte, hätte er sich eigentlich eher in Richtung der Lagerhäuser wenden müssen, zu denen man die beiden Sklaven gebracht hatte); dann spuckte er ruhig ins Meer.

„Eine Schlange", sagte er.

2. Kapitel

„Da siehst du's, da siehst du es selbst", murmelte Mathieu, „sie haben nichts von sich aus gemacht, sie haben immer nur die Anderen nachgeahmt, von Anfang an! ..."

Wie ein Wasserlauf trug der Wind jetzt winzige Farnzweigchen mit sich und hängte sie dort an die Bambusrohre, wo diese Luken auf die ferne Ebene freigaben; das Beben jener durchsichtigen Wimpern auf dem Haar des Bambus machte aus jeder Luke ein ausgesprochen reiches, mit feinen leuchtenden Vorhängen drapiertes Fenster, es mußte wohltuend sein, in einer schönen Nacht an ihm zu stehen und auf irgendetwas Sanftes, Nutzloses zu warten. Zumindest dachte das Mathieu im verborgenen Grund seines Wesens, wenn der Schwindel der Erinnerung ihn losließ; ein Schwindel, der jedoch nicht der Erinnerung selbst entstammte, sondern der Verblüffung, die Papa Longoué's Worte in ihm weckten. Über die Lautmalereien, Schweigepausen und Unsicherheiten des alten Mannes hinweg versuchte Mathieu verwirrt die Geschichte voranzutreiben und Ordnung in die Begebenheiten zu bringen; so groß war sein leidenschaftlicher Wissensdurst, daß er sich zuweilen unruhig aufrichtete (nicht sich selbst, mit seinem physischen Leib kauerte er weiter am Feuer, sondern die Kraft, die in ihm war), sich schüttelte und sich wirklich zu einer dieser feinen Luken begab, die in die Masse des Bambus geschlagen waren. Es schien ihm dann, als entginge er der Trunkenheit, als wartete er (wie in den Büchern, in denen die Nacht immer schön ist) auf etwas, das unvollendet und doch greifbar war – er sah nicht die Winde, diesen einen Wind um seinen physischen Leib, der beim Feuer geblieben war, er spürte auch nicht, wie der aufwindige Wind ihm zuerst über die Schläfen strich, und er nahm nicht wahr, daß sich auf dem Strohdach die ersten Halme regten, um bald durch ihre Bewegung den illusorischen Duft der Hütte zu verbreiten; ja, so gespalten zwischen seinem Bemühen, die wenigen Enthüllungen zusammenzubringen und dem stillen Bedürfnis, sich in eine dieser Luken zu lehnen, hörte er kaum noch auf Papa Longoué (doch filterte er alles, was der Alte vor sich hin brummelte, denn in einer weiteren Region seines Wesens überwand er die Trunkenheit und begann vielleicht, ohne es zu wissen, die Chronologie dieser Geschichte wirklich aufzustellen), während die Glut, vom aufwindigen Wind verlassen, langsam erlosch und der Quimboiseur endlich deutlich fragte: „Warum denn nachgeahmt? Ich selbst kann nichts sehen, ich sehe nichts!"

„Ja und", schrie Mathieu, und verließ plötzlich seine Luke, jetzt wieder ernst und aufmerksam, während er versuchte, das Klopfen seiner Schläfen und das Pulsieren des Winds gegen seine Haut in Einklang zu bringen, „man sieht ja, wie sie über das ganze Schiff gekugelt sind! Genau in dem Moment, als die beiden Colons vom Boot kamen. Und was waren diese Colons? Einer war der Todfeind des anderen. Sie waren Feinde, da sind ihnen die beiden anderen gefolgt, wie die Ochsen zur Schlachtbank!"

Mathieu ging wieder zur Luke, um sich zu beruhigen, dachte aber noch an Béluse und Longoué, die sich anstelle der Herren geprügelt hatten, da diese ihren Zwist nicht ein für alle Mal hatten regeln können, nur weil der eine immer darauf hinweisen mußte, daß er bucklig war (als hätte man es nicht gesehen) und sagte: „Fortan mußte das nicht mehr gesagt werden, denn die Neger haben sich an ihrer Stelle geprügelt!" Womit sie (die Sklaven) auch das noch übernommen hatten, und zwar gleich am ersten Tag, wie sie es in diesem Land dann alle machen würden, indem sie Freude und Leid, Liebe und Haß, für oder gegen den oder jenen, nach dem Willen ihrer Besitzer annahmen, ohne etwas selbst zustande zu bringen: Folglich ist es gar nicht verwunderlich, daß in diesem

Land alle die *Rose-Marie* vergessen haben, ganz zu schweigen vom Meer, das sie überquert hatte oder vom Land, wo sie angelegt hatte, um ihre Ladung Fleisch aufzunehmen. Ja. All das wurde mit jedem Tag, der vorüberging vergessen, mit jedem Tag vergrößerte man die Anstrengung, die Manieren des Anderen zu erreichen, obwohl man seine Gebärden oder Stimme nie völlig würde nachahmen können. Mathieu kam aber noch einmal von seiner Luke zurück, da er hörte, wie Papa Longoué eine Rede abrollte, die schneller war als der Wasserfall von Morne Rouge:

„Nein, nein", sagte Papa Longoué, „mein Junge, was du nicht kennst, ist größer als du. Du kennst nicht das Meer oder das vorige Land, du weißt nicht, was vorher war, du bist wie einer in der letzten Reihe der Prozession, soviel der auch den Kopf reckt, in alle Richtungen schaut, er weiß doch nicht, ob das Kreuz erst am anderen Ende der Straße oder ob es bereits in der Kirche ist, um die Kerzen mit papiernen Blenden zu begrüßen, und die alten Frauen, jede von ihnen ist ganz stolz auf ihre Kerze, sie drängeln und rempeln sich hinter den Reihen mit den besonderen Plätzen, die für die Ersten bestimmt sind. Der am Ende der Prozession mag sich noch so bemühen, ihm bleibt nur der Platz auf den Stufen, er wird nicht mehr in die Kirche hineinkommen. So ist es eben. Und du, kleines Jungvolk, weißt nicht, was in der *Rose-Marie* war. Denn in der *Rose-Marie* waren sie nicht im Schiffsbauch. Es gab noch einen Raum oberhalb des eigentlichen Schiffsbauchs, denn der Kapitän war menschlich und kannte sich aus. Was nützte es, 800 in den Bauch zu laden und nur mit 200 anzukommen, wenn man ohne Schwierigkeiten 600 zwischen den Decks aufreihen und dann mit 400 ankommen konnte? Daher hatte der Kommandant Duchêne sein Schiff umgerüstet. („Es war eine Brigg, jawohl, zwei Masten, mit rechteckigen Segeln und ein dritter Mast ohne Segel, von dem man am Vorabend der Ankunft einen Gehenkten heruntergeholt hatte.") Er hatte den Raum zwischen den Decks ausgebaut, mit Balken an

Kopf und Fuß und mit Eisenketten. Und wer hat gesagt, daß die Matrosen aus dem Schiffsbauch heraufkamen? Ich nicht. Ihnen wäre der Schiffsbauch lieber gewesen als dieser Ort zwischen den Decks, denn im Schiffsbauch war der Geruch nicht so betäubend ... Und wenn ich sagte, die Sklaven stiegen an Deck hinauf, mußt du nicht denken, Mathieu, mein Sohn, sie hätten weit hochsteigen müssen: nur drei Stufen waren zwischen dem Bretterboden und dem Deck, Stehen in diesem Raum, das bedeutete, in zwei Hälften geknickt, sonst nichts. Das will sagen, der Kapitän Duchêne war gut beraten, denn er wollte nicht zu viel von seiner Ladung verlieren und das will *recta* sagen, auch da drüben, auf der anderen Seite des Meers ohne Grund, gab es über Unwetter, Krankheit und Tod hinaus einen Vorbedacht, einen Ort, wo man sich ausrüsten konnte, es gab nämlich den Negerpferch. In der *Rose-Marie* waren sie nicht im Schiffsbauch, zumindest nicht die Neger, für sie war jener Ort, ein eigener Raum, vorgesehen, will sagen, daß auch drüben Ordnung und Methode herrschten. Alles war eigens vorgesehen. Wenn der Kapitän ankam, war die Ladung schon da, keine Zeit geht verloren, der Rum von Frankreich wird entladen, der Rum ohne Zuckerrohr, und aufgeladen wird, was sich in der Fäulnis des Pferchs befindet. Das heißt, alle, die den Tod erwarten und dennoch nicht gestorben sind, die nicht das Glück hatten, schon gestorben zu sein. Und du kannst sicher sein, wenn die *Rose-Marie* vor der Küste dort drüben ankommt, ist der Pferch schon voll. Das ganze Land wurde durchgekämmt, die Mütter haben ihre Kinder, die Männer ihre Brüder, die Könige ihre Untertanen verkauft, der Freund verkauft seinen Freund für den Rum ohne Zuckerrohr. So kauften sie ihren Tod mit dem Geld des Todes. Damit sie sich im Tod des Rums wälzen konnten. Oder einfach, um nicht aufs Schiff zu müssen. Um nicht ein Sechshundertstel des Pferchs zu werden. Siehst du, das weißt du nicht, du kennst nicht, was sich im Land auf der anderen Seite des Meers zugetragen hat ..."

Der Alte sann dem Fluß der Sätze nach und kam zu dem Ergebnis, daß er sie tatsächlich abgegeben hatte, er, oder eher ein Anderer, ein ungebührlicher Fremdling, der seinen Platz am Feuer eingenommen und wie er seine Tonpfeife am nächstgelegenen Stein ausgeklopft hatte? Er wunderte sich über eine so lange Rede und daß er sie ganz geduldig hatte anhören können, so wie er sie ausgesprochen hatte. Gott ja, ein Satz von Zeit zu Zeit war günstiger: da konnte jeder mitkommen. Viel besser als das mit dem Strom der vielen allzu durchdachten Wörter gelang. Der Redner bekam große Angst, daß Mathieu sich insgeheim lustig machen könnte; er ließ einen beunruhigten Blick zum jungen Mann hinüberfließen: der war fast abwesend, hatte sich ganz starr auf die Reihe mit Bambus gerichtet. Er träumte.

„Du willst mich glauben machen", murmelte er endlich, „daß es schon vorher eine Geschichte gab? Willst du das sagen?"

Ach Jugend! ... Es gibt immer eine Vorgeschichte.

Sie hatten den Haß nicht übernommen, sie hatten ihn mitgebracht. Er war mit ihnen gekommen, übers weite Meer. Nimm Essen, Feuer, Wasser, so viel du brauchst. Du zündest das Feuer an. Wartest, bis der Wind zum Dach der Hütte gestiegen ist. Der Wind steigt auf, er zieht wie eine große Hitze vorüber, und wenn er da oben ist, ist es fertig, dein Feuer ist tot, die Banane gekocht, genau wie sie sein soll. So ist es. Sie sind über den Ozean gekommen, und als sie das neue Land sahen, gab es keine Hoffnung mehr; es war nicht erlaubt zurückzuschauen. Da haben sie verstanden, alles ist zu Ende, und haben sich geprügelt. Wie zu einer letzten Parade, bevor sie sich an Land zu Tisch setzten; um das neue Land zu grüßen und das alte, verlorene, zu preisen. Sie wollten vielleicht unter ihre Geschichte einen Schlußstrich setzen; sie wollten sich nicht umbringen, aber, wenn es sich so ergab, vom Anderen ein wenig abschneiden, damit einer sagen konnte: 'Du wirst zwar in diesem neuen Land herumlaufen, aber wenigstens nicht unversehrt. Ich bin unversehrt.' Einander nur einen Arm, vielleicht ein Auge ausreißen, damit der eine dem anderen zuschreien konnte, daß der alte Haß über das fortan verheißene Elend gesiegt hatte. Als hätte sich all das Meerwasser, von der letzten Küste drüben bis zur verschmutzten Vegetation dieser Reede zu einer Mauer aufgetürmt, um sie zu diesem Kampf zu drängen, genauso wie der Wind mit einem Schlag die Kohle unter dem *canari* mit Bananen entzündet, anfacht und auslöscht. Denn der Haß wollte, daß der eine wie der andere am Leben blieb: nicht, daß der hier oder der andere dort sterben sollte, sondern einer sollte ein machtloser Zeuge des Triumphs des anderen werden. Was für ein Triumph? Die Reise ohne einen Seufzer zu beenden, das neue Land in voller Stärke zu betreten und vor allem zu wissen, daß der andere in diesem Land nur ein Krüppel sein würde, daß er es nie würde in Besitz nehmen, es nie würde besingen können; und daß der Triumphator dies selbst vollbracht hätte! Der Kommandant Monsieur Duchêne war sicher in der Lage, eine solche Wut zu verstehen: doch kannte er die Reise, er hätte nie gedacht, daß der Haß die fürchterlichen Wogen der Reise überdauern könnte; daß diese Neger nach all den Wochen langsamen Sterbens noch die Kraft, ja überhaupt den Willen aufbrachten, sich zu prügeln. Diese Einsicht flößte ihm Entsetzen ein: Plötzlich dachte er, daß er mit Bestien Handel trieb, mit wilden Tieren, und nicht mit solchen, die für den Hausgebrauch leicht zu zähmen waren.

Mathieu wollte den Wind mit einer Gebärde von seinen Schläfen verscheuchen: der Junge konnte solchen Erläuterungen nicht zustimmen, er war nicht bereit, derart klare, saubere Gründe zu akzeptieren. Doch der aufwindige Wind läßt sich nicht verscheuchen.

„Es ist diese Ankunft", sagte er. „Zu deutlich. Zu einfach. Du siehst die Reede, das Schiff, die Neger, alles ruhig und klar. Ich kann's nicht!"

Denn er hätte sich lieber die Beschreibung der Auspeitschung um ein Uhr nachmittags angehört; gesehen, wie der Bootsmann sein Handwerkszeug sorgfältig auswählte, möglichst effizient und ohne Risiko; wie er sich mit dem Koch über das Material oder die Form beriet (flaches oder rundes, biegsames oder steifes Leder); und auch der Schlagmann mischte sich ein: „Paß auf, wenn du sie verkrüppelst, bist du dran!"; dann das Gelächter, die beiden Sklaven Rücken an Rücken am Mast vertäut, so daß der zweite die an den anderen abgegebenen Schläge wie ein Echo empfängt und, auf die eigene Züchtigung wartend, spürt, wie der Mast erbebt, der Körper jedesmal, wenn die Peitsche ihn trifft, gegen das Holz schlägt; und das Schnarren der Riemen, das Keuchen des Henkers, die gequälten Leiber, die sich anspannen und plötzlich zusammensacken, das spritzende Blut, die Gleichgültigkeit der Seeleute, die an ein derartiges Schauspiel gewöhnt sind, sich um die Stelle herum zu schaffen machen, vielleicht in Reichweite der Peitsche sogar etwas ausweichen, wie man unterwegs einem herunterhängenden Zweig ausweicht; wie dann die beiden Neger losgebunden werden, mit Salz, Lauge und Kanonenpulver abgerieben und in die großen Kähne verladen, bäuchlings neben die anderen gelegt werden, die sie nicht einmal ansehen, und das Schweigen, die ruhige Tiefe des Schweigens, nur unterbrochen vom Pfeifen der Peitschen, dem Getrappel der Füße auf dem Deck, dem dumpfen Geräusch der Boote und der großen Flöße an der linken Seite des Schiffes; und schließlich diese schmutzige, tranige Geschäftigkeit, die so gut zum trist nachlassenden Regen paßte, dazu die ab und an aus der Kajüte schallenden Stimmen, oder vielleicht das leichte Raunen der Wellen auf dem Morast des Ufers da drüben ...

Denn er hätte lieber gehabt, o Vorbild ich Kahn und er ich bäuchlings, das Pulver ich Schiff und mit dem Rücken stoße ich gegen die Brecher und das Wasser jeden Fuß, ich Tau fürs Gleiten und Sterben die Reede Land und so weit in der Ferne und nichts ich nichts nichts, um Fallen aufzuhalten das salzige salzige salzige Wasser auf dem Rücken und Blut und Fische und essen o Land das Land („die Gewißheit, daß alles zu Ende war, unwiederbringlich: denn der Kahn und das Boot entfernten sich vom Schiff, es war nicht einmal erlaubt, sich an die schwimmende Welt-auf-dem-Schiff zu klammern, die abgeschlossen, doch immerhin provisorisch war; daß man jetzt die Erde drüben, die sich nicht bewegte, würde treten müssen; und in der Leere und dem Nichts war es wie eine Erinnerung an die ersten Tage der Reise, eine Wiederholung der ersten Tage, als die mütterliche, vertraute, feste Küste sich unwiederbringlich entfernt hatte; ja, sie sehnten sich aufs Schiff zurück, trotz der Hölle auf dem Zwischendeck, weil es bestimmt nicht als ein unabänderlicher Ort erschienen war, bis zu dem Moment, als man es verlassen mußte") und ich Rücken so weit weit es pfeift was steigt sie steigt ich die Kraft ich Herr („sehr schnell war sie, ho, als die Boote schon auf halbem Weg zum Land schaukelten, jene Hand, die aus einer der Ladeluken einen Schwall Schmutzwasser ins Meer schüttete, wie um jene zu grüßen, die die *Rose-Marie* für ein unvorstellbares Dasein endgültig verlassen hatten; ja, diese vertraute Geste, vertraut für alle, die ihr Schiff im Hafen säubern, und hier schien sie doch wie der letzte Schnörkel im gereinigten Himmel, zumindest für die zwei oder drei in der Herde, die noch die Kraft hatten, zurückzublicken, eine letzte Zeichensetzung, das schwere Aufschlagen des Putzwassers auf dem Meer und das Scharren – das Klirren – des Beckens gegen das Holz des Hecks und dann wieder Stille, Stille, Stille") und ich Morast am Himmel mit dem man schreien muß oho! ho! Sonne alte Sonne in der Menge Sterben, das gewährt wird du hier für 200 eine gute Ware alle Zähne zweiundzwanzig Jahre alt eine Jungfrau die Jungfrau ihre Mutter kann nichts unnütz zu alt ohne Mutter für die Felder ein guter Preis hier lang zum Nächsten schauen Sie schätzen Sie ab fassen Sie fassen Sie an im hellen Tageslicht ohne Geheimnis unversehrt und Gesundheit und folgsam („natürlich hatten die Seeleute die Leiber mit dem Saft schön grüner Zitronen abgerieben und die Leiber hatten geglänzt, hatten jenen herben Geruch ausgeströmt, in dem Säure und Schweiß vermischt waren, der die Ausgehungerten schwindlig machte; doch der Ostwind hatte den Geruch verscheucht, es blieb nur die schöne neue Gesichtsfarbe; so daß die Käufer, die von ihren alten Sklaven die Haut der Neuankömmlinge ablecken ließen, – etwas für ihr Geld bekamen, da sogar der Zitronengeschmack verschwunden, im lauen Schweiß, im angekratzten Dreck und dem Meersalz untergegangen war") ich das Ende ohne Hoffnung und Gesichter Gesichter Tiere Schreie Löcher Haare aber ohne Augen blicklos ich der Wind und fortgehen in der Peitsche, wenn Besinnungslosigkeit Besinnungslosigkeit – er schrie: „Na und! Kannst du mir sagen, wie sie ihre Eisen abnahmen, wenn sie sich so auf dem ganzen Schiff herumgebalgt haben?"

Er dachte weiter nach. „Alles gelogen. Sie konnten die Ketten nicht abnehmen!" Seine Stimme war ruhig wie die Brise auf dem Gras.

„Ich weiß, was dich plagt", sagte Papa Longoué. „Du glaubst nicht, daß sie sich geprügelt haben. Du siehst die Reise nicht. Alle aufgereiht in diesem Raum, ohne liegen, sitzen, aufstehen zu können. Erbarmungslos gefoltert von Nacht, Schmerzen und Erstickung. Sie wollen sich umbringen und können es nicht. Und dann die beiden da, nur durch etwa zehn Leiber voneinander getrennt, die die Zeit damit verbrachten, einander zu belauern, einer des anderen Leiden zu zählen. Doch von der zweiten Woche an wütete der Tod in der Menge, so daß sich der Abstand zwischen ihnen verringerte: zuerst einer, dann ein zweiter, und schließlich noch eine Leiche wurde ins Meer geworfen. Zehn waren nicht gerade viele, um Haß von Haß zu trennen. Die Zahl nahm jedoch stetig ab. Am Schluß waren sie nur durch zwei Leiber getrennt, zwei Frauen, die Tag und Nacht zeterten. Sie hörten sie nicht, hörten nur den eigenen Atem; hofften, daß der des Anderen aufhört. Du verstehst, warum sie am Ende der Reise die Kräftigsten waren, und als man sie an Deck brachte, führte man die Männer auf die eine und die Frauen auf die andere Seite („Männlein und Weiblein getrennt!"); und da die beiden Frauen neben ihnen waren, band man sie los, um sie zu den übrigen Männern zu bringen. So war es. Aber ich weiß, was dich plagt. Du hast gesehen, daß Béluse fast verloren hätte. Du fragst dich, ob er es war, was?"

„Das ist nicht wahr", sagte Mathieu sanft.

Ob es Béluse gewesen war, der seine Nieren wider Willen an der Reling des Decks gewetzt hatte? Es konnte nur er gewesen sein, denn der zweite Neger wurde dann zu Monsieur de La Roche gebracht. Der Marronneger, den man den ganzen Abend mit Hunden verfolgte, war Longoué. Der Sklave, der sich auf der Besitzung Senglis fortzeugte, war der Andere. Der Andere war Béluse. Er war gegen eine der auf Deck vertäuten Kanonen gefallen, hatte aber sofort wieder aufstehen können, das heißt, bevor Longoué ihm die Wirbelsäule über dem Rohr des Schießgeräts brechen konnte, und er hatte sich ein Tau gegriffen (das Tau zum Ausräumen, die Schlange, die die Leiber unter Wasser gezogen hatte; in jenem Moment konnte er sich nicht vorstellen, daß er es angefaßt hatte, oder daß er sich seiner bedienen würde) und hatte es wie eine Leine gehalten, die er Longoué um den Hals werfen wollte. Aber Longoué hatte sich unter dem Tau durchgleiten lassen und hatte Béluse mit aller Kraft gegen den Baluster gedrückt, einfach das Gußeisen der Kanone mit dem Eichenholz des Schiffsrumpfs vertauscht, als wäre er in der Zwischenzeit nur auf einen recht geringfügigen Widerstand gestoßen: Obwohl doch offensichtlich Béluse ebenso stark war wie er. Denn bevor Béluse auf die Schnauze der Kanone gefallen war, hatte er Longoué zwischen die Beine der Umstehenden geworfen, nicht, um ihn abzuwehren, nicht, um Luft zu holen, sondern weil er hoffte, ihm so einen Arm oder ein Bein zu brechen. Und wenn sie anschließend versuchten, einander an die Gurgel zu gehen, die Nieren zu zerquetschen, war es weniger aus Mordlust, sondern um den Gegner bequem zu halten, ohne daß er sich wehrte, als wäre er ein Spielzeug. Die Lust am Töten kam erst später.

Und all das bevor die Mannschaft eingreifen konnte. Es ist sicher, hätte Longoué – sagen wir – noch 15 Sekunden gehabt, dann hätte er Béluse getötet. Deshalb wollte Mathieu nicht an diesen Kampf glauben. In der verborgenen Region seines Innern, wo Trunkenheit und Taumel des Wissens ihn beherrschten, wollte er nicht zulassen, daß Béluse der Niederlage so nah gewesen war (nicht dem Tod, sondern der Niederlage), ebenso wie er immer noch nicht einem zustimmen konnte: daß Béluse als Totgeborener auf der Besitzung Senglis leben konnte, während Longoué weit von der Küste entfernt, in die Wälder auf den Hügeln gegangen war.

„Es ist nicht wahr. Es ist nicht wahr!"

Daß Béluse seinen Haß vergessen konnte und so in den zusammengepferchten Hütten auf der Besitzung Senglis blieb (zusah, wie die Tage und dann die Jahre vorübergingen, die primitiven zu einfachen Hütten wurden; in Wirklichkeit aber waren beide das gleiche, das ganze Jahr über eine Ansammlung von Blättern und Lehm) und Anne zeugte, den Mörder aus Liebe – aus Eifersucht ...

Der Wind der Wind, o der Wind. Er hatte die flache Bühne verlassen und das Dach der Hütte erreicht; er ließ jetzt dort die Strohhalme erblühen. Die Hütte war eine in die Dürre gestellte Fackel, der Wind war ihre Seele und ihr unsichtbarer Träger zugleich. Oder er war o der Wind noch eher ein umrißloser Reiter, der die Flanken des Dachs schindete. Die Fackel gab kein Licht – es sei denn, der Wind machte sich über die beiden Männer lustig, die von der Ungewißheit, dem Vergessen zu Boden gestreckt waren, ja selbst von der Erinnerung, wenn diese der Hoffnung nicht mehr entsprach – es sei denn, der Wind wollte alles verwischen, in seinem Drang zum Himmel alles vermischen. Jene Fackel entfaltete fast eine Leidenschaft, durch das Heranfluten und Überschlagen des spöttischen Winds, durch dieses nicht endende Knistern des Strohdachs, durch die lastende Schwüle am Fuß der Hütte, wo Papa Longoué vor dem jungen Mann hingekauert nachsann – erst vorhin noch hatte er ihn für ein Kind gehalten – ernsthaft und ausdauernd, abseits vom Wind.

„Wo ist die Anwesenheit, Meister Nacht? Meister auf drei Füßen? Ein kleines Jungvolk, das wegen meiner Kenntnisse kommt. Aber Herrgott verlangt er nicht auch einiges? Wer kann schon Gespenstern nachrennen? Und schau. Wer sich zurücklehnt, wird vom Südwind verbrannt! Was sucht er, dieser Junge? Ich schaue in die Runde. Ich sehe da unten all die grünen Vierecke, die Teerstraße, die Nacht auf der Straße. Wie könnt ihr endlos die Vergangenheit in allen Einzelheiten beschreiben? Der Tod kommt. Der Tod ist die Welle, die über den Sand des Gestern rollt. Rühr den Sand nicht auf, wühl nicht im plötzlichen Tod. Und ihr, ihr seid glücklich, ihr Menschen ohne Erinnerung! Und so werdet ihr gestorben sein, ohne es zu wissen ...

Gibt es nicht überall einen Tornado, so einen Hurrikan, der wütet, damit du nicht weißt, wo Erde und Himmel ist?

Ihr erinnert euch doch, während des Sturms fragt man nicht mehr nach den Geschäften, es geht um Leben und Tod. Man sucht nicht mehr, man kämpft. Seht ihr. Die gesamte Mannschaft legt Hand an, außer den Leuten für das Zwischendeck, die sich unter der Anleitung des Schlagmannes um die Sklaven kümmern. An Taue gebunden steigen sie in die Hölle hinab. Dort warten die

Neger auf das Unwetter, die reine Besinnungslosigkeit, sie hoffen, endlich ein für alle Mal sterben oder wenigstens den Augenblick nutzen zu können, um sich von den Ketten zu befreien, ohne daran zu denken, daß sie in der Willkür der Brecher hin und her geworfen, sich nur die Handgelenke oder Beine brechen würden an den Halterungen, die ihnen ins Fleisch schneiden. Die Leute von der Mannschaft gehen das Risiko ein, sich den Schädel an den Wänden zu zertrümmern oder in einen Schraubstock aus schwarzen Händen zu geraten, während der Sturm ihre Schreie überdeckt und die Kameraden nicht schnell genug zu Hilfe eilen können, da sie vom wilden Schlingern umhergeworfen werden. Selbst wenn der Würger am nächsten Tag gehängt wird, und zehn seiner Nachbarn mit ihm, ist das für dich ein schwacher Trost ... Der Sturm ist Komplize der Mohren, er sucht sich seine Opfer nicht aus.

Wie bei jedem Alarm kommt dann der Schlagmann zuerst zu diesen beiden, um ihre Fesseln zu prüfen, denn er hat bemerkt, daß sie nie schreien und auch nie versuchen, sich oder andere zu töten. Der eine von ihnen malt eine kurze Gebärde vor ihn in die Luft, indem er unter großen Mühen seinen an den Schiffsrumpf geschmiedeten Arm bis auf Kniehöhe hebt. Mit einem Schulterzucken verabreicht der Schlagmann ihm nur einen kräftigen Peitschenhieb, von dem auch die Nachbarn ihren Teil abbekommen. Er weiß, was diese Gebärde bedeutet. Vor seinem Dienst auf der *Rose-Marie* hatte er an der Küste dort im Negerpferch gearbeitet. Er war beim Einsammeln der Sklaven dabeigewesen und hatte mit den Händlern aus dem Landesinneren um ihre Zahl und Qualität gefeilscht. Er kennt die Sitten dieser Wilden.

Seht ihr. Auf ihrem Klumpen Erde mitten im Ozean kennen sie heute diese Gebärde nicht mehr! Wie kommt dieser junge Mann hierher? War es bezeichnet im Lauf der Tage, daß einmal ein Béluse kommen würde (ein Kind), um über den alten Verrat dort jenseits der Wasser Rechenschaft zu geben, damit die beiden

Küsten, über die Stürme hinweg, endlich zusammenkommen? Über Schande und Vergessen hinweg?

(„Aber sieh, ich sage doch, ich sage dir: Es ist nicht wahr!")

Warum noch einmal beginnen, warum mit lauter Stimme den ersten Schrei buchstabieren, wenn doch die ganze Geschichte sich verweigert, wir uns hier im Kreis drehen, ohne daß der Tag vordringt? Wir zwängen, wir drängen, doch die Wörter rollen, sie sind in den Strähnen des Dachs, sie bilden eine Mauer aus Wirbeln. Wer konnte jemals eine Mauer aus Wirbeln verrücken? Es ist bald elf Uhr, nein es wird Mittag, es ist unmöglich.

„Zu wissen, worum es in der Kajüte ging!", sagte plötzlich Mathieu. „Wenn du gut bist, kannst du von der Kajüte her wieder beginnen, während die beiden ausgepeitscht werden!"

Der Junge lächelte trotzig.

„Das kann ich. Papa Longoué kennt alles. Wo ist deine Ungeduld, mein Sohn? Du hast die Bücher gelesen. Was nicht in den Büchern steht, kannst du nicht wissen. Wie Béluse sich auf dem Deck geprügelt hat und beinahe verloren hätte."

„Na, na! ..."

„Gut. Gehen wir darüber hinweg wie das Wasser... Schau an! In der Kajüte wurde gefeilscht."

„Klar. Das ist kein Hexenwerk, oder?"

„Richtig. Du kannst den Ort sehen und hören, was gesprochen wird. Darum. Ja. Weil Papa Longoué alles weiß. ..."

Mathieu lachte, Mathieu lachte ihn aus.

Doch plötzlich – da der Wind schon vom Stroh des Dachs abließ und zu den Wolken aufstieg – es war Punkt Mittag, hörte das letzte Hälmchen auf sich zu regen, alles fiel zurück in die dumpfe, starre Hitze, da waren nur die von der Ebene heraufdringenden Schreie, das ferne Schreien der Männer bei der Arbeit – und während die beiden Geisterbeschwörer schweigend dasaßen, wieder schweigsam blieben in der so geschwinden, reglosen Zeit, kaum war es elf war es auch schon Mittag: ein stiller Mittag, der den anderen Mittag des ersten Tages und des ersten Kampfs verschwinden ließ – sah er plötzlich die enge Kajüte mit dem starken Geruch, die er zuerst für einen Verschlag aus Kistenholz gehalten hatte, die Arbeit hatte hier alle Behaglichkeit verdrängt: Gewehre und Pistolen waren an die Wand gekettet, da war die Truhe mit den Rechnungsbüchern, welche auf diesem Schiff die Logbücher ersetzten, die Flaschen für jenen Rum, der die Reise erträglicher gemacht hatte, jetzt alle leer, und das Kästchen mit den roten Kugeln, welche die Zahl der Toten bei der Ladung bezeichneten. Er sah den neuen Rum auf der Truhe, die sechs hier zusammengepfercht um ihre Krüge aus zweifelhaftem Zinn sitzenden Männer, und er hörte ihre Worte, wußte nicht einmal, ob Papa Longoué sie für ihn wiederholte, oder ob es der Wind war, in dem Geschrei der vorzeitlichen Arbeit, der endlich um den Preis des Fleisches feilschte. Denn in dem Kampf um Namen und Geheimnisse der Vergangenheit war Mathieu erstmals von der Macht des Quimboiseurs direkt umgeben, ohne Raum für die Untersuchung der Wahrheit. Ob der alte Mann Kenntnis von einem solchen Dialog hatte (doch wie sollte er?), oder ob er die Worte nach einem Vorbild, das er geschaffen hatte, erriet? Und Mathieu hörte die Worte über das Echo der Ebene hinweg.

„Also meine Herren", sagte der Kapitän, „kommen wir zum Ende!"

Mit seinem Schluckauf kämpfend suchte er das Geschäft zum günstigsten Preis abzuschließen, ohne dabei jedoch die Colons vor den Kopf zu stoßen.

„Zum üblichen Preis", sagte Senglis.

„Zum üblichen Preis! Schauen Sie dieses Kästchen an! Es ist so voll, daß es überläuft. Nein, meine Herren, ich kann Ihnen diese Stücke nicht für 500 überlassen. So viel ist mir Ihr vorzüglicher Rum auch wieder nicht wert!"

„Bei dreißig Hieben so kurz vor der Landung müssen sie nachlassen! Das sehen Sie doch ein, Kapitän!"

„Ich werde niemals ein Stück Ware beschädigen, wenn es sich vermeiden läßt. Wenn ich Ihnen sage, daß keine Gefahr besteht, müssen Sie mir glauben."

„Das ist klar", sagte La Roche.

Sofort ergriff der Kapitän die Gelegenheit und schlug, bereits ziemlich angetrunken, vor: „650!"

„Halt, La Roche!!", sagte Senglis, „macht Euren Handel für Euch ab, mir liegt nichts daran, mein Geld bei Eurer Verhandlungsführung aufs Spiel zu setzen!"

Die Atmosphäre in der Kajüte wurde drückender, die Luft lud sich mit den Ausdünstungen von unverdünntem Tafia auf. Einer der Anwesenden prustete mühsam beim Atmen. Die Geräusche, die vom Deck herüberdrangen, knisterten wie ein leichter Vorhang aus Stroh.

„Meine Herren! Können wir jetzt endlich abschließen?", sagte der Kapitän.

„550", sagte Senglis, der nahe der Truhe eingezwängt saß.

„Ich bettele doch nicht um Almosen! Ich mache meine Arbeit gewissenhaft und zuverlässig. Schließlich kaufe ich nicht so arme Teufel wie der Busch sie hergibt. Ich habe meine eigenen Lieferanten, schon seit langem. Zuverlässige Ware. Auch ich habe Ausgaben, dort drüben. Ich brauche Häscher, Wächter, Buchhalter. Ich wähle aus. Meine Herren, haben Sie je gesehen, daß ich meine Ladung auf den Meeresgrund werfe, wenn englische Fregatten aufkreuzen? Nein, ich gehe das Risiko ein. Ich weiche ihnen aus. Damit verliere ich Tage und Wochen. Und ich pferche sie auch nicht zusammen. Ich habe nie Seuchen an Bord. Fast nie, jedenfalls. Das kostet schließlich, meine Herren."

„Ja, ja, Kapitän", sagte La Roche, „wir wissen Ihre Vorzüge zu schätzen. Überlaß nichts dem Zufall, überlaß alles Duchêne!"

„650!"

„Sie kennen mich doch, mein lieber Freund. Ich feilsche nie. Ich habe jedoch einigen Einfluß auf den hiesigen Handel. Nicht wahr?"

„Ach, Monsieur!", sagte der Kapitän gerührt und verunsichert.

„550", sagte Senglis.

„Senglis, Ihr seid dumm. Der Kapitän hat viel zu tun. 600, das Geschäft ist erledigt, aber wir lassen uns ein paar Frauen reservieren, nach Belieben, für 500 das Stück?"

„Sie bringen mich um!"

„Ach woher, mein Lieber. Ich bitte Sie heute abend zum Souper, und diese Herren auch. Es wird mir eine Freude sein, Sie zu bewirten."

„Das ist ein Wort!", rief der Kapitän.

„Bei Gott! Ein glänzender Einfall."

„Gottogott! Wissen Sie, wie spät es ist?"

Und einer der Beamten, der zwar von dem Streit eingeschüchtert war, jedoch seinen Rum trotzdem austrinken wollte, wiederholte dümmlich: „Wie spät, Herr Kapitän?"

„Du sagst zwar, ich sei der letzte in der Prozession, aber ich weiß doch, daß es zwischen zwölf und zwei Uhr war, zwischen Kampf und Landung."

„Kein Hexenwerk", sagte der Quimboiseur lachend. „Und du bist nicht mehr ungeduldig, oder?"

„Wozu denn?", schrie Mathieu. „Wo doch sowieso alles erledigt ist! ..."

Der Alte lächelte. Er stand auf, „und schon willst du mit der Wahrheit um die Wette rennen", dann überquerte er das Gelände bis zu den Bambusrohren, Mathieu kam und stellte sich zu ihm.

Es waren jetzt nicht mehr Luken, sondern sonnige Fenster in dem Blätterwerk, durch sie konnten die beiden Männer die Ebene unten überblicken. Durch die Umrahmung der Zweige hindurch

48

sahen sie dort die von Wegelinien gerahmte, gepflügte Roterde, die in ausladenden Rechtecken an der untersten Stufe des Hügels leckte. Es war fast wie ein Kampf zwischen dem Meer aus Erde und dem Ufer der dunklen Bäume. An manchen Stellen an der Grenze zwischen gepflügtem Land und Urwald warfen Zonen des Dickichts Strände aus ockerfarbenem Lehm dazwischen. Doch diese seltenen, von Sträuchern wie von rostigem Strandgut durchzogenen Ebenheiten zeichneten lediglich ab und zu eine bleiche Helligkeit am äußersten, leuchtend roten Rand der Felder an. So daß es schien, als wollte die Ebene mit einem einzigen Brecher den ganzen Hügel mitreißen, den Fels dieser Gehölze zertrümmern, die ganze hölzerne Klippe zersplittern. Das war die Stelle.

Ja. An dieser Stelle angekommen, wußte der Fliehende, wenn er den Hügel erreichte, war er gerettet. Ohne seinen Lauf zu unterbrechen, horchte er auf die Hunde; suchte, aus den Geräuschen die Entfernung zwischen sich und den Jägern abzuschätzen. Es schien ihm, als kämen die Geräusche ebenso aus diesem Busch vor ihm wie aus dem Land hinter ihm. Er konnte nicht sicher sein, daß seine Berechnung stimmte, einzig sicher war, daß die Hunde Terrain gewannen. Die Luft war zu frei, die Nacht zu hell. Nicht genügend Wasser. Die Spuren. Das hohe Gras war besser als der Pfad. Querfeldein.

Er sah vor sich die erste Reihe. Dicke Stämme, deren Blattwerk sich vermischte. Mit einem „Han!" stürzte er sich hinein. In die Nacht, das Gehölz, die Äste, die lastende Tiefe, ohne daß er ihre Zusammensetzung erkennen konnte, lediglich in seinem Kopf rollte er mit der gleichen wahnsinnigen Geschwindigkeit voran. Der Hang war so steil und die Stümpfe standen so eng beieinander, daß er manchmal den Ast eines weit hinten stehenden Baumes ergriff, um den vorderen zu erreichen. Mit einem kräftigen Schritt sprang er von einer Krone zur nächsten Wurzel. Eine Akazie riß ihm die Haut auf. Ohne anzuhalten beugte er den Arm und saugte die Wunde aus, hechelnd, halb erstickt: Die Mischung aus Blut und Schweiß erfrischte seine Lippen, zugleich empfand er den fernen Schmerz (als hätte er sich diese Wunde in einer früheren Welt zugezogen) und darüber das Brennen von seinem Schweiß in der Wunde. Aber er wußte, so wie das Gelände beschaffen war, hatte er die Hunde besiegt. Er mußte nur noch die ganze Nacht in diesem Wald hinaufsteigen.

Er dachte an den Pferch, in den sie alle zusammengedrängt worden waren, wie er jubiliert hatte, als er sah, daß der Andere auch dazukam, an den Morast, in dem sie alle beide geschlafen hatten, wenn man es schlafen nennen konnte; dachte an die in Ketten gefesselten Menschen, die meinten, man würde sie wegbringen, um sie zu verbrennen oder zu verschlingen, an die, die sich auf das glühende Eisen oder ins Meer gestürzt hatten, an den Anderen, den er doch nicht wie ein termitenzerfressenes Holz hatte brechen können, er empfand jede Minute Lust bei dem Gedanken, ihm einen Pflock in die Schulter einzurammen, (damit er nicht starb), und er belauerte die Hunde, die im Himmel galoppierten oder auf der Lauer lagen, er stellte sich die Schlange vor, die er bald formen und neben einen Kopf aus Lehm in den Boden pflanzen würde, er dachte an den Mann, der seinen Nacken mit dem Fuß zu Boden gedrückt hatte, er hatte an der Stelle, wo der Stiefel ihn gezeichnet hatte, ein Brandmal am Rücken, er dachte, nein, er wurde trunken von den Blitzen und der Ermattung, von Blut und Gebell, sah gar durch den Wald hindurch die Hunde weit vor sich rennen, als wären die Bäume durchsichtig, hell, zerbrechlich geworden, und er sah, wie die Sonne mit den Löwen in den Laderaum des Großen Schiffes stürzte, eine Sonne in Ketten, die schrie und tobte, den hölzernen Rumpf versengte, der sich sofort und endlos neu bildete (um das berstende Gefängnis für immer zu verschließen) und wie die Löwen oder die Hunde aufsprangen wie Flammen, während das Unwetter auf Himmel und Erde kenterte.

(Acht Uhr. Die Meute hatte die Fährte seit sechs Uhr abends gehalten, sie war aufs äußerste erregt. Sie fand die Spur im Dickicht vor dem *Akazienhügel* wieder.)

Und er spürte den Wind: nicht um ihn herum oder ohne Unterschied am ganzen Körper, sondern wie er ähnlich einem Wasserlauf den Furchen der Peitschenhiebe folgte. Als stiege der Wind über seinen Rücken einen Weg hinauf, alle Schluchten zur gleichen Zeit nehmend, jeden blutigen Brückenschlag, jede in der Haut geöffnete Straße. Wütend ergab er sich. Er war nur noch ein Schrei aus Wut und Schwäche in der filzigen Dichte des Hügels, dazu in der Ferne das verzweifelte Gebell der Hunde. Er hatte schnell begriffen, daß der Wind nicht in Wirbeln aufstieg, sondern unermüdlich, Welle um Welle. Er legte sich auf den Bauch. Er legte sich hin, um nicht das schmerzende Brennen des heißen Winds auf seinem rohen Fleisch zu spüren. So blieb der Wind die sichtbare Blüte dieses menschlichen Baumstamms; und die ganze Nacht, die erste, würde der Wind aufsteigen, von diesem zerrissenen Körper aufflammen, um plötzlich auf die Ebene zurückzufallen, und dann, seinen Aufstieg und Sieg neu beginnend, sich wieder zum Fuß des Abhangs auszubreiten.

(Neun Uhr. Vor der schwarzen Mauer bildeten Männer und Hunde einen Kreis. Nichts zu machen. Es war, als wäre dieser Marron von jeher den *Akazienhügel* hinaufgerannt, denn er hatte den einzigen Ort erkannt, an dem ihn die Bestien niemals aufspüren konnten. Ein Marron des ersten Tages. Ein Marron der ersten Stunde.)

„Er hat Euch nicht einmal Zeit gelassen, für ihn eine Hütte zu finden!"

Senglis lachte hämisch. Durch ein Wunder an Energie hatte er der Jagd folgen können. Jetzt ließ er das Schauspiel auf sich wirken: Sah in der schwarzen Klippe das Ende seiner Qualen, sowohl dieses ermüdenden Tags wie eines ganzen Lebens voll

Haß und Eifersucht. Er war so geschaffen, daß er sich mit einem derartigen Trost und einer so geringen Rache abfinden konnte, sie mußten nur in großen Abständen in der Prozession der Kränkungen aufeinander folgen, um ihm wieder für lange Zeit Kraft und Mut zu verleihen.

„Ich gehe hinauf!", schrie La Roche.

Und nahm ein kleines Fäßchen, er hatte es seit sechs Uhr nicht aus den Augen gelassen, und nach ihm geschickt, sobald er von der Flucht des Sklaven erfuhr. Das Fäßchen machte die übrigen Jäger neugierig, besonders Kapitän Duchêne, der mit seinen Offizieren zum Souper geladen war, daher an der Verfolgung teilnahm, und der gehofft hatte, daß es sich um eine Reserve Rum handelte. Der gute Mann hatte seine Kühnheit so weit getrieben, das Gewicht des Behältnisses abzuwägen und hatte betrübt feststellen müssen, daß es in keiner Weise einer ebensolchen Füllmenge Alkohols entsprach. Monsieur La Roche hatte lediglich gerufen: „Duchêne, lassen Sie sich nicht einfallen, dieses Fäßchen anzufassen, Sie werden sich die Finger verbrennen!" Die Jäger begnügten sich damit anzunehmen, daß der Herr von *L'Acajou* ein wenig Schießpulver darin transportierte, das er unter dem Hintern des Negers explodieren lassen wollte. In dieser Vermutung wurden sie noch bestärkt durch die mühsam zurückgehaltene, wilde Hitzigkeit, mit der er Männer und Hunde angetrieben hatte.

Diese (die Hunde hatten sich verdreckt und hechelnd hingelegt) begaben sich hin zu La Roche und brachten vor, in den Akazien weitergehen zu wollen, wäre die reine Torheit: zweifellos hätte er sie nicht angehört, wenn nicht sein buckliger Nachbar mit einem hämischen Lächeln erklärt hätte: „Aber laßt ihn doch, er hat recht, daß er diesen Neger wiederhaben will", dieser Satz hatte den Jäger gewissermaßen ernüchtert – sodaß er eine ganze Weile vor der Klippe aus Stämmen stehenblieb, sich in die Tiefe aus Schatten fallen ließ, die über ihm an der roten Schulter des

Himmels hinaufstieg, er, allein jetzt vor den anderen, die ungeduldig wurden, und sich dann umwandte und endlich mit einer einfachen Gebärde befahl, den Rückweg anzutreten.

Ja, das war die Stelle.

„Und so," murmelte Mathieu, „war das erste, was er fühlte, der Stiefel auf seinem Nacken"; lange bevor er wieder die Hiebe, die Lauge und das Schießpulver spürte, in dem Moment, als das Laufen sein Blut aufgepeitscht und seine Schmerzen wiedererweckt hatte. „Denn er war schon ein Longoué", sagte der Alte stolz. Er hatte das Land dort drüben nicht vergessen, nein; aber die Überquerung von so viel Wasser, die Peitsche auf seinem Rücken und auch der Andere, der sein Gefängnis auf dem Wasser geteilt hatte, hatten schon aus ihm einen Longoué gemacht.

„Ja, auch der Andere."

„Warum", fragte Mathieu, „hat er dann nicht den Anderen ebenfalls zu einem Longoué gemacht? Da hat er verloren. Oder aber, du mußt mir erklären, was sich in dem Land dort drüben jenseits der Wasser zugetragen hatte."

Papa Longoué streckte die Arme zur Ebene aus.

Er sah das uralte Grün, die Tollheit des vom Zugriff des Menschen noch unberührten Urwalds, das Chaos der Akazien, das in einer Woge bis zu den hohen Gräsern hinabrollte, dort, wo bald ein gelichteter Wald aus Stämmen bis hinab zur abgegrenzten, in Vierecke aufgeteilten Ebene züngeln würde. Die ganze Geschichte erhellt sich in dieser Erde: Wie die im Laufe der Zeit sich wandelnden Erscheinungen dieses Landes selbst. Papa Longoué wußte es. Er zitterte leicht und dachte, daß Mathieu von sich aus wenigstens lernen mußte, wie man den Vorsprung des Urwalds betrachtet, der zu einem Sieb gepflügten Landes hinabfließt, und von sich aus lernen müßte, wie man das Beben der alten Tollheit spürte, dort, wo die Tollheit der Menschen jetzt ihre starre, geduldige Gier errichtete. Diese Macht erfüllte ihn mit schwerer

Hitze und ließ ihn in der Sonne frösteln. Er streckte die Hände zur Ebene aus: Zu dem anderen Ozean, der zwischen dem hiesigen Land und dem Berg der Vergangenheit aufgetaucht war. Noch nicht wissend, daß Mathieu ihn besiegt hatte, da der junge Mann ihn zwang, den Pfad des „möglichst Logischen" zu gehen, und daß er daher jetzt in *Damits, Alsos, Danachs* und *Davors* dachte, mit Knoten von *Warums* in seinem Kopf, die in einem Unwetter aus *Deshalbs* untergingen.

„Weil wir, ho Mathieu, zum Anfang kommen müssen", sagte er. „So entkam er also schon in der ersten Stunde ... Es war hier, hinter der Mauer des Hügels. Und vielleicht wußte er, daß du eines Tages da sein würdest, Papa, um mir die Stelle zu zeigen. Er wußte es; warum hätte er sonst so nah bei der Meute gewartet, am selben Ort zwischen den Bambusrohren, wo du dich niederlassen solltest?" Er wollte weder den Stiefel im Nacken noch die Peitschenhiebe vergessen, oder die blauen Augen des Jägers; auch nicht den Namen, der zwar in einer unbekannten Sprache, aber so überzeugend geklungen hatte: La Roche!

Doch die Geschichte war einfach und ruhig dahingerollt: das Hitzige und die Begeisterung gehören zum Heute. Die Geschichte eines Mannes, dachte Papa Longoué, der seinen Haß während einer ganzen langen Überfahrt genährt hat, wenn man diese Reise eine Überfahrt nennen konnte. Und dieser Mann hatte nicht versucht, zu denken oder Ordnung zu schaffen. Die Ordnung und das Denken gehören zum Heute.

„Setzen wir uns", sagte der Alte, „und gehen wir den Weg nach..."

La Roche rannte vor den Hunden her, offenbar hatte er es ebenso eilig, nach Hause zu kommen, wie zuvor, als er auf der Fährte des Marron vorwärtskommen wollte; Senglis setzte seinen letzten Stolz darein, an seiner Seite zu bleiben. Der Kapitän und seine beiden Offiziere folgten langsamer nach, voll Verwunderung über die Erregtheit der beiden Grundbesitzer. Einige Sklaven bildeten den Schluß des Marsches. Der alte Kommandant warf, sich umwendend, zuweilen einen gedankenversunkenen Blick auf sie, denn er suchte hinter den schwarzen Masken nach Trotz oder Freude. Doch den Sklaven schien der Ausgang der Jagd völlig gleichgültig. Sie sprachen nicht, denn es war verboten.

Um zehn Uhr waren sie alle am Ufer des Bachs, hinter dem die Besitzung begann; die Hunde wollten trinken, doch der Herr hinderte sie daran, er schrie und zerrte an den Leinen. Männer und Tiere gelangten auf den drei Planken hinüber, die unter den Lianen über die Felsen des Bachbetts geworfen waren; dann versanken sie im Pfad, an dessen Ende das Haus seinen flachen Schatten warf.

Es war der rückwärtige Pfad, er hob sich kaum zwischen den ungleichen Baumreihen ab. Bald gingen sie an den Baracken entlang, zu denen gerade auch die Neger von den Feldern nach getaner Arbeit zurückkehrten. Einen Moment lang kreuzten sich die beiden Gruppen, doch La Roche sah die Frauen und Männer nicht einmal, jene im Schatten verwischten Schatten, die ihm den Weg freimachten. Sie drangen von der Küche her ins Große Haus ein, vom schweren Essensduft angelockt, und ließen sich unverzüglich im größten Zimmer nieder, wo eine junge Negerin reglos und fast lächelnd neben einem gedeckten Tisch stand und sie erwartete.

Duchêne, Lapointe und der Schlagmann drängten sich in der Nähe des Tisches, während die beiden Grundbesitzer sich von ihr Wasser über die Hände gießen ließen. Die Seeleute, die doch nach jeder Landung der *Rose-Marie* bei La Roche soupierten, konnten nicht umhin, zu diesem ungewohnten Anblick hinüberzuschielen. Der Herr von *Acajou* brach in lautes Gelächter aus und zog die junge Sklavin auf seine Knie.

„Ich habe", sagte der Kapitän, „überall nur von Aufruhr reden hören. Stimmen diese Gerüchte, Monsieur?"

„Ach, das müssen Sie Senglis fragen. Er ist Hauptmann der Miliz und ich weiß nicht mehr von was noch."

„Lacht Ihr nur ... 3000 Aufständische im Süden und ebenso viele auf den Höhen."

„Ach wo, wir haben es hier ganz ruhig."

„Und was sagt Ihr zu den Nachrichten aus Santo Domingo?"

„Wozu sich über ein Nichts aufregen, Senglis! Ihr habt doch so viele von ihnen erschossen, die anderen werden sich ruhig halten. Das alles kommt im übrigen von Duchêne!"

„Von mir?"

„Spielen Sie nicht den Unschuldigen. Es gibt Aufstände, und danach Repression. Das ist das Geheimnis Ihres Geschäfts. Wie der Messias werden Sie erwartet, mit Ihren 300 Köpfen, obwohl Sie uns jedesmal ausnehmen..."

„Und dann verkauft er Euch auch noch Marrons!"

„Genug, mein Lieber. Ihr werdet sehen, ich werde mit meinem Marron weniger Schwierigkeiten haben als Ihr mit Eurer Neuerwerbung.."

„Meine Herrn, meine Herrn", bat der Kapitän.

„Gut, Duchêne, klagen Sie nicht. Nehmen Sie, ich überlasse sie Ihnen für diese Nacht!"

Und La Roche schob die Sklavin zum Kapitän hin.

„Oh, über das Alter bin ich hinaus!"

Das fanden sie lustig, alle um den Tisch schüttelten sich vor Lachen, bis auf den galligen Lapointe, der sich wütend fragte, warum ihm nie solch ein Angebot gemacht wurde. Er hatte nicht den Kapitänsrang.

Das Mädchen war ein ungewöhnliches Geschöpf, mit einem alten vergilbten Überwurf aus Spitze notdürftig bekleidet, den sie in einer der Schiffstruhen im Hause gefunden hatte, darüber hatte sie ein Stück Stoff zusammengebunden, das Schultern und Brust freiließ und ihr bis zu den Fersen reichte. Sie war bestimmt fast zwanzig, wirkte aber wie eine Vierzehnjährige. Ihre Haut glänzte im Lampenlicht. Sie hielt sich stolz an den Brauch, nur dem einen Herrn, den sie kannte, mit einem Lächeln zu antworten. Die anderen hatte sie nicht zu beachten: Trotz ihres Standes durfte sie es sich erlauben, ihnen den Rücken zu kehren, es sei denn, Monsieur de La Roche verbat es ihr mit einem Blick.

Während die Gesellschaft sich stärkte (mit heimischen Hühnern in einer Soße, Kassavafladen von Maniok, Zuckerrohrsirup aus der Raffinerie, Yamswurzeln sowie einem neuen Gemüse, das auf einem Baum wuchs und Brotfrucht genannt wurde) kam ein lebhaftes Gespräch über die immer häufigeren Revolten auf und dann sprach man wieder über den Neger, der am selben Tag entlaufen war: Als stellten die Gäste einen natürlichen Bezug zwischen diesen beiden Begebenheiten her, oder als wählten sie den Flüchtling bereits an die Spitze gegenwärtiger und künftiger Revolten.

„Man merkt das auch auf dem Schiff", erklärte der Schlagmann. „Auf jeder Reise sind sie widerspenstiger. Die Mannschaften fürchten sich inzwischen vor ihnen, nicht einer bedauert sie mehr. Und kein einziger von denen fleht mehr um Gnade. Drüben im Sammelpferch wissen sie jetzt, was sie erwartet, und wohin sie gebracht werden."

„Außerdem versuchen sie sofort nach der Landung zu fliehen."

„Aber wie kommt das alles?"

„Ich weiß es schon", sagte wieder der Schlagmann. „Dem habe ich es angesehen, daß er fliehen würde. Mit der Zeit bekommt man so etwas wie ein Gespür für diese Dinge."

„Mein Junge, ich werde Sie für meinen Einkauf anheuern. Sie werden mich beraten, welche die gefügigen Stücke sind."

„Es war die Ruhe, die beide vortäuschten. Der eine spielte eine wichtige Rolle, in seiner Nähe sagten die anderen kein Wort. Da unten im Zwischendeck, an seine Sklavenkugeln gefesselt, schlichtete er sogar einen Streit unter ihnen. Als wir zur Inspektion hinunterkamen, malte er sein Zeichen vor einem, der zeterte, in die Luft."

„Ach so. Die Schlange!"

„Ja, die Schlange. Es war eine seltsame Überfahrt, Monsieur. Die Mannschaft schien von der Macht dieses Negers beeindruckt zu sein. Noch nie wurde die Reede von Fort-Royal mit so vielen Hochrufen begrüßt."

„Doch wie konnte er fliehen, er war doch fest angekettet."

„Die Macht dieses Zeichens! Ich bin sicher, daß einer Ihrer Sklaven ihn befreit hat. Wissen Sie es noch? Zuerst haben wir die Lieferung für Monsieur Senglis begleitet. Vielleicht erinnern Sie sich, daß sie noch einmal versuchten, miteinander zu kämpfen, als wir den Anderen zu den Baracken der Besitzung Senglis führen wollten."

„Das war um drei Uhr."

„Um vier waren wir hier. Wir schieben sie alle in den ersten Pferch und gehen hinein, um uns zu erfrischen. Eine Stunde später war er verschwunden. Die anderen waren alle noch da, sie waren nicht einmal erschrocken und alle noch angebunden."

„Ach was! Die meisten meiner Sklaven sind hier geboren, wie hätten sie sich mit diesem Afrikaner verständigen sollen? Weißt du, Junge, ich war erst siebzehn als mein Vater starb. Mein erster Beschluß war, die Sklaven im zeugungsfähigen Alter miteinander zu paaren. So erhielt ich fünfzehn zusätzlich ohne irgendwelche Auslagen. Louise hier kennt ihre Erzeuger nicht einmal. Ich habe sie sofort ins Haus genommen. Doch wenn ich Ihnen sage, daß jeden Tag eine Frau von hier aufpaßt, dann wissen Sie, wie gut ich ihre Mutter kenne. Ach was. Einer Mutter habe ich noch nie ein Lächeln geschenkt! Hier haben wir doch ganz andere Verhältnisse!

Nein, nein, die haben vergessen, woher sie kommen, dieses Zeichen hat keine Macht mehr über sie! Nur ich habe hier die Macht, ja, ich ganz allein! Nicht wahr, Louise?"

Die junge Negerin lächelte und schüttelte den Kopf.

„Ich nenne sie Louise, weiß nicht warum. Mein Wohlgefallen."

„Glauben Sie nur das nicht! Sie geben einander etwas wie eine Erinnerung an ihr früheres Leben weiter."

„Morgen werden wir ja sehen! Eine ordentliche Tracht mit der Peitsche wird ihnen die Zunge schon lösen. Heute abend, Freunde, wollen wir auf die Gesundheit unseres Königs trinken."

„Und auf den Tod der Generalstände!"

„Senglis, keine Politik! Hört auf damit. Ich bin hier der einzige Verlierer, wenn einer zu klagen hat, dann ich. Ab jetzt gehört die Nacht uns!"

In seinem Halbdunkel erfüllte sich das verrauchte Zimmer langsam mit lauten Reden, Gesängen und dem schweren Geruch der Soßen; die lackglänzenden Bänke wurden allmählich verrückt, die großen Schränke erzitterten; der ohnehin wurmstichige Bretterboden sackte an manchen Stellen ab; die gelben Kakerlaken trieben in den unbeleuchteten Zonen ihr Wesen; die letzten Fleischstücke auf den Platten trockneten aus, während die Nacht die Lampen besiegte. Die junge Negerin, die als einzige die Nacht wahrnahm, blies schließlich die Dochte aus und legte sich ohne einen Blick für die betrunkenen Männer auf einem Sack neben der halboffenen Tür zum Schlafen ...

„Also mein Lieber, Sie sind mein Gast", sagte Papa Longoué.

Mathieu und der Quimboiseur gingen feierlich zum Feuer zurück.

Nichts rührte sich mehr auf dem gestampften Platz: die Hitze war regungslos, der Bambus verloschen, die Luken blind. Die Hütte gab keine Geräusche mehr von sich, starr schlief die Asche. Aber der junge Mann hob den Kopf und schaute dem Wind dort oben zu, der sich mit Wolken verschleiert hatte, er wirbelte, und ließ die durchsichtigen Himmelsgebilde um einen einzigen Krater Walzer tanzen. Die grauen Wolken schlangen sich schwindelnd um die weißen, im Innern dieses Karussells erschien die berstende Sonne wie ein Spiegel aus Feuer.

„Ja", sagte Papa Longoué einfach und bückte sich, um eine der gekochten Bananen aus dem Topf zu fischen.

„Man könnte meinen, alles wäre da! Louise, das Haus, das Fäßchen bei der Zisterne, die Tür, die sich auf die beiden Acajous der Allee öffnet ..."

„Wart ab, du wirst sehen, du steigst hinab, du glaubst, du steigst hinab, und dann triffst du plötzlich auf den Weg von heute und begrüßt dich wie einen Fremden."

„Und doch! ... Ach, ich bin stärker als du, Papa! Ich habe dich dazu gebracht ... Du zeigst mir, was getan-wohlgetan ist!"

„Denk aber daran, bevor er die Küche betrat, hatte er sein Fäßchen neben den Eingang gelegt."

Mathieu winkte mit einer großen Gebärde ab.

Sie aßen langsam.

Der letzte der Longoué lächelte, er dachte an Leute, die sich für die Stärksten halten. Doch sind sie nicht fähig, sich aus einer Geschichte herauszuhalten. Für sie gibt es nicht eine Angelegenheit auf der einen und einen Zuschauer auf der anderen Seite. Für sie ist alles ein einziges Gerangel des Winds, am Mittag um Mitternacht. Der Zuschauer ist unten bei der Hütte, er spioniert niemals den Wind der Höhen aus.

„Ich bin der Zuschauer", sagte der alte Mann.

Mathieu wußte nicht, daß sich einst, gestern, der Flüchtling am gleichen Platz zum Schlafen gelegt hatte, in Gedanken an die Frau, die ihn aus den Fesseln befreit hatte; er dachte, *die kriege ich ich nehme sie mit*, während er den Mitternachtsmond betrachtete; in der Tollheit des Winds verborgen, zeichnete er in die Mitte der

60

durchbohrten Wolken einen Teich der Sanftheit, in den schwarzen Acker des Himmels ein blaßgelbes Loch.

3. Kapitel

Er wachte in dem Augenblick auf, als dieser Mond am Himmel verblaßte und mit einem Mal die Finsternis des Waldes schwer wurde vom Tau. Er konnte erahnen, wie der Schatten den Tau auf den Blättern und dem Boden ablegte, die unsichtbar waren, es schien ihm, als hätte sich der entschwundene Mond in der Vielzahl der Stümpfe als Feuchtigkeit verteilt; er sah nach und nach den Tag von den Wurzeln ausströmen, wie ein Hauch der Erde, und zuletzt die Wipfel ganz da oben beleuchten. Da begriff er, daß der Ort, an dem er eingeschlafen war, die einzige ebene Fläche in der Wucht der Wälder darstellte, den einzigen gestampften Platz, der für immer wie ein flacher Ast am riesigen Stamm des Hügels hängen würde. Auf dem Bauch liegend konnte er, wenn er den Kopf ganz zurücklegte, die Masse des Blattwerks über sich erkennen. Offensichtlich war es das Morgengrauen, kühl und angenehm, und doch schon beschwert von den Gluten der künftigen Sonne. Er bewegte sich sacht, setzte sich dann mit einem Ruck auf, ohne die Furchen des Schmerzes auf seinem Rücken zu spüren, nur bedacht, die Steifheit der Glieder zu überwinden.

Nachdem er sich gereckt hatte, begann er fieberhaft Lianenstücke und Zweigsplitter zu sammeln, und häufte sie vor sich an; erst da bemerkte er die zwei Taue um seine Handgelenke, sie waren noch ins Fleisch geknotet, als seien sie dort eingewachsen, denn der Sklavin war gerade die Zeit geblieben, das Stück durchzuschneiden, das sie miteinander verband. Er befreite sich aus diesen Armbändern, rieb sich kräftig die Unterarme und machte sich auf seinen Fersen kauernd an eine sorgfältige Arbeit, indem er Holzstückchen mit den Lianen zusammenfügte, so daß sie eine Art knotigen, reptilartigen Körper bildeten, dessen eines Ende er verjüngte und an dessen anderem Ende er einen rudimentären Kopf ansetzte. Diese Beschäftigung beanspruchte all seine Aufmerksamkeit, und so sah er nicht, wie plötzlich die Sonne über die Flanke des Hügels zu seiner Linken barst, von den schwarzen Bäumen getragen, deren oberste Zweige im Aufflammen verschwanden. Und als er seine seltsame Beschäftigung beendete, war das Band des Himmels zwischen dem Kamm und der Sonne bereits zu einer weiten Fläche bläulichen, von leichten weißen Barken dünn besäten Wassers geworden. Er betrachtete jedoch die beiden Taustücke auf dem Boden und dachte wieder an die Frau mit den langen Gewändern, wie ein Krieger in Festkleidung. Er richtete sich auf und ging auf der Terrasse aus Erde weiter. Denn mit seinem ganzen Wesen wollte er schon den Raum bis zu dem Haus abbrennen, die tiefe Savanne ganz unten zerstören, mit ihrem dunklen Grün und leuchtend roten Streifen, auch diese neue Vegetation roden, die ihm einen Horizont absteckte, um endlich zu der Kriegerin zu gelangen: Ihr gelber Schleier hatte Zöpfchen auf ihre Brust gezeichnet, ihre rotschwarze Schleppe hatte die Fesseln verborgen und ihre Augen hatten unbändig im Halbdunkel des Pferchs geleuchtet.

Wie rasend wandte er sich wieder seiner Arbeit zu: Um aus dem Boden taugetränkte Erdklumpen herauszureißen, die er knetete, bis er einen großen, wirklich knöchernen Kopf mit Ebenheiten und breiten Schmissen erhielt, und auf ihn ritzte er mit dem Daumen einen Mund und zwei weit aufgerissene Augen, eine aufgestülpte Nase. Er wählte mit Umsicht einen Winkel zwischen zwei Wurzeln, legte diesen Kopf hinein und gab ihm, Mund an Mund, das Tier aus Holz und Lianen bei, dessen Leib er dann um den Lehmschädel legte; so echt, daß man nicht hätte sagen können, ob es sich um ein vom Hauch des roten Kopfes selbst gezeugtes Halseisen handelte, oder um einen lebendigen Haarschopf, der für seine eigene Existenz an dem Rache nehmen wollte, dem er sie verdankte.

Danach brach er auf, den leeren Tag vor sich, der doch schon schwer war von dem Land, das er kennenlernen wollte. Am Hang entlang gehend, den linken Fuß stets gegen einen Stamm abgestützt, durchquerte er den Wald in seiner ganzen Breite und ging einmal um den Hügel herum. Er entdeckte einen Abhang zum Meer, den liegenden Bogen einer Düne, umgeben, umzingelt von einem einzigen Leib: drüben war er ein einziges Fluten, auf dieser Seite rollte er seine Dickichte aus Grün hinab, die der Wind von der See ausgedünnt hatte. Ein einziger Leib um die Spitze aus Sand, die selbst hervorstach wie ein Stachel durch die eigenen Absonderungen, Stümpfe aus Lehm wie ekelerregende Pusteln und Teiche mit brackigem Wasser durchstechend, um sich herum der Sand vergoldet vom Schmutz. Ein unermeßliches Schweigen, das beim Zusammentreffen mit dem Geräusch des Meeres schwankte; es schien, als könnte man über den Saum der Wogen hinweg die Durchdringung dieser beiden Lebensordnungen berühren: Die stumme Ausbreitung der Küste und das dumpfe Schlingern des Lebens im Meer.

Das Fieber des Erwachens hatte sich gelegt, als sei es von dem großen weißen Schwert, das dort, nahe der Welle hingeworfen lag, erstickt. Er ging auf den Höhen die Küste entlang und bemerkte, daß die Spitze sich ihm immer darbot, auf welcher Seite er auch ging: So war er ebenfalls umzingelt, während er selbst im Fortgang seiner Wanderung die geheime Domäne des Sandes umschritt. Er sah die andere Küste jenseits des Himmels wieder, so deutlich, als wäre dieses Meer lediglich ein Kanal, er streckte die Hände nach den Auswüchsen der steilen Wurzeln, zu den Barrieren aus Schaum, die er ein einziges, erstes, endgültiges Mal überquert hatte; er sah die endlose Linie, schwarz und blau da hinten auf dem Blau des Wassers, ohne Biegung, ohne Erhebung, ohne Wiederkehr; und das Warten, er spürte die Schrecken des Wartens wieder, wie zu jener ersten Zeit der Seefahrt, als das Schiff noch am Ufer entlangkreuzte, und er sich, wenn er mit der Kette zum Rundgang auf Deck hinaufstieg, jedesmal fragte, *ob das Land noch da sein würde?* Dann, eines Tages, die Unendlichkeit der See.

Eines Tages war es die See, dann die Ankunft in diesem Land der Schlingen, Biegungen, Buchten und Schluchten. Er hatte bestimmt dies Land mit einem einzigen Blick erfaßt und abgeschätzt, in dem Moment, als er auf die Brücke kam, noch bevor er den zweiten Fuß auf das von Spritzwasser gestreifte Holz gesetzt hatte. Indem er die Augen zu den Planken des Schiffes senkte, schien er für das Panorama der Küste kein Interesse zu haben, doch das war nur eine List. Er hatte dem Kommandanten das Spektakel des erschreckten Tiers nicht bieten wollen, das am Eingang des ihm zugedachten Pferchs sich nach allen Seiten umblickt und verzweifelt wehrt. Keiner von ihnen, keiner in diesem, den früheren oder künftigen Haufen hatte diese Mischung aus Niederlage, Resignation und Terror zeigen können, die ihn innerlich aufwühlte. Es war nicht Trotz, eine solche Ladung hatte keine Kraft mehr zum Trotz, sondern ein Instinkt, Scham, das unwillkürliche Bedürfnis, etwas zu verbergen. Vielleicht auch Schwäche. Vielleicht, weil er, gerade er, den Unterschied zwischen diesen beiden Küsten schon ermessen hatte (die eine war unendlich, die andere in ihren Biegungen zusammengedrängt), weil er schon die Masse des Ozeans ausgemessen hatte, die zwischen ihren Ländern aufgetürmt war. Vielleicht, weil nun nicht mehr die Zeit war, die Linie eines Ufers zu erspähen, sondern sich auf das Leben vorzubereiten!

Auf dem Markt hatte er daher die Vorgänge wie in einem Traum verfolgt. Der Regen, der seine plötzlichen Güsse wieder aufgenommen hatte. Weiße, rosige Frauen, gewichtige Männer.

Die Schlauen, die Dickköpfigen, die Geizigen. Wie ein Gegenstand aus Gold gegen einen Jungen ausgetauscht wurde. Das Knistern der Kleider, die durch den Morast gezogen wurden. Das Gekreisch der Händler, die großen Gebärden, der dröhnende Donner der Hunderte von Stimmen, das leere, stumme Gesicht derer, die ihn noch immmer anschauten und auf seine Entscheidung warteten. Er war jedoch mit zwei Männern und drei Frauen zusammengebunden. Nahebei schien der Andere ebenfalls zwei Frauen mitzuziehen. Als einzige von der ganzen Truppe waren sie aneinandergebunden und von den übrigen abgesetzt, neun schon gebrandmarkte Tiere, vor denen die Menge nicht stehenblieb, da sie es eilig hatte, zu den günstigen Angeboten zu gelangen, zum Feilschen, zum Kauf. Er sah die Menge vorüberziehen.

Und danach, hinter dem Wagen, gingen sie lange auf bequemen Wegen, breiten, flachen, gleichförmigen Fahrwegen im Lehm, nur von zwei Radspuren vertieft, in denen die Räder liefen, ohne zu rumpeln. Jetzt konnte er das Laubwerk zu beiden Seiten der Straße sehen, die Bäume und die Tiefe der Schatten, er gewann den Eindruck, daß er hier bestimmt das *Kraut-für-Leben-und-Tod* finden würde. An einer Kreuzung bemerkte er, daß sie den Anderen zu einem Pfad nach rechts führten; man konnte nicht sagen warum, aber der Andere versuchte sich freizumachen, nicht, um zu fliehen, sondern um sich weiter zu prügeln. Denn alle beide warteten sie auf den Augenblick, um die Angelegenheit zu bereinigen. Doch man stieß sie ohne Federlesen auseinander, die Seeleute warfen den Anderen so lange auf den Weg aus rotem Lehm, bis er aufstand und sein ganzer Leib in Streifen davon gezeichnet war, gelblich auf der schwarzen Haut. Ja.

Er hatte begriffen, daß man sie hier für immer trennte und als er später vor dem flachen Haus ankam, das sich hinter die zwei riesigen Stämme der Acajous drängte, wußte er, daß er jetzt am endgültigen Pferch angelangt war, den man ihm und seinen

Leidensgenossen zugedacht hatte. Noch bevor er hineingetrieben wurde, konnte er sich mit einer einzigen Gebärde den drei oder vier Beobachtern der Szene verständlich machen (unter ihnen war vielleicht auch eine Frau): dümmliche Schatten, die gelähmt an der Wand des Großen Hauses standen. Obwohl seine beiden Hände zusammengebunden waren, hob er sie zum Pferch hin, um auszudrücken, daß er dort nicht zu bleiben gedachte: und vielleicht hatte die Frau die Gebärde gesehen und sich schon in diesem Moment entschlossen, ihn zu befreien.

„Du weißt gar nicht, was sich dort in jenem Land jenseits der Wasser zugetragen hat! Vor so langer Zeit, so langer Zeit, mein Sohn ..."

„Wir wissen nicht", dachte Mathieu, „wir, wir! Nicht einmal du, der Älteste hier, älter als die Häuser die Schulen, älter als die Kirche und das Missionskreuz, denn du bist sozusagen geboren an dem Tag, an dem sie an Deck stiegen, als sie das Ende den Anbeginn sahen, das Gefängnis das Land, die Wüste den Überfluß, die auf sie warteten, und die Blicke zum Deck gesenkt hielten, wie wir in diesem Moment unseren Kopf zum roten, scharfkantigen Lehm neigen; denn es hat nicht eine einzige leere Zeit gegeben bis heute, da wir alle zusammen vergessen haben; nicht nur die Longoué und die Béluse, das heißt, jene, die sich weigerten und jene, die sich fügten, sondern auch die anderen, die an die Longoué und Béluse gebunden waren, hinter dem Wagen hergingen und nicht einmal errieten, warum die beiden sich wie zwei Brüder abkämpften, die zusammen bleiben wollen, auch jene nicht mitgerechnet (in dem Fall täuschte der Anschein den alten Herrn Duchêne keineswegs), die an der Jagd teilnahmen und denen es wirklich gleichgültig war, ob man den Flüchtling fangen würde oder nicht, und darüber hinaus all die anderen, die niemals wußten, warum ein Longoué gegen einen Béluse kämpfen mußte, die hergebracht wurden, ohne daß sie sich fragten, warum sie dieses große Meer überquert hatten, warum sie dieses Meer überlebt hatten, um welcher Arbeit, welchen Lebens willen, ob der Grund war, daß ein Mensch, der Arbeitskräfte brauchte, diese unerdenkliche Art gewählt hatte, mit anderen Menschen umzugehen, und sie hatten in dieser Abwesenheit gelebt bis heute, hatten die Béluse und Longoué in dieser Abwesenheit gewiegt und somit nach und nach die Bugwelle des Schiffs im Ozean verwischt; bis ein Junge wie ich, nachdem er die Bücher gelesen hat und zu schnell gewachsen ist, ja zu schnell, endlich den Schaum auf der Meeresoberfläche anschaut und die Stelle sucht, wo das Tau die blauen, aufgedunsenen Leiber hindurch gezogen hat; bis ich, der ich nichts vergessen habe, da ich nie etwas von dieser Geschichte wußte, allein hierher komme, um den Ältesten hier zu befragen, Papa Longoué, du, du, der vergessen hat ohne zu vergessen, denn du lebst auf den Höhen weit von der Straße entfernt und du behauptest, man dürfe die Tatsachen nicht mit Logik verfolgen, sondern müsse erahnen, vorhersagen, was geschehen ist; nein, nicht einmal du, der du heute trotz des Gewichts der Sonne auf deinem Kopf dennoch die Daten, die Beweggründe festzustellen suchst! Weil wir, du und ich, den Weg der Sonne wieder hinaufgehen wollen, versuchen wir, den Tag der Vergangenheit zu uns herzuholen, wir spüren, daß wir unter diesem Gewicht noch zu leicht sind und um unsere Anwesenheit auszufüllen noch zu leer in dieser Abwesenheit, diesem Vergessen; ja, unsere Anwesenheit auf der Welt: ein allzu großes Wort für dich, für mich, für unsere Schwäche und Unwissenheit, und doch ein Wort, das wir vor uns her schieben müssen wie einen Wagen ohne Deichselstangen, weil die Welt da ist und offen und wir in jedem Fall eines Tages unsere Hügel bis zu ihr hinabsteigen müssen; da wir es von uns selbst aus erfahren wollen, du, der du es weißt und dennoch nichts begreifen würdest, wenn ich laut zu dir sprechen würde, und ich, der nichts weiß und dich dennoch schon begreifen kann, wenn du so dasitzt ohne zu reden, in dem lauten Getöse der Ebene; ja, weil wir aus dem Inneren entdecken wollen, an jenem Moment wieder anfangen wollen, als noch nicht alles im Dunkeln lag, ohnmächtig, in dem Moment, als wir zuletzt die Sonne über der *Sandspitze* schauen konnten, uns im Akazienwald niedersetzen konnten, um dieses Licht abzuschätzen und zu wissen, daß es in uns war! ... *Wie du dich mit Worten entfernst*, doch warum denn nicht Worte, große Phrasen, wenn man mit sechzehn ohne Wissen überall Gespenster aufstöbern muß, ohne zu wissen und wenn ich am großen Plateau haltmache, der Tag sinkt, er wird gleich sinken, lasse ich einen lauten Schrei, ohne zu wissen, was ich schreie. Weißt du dein Schweigen? Bestimmt will ich nicht anklagen, will nicht der Einteilung folgen zwischen dem, der das Pulver anzündete und dem Neger, der in fliegenden Fetzen von Fleisch und Blut zerbarst vor dem flachen Haus; nicht einmal die Linie kennzeichnen zwischen dem, der das Mädchen auf die Knie nahm und dem, der schrie: „Bei Gott, das ist wirklich übertrieben, die Negerin auf seinen Schoß zu setzen, vor uns allen, auch wenn wir Freunde und Nachbarn sind": Weil der Bucklige selbst gern das gleiche getan hätte (wie wir wissen), und es nur nicht wagte. Nein. Sondern weil, siehst du, Papa, ich weiß nicht, mir scheint, es fehlte noch Licht am Licht auf der ganzen Welt, wenn wir nicht die Abrechnung vom Markt für uns hätten, ja, für uns, und gemeint ist nicht der mit seinem Tagwerk zufriedene Händler (das kennen wir schon, das wurde bereits beschrieben), sondern die zur Schau gestellte Ware selbst, die sieht, wie die Menge vorüberzieht. Es würde eine Stimme im Himmel und im Licht fehlen, deshalb bin ich hier, bei dir, ohne zu reden: um der Stimme willen, nicht zur Anklage von Leid und Tod. Und keiner von uns kennt, was sich im Land dort jenseits der Wasser zugetragen hat, das Meer ist über uns alle gerollt, selbst über dich, der du die Geschichte und das Drum und Dran kennst. So ist es. Das nennen wir die Vergangenheit.

Diese bodenlose Folge vergessener Dinge, mit einigen wenigen Blitzen von einem Nichts in unserem Nichts: Meine Großmutter, die vor ihrer Tür kauert und den jungen Leuten nachschreit: „Was? Ihr könnt mein Alter nicht ausrechnen, was lernt ihr denn in der Schule, ich sage euch doch, daß ich im Jahr-des-Großen Feuers-am-15.Juni geboren bin!" Und auch das nennen wir die Vergangenheit: Jenen Strudel des Todes, woraus wir das Gedächtnis schöpfen müssen, doch für dich bin ich ein Kind, die Kinderschar, du siehst nicht, daß ich gewachsen bin seit dem ersten Mal, als du mir sagtest, ich solle zu meiner Schwester zurückgehen und das Tischtuch mit der richtigen Seite auf den Tisch legen, damit du in das Haus eintreten und das Kind heilen könntest, oder wenigstens herausfinden, woran es leidet; und hier reglos vor mir sitzend hast du gesagt, ich solle auch die Statue der Heiligen Jungfrau im Zimmer umdrehen, um die Gottesmutter nicht zu beleidigen; und ohne es zu sehen, hast du das Kind geheilt. Ja, die Vergangenheit, denn ich bin gewachsen seither und du siehst es nicht, es ist die Vergangenheit, dieses Bedürfnis, eine Geschichte in ihrer Bedeutung zu begreifen, bevor sie überhaupt beginnt, und zu erklären, was dahinter steckt: Denn wenn du genau wüßtest, was für ein Leben sie dort unten führen, eines Tages werde ich es dir sagen, ein Leben, täglich träger, dunkler und bitterer, ohne Aufsehen, ohne einen Berg, ohne ein Tal, dann würdest du sehen, wie die Vergangenheit aufrecht neben ihnen steht, und sie sehen sie nicht. Und ich beschreibe dir nicht die Einzelheiten, man kann die Langeweile nicht beschreiben, aber das ist eben die Vergangenheit, die Tatsache, daß man das Land dort jenseits der Wasser nicht finden kann und welche Bedeutung sie haben, denn sie sind alle beide gekommen, haben sie nicht das Land mit hierher gebracht, hat es sich nicht mit ihnen niedergelassen, ist mit ihnen gewachsen in der Vergangenheit mit dem Vergessen den Akazien und den Hütten auf der Besitzung Senglis? Denn das Land gehört Béluse

70

ebenso sehr wie Longoué wir sprechen nie von Béluse Béluse
wußte er wußte was jenseits der Wasser geschehen war und daher
war das Land bei ihm er teilte es mit Longoué bis zu dem heutigen
Tag an dem wir du und ich den Gischt an der Oberfläche der Zeit
geschaut haben ich ein Junger den du noch für ein Kind hältst und
du ein Splitter ein Stückchen Rinde den ich immer für die Wissenschaft die Kenntnis halte ja trotz der Bücher den ich für den
halte der weiß und der bestimmt, aber jetzt bist du allein dein
Handel ist beendet du bist der Béluse unter den Longoué der
ganze Gischt des Meeres und der Zeit ist bis zu deinem Mund
gestiegen o Papa ...“

„Aber man muß Béluse folgen“, sagte der Quimboiseur, „Wir
haben ihn zu schnell verlassen. Immerhin ist er dein Vorfahr, ho
Mathieu!...“

II

Zuerst fiel ihm der Alte auf, der abseits von den anderen
Binsenkörbe flocht: Als einziger hob er den Kopf, während die
kleine Gruppe den Hof betrat. Ein ruhiger, träger Mann mit
starrem Blick; das Stroh rieselte ihm durch die Hände wie Wasser
aus einer Quelle springt.

Dann betrachtete er die Anordnung der Hütten, die auf drei
Seiten im rechten Winkel errichtet waren, die vierte öffnete sich
zum Anstieg, an dessen Ende man das Große Haus sehen konnte.
Es glich tatsächlich eher einem befestigten Schloß, das oberhalb
eines Dorfs aus Hütten erbaut war.

Die Sonne schien hell auf den morastigen Hof, man konnte fast
zusehen, wie die Wasserpfützen verdunsteten, der Lehm sich
härtete. Was ihn nach dem alles verschlingenden Raunen auf dem
Markt am meisten verwunderte, war dieses geräuschvoll zischen-

de, seidige Schweigen, von Gleichgültigkeit und Resignation durchzogen.

Hierher also hatte das Schiff geführt.

Sie, er und die beiden Frauen, wurden in einen Verschlag hinter einer der Hütten geworfen, Wasser tropfte vom Strohdach, glanzvoll wie ein sonniger Fluß, der überläuft von der Sonne, die durch das Sieb der trockenen Blätter scheint. In diesem Schatten und dieser trockenen Feuchtigkeit liegend, hatte er einen Teil des Hofs überblickt: Der Alte hatte seine Arbeit nicht wieder aufgenommen, er schaute immer noch in die Richtung der drei Ankömmlinge, reglos und geduldig im Licht da drüben. Den Frauen neben sich keine Beachtung schenkend, stützte der Mann sich auf den feuchten Boden und betrachtete den eigentümlichen Alten. Ihr Blick folgte einer engen Gasse zwischen zwei Hütten, gerade, wie eine durch ein Bambusrohr gezogene Schnur. Es ging darum, wer als erster Schwäche zeigte. Doch ohne den Blick zu senken, erhob sich der Alte, ging quer über den Hof, betrat den Durchgang, sein Kopf füllte die ganze Breite aus und verdeckte den Teil des Großen Hauses, der scheinbar den Hütten entsprungen war, der Mann sah seine Augen immer deutlicher, geweitet und wach in ihren verklebten Höhlen; er trat in den Verschlag und ließ sich geruhsam nieder.

„Du haßt mich", sagte er, „das ist normal. Im Augenblick haßt du alle."

Die beiden Frauen waren betroffen; entsetzt. Seitdem das Schiff vor der Küste dort drüben die Anker gelichtet hatte, hatte keiner von ihnen den Mund geöffnet, um ein Wort zu sprechen; das Leiden war stumm gewesen, auch der Haß. Stumm der Tod. Stumm das Drama, das in der Besinnungslosigkeit des Zwischendecks ausgebrütet und das der *Andere* ohne zu sprechen bereinigt hatte. Seit das Schiff an der hiesigen Reede Anker geworfen hatte, hatte keiner von ihnen ein Wort gehört, das er verstanden hätte. All diese Stimmen, diese Ausbrüche und das Geschrei hatten sie in einer wildwütigen Taubheit gehalten.

„So alt bin ich nun auch wieder nicht, daß ich die Sprache vergessen hätte. Schaut mich nicht an wie einen lebenden Toten!"

„Aber alter Papa", sagte er, „wie sollen wir glauben, daß es möglich ist. So weit, so weit."

„Und doch ist es möglich. Es gibt zwei Wege. Wenn es auf einer Pflanzung gut geht, kaufen sie die Neuen in der gleichen Gegend. Ja. Die Arbeit wird dadurch leichter, das heißt, daß du schneller und schneller arbeitest. Doch wenn es Schwierigkeiten gibt, halten sie gar nichts davon. Dann sagen sie, die Neuen bringen einen schlechten Geist mit, sie dürfen sich mit den Alten nicht verständigen und während sie die hiesige Sprache lernen, vergessen sie den Aufstand. Und wenn sie die neue Sprache kennen, ist es zu spät, dann sind sie gezähmt. Deshalb wählen sie sie drüben aus einer anderen Ecke aus, da geben sie acht. Offenbar ist bei uns alles in Ordnung, da sie euch hierher gebracht haben. Oder? Das heißt, daß du morgen schon zur Arbeit mußt, und wahrscheinlich sagen sie, ich soll mit dir gehen und dir alles erklären. Ich soll also noch auf die Felder rennen wie ein ganz junger Mann, in meinem Alter!"

Dieser Alte war wie eine Hyäne; er dachte nur an sein Unglück. Er sprach schnell, so daß die drei Gefangenen sich aufregten, weil sie nur winzige Teile seiner Rede verstanden, hier und da eingestreut wie Blitze in ein nächtliches Gewitter. In seine Sätze mischte er völlig unbekannte Ausdrücke, immer, wenn die Erinnerung an seine Muttersprache ihn verließ, oder vielleicht auch, wenn jene Sprache ihm keine Wendung bot, die zu der neuen Situation paßte.

Der Mann empfand einen unüberwindlichen Abscheu gegenüber diesem schamlosen Schwächling, der sich beklagte, ohne auch nur einmal zu fragen, ob sie Hilfe gebrauchen könnten oder etwas zu trinken. Er begann zu zittern.

„Was ist?", fragte der Alte. „Hast du die Reise nicht gut vertragen?"

„Es ist mein Rücken", sagte er sehr schnell.

„Ach, haben sie dich ausgepeitscht. Bei denen darf man sich nichts herausnehmen, die sind rasch dabei!"

Tatsächlich spürte der Mann die Schmerzen im Rücken und die ganze Steifheit seines Körpers wieder. Er wagte sich nicht zu regen, nicht weil er sich davor fürchtete, seine Verletzungen wieder aufzureißen, sondern überhaupt zu einer Bewegung anzusetzen, und sei sie noch so gering, da er wußte, sie würde mit einem Schlag in die verklebten Augen enden. Er saß stocksteif im Morast, ganz auf den quälenden Schmerz in seinem Rücken konzentriert, und suchte zugleich mit all der in einem solchen Moment möglichen Genauigkeit herauszufinden, was „sich etwas herausnehmen" bedeuten könnte, und bemerkte nicht einmal, daß der Alte seine Rede sofort wieder aufgenommen hatte, ohne sich weiter um die Peitschenhiebe und Verletzungen zu kümmern.

Seine Rede begann mit einem kleinen Mädchen, es war ein süßer Wildfang: Alle, ob Herren oder Sklaven nahmen sie auf den Arm, denn es brach eine unvermutete Schönheit aus ihr hervor. Das Mädchen war schon in frühester Zeit verwaist, hatte aber scheinbar darunter nicht gelitten, da die Leute, die Tiere, die Dinge, die Erde und die Sonne ihr Vater und Mutter ersetzten; abgesehen von der eigenen Großmutter, die ihr Leben nur dem Kind widmete. Sie hieß Cydalise Marie Eléonore Nathalie und hatte sich selbst für Marie-Nathalie entschieden. Sie also erblühte am Beginn der Rede wie ein blauer Teich ganz voller Morgensonne. Dann wurde sie härter, ohne an Schönheit zu verlieren. Von einem Wort zum nächsten, ganz oder fast ohne Übergang, wurde sie undurchsichtig, unberührbar. Denn es verband sie kein gemeinsames Maß mehr mit dem, was sie umgab. Bald sah man sie nicht mehr die kleine Bande ihrer Schützlinge kommandieren, schwarze, gaffende Kinder. Dann verschwand sie für einige Zeit; was man von ihr wußte, erfuhr man von den Leuten aus dem Haus: Sie lernte Lesen und Schreiben. Die Kluft wurde noch größer. Als sie wieder auftauchte, war sie eine Frau und in ihrem Putz einer jungen Dame nun gänzlich unerreichbar geworden: Ihr Finger war stets erhoben, um auf einen Mangel hinzuweisen; ihr Blick in die Ferne gerichtet, als hätten Menschen und Dinge vor ihr keinen Bestand; ihre Stimme war angespannt und wie gebrochen, vielleicht, weil sie ihrer Großmutter zu viele Geschichten vorgelesen hatte. Und jeder hielt sich von ihr fern, war bereit, sie zu hassen, doch sie beharrte auf ihrer Rolle, ungeachtet der Feindseligkeit. Die Rede entfernte sich von ihr und kehrte dann wieder zurück: Zum Tag ihres ersten Ausgangs, ihrer Geburt, zu ihrer Hochzeit, wie sie die Kirche betrat und wie sie sich als arrogantes, noch kleines Kind in ihre Bank setzte. Wasserblume, Kreidemaske, Meeresfeuer, Klostertod: die Rede schaukelte von einem Bild zum anderen über die Jahre hinweg. Man sah nicht, wo oder wodurch diese Person sich so verändert hatte. Und sie tauchte unergründlich, unstet in den verschiedensten Aufmachungen wieder auf und entzog sich körperlos dem Fluß der Worte des alten Fuchsgesichts.

Deswegen (sagte er?), weil man nicht ergründen konnte, warum sie den Herrn des flachen Hauses nicht geheiratet hatte. Geschichten. Geschichten aus der damaligen Zeit. Die Alten erzählten, wie sie das Land durchstreifte, zu Fuß, doch in Reitkleidung, die Peitsche in der Hand, und auf die Bäume beiderseits der Straße eindrosch. Und wie sie ganz oben am Himmel erschien, wo der Pfad zwischen den drei Besitzungen bis ins Innerste der Erde hinunterzuführen scheint, und wie sie an der Kreuzung zögerte, da sie wohl nicht wußte, ob sie zum flachen Haus rennen sollte, mit seinen zwei Acajous wie Totenwachen, oder friedlich in Richtung des befestigten Hauses gehen sollte, das wie ein Bajonett über den Hütten aufgepflanzt war. Und vielleicht ahnte sie da schon, als sie so zwischen Himmel und bodenloser Erde erschien, daß es ihr bestimmt war, diese Küche niemals kennenzulernen, in der zur Stunde Louise kommandierte, die Verräterin.

(Daß sie dazu bestimmt war, ihr Leben lang das zu lieben, was sie für immer fliehen mußte; und sie drosch auf die Bäume ein, schlug Fetzen von den Hecken, blieb plötzlich vor einem Trupp Sklaven stehen, ballte die Fäuste, biß sich auf die Lippen, allein, verletzlich und ganz aufrecht, ohne einen Laut in dieser ganzen Besinnungslosigkeit der Bäume und Vögel.)

Als entfesselte sich plötzlich eine an Bäume und Himmel gebundene Kraft gegen sie. Und sie blieb lange reglos stehen, ein Standbild, das unter dem gleichgültigen Brennen der Sonne zerrissen wurde. Doch ihr Haß wie ihre Liebe galt nur dem Herrn mit den blauen Augen: Alle Welt wußte, daß sie ihn nicht sehen wollte, es nicht konnte: daß sie fast ohnmächtig hinfiel, so stumm und starr wurde sie, wenn der Zufall oder die Verpflichtungen ihres Daseins sie einander gegenüberstellten; selbst nachdem sie ohne Prunk oder Befriedigung den Buckligen geheiratet hatte, und man nicht umhin konnte, jene „Geburt eines toten Kindes sechs Monate später" festzustellen, dessen Haar (zumindest eine Strähne davon) von einer alten Negerin auf der Schwelle des Hauses verbrannt wurde.

All das wußten die Sklaven. Wir wußten es auch, wir anderen. Sie hatten die Geschichte in kleinen Stückchen rekonstruiert, fast ohne es zu wollen, als eine Art Beschäftigung. Denn ausnahmslos jeder mußte gegen sie kämpfen, sie war so anders, so fern, und hatte so unerwartet den Buckligen geheiratet. Als ob eine Frau ihr Kind, die Frucht ihres Leibes und ihrer Seele, nicht allein aufziehen konnte!

Der Regen knatterte nicht mehr auf das Stroh des Verschlags; der Alte hechelte, in die Folge seines Traums verloren; er rekonstruierte diese seltsame, unwirkliche Geschichte mehr für sich als

76

für die Neuankömmlinge. Der Mann litt (sein Rücken war zwischen den Furchen aus Feuer zusammengezogen), hörte nichts oder soviel wie nichts von der langen Predigt, während die beiden Frauen sich plötzlich voll Entsetzen auf den Boden warfen, ihre Leiber völlig gehen ließen.

(Und da war der Reigen der Gipfel gewesen, weit über dem Bambus und das Wiegen des Winds in den silbrigen Farnen, am Tag, als der Bucklige ihr sagte: „Marie-Nathalie, das Schicksal hat's gewollt, ich liebe Sie!" Sie hatte gelacht, sie trafen sich erst zum zweiten Mal; und erfreut, geschmeichelt, abwesend streichelte sie mit der Spitze ihrer Peitsche eine zerbrechliche Hibiskusblüte.)

Danach hatte sie La Roche getroffen. Wir alle wußten es. Sooft sie auch vorüberging, als seien wir noch unwirklicher als das Pferd, das sie nicht ritt, wir wußten doch, daß sie La Roche getroffen hatte. Ein Verrückter, im Kopf ein halber Neger, trotz seiner blauen Augen. Er dachte sich unsinnige Geschichten aus. Ein Hitzkopf, der sich selbst verzehrte, und es damit begründete, daß er eine unglückliche Kindheit gehabt hatte. Er wußte dem Mädchen Vergnügen zu bereiten. Vielleicht, weil ihrer beider Wahnsinn in der Sonne zusammenschmolz. Wir alle wußten es. Alle schauten sie uns an, ohne uns zu sehen, doch uns war die Angelegenheit bekannt: Wie sie schon morgens wegging, um ihn zu treffen, das Haus verließ, wo ihre alte Großmutter endlos weiterbetete, in der Hoffnung, ihren Gott zu erweichen, damit er seine Hand über das Haupt ihrer Enkelin breitete; und wie sie unten an den Feldern entlangging, sie kümmerte sich nicht um die Sklaven, die ihr nachspähten, ohne den Kopf zu heben; direkt über dem Boden verfolgten sie mit den Augen ihren Lauf; wie sie sich manchmal von La Roches Kutscher abholen ließ, ihm den Nacken tätschelte, und er ein stocksteifes Lächeln zeigte, ohne sich zu rühren, so daß wir uns über ihn lustig machten, so völlig starr lenkte er mit dem Mädchen hinter sich den Wagen (er war freilich der einzige, der bemerkte, daß wir uns über ihn lustig machten, wir blieben nämlich ebenso stocksteif und regungslos wie er); und wie der Mann und das Mädchen auf den Sand, nein, in den Sand fielen: beide trunken vom gleichen Salzgeschmack; und wie sie rein, zerbrechlich, unschuldig mit der ganzen Unschuld der Abenddämmerung zurückkehrte; sie war noch nicht einmal sechzehn; und wie, und wie und wie ... Denn so sehr sie auch taten, als ob sie uns nicht sehen würden, wir wußten vom kleinsten Wind, der über ihre Köpfe strich, und der kleinsten Verkrampfung der Hand, und sogar, ja, bis zum Ring um die Augen und dem winzigen, unmerklichen Fältchen der Verzweiflung, das schon an ihre Lippen schlug, als sie es selbst noch nicht spürten; wir sahen voraus, daß sie eines Tages nicht mehr ertragen würde, La Roche zu treffen und Schluß; unsichtbar lauerten wir täglich auf das Mal der abgelaufenen Zeit und des voranschreitenden Schmerzes auf ihren Gesichtern: Und sie selbst, die uns nie sahen, fühlen den Schmerz nicht; sie ahnten nicht, daß wir, ja, wir es auf ihren erwählten Gesichtern entstehen sahen ...

Doch der Alte schwieg schon seit einiger Zeit. Er schaute dumpf die eine Frau an, die sich dem Mann genähert hatte und nun bei ihm angelehnt saß; der Mann rührte sich nicht, er schien die Hingabe der Frau zu akzeptieren. Regungslos.

So reglos saßen sie bis zur Nacht, diese Frau, die gegen die massige Gestalt des Mannes geschmiegt war, sie, die die Reise an seiner Seite erlitten hatte, ohne daß er ein einziges Mal das stöhnende Fleisch neben sich wahrgenommen hätte, nicht ein einziges Mal hatte er den dreieckigen Kopf auf dem mageren Hals angesehen, die hervorspringenden Hüften, das steife Haar, das vor Schmutz, Ungeziefer und Meersalz stand; sie, die so lange Zeit den Blick des Mannes einzufangen gesucht hatte, um in ihm eine Stütze zu finden, und jedesmal nur den beiden leeren Augen begegnet war, haßvoll aufleuchtend, sobald der Mann *den Anderen* belauerte, über ihren Leib hinweg, als sei sie bereits tot. Und jetzt dachte sie an ihre Nachbarin vom Zwischendeck, ja, sie fragte sich verschwommen, wo man sie wohl hingebracht hatte, und sie wußte nicht, daß diese Nachbarin den *Anderen* auf die Besitzung *L'Acajou* begleitet hatte, daß sie gesehen hatte, wie der Andere zwischen den Holzstäben hindurch gelugt und einfach die Hände hingehalten hatte, als die junge Frau in den Pferch gekommen war mit ihrem Messer; daß die Nachbarin den *Anderen* draußen hatte rennen hören, während die junge Frau die fünf Gefangenen betrachtete, zögerte, und sich dann mit einem Seufzer umwandte (denn: *es hatte wirklich keinen Wert, die auch noch freizulassen, sie hätten ohnehin nicht gewußt, was sie tun, auf welchem Weg sie fliehen sollten. Oder: nur einer unter den Neuankömmlingen verdiente die Freiheit, da er sie so herrisch verlangt hatte. Oder aber: bald würde er zurückkommen, um sie alle zu befreien*); sie, die Frau, war von diesem Augenblick an dem Mann bestimmt, als sie etwas Wärme suchte, und der Mann akzeptierte sie in diesem Augenblick, ohne sie anzusehen, und war doch schon einverstanden mit dieser Anwesenheit neben sich, weich und lau in der Feuchtigkeit des Verschlags.

Bis zur Nacht. Von den beiden erstarrten Frauen suchte die eine, diese also, sich zu erinnern, während die zweite nicht einmal eine Präsenz hatte, eher ein formloses, unvollkommenes Pochen war, das nicht mehr aufleben würde (ganz im Gegensatz zur Nachbarin auf dem Schiff, dachte die Frau verschwommen, ganz im Gegensatz zu der Gefährtin, deren Stöhnen ihr eigenes so gut begleitet hatte – im gleichen beschwörenden Rhythmus, rituell wie ein Gesang und unbeständig weiblich zugleich); und schließlich der Alte, im sinkenden Tag völlig schweigsam geworden, da er alles herausgewürgt hatte, was er wußte, – sein Wissen beschränkte sich auf die unwirkliche Geschichte einer Weißen, in Wahrheit der Herrin des Ortes, es fehlten die passenden Wörter, die die Wahrheit hätten finden können: Als ob diese Dame, weiß geworden wie der Maniok, bevor er auf den Ofen kommt, das ganze Dasein des Landes ausgefüllt, sogar diesen alten Schwächling in den unentwirrbaren Urwald der Wörter verwickelt hätte, aus dem er nicht entfliehen konnte.

Reglos auch die anderen Sklaven, der Mann sollte bald feststellen, daß sie in der Mehrzahl alt waren und mit den minderen Arbeiten an den Häusern beschäftigt oder sich die Zeit mit der Reparatur der Nebengebäude vertrieben (Pferche, Verschläge, Hütten, Pferdeställe), vor allem aber Frauen und Kinder, die auf den Feldern arbeiteten, einige wenige waren ausgenommen, die, von allen beneidet, im Großen Haus dienten und wichtig und fein taten, wenn sie den Weg ihrer weniger begünstigten Artgenossinnen kreuzten, oder mit ihnen sprechen mußten. Es gab in den Hütten fast keine erwachsenen Männer, was den Anschein einer unbekümmerten Leichtlebigkeit gab, da die Frauen sich daran gewöhnt hatten, unter sich zu sein, ohne einen Zwang außer der schrecklichen Mechanik der Arbeit und ohne andere Ungelegenheit (auf diesem Gebiet) als abwechselnd einen Tag die eine, einen Tag die andere, die beiden Verwalter und Aufseher der Pflanzung befriedigen zu müssen. Wenn die Herren ihren Bestand vermehren wollten, liehen sie sich männliche Sklaven von den benachbarten Besitzungen aus. Es war ein ungewöhnlicher Vorgang, der nicht ohne seltsame, nie aufgeklärte Konflikte abging, denn die Verwalter und Aufseher zeigten sich manchmal eifersüchtig gegenüber den Negerinnen, die unter ihrer Fuchtel standen und gingen so weit, sie (mit Schikanen und Peitschenhieben) für diese erzwungenen und befruchtenden Seitensprünge büßen zu lassen. Die Herrschaften liehen also für die schwerste Feldarbeit und für das Bespringen der Frauen männliche Sklaven aus, und es war bekannt, daß die Herrin selbst über die vorzunehmenden

Paarungen bestimmte, sie fand überdies vielleicht ein trübes Vergnügen daran, die heimlichen Liebschaften ihrer Vorarbeiter und Aufseher durcheinanderzubringen. Und der Mann spürte schon an diesem ersten Abend, daß seine Ankunft auf der Besitzung etwas Ungewöhnliches hatte, daß sie die gewohnte Ordnung stören mußte; ein Weißer (ein Vorarbeiter) kam, um ihn schimpfend zu begutachten, und wies ihm einen Standort für eine Hütte, zusammen mit der Frau, die sich immer noch an ihn klammerte (paarte sie und ging damit das hohe Risiko ein, über eine Maßnahme zu bestimmen, die nur den Herrschaften zustand) und, nachdem er dem Alten erklärt hatte, daß er die beiden da für die Nacht unterbringen und sie am nächsten Morgen beim Hüttenbau anweisen sollte, nahm er die zweite Frau mit, die teilnahmslos, wie ohnmächtig war.

Aber am nächsten Morgen, sie hatten sich gerade im ersten Morgengrauen aus dem Staub der Erde aufgerüttelt, auf dem sie geschlafen (die Besinnung verloren) hatten, da trat schon eine Frau in die Hütte des Alten, schob sie nach draußen, und dort wurden sie von der Herrin und selbigem Vorarbeiter erwartet. Da sah der Mann die erregten Frauen, die die Hütte in einem großen Halbkreis aus Lärm und Gelächter umringten, in der Mitte stand ungerührt die Herrin und musterte den nervösen Vorarbeiter von oben herab. In diesem Augenblick erinnert sich der Mann entfernt an die Geschichte, die der Alte erzählt hat, er sieht die Herrin an, von dem großen fast vergilbten Musselin-Hut fasziniert, ihm scheint, als könnte er durch den Stoff hindurch die Sonne sehen (wenn sie schon da wäre); er steht wie angewurzelt vor diesem menschlichen Wesen, das in solch einer Masse Stoffs gefangen ist: Vom bebänderten Kragen über die Brüste, die sich unter Rüschen aus altem Satin abzeichnen, dem weiten Rock, den Schnürstiefeln bis zur Reitpeitsche mit überzogenem Knauf. Aber natürlich ist es bei ihm nur Staunen und Beobachten, er weiß nicht, was Satin, Haube oder Musselin ist, er hat noch nie gesehen, wie ein Stiefel geschnürt wird, es tönen Worte in seinem Kopf: *marinatali marinatali*, von denen er nicht genau weiß, was sie bedeuten, er ist entsetzt über die Wörter, die in ihm tönen wie ein heller Donner, während er auf seinem Rücken wieder die kochenden Striemen spürt.

„Monsieur de Senglis hätte mich davon unterrichten müssen", sagte die Frau.

„Es ist für den richtigen Gebrauch, Madame", sagte der Vorarbeiter höhnisch lachend.

Sie schaute ihn starr an als träumte sie. Dann wandte sie sich dem Sklaven zu und sagte zum Vorarbeiter: „Sie werden ihn in die Nordmannschaft stecken."

„Ich wollte ihn mit mir nehmen, zum Roden", sagte der Vorarbeiter.

„Nein, er kommt in die Nordmannschaft."

Sie ging; doch kaum hatte sie sich umgewandt, war sie verschwunden. Sie ging noch sichtbar auf dem Pfad, der zum hochgebauten Haus führte, und doch war sie schon abwesend; als hinge ihre Anwesenheit vor allem an ihrem Blick, ihrem Gesicht, am möglichen Gewicht ihrer Worte. Der Mann (sagte Papa Longoué) lernte so vom ersten Tag an, daß der Herr in Wirklichkeit nur in dem Augenblick existierte, wenn er dich ansah; trotz der ständigen Angst und der bleiernen Hand, die dich immer unten im Morast zu halten schien; daß der Herr an Macht verlor, sobald er dir den Rücken kehrte, als könnte er nur kommandieren, indem er dir einen Kraftstrom aufzwang, welcher jedoch versiegte, sobald er sich abwandte. So war es bei der Frau. Er sah, wie sie zum hochgelegenen Haus stieg, und in seinem vom Donner leeren Kopf fragte er sich fast, was er hier eigentlich sollte: Für eine Minute hatte er den Pferch, in den sie getrieben wurden, das Sklavenhaus, die Einschiffung, die Reise, die Peitsche vergessen. Den Kampf mit dem Anderen vergessen.

Reglos. Von der Morgenstunde an, die Sonne war noch nicht hinter dem Horizont erschienen, als die Herrin diese Art Inspektion vorgenommen hatte, bis zur völligen Dunkelheit, als sie, der Mann und die Frau, den Boden am vereinbarten Platz stampften, um sich eine Hütte zu zimmern; dabei hielt ihnen der Alte eine Fackel aus geharzten Ästen in die Höhe, nicht aus Solidarität, sondern um Gesellschaft, jemand zu haben, gegen den er nach Belieben schimpfen konnte, denn der Alte schlief sozusagen nie, seitdem er nicht mehr auf den Feldern arbeitete. Und sie hatten ihre Arbeit fast beendet, als sie ein Pferd im Galopp hörten, und dann sahen sie, wie das Tier aus der Nacht auftauchte, unter Senglis' Sporen; dieser ließ sein Reittier bis an ihre Seite springen, schaute sie einen Augenblick an und schwang sich dann auf den Pfad zum hochgebauten Haus. Ja, alle reglos in der sich dahinschleppenden Zeit, eingemauert in den weißen, reglosen Tod: Die Frauen, die an diesem Morgen viel früher aufgestanden waren, sie hatten sicher geahnt, daß die Herrin kommen würde, um sich den Neuling anzusehen, sie hatten sich also um die Hütte versammelt, unsichtbar und geräuschlos, bis die Herrin erschienen war (diese hatte die Ankunft der Gruppe am Vorabend beobachtet und sich im Morgengrauen zum Quartier der Vorarbeiter begeben, um eine Erklärung zu fordern, böse zu werden, den Angestellten anzuschreien – sie erhob dabei nicht die Stimme, in der ihr eigenen, starrsinnigen, hochmütigen Art) und sie gewissermaßen in einem kreischenden, gestikulierenden Halbkreis um sich geschart hatte, sie, die dem anbrechenden Tag entsprungen waren, der noch unter den Zweigen verweilte, Fetzen der Nacht. Nur die Anwesenheit der Herrin hatte sie der Nacht entrissen, wie die noch nicht angesteckte Sonne unter den Bäumen bereits eine ganze Welt von Lichtern und Leben hervortreten ließ; die Frauen waren gespalten in Feindseligkeit einerseits – denn der Ankömmling stellte eine Bedrohung dar, er konnte sie möglicherweise um irgendein erbärmliches Privileg bringen; er hatte möglicherweise die Macht, die Ordnung des Zusammenlebens zu stören, etwa indem er sich wehrte und damit eine kollektive Katastrophe auslöste, oder indem er sich, im Gegenteil, allzu gut anpaßte und sich auf diese Weise den Platz der Meistbegünstigten aneignete – und der Anziehungskraft auf der anderen Seite, ihre innere Erregung, die das Einbrechen dieses Mannes in ihr total weibliches Universum auslöste; erregt, zitternd bereits, ohne es recht zu wissen, daß sie diesem möglicherweise auf eine seltsame Art würden gehorchen müssen, sie, die unter der heimlichen Führung der Herrin sich mit ihrem harten Dasein abgefunden hatten, und die nicht nur die wenigen Männer hinter sich her zogen, die in den Hütten wohnten, sondern auch die weißen Vorarbeiter und Aufseher, trotz der Prügel, die sie ihnen verabreichten, was sie resigniert erduldeten, wie eine unbewußte Anerkennung ihrer Macht, sogar den buckligen Herrn, von dem jeder wußte, daß er der kalten Herrschaft der Herrin unterworfen war, und damit ebensowenig dem weiblichen Gesetz entging, das auf der Besitzung regierte. In ihre seltsamen Lumpen gehüllt, aus Säcken, Segeln, namenlosen Stoffen, deren entsetzliche Farbzusammenstellung ihnen eine massive, unteilbare Nacktheit verlieh, geboten sie dennoch über die wenigen Männer in den Hütten, die zweifach erniedrigt waren, versklavt und nicht existent, nicht nur ohne menschliche Qualität, da der gesellschaftliche Gebrauch so über sie bestimmt hatte, sondern selbst der elementaren Macht beraubt, die bei den Tieren das Männchen vom Weibchen unterscheidet; da sie ihrer animalischen Pflicht nicht mehr nachkamen, die darin besteht, zu befruchten und sich frei fortzupflanzen, hatten sie sich sogar angewöhnt, hinter ihren Herrscherinnen zu gehen; und dann die Kinder, ohne Respekt vor den Männern, nur die Gesamtheit der Frauen achtend (nicht nur die eine, die ihre Mutter war, sondern den gesamten Block der allmächtigen Gebärerinnen), eine Bande hungerverschreckter Gespenster, erbleicht unter ihrer schwarzen Haut, da sie Erde gegessen hatten, unreife oder verfaulte Früchte, allen Abfall tierischer und pflanzlicher Herkunft; greise Kinder, die bereits wußten, daß sie sich der doppelten Macht unterwerfen mußten, der offiziellen und der geheimen, die sie ihr ganzes Leben unterjocht halten würde. Reglos. Von der ersten Morgenstunde an, in all der Hitze gebadet, welche die Nacht wie eine starke Ausdünstung abzugeben schien, bis wieder zur Nacht, die ihrerseits zitterte vor Versessenheit: Ein einziger Tod zwischen zwei gähnenden Löchern, beschwert durch die Sonne, und jenes Gewicht aus Vergessen, Entsetzen und Vernichtung, das sich in der Zwischenzeit erbarmungsvoll auf ihre Köpfe senkte.

Ja. Bis zu dem Augenblick, als der Mann sich seinerseits vor seine Hütte setzen konnte: Die heiße Nacht rollte über seinen vom Leiden gebeugten Leib, sie schrie, daß es nichts gab, zu dem man zurückkehren konnte, weder zu dem gestampften Platz, wo er sich gegen den anderen zu stellen wagte, noch zum Wald, wo er eine Zuflucht gefunden hatte, auch nicht zur flüchtigen Annäherung, dem Feilschen, oder zum Verrat, der sich in einer endlosen Kette an den Verrat gefügt hatte, oder zur steinernen Zelle im Sklavenhaus, oder zum Plankensteg, zum Kahn, den die Fluten geschüttelt hatten, zum Schiff. Dem Schiff. Die Nacht trug ihn jedoch, über den Sturm hinweg, zu dem dortigen Land, weit hinter der Unendlichkeit, doch er wußte wohl, daß die Frau in der Hütte lag, mit der eigenartigen Körperhaltung, die man nach all den Monaten auf dem Zwischendeck nur schwer ablegte, und möglicherweise stöhnte; es war, als setzten sie die Reise fort, als wäre diese Hütte nur eine ungewöhnliche Verlängerung des gleichen Todesschiffs; es war, als würden sie niemals ans Ziel gelangen (trotz der neuen Landschaft, trotz der flachen Felder rittlings auf den Hügeln, der unerhörten Dürre und des salzigen Winds, der roten, gepeinigten Erde, die Weisheit, Ruhe und sanfte Zersetzung

85

nicht zu kennen schien; trotz des Schlagens der Ketten und der Raserei der Ernten, die er bereits vor sich sah; trotz des Lärms, der Erregung, all dieser Hirngespinste der Herren, welche die Stimme des Alten vermittelte; und trotz des zuweilen plötzlichen Aufbrechens eines winzigen Bachs, eines Rinnsals, das doch wie tausend Meere lärmte und aus einem einfachen Sturz über einen Fels eine riesige Kaskade machte); als sollte die Reise niemals enden und er ewig neben sich die Klage dieser Frau hören, im Schatten die Augen *des Anderen* sehen, den Kopf einer Schlange, der zwischen zwei Baumstümpfen hervorlugte.

Und es war eine Schlange, die er, sich im Schatten vortastend, im glühenden Staub aufspürte. Eine schwerfällige, starre Schlange, die er gründlich tottrat. Das Morgengrauen des zweiten Tags wuchs bereits in der Erde.

III

Der Quimboiseur hatte jetzt die Absicht, Mathieu eine Freude zu machen. Er wollte den jungen Mann beruhigen, sich wieder mit ihm versöhnen. Er stand auf, ging hinüber zur Hütte, hielt dabei fast bei jedem Schritt an, um zur Ebene hinunterzusehen. Mathieu umfaßte seine Knie mit den Armen; eine schwarze Rauchschwade, die zu den Höhen hinaufgeweht wurde, kreiste um ihn. Die Sonne verbrannte die Erde.

Longoué trat in die Hütte und tauchte sogleich wieder auf; als hätte er sich in Luft aufgelöst und dann sekundenschnell vor dem Schattenloch der Tür wieder materialisiert. Zumindest nahm Mathieu, dem von der Hitze und ihrem Widerschein auf der roten Erde schwindelte (und der vielleicht auch vom dunklen Rauch fasziniert war, der vom Feuer aufstieg und um ihn kreiste), nicht wahr, für wie lange Zeit der Alte im Innern verschwand. Er sah nur das kleine Fäßchen, Longoué trug es mit ausgestreckten Armen, die Augen geschlossen vor dem schrecklichen Licht.

„Du trägst es ja wie eine Hostie!", schrie Mathieu.

Der Alte kam feierlich zurück. Er legte das Fäßchen neben Mathieu, ohne ihn anzusehen, und Mathieu:

„Der alte Hund! Er sieht sie ankommen, geschwächt, vielleicht blutüberströmt, er, Béluse zumindest, krank, er schleppt sich nur noch, ist schon halb tot. Und wovon redet er, sagst du? Es ist nicht möglich, du hast es eben erst erfunden. Von diesem Mädchen mit der Reitpeitsche!"

Papa Longoué schaute weder Mathieu an noch das Fäßchen. Mathieu sprach weiter: „Als läge eine Magie in der ganzen Angelegenheit! Du kannst mir viel erzählen. Sie gehen an Land, sie treffen auf diese beiden Colons, wer soll wissen, woher die kommen, diese beiden, von einem Schloß in ihrem Frankreich, es sind reiche Leute, die aus dem Reichtum Profit schlagen, oder sie sind verkommen, wie Ganoven, sie sind Ganoven, Halunken, Mörder, die ihrer Mutter nicht in die Augen sehen können; und die anderen, ich meine die beiden anderen mit ihrer Geschichte dort drüben, die du nicht erzählen willst, die auf der *Rose-Marie* eingeschifft wurden und von allen Colons im Land ausgerechnet auf diese beiden treffen müssen, mit ihrer langjährigen Rivalität, so daß der Alte sofort (ihm, Béluse) ich weiß nicht was erzählt über das Mädchen und die Höhen und die Reitpeitsche überall. Na gut, du kannst mir singen, warum das Mädchen ihre Inspektion derart vornimmt, endlich, na gut, die Frau, und du sagst: Weiß wie Maniok, warum prüft sie den Neuankömmling, wie ein Tier, das erwartet wird? ... Er ist ja tatsächlich ein Tier. Aber so früh am Morgen, mit den Frauen um sich, man könnte meinen, sie sammelt ihre Macht aus dem Halbkreis der Weiber. Erregt waren sie, sagst du."

„Dachte mir, du wolltest nur die logische Folge, eine Begebenheit nach der anderen", sagte Papa Longoué.

„Ja, wie die beiden Landschaften, sagst du. Die eine ganz in der Unendlichkeit, vielleicht schon verloren in der Erinnerung, so groß, so flach, es ist die Ebene der Vergangenheit, über die man endlos zurückgeht, ja, sagen wir: das verlorene Land. Und wenn das andere, dieses hier, zusammengedrängt ist, in Schlingen, Biegungen, so winzig und so schnell erschöpft, dann weil hier Arbeit und Unglück sind. Nicht Arbeit, sondern Plackerei. Noch heute ist es Plackerei für die Überlebenden, für die, die wissen und die, die vergessen. Plackerei; nicht Arbeit. Dann ist das Land in ihrem Kopf ganz klein, endlich wie die Felder um die *Sandspitze* herum. Und reglos, sagst du? Nicht einmal der Wind, den du nicht spürst, ist reglos!"

Und ohne den Kopf zu heben, nahmen sie den Wind dort oben wahr, der das Feld des Himmels pflügte und dessen Walten auch in ihnen etwas urbar machte, das Buschwerk der Erinnerung, in welchem sie sich verloren. Doch der Wind fiel plötzlich, die Wolken schienen in der berstenden Sonne fest zu werden: Flüssiger Marmor, der plötzlich erstarrt. Drei Uhr. Die Ebene knatterte, das Knacken der Ebene, jetzt von der Bedeckung des aufwindigen Windes befreit, war zu hören. Ein Mond, der Mond, erschien auf der anderen Seite der Sonne, ebenso rund, ebenso weiß, durch einen Tisch aus Wolken von ihr getrennt.

„Sie haben es nicht nachgeahmt", sagte Papa Longoué. „Es ist mit ihnen übers Meer gekommen."

Er hob den Deckel des kleinen Fäßchens auf und streute Blätter und gelbe, fleckige Blüten auf dem Boden aus, Gerippe von Blättern und Zweigen, die er zwischen den Fingern zu zerpflücken begann: er blätterte Seiten um; sorgfältig, dabei entrückt (um seine Mißbilligung zu zeigen, und so die Gleichgültigkeit zu kritisieren, die der junge Mann gegenüber dem Fäßchen und seinem Inhalt an den Tag legte; Mathieu schaute zwar die Blätter in den Fingern des Quimboiseurs an, er hörte vielleicht das Knistern und spürte vielleicht sogar den Staub an den Spitzen der eigenen Finger, doch seine Augen blieben leer) und zugleich mit animalischer Geduld, nahm er jedes einzelne Blatt auf, um es besser kennenzulernen, oder besser zu zerkleinern.

Das war nicht nachgeahmt, denn in jenem Juli im Jahr 1788 tat der Vorfahre das gleiche am gleichen Tag auf diesem Vorsprung zwischen den Akazien, die lange Zeit danach der Hütte aus Kistenholz Schutz bieten sollten, und indem er die Blätter, die er den ganzen Tag gesucht hatte, zwischen seinen Fingern zerrieb, schaute er zum flachen Haus mit den Acajous wie Totenwachen hinüber. Und wenn er hier Halt machte, Mathieu, mein Sohn, dann nicht, weil er voraussah, daß ich eines Tages die Bananen am gleichen Ort aufs Feuer setzen würde, und daß du herkommen (hierher kommen) würdest, um mich nach dem Was und dem Warum zu fragen, sondern weil er schon in der Nacht nach *L'Acajou* zurückkehren wollte, ich werde dir sagen, warum, weil er die Geschichte anfangen wollte, die für mich die Geschichte ist, und das Mädchen entführen, damit sie den Geschmack der Erde kennenlernte und damit sie auf ihrem Rücken die Male von den Akazienzweigen tragen sollte, denn er würde sie auf die Erde legen, ohne daß sie sich auch nur ein bißchen wehrte. Das würde am ersten Tag sein, am zweiten, wenn du willst, und nicht, wie denn auch, ein Julimorgen im Jahr 1788 denn wer kennt den Juli oder das Jahr 1788 für ihn für mich ist es der erste Tag der erste Schrei die Sonne der erste Mond und das erste Jahrhundert dieses Landes. Da es nur noch das winzige, vom endlosen Meer umgebene Land gab und man nur schlicht dableiben konnte. Und, es war seltsam, als er sich der Peitschenhiebe auf seinem Rücken erinnerte, wenn man so sagen kann, denn er litt immer noch und brauchte nicht daran erinnert zu werden, träumte er, daß die Akazie und die Nadel der Akazie ihm Rache und Befriedigung bringen würden, sah er schon das Mädchen in der Nacht daliegen, ohne sich je zu wehren; er, der noch nicht Longoué war, der jedoch an diesem Tag das Land besichtigt hatte (es gibt kein anderes Wort), den Wald leergepflückt hatte bis in die versessensten, hintersten Winkel, das *Kraut-für-Leben-und-Tod* gesucht, gefunden hatte, das er zur Stunde sorgfältig betastete und enthülste.

„Wie diese Sonne und dieser Mond gleichzeitig auf deinem Kopf", sagte Longoué. „Du denkst, es wäre ein einziges Feuer ein einziger Glanz du weißt nicht, welches das andere beleuchtet. Ob es die Magie ist, die dich die Vergangenheit verstehen läßt, oder das Gedächtnis, die logische Folge über der Wolke, die da vor dir glitzert?"

„Seinetwegen, sagst du. Ich kann verstehen, daß man ihm zuerst folgt, ja, ich bin einverstanden, er ist der Longoué der Longoué, ich kann verstehen, daß wir jedes Mal wieder zu ihm hinaufgestiegen sind (er war ein Marron in den Wäldern), denn er ist dein Vorfahre und er ist genau dahin geflohen, wo du jetzt bist, ich kann verstehen, daß Béluse nicht stark genug ist, wir verlassen ihn jedesmal, er zwingt uns nicht, bei ihm zu bleiben, ich sehe sogar, daß er uns keine Worte gibt, es ist schwer auszusprechen, wenn wir an das rühren, was er tat; und für ihn, sagst du, für Longoué bleibt das Warten, ich weiß nicht, was in dieser zweiten Nacht aus ihm wird, ich hoffe, – während für Béluse alles geregelt ist, er ist auf der Besitzung Senglis, man paart ihn mit einer Frau, er geht ins Haus, die Herrin schaut ihn häufig an, die Tage fließen dahin, Béluse läßt sich nieder, alles nimmt seinen Lauf, das kann ich verstehen. Aber wenn der Marron auf uns wartet, warum dann sofort am ersten Tag, warum, und versuche mich nicht mit deinem Fäßchen voll Blätter abzulenken, warum all das Geschrei um Cydalise, Marie-Nathalie, und ob sie La Roche liebt, aber

Senglis heiratet (sozusagen). Was geht das uns an? Sie haben sie nicht nachgeahmt, sagst du."

„Gut," sagte Papa Longoué, „hast du Angst vor ihnen? Ich meine, vor La Roche, Senglis und dem Mädchen? Sie sind da, sie kommandieren. Glaubst du denn, daß ein alter Rest wie ich nicht weiß, wie sie sprechen und warum? Wir können wir können. Die ganze Zeit seit sie über unsere Köpfe hinweg gesprochen haben, haben wir Netze geknüpft, um ihre Stimmen einzufangen, nur sie wissen es nicht. Sie wissen nicht, daß auch wir sagen können, *sie sind so und sie sind so.* Du willst mein Fäßchen nicht anschauen, das ist ein Fehler; komm also mit mir, Jungvolk, dann wirst du den Sand sehen, der auf ihre Köpfe fließt ..."

Alle beide vergaßen sie die riesige Entfernung, die sie von den Begebenheiten trennte, jenen Ozean, auf dessen Grund sie tauchten (sie dachten nicht einmal, daß die Dinge sich auf andere Art zugetragen haben könnten, daß es in Gebärden und Sätzen der damaligen Zeit andere Nuancen hätte geben können), sie vergaßen die Ebene da unten und die schwere Plackerei des Heute, als wären sie Figuren, die sie in sich wieder zum Leben erweckten, Arbeiter von größerer Realität und höherem Gewicht. Sie nahmen den zurückgelegten Weg nicht wahr; daß sie jetzt mit unbekümmerter Überstürzung redeten, ohne ein Aufeinander-prallen zu fürchten; daß sie im Knattern der Hitze „laut" sprachen; daß *Magie* und *logische Folge* nur noch zum Vorwand dienten; daß es andere Wahrheiten gab, die sie (zwei Geisterbeschwörer) in ihren Reigen zogen. Sie ahnten nicht, daß dieser Wind, der um drei Uhr so plötzlich gefallen war, so daß man meinen konnte, die Wolken droben seien erstarrt, nur die Vergangenheit nachge-ahmt hatte, die plötzlich auf sie gefallen war. Daß dieser Wind der Vergangenheit sie jetzt ohne Umschweife wegfegen würde. (Daß Mathieu danach noch mehr gefährdet sein würde, zer-brechlicher als je zuvor; sich fortan darauf verlegen würde, die

91

Gegenwart zu erobern, die andere Seite dieses Winds; daß Papa Longoué dabei seine letzten Kräfte als Quimboiseur erschöpfen würde!) Sie vergaßen es. Denn der Galopp von Senglis' Pferd hatte sie bereits fortgerissen.

Auch Senglis, als er 157 Jahre vorher vom Haus mit den Acajous zu seiner eigenen, wie ein Bajonett über den Hütten aufgepflanzten Domäne ritt, auch er konnte nicht ahnen, daß um ihn herum bis zur fernsten Zukunft eine unbekannte Welt heranreifte, unterirdisch und noch unbestimmt, die einmal, jenseits der Nacht des Bebens, nach der stummen Abwesenheit und dem heimlich vergossenen Blut, wieder auftauchen würde zwischen den Graten des Bodens; eine Welt, ausgeschieden vom verbrannten Boden, und sie würde das träge Hirngespinst eines alten Sehers und eines zu aufmerksamen Jungen bis zu den Wolken empornehmen: Im klaren Himmel und in der endlosen Hitze würde es die Summe alles Erlittenen bedeuten, das Ausstreuen der Kräuter über dem verbrannten Lehm, die Aufzeichnung der nach und nach entdeckten Küste, die Verwurzelung in dem Klumpen schwarzer Erde, und, daß nach Marronnage und Prügelei der Traum wieder möglich wurde. Und Senglis hielt neben ihnen an und schaute den Alten, der seine Fackel aus einem harzbestrichenen Ast in die Höhe reckte, die geschäftige Frau, die die Augen nicht von ihrer Arbeit zu heben wagte (sie flocht Stricke aus Lianen), den Kerl, der in den gestampften Boden einen Pfosten schlug (sein erhobener Arm und der weggestreckte Pfosten, Gebärde und Gegenstand schwebten allein in der Helligkeit), sah in Wirklichkeit diese Tiere nicht, die ihm gehörten, Unterholz seines Waldes, und welche in seinen Augen nur als Material für Streitereien mit seiner Frau oder seinen Verwaltern existierten, er spaltete auf seinem Pferd die Nacht und kam voran, der einsame Senglis, in seiner einen Welt ohne Schattierungen oder Zweifel, ganz eingenommen von der Frage, was er seinem Fräulein Gattin erzählen sollte – mit diesem

Titel bezeichnete er sie, zweifellos um anzudeuten, daß er sie weiterhin für ein leichtes Mädchen hielt – er hatte es eilig, ihr die Begebenheiten der beiden Tage in allen Einzelheiten aufzudrängen, von der Prügelei auf der *Rose-Marie* bis zur Auspeitschung, und ihr Aufbrausen, oder ihre Angst, eher aber noch ihren Trotz zu beobachten. Dies war die Absicht, die Verheißung dieser Lust war es, die ihn aufs Pferd hatte springen lassen, wie trunken noch, daß er das Mädchen vor dem sprachlosen La Roche im Staub hatte liegen sehen, und diese Absicht hatte ihn wie ein wilder Wind über den Pfad eilen lassen, so daß er das Tier mit seiner ganzen Heftigkeit mitriß, und sie ließ ihn schließlich, von seinen üblichen Bedenken befreit, plötzlich in das Zimmer stürzen.

„Louise", „die Negerin", er hatte nur diese beiden Worte im Kopf, vielleicht rief er sie aus, als er ins Zimmer eindrang wie der Wirbelwind, ohne die hochgezogenen Augenbrauen, die überhebliche Miene, die sonderbare Ruhe von Madame de Senglis zu bemerken; und begann sogleich einen Fluß unverständlicher Wörter auszuschütten, während sie, ganz souverän und Herrin ihrer selbst, die Handarbeit ablegte, der sie sich augenscheinlich gewidmet hatte (in Wirklichkeit hatte sie auf ihn gewartet, seit Stunden die brodelnde Nacht abgesucht und die Sätze vorbereitet, die sie ihm ins Gesicht werfen wollte) und sich lässig aufstützte, mit dem geduldigen Ausdruck einer Frau, die sich über einen Kinderstreich schon eine Meinung gebildet hat. Er:

„Sie hätten es sehen sollen, meine Liebe. Eine richtige Prügelei, können Sie sich das vorstellen. Und La Roche nimmt einen davon, ich konnte nicht anders, ich mußte den anderen nehmen, ich weiß, es entspricht nicht unseren Gepflogenheiten, aber schließlich ... Und dann, als wir aus diesem vermaledeiten Boot stiegen, da segnete der Abbé, Sie kennen unseren Abbé, zweifellos hatte er es eilig zu einem galanten Rendez-vous, es war von höchster

Komik, es sah aus, als ahmte er die Gebärde dieses Sklaven nach, die gleiche Bewegung des Arms, der einzige Unterschied war der Zeigefinger, ich sah deutlich, er wollte die Sache schnell hinter sich bringen ... Die anderen aber, ich meine die beiden anderen, die Neger, unglaublich, ich beobachtete zum ersten Mal ihre stupide Mimik, es war tatsächlich, als erkannten sie in dem Abbé eine Art Bruder, sie schauten auf seine erhobene Hand, während er sie reihenweise segnete und der Andere, der von La Roche, der schien in ihm einen Gegner zu entdecken, er macht seine Gebärde noch einmal, Sie wissen schon, die Schlange, jedes Mal wenn unser lieber Abbé Lestigne seine rechte Hand erhebt, und so haben sich beide auf diesen Zirkus eingelassen, der eine äffte den anderen nach, doch der Abbé wollte das letzte Wort haben, mein Gott, war er komisch, sein Degen hing ganz schief, und der Andere wiederholte auch ständig dieses ewige Gestikulieren ...“

„Aber Sie hätten mir Bescheid geben müssen“, sagte Madame de Senglis ruhig.

„Deshalb erkläre ich Ihnen ja das alles ... Sie hätten es sehen sollen. Ganz ohne Zweifel war es Louise, den ganzen Abend warf sie ihm ihr Lächeln zu, nicht wahr, Louise, und sie setzte sich auf seine Knie und er ...“

Doch Madame de Senglis erhob sich, ging zum Fenster hinüber, um der Nacht zuzuhören, die in großen, hitzebebenden Lautfetzen hereinsang.

„Welche Louise“, sagte sie.

„Das wissen Sie doch (und auch er zitterte, denn er wußte, daß sie es wußte), die Negerin, die sich um die Angelegenheiten des Hauses zu kümmern pflegt, das wissen Sie doch ...“

„Tatsächlich“, sagte sie.

Unbeteiligt wandte sie sich ihm zu, mit einem gewinnenden Lächeln, sich plötzlich aus dem Fenster lehnend, begleitete sie dann (krök krö kro krö) den Gesang der Kröten im Vetiver-Teich.

„Marie-Nathalie, hören Sie mich an!"

„Aber ich höre, mein Lieber. So sprechen Sie doch."

Sie bot dem Kerzenlicht ihr unschuldiges Gesicht dar, wohl wissend, daß ihr in diesem Turnier der Triumph bereits sicher war. Er verhaspelte sich, „Wenn ich Ihnen doch versichere, daß diese Prügelei auf dem Deck der *Rose-Marie* stattfand, La Roche mokierte sich über meine Pistole ...", doch da er von der mitreißenden Trunkenheit sogleich eingeholt wurde, fiel er bald zurück in den Abgrund seiner eigenen Worte: „Dabei wäre es an mir, mich zu mokieren, er meinte, er hätte den Stärkeren bekommen, wohlgemerkt, das ist nicht ausgemacht, wenn man die zweite Prügelei bedenkt, die sie an der Wegkreuzung austragen wollten, es war ganz offensichtlich unserer, der sich auf den anderen stürzte, meiner Meinung nach gäben sie ein hübsches Schauspiel, wenn man sie in einer Arena aufeinander loslassen würde, jedenfalls habe ich vorhin unseren gesehen, wie er seine Hütte errichtete, und seiner, ha!, sechs Uhr war noch nicht ausgerufen, als hinter dem Pferch ein Lärm losbrach und sie im Tumult herübereilten, um es uns mitzuteilen, nein, vielleicht war es erst fünf Uhr, wir aber mußten warten, Sie kennen ja La Roches Tollheit, wir mußten warten, bis dieses Fäßchen geholt war, von dem er während der ganzen Verfolgung nicht ablassen wollte und wir dann als Treibjagd bei den Hunden, von Anfang an sah ich, daß der Pfad uns zum Akazienhügel führen würde, La Roche mochte wohl alle um sich in Aufregung versetzen, mir schien, daß der gute Duchêne insgeheim lachte, vielleicht weil er froh war, daß unserem Freund solch ein Mißgeschick passierte, und Lapointe mit seinem verdrießlichen Gesicht, immer auf der Suche nach diesem Schiff, er träumt, daß er es einst kommandieren wird, ja, es ist an mir, mich zu mokieren, da standen wir vor dem Akazienhügel, wo war das überhebliche Lächeln geblieben, frage ich Sie, und ich, obwohl wir die Pferde zurücklassen mußten, aber um nichts in der Welt wollte ich (Madame de Senglis unterbrach ihn abrupt: „Wir hatten doch vereinbart, keinen erwachsenen Neger zu kaufen, es steht im Vertrag unseres Betriebs", und er, wie wahnsinnig:) ja ich wollte es und wir haben sehr wohl gesehen wer behindert war und seine Behinderung war das Fäßchen jenes Fäßchen unbedeutend jedenfalls kamen wir zurück und ich wollte herausfinden nein wußte nein ahnte von vornherein daß diese Louise sagen Sie mir („Welche Louise", sagte sie) ist das der Name für eine der Name einer Christin kurz ich sah auf einen Schlag sie war und ich tat als ob ich auf der Bank schlief es war eine Nacht eine Nacht dieses Schnarchen wissen Sie ich wage es kaum zu behaupten aber ich glaube daß unser guter La Roche amüsanterweise er schnarchte wie ein Seemann jedenfalls beobachtete ich dieses Mädchen (und sie lachte darüber, daß er offenbar naiv genug war zu glauben, Schnarchen könnte eine Frau von einem Mann abbringen) es ist schon eine Weile her daß sie in sein Haus kam mal sehen es war zu der Zeit als er anfing uns zu meiden ha! diese Frau hat ihm zweifellos Kräuter in seinen Rum gegeben oder was weiß ich Sie kennen ja ihre schmutzigen Sitten („Gar nichts", sagte die Gattin, „er ist frei.") sie gab ihm eine dieser Scheußlichkeiten zu essen deren Geheimnis sie hüten es war zweifellos eine Weile vor unserer Hochzeit („Nein danach.") Sie irren sich es war vor unserer unseligen Hochzeit das mußte so kommen man nimmt sich nicht eine Sklavin und läßt sie in seinem Haus wohnen wie eine Ehefrau sie gewöhnen sich daran und das bedeutet Gift Kräuter Liebestränke diese Abscheulichkeiten die sie hinter ihren Hütten erzeugen darin war sie bestimmt eingeweiht Sie erinnern sich La Roche hat uns damit genügend in den Ohren gelegen meine Theorie meine Population das Jahrbuch über meinen Bestand und als sie geboren wurde wußten sie nicht ob und bis zu welchem Grad ihre Fehler und ihre Wildheit ins Blut dieses Mädchens übergegangen waren („Und dennoch haben wir es ihm durchaus gleichgetan, nicht

wahr, so sehr, daß wir keine erwachsenen Neger mehr kaufen, die
Rechnung ist einfach, sie kosten uns mehr, als wenn wir sie
ausleihen, oder unsere Frauen schwängern lassen und sie dann
heranwachsen sehen, denn ab dem Alter von vier Jahren können
wir sie nutzbringend einsetzen, Sie aber mußten mit Monsieur de
La Roche konkurrieren und mit einem Schlag ich weiß nicht wie
viel Geld auf diesen Afrikaner verwenden, weil Monsieur de La
Roche die Leidenschaft hat, von jeder Ladung, die ankommt, zu
kaufen.") ein Geschöpf keiner weiß wer es gezeugt hat er wagte
sie Louise zu nennen Louise schon von frühester Jugend an keiner
konnte sehen wie das Gift in ihrem Körper aufstieg jedesmal wenn
die Kinder aber diese Tiere bekommen keine Kinder sie interessierte sich nur für die Kräuter, die man nach dem Häufeln
verbrennen muß, unser Freund war natürlich leider ihr erstes und
glücklicherweise einziges Opfer was kann einer noch Erklärungen
finden bei der absurden Manie, dieses Mädchen ins Haus zu
nehmen („Er ist frei, ich sage Ihnen, kein Kraut kann ihn zwingen.") er ist nicht frei er hat geschwankt ob er sie töten soll nur der
Tod kann dieses Verbrechen sühnen ich muß aber zugeben daß er
etwas ganz Hübsches gefunden hat ich muß Ihnen den Apparat
beschreiben es ist eine Art Kreuz das er selbst erfunden hat zwei
vierkantige Baumstämme diagonal zusammengenagelt und nach
vorne gekippt so daß der Kopf zum Boden baumelt und es eine
ungeheure Anstrengung erfordert ihn oben zu halten und zu
verhindern daß das Blut ins Gehirn läuft es spannt die Beine unter
den Riemen an wir kennen natürlich andere Maschinen aber ich
muß gestehen La Roche hat da eine sehr elegante Methode
gefunden das Blut zu bearbeiten entweder an den Füßen da wo
die Stricke in die Haut einschneiden oder am Kopf so leise daß ich
es als einziger verstanden habe hat er ihr zugeraunt: 'Ich rühre
dich nicht an' sehen Sie nicht den Fluch der auf ihm und seinem
Haupt liegt seit dem Tag als er urplötzlich seine Nachbarn nicht

mehr kennen wollte und sein einziges Vergnügen der Verkehr mit finsteren Seeleuten war die nur einen Monat im Lande bleiben es war vor sieben Jahren kurz vor unserer unseligen Hochzeit („Nein, ich sage doch, danach.") ja („Nein.") dieses Geschöpf war etwa zehn Jahre alt ist es nicht erschreckend daß sie schon mit zehn Jahren daß sie das schon kannte und war sieben oder acht Jahre lang für ihn eine endlose rollende Klippe er wollte hinaufsteigen ohne auf die Rufe Warnungen Schreie seiner Freunde zu hören wie am Akazienhügel unlängst nachts Sie hätten ihn vor der schwarzen Mauer stehen sehen sollen er schrie ‚ich gehe hinauf' die Männer mußten ihn zurückhalten all das ohne einen Moment lang sein Fäßchen aus den Augen zu lassen ich weiß nicht welche Abscheulichkeit es enthielt als wären ihre dämonischen Praktiken in seinen Körper eingedrungen oder hätten seinen Geist durcheinandergewühlt und noch als das Mädchen an diese Art Kreuz gekettet war blieb er eine ganze Weile und betrachtete sie vielleicht sah er sie endlich wie eine Klippe die er nicht hatte bezwingen können sie gehörte ihm doch nie konnte er sie vollständig zähmen („Und während all dieser Freuden mußte ich mich zu den Verwaltern bemühen, um herauszufinden, warum diese drei Sklaven hier waren." Und er, von plötzlichem Edelmut erhöht, wie wenn man eines Tages einen alten Umhang anlegt und merkt, daß man ihn unwillkürlich anzieht:) Sie hätten sich nicht herablassen müssen, bei unseren Verwaltern um Erklärungen nachzusuchen, Madame (sogleich legte er den Umhang ab, kehrte zur Realität seines Buckels zurück, und setzte den blinden Lauf im Tumult fort:) jedenfalls eine schöne Jagd und ein königliches Souper das Mädchen hatte für alles gesorgt während die Hunde sich abmühten eine Spur zu finden die von Anfang an verloren war sie wollte wohl etwas feiern sie im voraus wir im nachhinein sollten den Fehlschlag festlich begehen den sie selbst bereitet hatte unser Freund Sie kennen seine schwindelerregende

Neigung sich allen Situationen anzupassen er spielte glänzend mit er behandelte uns wie Edelleute welch übertriebener Großmut wozu diese Vergeudung an ein paar schlechtbezahlte Seeleute wirklich ich (plötzlich lachte er) seinen Wahnsinn es kann kein anderes Motiv das Gift und der Wahn und dann am nächsten Morgen also gestern ließ er sie alle vor den beiden Acajous in einer Reihe antreten außer dem Mädchen sie blieb im Haus man konnte meinen eine Zeremonie doch ohne Lärm oder Geknalle außer der Peitsche die keiner der Verwalter ihm abnehmen durfte ich sage Ihnen Wahnsinn und er ging vom einen zum anderen und stellte diesen Hohlköpfen die unnütze Frage wer war es wer war es und die Peitsche schwang zunächst ohne sie zu berühren und dann mit weit ausholenden Armbewegungen hinein in die Menge, die von den Feldern waren trotz der Schläge vielleicht froh nicht arbeiten zu müssen unglaublich die Vorstellung die vom Haus waren fast beleidigt daß man sie verdächtigte die Frauen aus den Hütten alle außer dem Mädchen (jetzt lachte sie, holte die Reitpeitsche von der Wand überm Bett, rührte die Luft mit weit ausholenden Schlägen, dann hielt sie brüsk inne und schrie in einem Lachkrampf: „Es ist für den richtigen Gebrauch, Madame! Dieser Verwalter hat wirklich Esprit! Es ist für den richtigen Gebrauch!") doch während er so die ganze Truppe strafte kommt diese Louise aus dem Haus zu ihm hin kniet nieder macht ruhig ohne Aufregung einen Fußfall vor ihm und sagt immer noch ruhig: ‚Ich war es, ich war es' und obwohl er es gehört hatte ich schwöre es das Geständnis verlangsamte nicht einmal den Takt seiner Schläge im Gegenteil er wird zum tobenden Wahn schreit wer war es und peitscht darauf los während das Mädchen fortfuhr ich war es ich war es und je öfter sie es wiederholte desto stärker schlug er auf die anderen ein ...“ Alle beide, Mann und Frau, lachten jetzt, ohne aufhören zu können, Marie-Nathalie rannte von einer Ecke des Zimmers zur anderen, auf die schwere, feuchte Luft dieser hoffnungslosen

Nacht einpeitschend, ohne daß man sagen konnte, ob die Heiser-
keit, die unter ihrem Lachen heranreifte, in einem tüchtigen
Schwall Hysterie ausbrechen würde, und er auf allen Vieren
mitten auf dem Parkett, wie ein durchgedrehter Kreisel auf seine
Frau zusteuernd, während sie von einer Schattenzone zur anderen
sprang, sein Buckel war ihm fast bis zum Hals gerutscht und
wurde von einem leisen, rhythmischen Aufbäumen geschüttelt
wie von einem Schluchzer im Lachen (so waren endlich Mann
und Frau über dem rauchigen Glanz der Leuchter in einer
unwirklichen Aufwallung vereint) so wiederholte Gustave Anatole
Bourbon de Senglis mit unermüdlicher, krächziger Stimme (seinen
Kopf zwischen den Armen, zuweilen blieb ein bißchen Speichel
an den schiefgenagelten Brettern hängen, und der Blitz der
Peitsche streifte seinen kranken Rücken): *„Ich war's, ich war's, ich
war's."*

4. Kapitel

I

Dieser Mann, der keine Wurzeln mehr hatte, da er in einer einzigen Brandungswoge der Reise hier angespült worden war (und dem dennoch genügend Macht und Stärke geblieben war, daß er sich dem Anderen entgegenstellen, und in der Fäulnis des Zwischendecks diese Macht und Stärke den von Ungeziefer, Krankheit und Hunger zerfressenen Skeletten aufzwingen konnte – obwohl er alles verloren hatte, selbst seinen Namen, unter der gleichförmigen, nach fauligem Wasser riechenden Decke von Schmutz), dieser Mann war noch nicht Longoué, kannte aber bereits jedes geringe Kraut, den kleinsten Reichtum des neuen Landes und wußte, daß er auch dem Gebiet außerhalb des Waldes, jener Grenze bisher gekannten Lebens, fortan seine unbegreifliche, unentwurzelbare Anwesenheit aufzwingen würde – eine ungeahnte Materie, die Erde und Bäume umfing, ihnen vergessene Geheimnisse entriß, und sie dabei auch in einem Überschuß, oder besser, einer Fülle des Daseins erschauern ließ, welche nach und nach für freiere Tage angesammelt wurde – jetzt stieg er wieder hinab zu der von Winzigkeit gepeinigten Küste, auf der Suche nach der Kriegerin im leuchtenden Gewand begab er sich ein letztes Mal in die Welt der zahmen Tiere und ihrer allzu durchschaubaren Herren, ging den Weg zurück, wo ihn die Hunde verfolgt hatten, seit er sich in den Vorhang der Akazien stürzte (und dann mit schmerzendem Rücken und der blauen, über ihm zwischen Bäumen und Himmel segelnden Barke erwacht war, danach den von der schrecklichen Schlange verschlungenen Kopf aus Lehm geformt, dann die *Sandspitze* entdeckt

101

hatte, wie eine endlos zum Meer rollende Piroge, von Schmutz vergoldet, wieder geschlafen hatte und hungrig in der sanften Feuchte des Unterholzes erwacht war, das *Kraut-für-Leben-und-Tod* gefunden und es an sich gepreßt hatte, jeden Winkel dieses Landes, das ihn mit einer endlosen Leere füllte, erforscht und abgewägt hatte, weil er fühlte, daß es ihm an Gewicht fehlte, auch an Gefahr, Zeichen einer völlig neuen Sicherheit und doch auch das Mal einer Verlorenheit des Daseins, eines Dahintreibens, einer wahrlich flüchtigen, bequemen Unwirklichkeit – und manchmal befühlte er seine abgemagerten Muskeln, wie erstaunt, sich in einer so hellen Welt so leicht zu befinden) hatte er in Wirklichkeit nur auf diesen einen Moment gewartet: Wenn er den gleichen Weg zurückgehen und sich in das Loch aus Licht stürzen würde, in dem die geschrumpften, unbewegten Felder verharrten, und wo das Haus mit den Acajous sich hinter den beiden Wächtern ebenfalls flach zu ducken schien.

Während er im Akazienwald den Ausläufern des Hügels folgte, bewahrte er also das Bild der Küste in sich, als beobachtete er sie aus dem Augenwinkel, vielleicht erstaunt über den leicht brackigen und doch scharfen, luftigen Salzgeruch, er, der so lange Zeit die schwere, stinkende Luft des Zwischendecks hatte atmen müssen, ging zielsicher auf die Stelle zu, wo der Urwald kümmerlich wurde, und die Besitzung *Acajou* begann, und wo er – vielleicht wartete es schon auf ihn – das Mädchen mit dem schwarzen Messer antreffen würde. Doch in Wirklichkeit dachte er weder an die Küste noch an das Warten, er handelte wie aus einem Instinkt, vorangetrieben von dieser neuen Durchschaubarkeit der Dinge, so daß all seine Fähigkeiten auf eine umbestimmte Kraft geschrumpft waren, die in ihm wirkte und ihn zwang, zu handeln, zu gehen, nach er wußte nicht welchem animalischen Reichtum zu streben, dessen künftige, bereits jetzt drängende Macht er nur vergaß, wenn er voll Wut die Qualen in seinem Rücken spürte.

Am Rand des hohen Grases hielt er an, betrachtete die Decke aus Dunst auf dem gepflügten Land, und darüber, in der Dichte der Hitze wie ein Gespenst, das völlig im Dunst verborgene Haus, von dem in langen Abständen ein friedlicher Schrei wie ein Klirren von Glas aufblitzte. Er schritt mutig um das Grasfeld herum und kam näher, scheinbar von der reglosen Dichte der Sonne und diesem von Schweigen erfüllten Schweigen geschützt: Es lastete wie ein Dach aus gewalztem Laub auf ihm und der Ebene. Er sah diese Ebene, sie hob sich kaum vom Buschwerk ab, das frisch urbar gemacht worden war und noch (wie ein schönes, dem Wasser entsprungenes Tier, wenn es schon trocken in der Sonne schimmert, während von seinem Bauch noch Wasser trieft, das es bei jedem Sprung verspritzt) hartnäckige, geschwärzte Fetzen des früheren Urwalds trug. Die Ebene eine Barke, die ihre Segel schon zur Hälfte verloren hat, nur auf der Landungsbrücke hängt noch ellenweise grünliches Segeltuch, das bald unter Feuer und Hacken verschwinden wird. Er roch den durchdringenden Humus des Urwaldgrüns, das jetzt zerhackt in Haufen unter die mürben, roten Soden gemischt war. Als auf die Seite des Humus geworfenes Tier war für ihn der alte Geruch stärker als der aufgeschüttete Lehm, wirklicher als die Undurchdringlichkeit des Gepflügten und be- stimmt gegenwärtiger als die langgezogenen Schatten der Acajous, die er jetzt zu seiner Rechten gewahrte. Und an der Grenze eines dieser Schatten, wo ein Tag und eine Nacht erbarmungs- und endlos miteinander in Kampf zu liegen schienen, sah er das Gerät, zur Erde geneigt, als wollte es vor den beiden großen, feierlichen Bäumen einen Fußfall machen, oder wenigstens vor der Nacht, die sie derart in Tag und Hitze werfen konnten. Doch war offensichtlich, daß auch der nächstliegende Schatten das Gerät nie erreichen, es dort, wo der Wipfel des Acajous nur noch ein sahniges, gezähntes Grau ausstreute, kaum mit seinem Flügelende streifen würde. Danach würde der Schatten sehr schnell weiterwandern, an dieser Extremität würde seine Breite den Abstand zwischen Kamm und Federbusch eines Hahns nicht überschreiten: Das Gerät würde den ganzen Tag der prallen Sonne ausgesetzt sein, und dies würde in seiner Grausamkeit durch das langsame Fließen des Schattens noch subtil erhöht werden, nach ihm würde das so ausgesetzte Wesen vergebens seufzen, bis es bemerkte, wie der Schatten bereits an ihm vorbeigezogen war, ohne es zu bedecken, und wie er es jetzt in das glühende Universum des Nachmittags warf.

Er war nicht erstaunt zu sehen, daß dieses Wesen die Frau mit dem Messer war: Er war auf etwas Derartiges gefaßt. Er grinste nur, als er sah, daß sie den Kopf langsam zu Boden senkte und ihn dann ebenso langsam in einer seltsam rhythmischen Ausgleichbewegung wieder hob, als suchte sie so das verwirrte Rennen und das schreckliche Stocken des Bluts im Zirkus ihres Körpers zu kompensieren. Er spürte keinerlei Ungeduld. In den letzten Gräsern versteckt, spähte er zu ihr hinüber.

Er sah so, wie dieser dichte Schatten um den Acajou herumzog und das Gerät mit seiner zerbrechlichen Spitze berührte (das Mädchen regte sich schon lange nicht mehr, bewegte nicht einmal mehr den Kopf zu jener bauchigen Säule aus Nacht, die auf sie zugerollt war) und schließlich in den Baum einzudringen schien, am Rand ging er dabei langsam zu braun über, welches die schwarze Dichte aufzehrte, als wäre sie eine lange Nadel, die sich am Boden erhitzt und allmählich verformt hatte: Und da, in dem Augenblick, als sie fast rund geworden, wieder mit der Basis des Acajou verschmolz, leuchtete sie rot auf und zersprang plötzlich sternförmig, als zerberste sie (überreif geworden) in der noch andauernden Hitze kurz vor der Nacht.

Alles leuchtete auf und strahlte in diesem feinen, rinnenden Glühen: die Acajous, das flache Haus, das Kreuz, der Rock, der die ausgerenkten Glieder umhüllte. Der Mann verhielt sich jetzt ganz still und fixierte das Kreuz mit seiner Last, war ganz erfüllt von einer Ruhe, die seine Sinne schärfte: So daß er im nachhinein noch merkte, wie der lächerliche Schatten des Kreuzes die beiden massiven Säulen, die der Acajou warf, verfolgt hatte, ein schwächliches Fohlen wäre so im Pferch hinter zwei kräftigen Stuten hergerannt, auch dieser hatte seinen Ursprung wiedererlangt, und zeichnete jetzt zu Füßen des Mädchens ein bedeutungsloses Gekritzel aus braunen oder rötlichen Strichen auf den Staub des Vorplatzes.

Seine gegenwärtige Untätigkeit hatte der Mann jedoch sorgsam vorbereitet. Den ganzen Tag über hatte er die Aktivitäten auf der Pflanzung verfolgt (die Dienstmädchen aus dem Haus, die hier eine Schüssel mit Wasser ausleerten, die Nachmittagsmannschaft, die von der Arbeit zurückkehrte, die Kinder, die sich bis zur Grenze der Acajous vorwagten; alle schwiegen und warfen einen zögernden Blick auf das Kreuz, oder gingen an ihm vorüber, ohne daß ihre Schritte im Staub das geringste Geräusch machten, mit gesenktem Kopf oder aufgerissenen Augen, je nach dem, ob sie den Mut hatten, das Gerät anzusehen – und einmal stand der Mann mit dem Stiefel starr vor der Veranda, in einer Haltung, die mehr Gewalttätigkeit ausdrückte als jede ungebärdige Geste, als wollte er das Gerät, die Pflanzung, die Acajous und den im Gras versteckten Marron zugleich beschimpfen – dann war er zurück ins Haus gegangen und nicht mehr herausgekommen), und war am Rand des Unterholzes entlanggerannt, hatte die Hunde ausgemacht, hatte sich ihnen sogar bis zur Rückseite ihres Zwingers aus Brettern genähert, ihnen mit sanfter Stimme geschmeichelt, bis sie dumm und träge dasaßen und ihn ansahen, wie er im Staub kauerte; dann hatte er die Zeichen, die nur er kannte, an die Pfade gesetzt, auf denen man ihn verfolgen konnte: Gekreuzte Zweige, um den Weg zu versperren, neue Spuren, um den irrezuführen, der einen anderen einschlagen würde, und an einer dritten Kreuzung den unsichtbaren Knoten, der Gefahr anlockt. Die ganze Zeit über hatte er Leute gehört, die auf den gepflügten Quadraten auf der anderen Seite des Graslands arbeiteten. Er wußte nicht, daß eine dunkle Art Vergessen und vielleicht auch Vorsicht, eine Schicksalsweisheit sie an ihre Plackerei schmiedete; oder daß ein Unterfangen, das für ihn so natürlich war, für ihn so leicht wurde, für sie undenkbar, unverständlich, oder schlimmer noch, undurchführbar war.

Jetzt verhielt er sich ruhig, fixierte noch immer das Kreuz und seine Last, hatte jedoch nur den einen Gedanken im Kopf, ein Messer zu finden, um die Stricke durchzuschneiden, denn zweifellos waren sie der Frau schon ins geschwollene Fleisch gedrungen. Und zu diesem Zweck faßte, nährte und verwirklichte er den halsbrecherischen Plan, ins Große Haus einzudringen.

Er tat es über die Küche, vorbei an dem gegen die Tür gelehnten kleinen Fäßchen, über das er fast gestolpert wäre, denn natürlich war es schon Nacht. Er ließ sich Zeit: sog lange den Essensgeruch ein, vor ihm zeichneten sich die geschwärzten Steine des Feuers im Halbdunkel immer deutlicher ab. Er fand das Messer sofort, konnte aber nicht umhin, weiter durch das Haus zu gehen, als nächtlicher Besucher, den die Nacht noch schützte. Geräuschlos ging er über lose Bretter, zwischen riesigen Balken hindurch. Er fand den Mann mit dem Stiefel im großen Saal zusammengesunken, er hatte sein Bett verschmäht und die Kleider vom Tage anbehalten, und lag dort in fast provozierendem Schlaf. Mit dem Messer in der Hand und leerem, brennendem Kopf dachte er nicht einmal daran, diesen Mann zu töten, den er mit dem Zeichen gebrandmarkt hatte: Vielleicht, weil seine einzige Empfindung war, daß solch ein Mann schlecht beraten war, wenn er die Türen seines Hauses offenstehen ließ, wo er doch so viele Sklaven hatte (daß diese Unachtsamkeit, dieser Wahnsinn etwas von Unschuld hatte, Wurzel der Weisheit oder Tapferkeit, die man nicht ausnutzen sollte) oder vielleicht, weil er wußte, daß dieser Mann nur an dem Ort sterben sollte, wo ihn das Zeichen zum ersten, unauslöschlichen Mal gebrandmarkt hatte.

Er ging wieder hinaus und hinüber zum Kreuz, versuchte jedoch nicht, die Zonen diffuser Helligkeit zu meiden, die ihn hätten verraten können. Er ging direkt zur Frau: Ihr Gesicht war weiß geworden, ihre Augen gekentert, ihr Rock hatte sich zwischen den beiden gekreuzten Pfählen verfangen, ihre Füße waren angeschwollen. Er durchschnitt zuerst die Stricke, die die Beine banden, indem er mit dem Daumen das Fleisch eindrückte und ohne größere Vorsicht das Messer zwischen den Strick und die wulstige Haut führte. Die Frau stöhnte und öffnete die Augen. Sie erkannte ihn sogleich wieder und blieb zunächst regungslos liegen und sah zu, wie er sie vollends befreite. Dann wollte sie sich wehren und schreien. Aber ihre Kräfte waren erschöpft und ihr Mund geschwollen. Es entfuhr ihr etwas wie ein resigniertes Grunzen; als verzweifelte sie, daß sie dem Eindringling ihren Willen nicht aufzwingen konnte und als verachtete sie fortan den Leib, der sie so im Stich ließ. Dann stöhnte sie und wollte dem Mann ins Gesicht spucken. Ihre verkrampften Lippen schlossen sich wieder über dem lehmigen, zähen Schaum, den sie nicht kontrollieren konnte, und der ihr über Kinn und Hals tropfte, welche von Staub geriffelt waren. Der Mann begriff die Absicht der Frau, grinste, richtete sie einfach wieder auf und, da sie sich immer noch zu versteifen suchte, nahm er sie mit einer einzigen Bewegung über die Schulter und trug sie fort.

Die Abendmannschaft war schon lange von der Arbeit zurückgekehrt; die bezähmten Hunde bellten nicht, der Weg war überall frei. Er jedoch, unbekümmert Spuren hinterlassend, wandte sich zum *Akazienhügel*, der für ihn sein Land und seine Wohnstatt geworden war. An einem leichten Zittern spürte er, daß die Frau noch nicht alle Hoffnung auf Widerstand aufgegeben hatte. Sie würde offenbar niemals aufgeben. Im Augenblick begnügte er sich damit, sie in seiner Armbeuge und nicht ganz auf der Schulter festzuhalten. Ab und zu lachte er sanft. Wie er den Wandel um sich herum erahnen konnte, erfüllte ihn allmählich ein Siegesgefühl: Die weichen Stücke gepflügter, schweigsamer Erde, wo er manchmal gegen halbvergrabene Steine stieß, und wo ein trockener Wind durch ihn zu wehen schien, dann plötzlich reichte ihm das dichte Unterholz bis zur Hüfte, so daß widerspenstige, vielleicht auch dornige Zweige an Kopf und Beine des Mädchens schlugen, manchmal versuchte er sie zur Seite zu biegen (sie stöhnte jetzt nicht mehr), und schließlich die gurrende Nacht des Waldes unter den Akazien, wo kein Hauch mehr drohte. Er ließ dieses Gewölbe aber zurück und ging zum dritten Mal seit seiner Ankunft quer hinüber zum Meer. Die *Sandspitze* war eine einzige, braune Ausdehnung, in der einige Flächen stehenden Wassers leuchteten. Das Geräusch des Meeres erfüllte den Ort mit gewaltvollem, lastend stillstehendem Leben. Er trug die Frau bis zur ersten Welle und ließ sie ins Wasser fallen. Dann rollte er sie im schmutzigen Schaum und rieb ihr leicht die Stellen, an denen der Strick ins Fleisch geschnitten hatte. Reglos, sie schien ohnmächtig, womöglich fast schon tot; doch er sah, wie sie ihn anschaute, als er ihr gedankenversunken den Bauch unter dem Tuch massierte. Sie schaute ihn nur an, versuchte nicht mehr zu fliehen oder hatte nicht mehr die Kraft zu kämpfen. Doch er sah, daß er sie nicht bezwungen hatte.

Als sie zum Hügel zurückkamen und hinaufstiegen, stützte sie sich auf ihn; nicht mit der Hingabe an eine liebenswerte Person, auch ließ sie sich nicht gehen, was Vertrauen und (in diesem Fall) Dankbarkeit ausgedrückt hätte, sondern gewissermaßen von ferne: Sie drückte nur die Hand gegen seine Seite, da sie nicht umhin konnte, an ihm Halt zu suchen, wenn sie über die Wurzeln stolperte. Diese Hand, die zuweilen das einzige war, das sie mit ihm verband, unter den Akazien war die Finsternis vollkommen, ließ ihn ahnen, daß sie die Konfrontation lediglich hinausschob. Sie sammelte ihre Kräfte, wartete geduldig, sie konnte zwar nicht hinnehmen, daß er sie von ihrer Marter befreit hatte, doch war ihr auch klar, daß nach dem schrecklichen Tag auf dem Gerät ein Widerstand sinnlos war. Es gab keinen Ausweg. Sie würde nicht auf die Pflanzung zurückkehren, wo schon das Aufsehen, das ihre Flucht erregt hatte, sie verurteilte. Sie konnte auch nicht auf die Höhen entlaufen, denn er würde sie verfolgen und sie zweifellos auch finden. Sie fürchtete ihn nicht, sie kannte keine Furcht.

Schon als Kind war sie die Einzige gewesen, die keine Angst hatte, wenn in der Hüttennacht die Leute von den Feldern noch die unruhige, scheue, ständig beargwöhnte und doch obsiegende Kraft fanden, einige Geschichten zu erzählen, bevor sie in ihren tierhaften Schlaf sanken, Geschichten, die sie jeden Abend wiederholten, als ob die von Müdigkeit Betäubten darin ein Aufputschmittel fanden gegen die Müdigkeit, oder einen Schutz vor dem Tag, der bald anbrechen würde (und sie kam allein und ging danach ganz allein wieder zurück zum Großen Haus), sie hatte keine Angst. Die Kinder ihres Alters, und dann die Erwachsenen, entdeckten ihr Treiben (wie ein Schatten trat sie in die Hütte, aus der sie die beständigsten Stimmen hörte, und legte sich zur Kinderschar), erschraken, daß sie den Mut besaß, derartige Geschichten zu hören und sich einfach aus der Hütte und zurück zum Haus zu schleichen, an den Acajous vorbei. Noch weniger konnten sie sich vorstellen, daß sie nach diesen Sitzungen allein auf ihrem Strohsack schlafen konnte, dort in dem kleinen Abstellraum, den man ihr zugedacht hatte. Sie wiegten langsam den Kopf und dachten „so ein kleines Mädchen" oder sinnierten darüber, ob einzig die Tatsache, daß sie im Großen Haus wohnte, ihr diesen Mut verlieh. Und als sie noch mehr vor den Repressalien zurückschreckten, die der Herr bei der Entdeckung der Angele-

genheit unweigerlich über sie verhängen würde, und das Mädchen mit Gewalt verjagten und ihm seine nächtlichen Besuche
verbaten, kam sie dennoch weiterhin jeden Abend und drückte
sich an die Bretter oder Blätter einer Hütte, allein in die Finsternis
geschmiegt, und versuchte, aus dem Geflüster, das so bis zu ihr
drang, den Faden der Geschichte zu erraten, die gerade erzählt
wurde.

Sie fürchtete bestimmt nicht den Mann, den sie befreit hatte,
und der so verrückt gewesen war, zurückzukommen, um sie zu
holen. Sie würde den Morgen abwarten. Stets blühte in ihr der
morgige Tag: Denn in ihr wohnte die unbesiegbare Hoffnung, daß
dieses Warten sich eines Tages als berechtigt herausstellen und
dieses Morgen endlich das sein würde, das sie undeutlich erwartete. Sie fürchtete die Stärke des Mannes nicht. Es war so viel Meer
über ihn hinweggerollt, daß sie fest daran glaubte, seiner Macht
entkommen zu können. War sie nicht in diesem Land geboren?

Vielleicht spürte der Mann all das schon in der Berührung ihrer
Hand. Er wußte jedenfalls, daß sie nicht zurückwich, daß sie sich
auf einen Kampf gegen ihn vorbereitete. Daher vielleicht sein
kurzes Grinsen, sein stilles Lachen, sein plötzliches Stocken
manchmal. Die obersten Blätter wurden weiß, als sie den Ort
erreichten, wo er die Nacht zuvor geschlafen hatte: Wo er Halt
gemacht hatte, nicht, weil er diesen Platz als den Zufluchtsort
seiner Nachkommen für die Zukunft ausgewählt hatte, sondern
weil das Zittern seiner Haut, als dieses junge Blut ihn von seinen
Fesseln befreit hatte, noch in ihm war.

Sie sanken zwischen den Wurzeln nieder; fast augenblicklich
fiel die Frau in ein Delir. Ohne ein Warnzeichen fing sie zu
brennen an. Es war eine dieser stark lodernden Krisen, von der
man sich ebenso schnell erholt wie sie gekommen ist, oder aber
stirbt. Sich vor ihm windend, stöhnte sie, heulte auch zuweilen
laut auf. Reglos bewachte er sie bis zum Tagesanbruch, ohne

etwas zu unternehmen. Schließlich streckte sie sich zu einem von Schluchzern unterbrochenen Schlaf aus.

Aber sie wachte völlig normal wieder auf, und wie lauwarm im Sieb der Sonne, das sie mit einer flüssigen Lichtfülle umgab; er blickte sie starr an und sprach mit leiser Stimme zu ihr. Sie verstand nicht ein einziges Wort seiner Rede. Dennoch hörte sie ihm zu, selbst über ihre Aufmerksamkeit für die unverständlichen Worte erstaunt. Vielleicht sagte er ihr, sie habe die Macht des Zeichens begriffen, sie müsse also wissen, wer er war, oder wenigstens, was er in der Ordnung der Dinge darstellte und welcher Platz ihm in der Kette des Lebens zukam. Vielleicht sagte er ihr, warum er so verrückt gewesen war, zurückzukommen und sie zu holen, ob er eine Frau wollte, die ihn in die Wälder begleitete (denn vielleicht hatte er auf dem Markt, während er den Verkauf abwartete, gehört, daß es möglich war, als Marron in die Wälder zu gehen, man mußte allerdings den Verlust eines Arms oder eines Beins in Kauf nehmen), oder er hatte sie einzig als Kampfansage an die Herren hierher gebracht. Wollte er ihr dieses Schicksal der Berge aufzwingen, wagte er es? Hielt er sich für ebenso stark wie den Gott der Herren, den jene so sehr fürchteten und demgegenüber sie sich doch so sorglos verhielten? Sah er denn nicht, war er zu kurze Zeit hier, um zu sehen, daß dieser Gott der einzige Gebieter über das neue Land war, und daß man, unterwarf man sich nicht, wenigstens alle Verhaltensweisen der Unterwerfung üben mußte? Ernst und ruhig hörte sie ihn an, doch brütete in ihr eine schwere Nacht des Zorns; und mit sehr ruhiger Stimme begann sie ihm zu antworten, natürlich ohne daß er ein einziges Wort von dem verstand, was sie sagte:

„Schau dich an, schau dich doch an! Du bist so mager, daß der Wind von der *Spitze* mir scheint's aus dir ein winziges Sandkorn im Sand machen könnte. Du bist so schmutzig, daß die Akazien sich abwenden, um deinen Geruch nicht riechen zu müssen. Und du willst, daß ich, die einzige Verwandte von Monsieur de La Roche, denn ich weiß ich bin seine einzige Verwandte, daß ich bei dir in den Wäldern bleibe und mein ganzes Leben dein Ungeziefer riechen muß! Höre, ich weiß wohl, daß du das Messer aus meiner Küche gestohlen hast. Du hattest die Frechheit, in meine Küche zu kommen, das muß ich sagen. Aber ich hole es mir wieder, hörst du, und ich stecke es dir in den Hals wie einem Schwein während du schläfst, du Tier! Hörst du ..."

Er fing wieder an zu sprechen, reglos unter diesem Ast, der vor seinem Gesicht wie ein Vorhang herabfiel oder wie ein Schleier. Unermüdlich war er. Seine Stimme stieß gegen die Stämme und Äste, kam zurück und füllte die Höhlung aus Blättern um den Erdvorsprung. Das war es, was die Frau bemerkte. Nach und nach verwandelte sich buchstäblich ihr Zorn. Am Ende lief sie vor einem Übermaß an Hoffnung über. Machte eine ausladende Gebärde zu den Bäumen ringsum. Ohne daß sie es bemerkte (und vielleicht waren schon Stunden über sie hinweggespült, während sie ihn anhörte) überkam sie ein neues, befreiendes Gefühl. Jedenfalls hatte die flackernde Röte der Sonne bereits die umwaldete Höhlung erreicht, als sie hitzig eine Antwort gab. Die singenden oder spröden Worte, die sie in diesem neuen Land käuten, er konnte sie nicht verstehen, verband er mit der Ruhe und Sorglosigkeit dieses Waldes. Schließlich erkannte er zu seinem Erstaunen, daß sie seine Sprache nicht verstand; er hatte nicht damit gerechnet, daß sie sie nicht kennen würde. Hatte sie ihn nicht auf Geheiß einer einzigen Gebärde befreit? Derweil ereiferte sie sich:

"Hör zu! Weißt du denn nicht, was sie mit dir machen, wenn sie dich kriegen! Zuerst setzten sie dich der Sonne aus, tagelang. Ich weiß, was das bedeutet, die Sonne ist nur einmal über meinen Kopf gelaufen, es hat mir gereicht. Dann schneiden sie dir einen Arm oder ein Bein ab. Am schlimmsten ist, daß du davon nicht stirbst. Du weißt nicht, was sie sich alles einfallen lassen, damit du nicht stirbst! Das Zeichen, welches Zeichen? Was willst du machen, wenn ich mich auf dich stützen muß, und wir zwei Beine haben für uns beide, die nicht zusammen gehen können? Hör zu (sie hielt inne, der Schatten der Nacht ließ sie zu feierlicher Größe wachsen), da ist das Meer! Das Meer ist da!"

Ganz unnötigerweise entfaltete sie vor ihm seinen großen Plan. *Wozu immer ins Innere fliehen? Wenn man vorne am Ende der* Spitze *stand, konnte man manchmal Land am Horizont sehen. Es hieß, es sei das gleiche wie das hiesige: das Land träte unter das Meer und käme drüben wieder zutage und immer so fort.* Die junge Frau bestätigte es. Sie hatte die Namen der anderen Länder gehört, sie war sicher, diese erreichen zu können. Warum nicht übers Meer? Man brauchte nur einen Kahn zu stehlen, und wenn man sich nicht getraute (um nicht noch einmal Alarm auszulösen, oder um nicht wegen eines gestohlenen Kahns überall verfolgt zu werden), konnte man sich einen in den Wäldern zimmern. Wenn er nicht wußte, wie, würde sie es ihm zeigen. Das Meer ist schön, warm und ganz sanft. Und dann war ganz hinten ein Land wie dieses hier, nur größer, von Meer umgeben; dort fanden die Marrons sich zusammen, sie hatten Häuptlinge, waren organisiert. Die Messieurs sprachen häufig von Santo Domingo. Bis dorthin mußte man kommen! Dem Meer vertrauen!

Und am Grund des Urwalds begann sie, das Kreuz hatte sie vergessen, den ganzen Tag hatte sie nicht gegessen, wieder friedlich an zu delirieren: Sie segelte los, die Tücken verlachend, schlug die Böen in den Wind, verjagte die morgendlichen Mükken, übergoß sich mit Meerwasser zum Schutz vor der Sonne, merkte zu spät, daß sie das noch mehr verbrannte, navigierte von Küste zu Küste, fuhr alle Länder ab, durch die Blitze hindurch, strahlte mit dem Seegang nach überall aus, öffnete jede Küste für ihre Nachbarn, jedes Land für das verschwisterte, und entdeckte schließlich den höchsten Zufluchtsort, wo die organisierten Marrons ihre eigenen Gesetze schrieben!

Der Mann hatte das lange Delir nicht unterbrochen. Mitten in der Nacht stand er auf und reichte der Frau ein paar Wurzeln zum Essen. Benommen begriff sie die Nutzlosigkeit ihrer Rede, doch war sie zu ausgehungert, um das Angebot abzulehnen und entriß und verschlang, was er ihr reichte. Sie erzürnte sich über ihren eigenen Zorn, ihre lächerliche Hoffnung. Ihr Zorn schwächte sie noch mehr.

Am Morgen sprang sie plötzlich den Abhang hinab. Doch der Mann schlief nicht, er rannte hinter ihr her und schnitt ihr rasch den Weg ab. Immer noch laufend wandte sie sich bergan. Der Mann folgte ihr. Den ganzen Vormittag verfolgte er sie den Berg hinauf. Schließlich ließ sie sich, wortlos zusammengesunken, einholen. Dreimal versuchte sie so zu entfliehen. Dreimal fing er sie wieder ein. Zwischen diesen Wettläufen sprachen sie kein Wort miteinander. Der Mann gab ihr zu essen; obwohl sie die Reichtümer dieses Waldes besser kannte als er, machte sie keine Anstalten, Nahrung zu suchen. Was er ihr anbot, verschlang sie wie ein Tier. Am vierten Tag, als er sie ein weiteres Mal zum Hügel zurückgetrieben hatte, ging er auf sie zu und sagte ihr, auf jedes Wort konzentriert: *„Meer, Erde, Geblitz."* Verdutzt schaute sie ihn an. Diese Worte hatte er also verstanden. Die Blitze, die Erde, das Meer. Diese Worte, die sie selbst ausgesprochen hatte, kamen ihr aus dem Mund des Mannes plötzlich fremd, schwerwiegend vor. Von da an begannen sie sich zu verständigen. Er bedeckte sie mit seinem Leib und erkannte zum ersten Mal, wie jung sie noch war. Er hatte stets an sie als an eine Frau gedacht, aber sie war noch so jung. Ohne daß er es verstand, sagte sie ihm in fremdartigem Ton: „Ich kenne meine Mutter. Er weiß es nicht, aber ich kenne sie."

Als ihr Sohn zur Welt kam, drei Jahre später, hatte sie das Delir der ersten Nacht vergessen. Sie hatte das Meer vergessen. Sie waren die Besitzer der Wälder. Männer und Frauen, ebenfalls alle Marrons, kamen scheu und vertrauensvoll zugleich zur „Konsultation". Der Mann war ihr Zentrum, ihre Zuflucht. Mit zahlreichen Ausflüchten wurde von einer möglichen Rückkehr in die Ebene gesprochen. Doch er schüttelte ungerührt den Kopf. Er erklärte ihnen, daß die Hügel der einzige Ort waren, an dem sie sich halten konnten. Dennoch ließ er sich selbst lange die Küste entlangtreiben, sie zog ihn an. Allein folgte er der Umgrenzung des Meers bis zur *Spitze*, dort bei den Dünen sitzend hing er seinen Träumen nach: die Sterne sprachen nicht zu ihm. Er hatte das andere Land am Horizont nie gesehen. Doch es schaukelte, leer und kraftlos, an der Grenze des Gischts. Manchmal tat er einige Schritte ins Wasser, regungslos.

Ein Jahr nach der Ankunft des Mannes wehte der Aufruhr in ihre Nähe. Sie stiegen alle hinab und brannten einige Pflanzungen nieder, um denen unten zu helfen, die sich erhoben, aufgerichtet hatten. Die im Blut ertränkte Revolte beschäftigte den Mann einige Wochen lang. Seine Ausfälle in die Ebene jedoch waren kurz. Er brandschatzte und zog sich zurück. So konnte er mit den Kräften haushalten, über die er verfügte. Als sie endlich erfuhren, daß alles vorüber war, so und so viele Männer und Frauen massakriert wurden, schloß er: „Auf ein andermal." Vielleicht dachte er, die Sklaven seien seiner Unterstützung unwürdig. Er wollte keinerlei Kontakt mit der Ebene pflegen. *Warum wurden sie nicht alle Marrons?* Er wußte nicht, was nützlich war an ihrem Kampf und ihrem Leid. Er begriff nicht, daß die ganze Masse nicht hätte hinaufsteigen können. Der Wald hätte ihnen nicht allen Unterschlupf bieten, geschweige denn sie alle ernähren können. Er wußte nicht, daß ihre Pein und selbst ihre Hinnahme ihn beschützten. Verschont stand er abseits. Vom ersten Tag an hatte er sich verweigert. Zu Anfang hatte sie ihm einmal gesagt: „Du bist zäh wie *dongré*." Er hatte ihr sanft geantwortet: „Longoué, Longoué." Sie hatte gelacht, auf sich und ihn gedeutet: „Louise, Louise, Longoué, Longoué."

Als ihr Sohn da war, bestimmte sie also: „Ich will ihm einen Namen geben! Auf diesen Tag habe ich gewartet. Jetzt wird kein neuer Tag mehr kommen ... So. Unten erzählen sie immer wieder eine Geschichte von Herren, die einen Gott anbeten wollen. Von Königen. Du solltest sehen, wie schön sie sind, wenn man von ihnen erzählt, mit all ihren Reichtümern! Ich habe das von den Messieurs gehört. Und einer der Könige ist ganz schwarz, ich weiß nicht, ob sie ihn Melchior oder Balthasar nennen. Einer von beiden ist es." Und er entschied einlenkend (er hatte zunächst keinen Namen von der Ebene gewollt), daß er Melchior heißen sollte. Der Name klang wahrscheinlicher. Melchior.

Bei der Geburt kamen die Nachbarn zu Hilfe, schüchtern und bemüht. Marrons, die nicht wieder eingefangen worden waren. Sie sangen in der Nacht und tranken gestohlenen Rum. Abseits stehend sah Longoué, wie die roten Felder buchstäblich am Urwald nagten.

Er sinnierte, daß er Louise nicht besiegt hatte. Er war dazu gezwungen worden, ihr Zärtlichkeit, Schwäche zu zeigen, wie einem Wesen, das ihm gleichgestellt war. Ihm vielleicht gar überlegen war. Doch er hatte sie nicht eingenommen; sie hatte ihn hingenommen. Zuweilen spürte er noch den alten Groll und erkannte ihn auch bei ihr. Dann blieben sie ganz starr sitzen, jeder schaute den anderen an. Glücklicherweise kam es so zu zahlreichen Sitzungen, bei denen er von Louise neue Wörter lernte. Er mußte sich darum bemühen, wenn er sich mit den anderen Marrons verständigen wollte. Umgekehrt war es nicht notwendig, daß sie seine Wörter kennenlernte; es störte ihn durchaus nicht, sein Ansehen als Afrikaner zu bewahren, indem er sein Wissen vom Land jenseits der Wasser so wenig wie möglich mitteilte. Er nahm also hin, daß sie ihm etwas beibrachte: das neue Wort.

Während dieser Art Unterrichtsstunden, die sie überall abhielten, kehrte die Zärtlichkeit zurück. So lebten sie im Gleichgewicht, indem jeder von ihnen die alte Wut unterdrückte. Die Bedrohung von Unten brachte sie noch näher zusammen.

Eines Tages zeigte er ihr den Kopf aus Lehm und die Schlange, die im Schutz einer Wurzel noch erstaunlich gut erhalten waren. Die trockene Erde hatte alles mit Rissen überzogen, Wangen und Stirn mit Falten durchsetzt und dem Schädel einen kurzen krausen, wie von Krätze angenagten Haarschopf gegeben. Louise fuhr zurück.

„Eine Schlange!", schrie sie. „Sie ißt ihn von innen auf."

„Nein. Sie stiehlt seinen Geist und läßt ihn unnütz weiterleben."

„Wozu das?"

„Es ist für ihn", sagte er.

Er zeigte ihr die Fesseln, die er sich aus den Werkstätten der Pflanzung *Acajou* geholt hatte. Zwei mit einer kurzen Stange verbundene Metallringe. Sie wurden um die Knöchel gepaßt. Es gab sie in allen Größen, bis zu den winzigen, die wie Spielzeuge aussahen, und den Kindern umgelegt wurden. Er hatte die größten mitgenommen.

„Du bist verrückt im Kopf. Nochmal nach *Acajou* zu gehen!"

„Es ist für ihn", sagte er, „für den Anderen."

„Zeig mir lieber nichts mehr! Lieber weiß ich gar nichts als am heißen Mittag so zittern zu müssen!..."

Für den Anderen, der neben ihm gestanden hatte, während sie auf dem Markt die Käufer vorbeigehen sahen, wohl wissend, daß über ihr Los bereits entschieden war. Mit dem er sich auf dem Schiffsdeck geprügelt, und den er dort besiegt hatte, denn an der Kreuzung, als man sie trennte, das war nur ein Scheinkampf gewesen. Für den Anderen, mit dem er das endlose Meer überquert hatte, sie hatten gesehen, wie die Leiber zwischen ihnen verschwanden, jeder hatte an seinem Feind die Spuren des langsamen Todes

117

abgelesen. Mit dem er (das sagte er zu Louise) in das Sklavenhaus geworfen worden war, drüben auf der anderen Seite. In dem Haus, sagte er, sah man den langen, steingepflasterten Gang und am Ende das Loch zum Licht, durch das der Lärm der Wellen hereinbrach. Zu beiden Seiten des Gangs öffneten sich enge Zellen, in die man sie zum zweiten Mal pferchte. Er sagte zu Louise, daß man sie in die gleiche Zelle gebracht hatte; schon lange waren sie unzertrennlich gewesen. Sie schliefen nachts in der gleichen, vom Grollen des Meers erfüllten Gruft, als wären die Zellen tiefer gelegen, als badeten sie direkt im Meer und stellten so im voraus das Zwischendeck des Schiffes dar, das Zwischendeck, das zwischen den Brechern ebenso stark dröhnte wie ein Schiffsbauch. Er sagte, daß sie am Ende des Gangs, als man sie aufs Schiff lud, den Plankensteg hinuntergegangen und dann geblendet in den Schwindel des Meeres geraten waren, wo ein auf der Gischt rollendes Boot sie erwartete. Er hatte im Kopf noch das Geräusch, mit dem das Boot gegen den Plankensteg schlug. Er beschrieb das Sklavenhaus ganz ausführlich, sogar die Matrosen, die jeden Abend mit ihren Laternen die Zellen durchsuchten; er sprach davon, wie seltsam die gelben, in die Lampen gesperrten Lichter ausgesehen hatten; und behauptete, daß dieses Sklavenhaus, ebenso sehr wie das Schiff und noch mehr als der Markt, die Schlange und die Fesseln erklärte.

(Er war nicht Longoué. Die Nachbarn sagten wegen seiner Spaziergänge am Meer einfach Monsieur-la-Pointe zu ihm. Louise nannte ihn Longoué, aber sie allein kannten diesen Namen. Sie sprach ihn nie in Gegenwart der anderen aus, als wollte sie das Privileg, das sie sich selbst verliehen hatte, bewahren. So war er sein ganzes Leben der erste Longoué, ohne es namentlich zu sein, und Monsieur-la-Pointe für alle, die mit ihm verkehrten)

Der Andere, sagte er, war tapfer. Für die Tapferen ist nicht der Tod die Strafe. Ihre Strafe ist das Ende der Tapferkeit. Er mußte den anderen bedrängen, bis er, ein ohnmächtiger Feigling, nutzlos fortlebte und dies Leben auch noch hinnahm.

„Du bist verrückt im Kopf", sagte sie.

Doch er glaubte fest daran. „Ich weiß, was ich bin", sagte er. *Er hielt den Lauf des Lebens über der Pflanzung Senglis an, wo der Andere siechte.*

Und tatsächlich schien auf dieser Pflanzung eine Hinfälligkeit den Rhythmus des Daseins zu verlangsamen, sie beeinträchtigte sogar die Ernte. Senglis und seine Frau überließen die Sorge um die Geschäfte völlig ihren Verwaltern. Sie schlossen sich zu zweit ins Haus ein, er jeden Tag tiefer unter seinen Buckel gebeugt, und sie ganz von Schminke und Puder bedeckt, eine Totenpuppe, ein verfestigtes Abbild des Verfalls. Ihre besondere Vorliebe war es geworden, den neu angekommenen Sklaven im Haus zu beschäftigen, obwohl man ihn nach der Logik des Profits in den Feldern hätte einsetzen müssen. Doch sie hatte ihm in einem weiteren, unglaublichen Privileg erlaubt, die Frau zu sich zu nehmen, mit der er zusammen war. Ihre Hütte stand noch, doch sie schliefen häufig im Großen Haus. Ständig verlangte Marie-Nathalie nach dem Mann und wenn er dann da war, schaute sie ihn nur an, ruhig, manchmal auch aufmerksam, während sie weiter ihre Schminken ausprobierte. Unruhig geworden, mußte der Mann sich ständig nach Arbeit umsehen, die er verrichten konnte, und er zwang sich dazu, zweifellos, um seine Unruhe zu vergessen. Die Frau diente in der Küche. Tiefsinnig wunderte sie sich über die Eigentümlichkeiten des Haushalts.

Madame de Senglis hatte ihrem Ehemann erklärt, sie hätten jetzt einen hervorragenden „Fortpflanzer", und es sei deshalb nicht mehr notwendig, männliche Sklaven bei den Nachbarn auszuleihen. Dies war ihr am Ende jener Nacht aufgegangen, als Gustave Anatole (Bourbon) die Ereignisse auf *Acajou* erzählt (und vorgespielt) hatte. Doch die erste Schwangerschaft, die normalerweise den anderen vorausgehen, die anderen genehmigen sollte, die Schwangerschaft der Frau, die mit ihm gepaart war, kam nicht zustande. Nach und nach nahm die Angelegenheit einen dramatischen Zug an. Sie lieferte das wesentliche Material für Senglis' Anschuldigungen. „Ich sehe nicht, wie er Eure Mannschaft vermehren soll, wenn er nicht einmal fähig ist, das Küchenmädchen zu schwängern." Tag für Tag kam er auf das Thema zurück. Und vielleicht musterte seine Gattin den Mann nur deshalb so gedankenversunken, während sie vorgab, ihre Toilette vor dem Spiegel zu vervollkommnen, um herauszufinden, warum eine solche Maschine nichts produzierte? Die Herrin ging damit an den Rand dessen, was nur mit geistiger Verwirrung bezeichnet werden konnte: Vor ihren Augen ließ sie den Mann ernähren, verbot ihm unangenehme Arbeiten und suchte Fruchtbarkeitskräuter und -getränke zu studieren, die sie ihm dann verordnete. Nicht einen Augenblick dachte sie daran, daß möglicherweise die Frau unfruchtbar war. Nicht einen Augenblick erlaubte sie es, daß alle den Rhythmus wieder aufnahmen, den sie selbst der Pflanzung einst aufgezwungen hatte. Sie brauchte diesen ersten, aus den Werken der beiden gezeugten Sprößling, sie war darauf versessen. Es war für sie zum Gesetz geworden, zu ihrem höchsten Ziel, einer ständig präsenten Not. Es schien ihr gegen die Ordnung der Dinge und die universelle Harmonie zu verstoßen, daß dieser Hengst nicht seine Fortpflanzungsarbeit begann, noch dazu mit der Frau, die man ihm zugestanden hatte. Für sie war es ein unverdientes Verlachen des Schicksals. Bei dieser irrsinnigen Fixierung war die Tatsache, daß sie selbst einen Sohn gebar, ein recht beiläufiges Ereignis. Sie maß ihm keinerlei Bedeutung zu. Der Zufall rührte daher, daß eine Nacht der Erregung (oder vielleicht größerer Gleichgültigkeit und Apathie als sonst) die Gatten einander angenähert hatte, so daß sie während eines flüchtigen, unerklärlichen Augenblicks der Unachtsamkeit nicht mehr für ihre Taten verantwortlich waren. Weder Befriedigung noch Abscheu war dieser Nacht gefolgt. Das Kind kam auf die Welt, es war sehr kräftig und sehr schön. Madame de Senglis hatte sich nicht eine Minute von ihrem großen Werk abgewandt. Nachdem sie ihren Sohn den Frauen im Haus übergeben hatte, vergaß sie ihn sofort. Was den Ehemann betraf, so besuchte er seinen Erben in langen Abständen, strich ihm über den Rücken und suchte (vor den Ammen verborgen) nach dem Ansatz eines Buckels, den er zu seiner tiefen Befriedigung nicht fand. Marie-Nathalie hörte den Säugling manchmal schreien, unterbrach ihre Geste für einen Moment, den Arm erhoben, die Finger spielten noch mit den Schminkepinseln, und begann dann langsam wieder, sich zurechtzumachen. Man hätte nicht sagen können, ob sie vierzig oder hundert Jahre alt war, tatsächlich war sie siebenundzwanzig. So schloß sie sich in ihrer Gruft ein, und kam nur heraus, um unermüdlich ihr Fortpflanzungsprojekt an dem Punkt wiederaufzunehmen, an dem es stand, nämlich bei Null.

„Béluse", sagte sie sehr langsam, „ich habe dich Béluse genannt und dir ein Weib zugesprochen. Nein, eine Frau, sagen wir eine Frau. Du bist also sozusagen Herr in deinem Haus. Was machen wir mit der Pflanzung, wenn du keine Nachkommen zeugst?"

Der verwunderte Béluse rannte manchmal bis zu seiner Hütte, eigens um dort die Sarkasmen des Alten zu ertragen. Dieser hatte in seinem ganzen Dasein (wenn man es so nennen konnte) nichts mehr zu tun, außer bei der Hütte zu sitzen, Hüte zu flechten und auf den Favoriten der Herren zu warten. Doch Béluse konnte das höhnische, selbstgefällige Lächeln des Alten noch besser ertragen als die tote Stimme der Herrin. Aufgrund einer kollektiven Laune konnte er, der von den Sklaven hätte gehaßt werden müssen, sich allgemeiner Achtung erfreuen. Außer dem Alten nannte keiner die Rolle beim Namen, die der zunehmende Wahn von Madame de Senglis ihm zugesprochen hatte, oder etwa die Nutzlosigkeit der Pflege, die sie ihm angedeihen ließ. Doch ist zu sagen, daß ihn das keineswegs störte, nicht einmal in der Beziehung zu seiner Gefährtin. Höchstens die Frauen zeigten sich ihm gegenüber ein wenig verächtlich. Die Verwalter, denen ihre neue Macht insgeheim schmeichelte, erwiesen ihm Nettigkeiten. Der von ihnen, der ihm den Platz für seine Hütte zugeteilt hatte, war im Lauf der Zeit immer kühner geworden, bis er schließlich mit der anderen Frau, die er an jenem Tag mitgebracht hatte, fest zusammenlebte. Sie war immer noch apathisch. Er verdrosch sie wild und hing ebenso wild an ihr.

Als Béluse eines Tages so zu seiner Hütte rannte, fand er die Fesseln vor dem Eingang; er wußte sofort, daß sie für ihn dort hingelegt worden waren.

„Ich habe ihn gesehen", flüsterte der Alte hinter ihm.

Béluse fuhr zusammen; die Stimme kam aus der Hütte.

„Ich habe ihn gesehen, es war ein Marron! Die erkenne ich sofort! Nicht einmal versteckt hat er sich, als er kam. Ich habe ihn gesehen. Herrgott Jungfrau, Béluse, da bin ich reingegangen. Und da kommt er hierher, ich zittere wie ein Filao. Er bleibt stehen, horcht, schaut und dann legt er das vor die Tür!"

„Er meint, ich hätte Angst", sagte Béluse, „er meint, ich hätte Angst!"

„Du hast auch Angst", sagte der Alte.

„Ich lebe", sagte Béluse.

Er warf die Fesseln weit von sich, und der Alte grinste.

II

So war die Besitzung Senglis: Eine Stätte des Verfalls, ihr war der zwanghafte Wettlauf überall sonst gegen den Wald und den

Busch um des Profits und Reichtums willen fremd. Hier war das blutige, wilde Vorgehen allmählich einem noch animalischeren Dasein gewichen, wo die Herrschaft über den Geist in seiner langsamen Auszehrung gipfelte. Senglis und seine Frau walteten über die Besitzung nur durch ihre Anwesenheit ganz hinten in einem Zimmer, das ewig von Kerzenrauch erfüllt war, und waren erfolgreicher, als wenn sie allerorts mit den Eisen und der Peitsche herumgefuchtelt hätten. Doch waren sie Wächter über Fäulnis und langsamen Zerfall. Ihre Pflanzung lag wie ein fühlloser Schanker in der wuchernden Umgebung der anderen Güter. Selbst das Geschwätz der Frauen wurde mit der Zeit langsamer. Die Verwalter taten sich – nach dem Vorbild ihres mutigen Kollegen – zusammen; sie hielten heuchlerische Strafpredigten; doch auch sie überließen sich dem verlangsamten Rhythmus der Dinge. Vielleicht erwuchs ihnen daraus unmerklich eine ruhigere, tiefere Bindung an den Boden, den sie so streichelten, statt ihn zu vergewaltigen. Freilich gewannen Wald und Busch, Humus und Wucherung die Güter von Senglis nicht zurück, doch war der Kampf an den Rändern der Besitzung nicht mehr versessen, jedenfalls nicht mehr siegreich. Dort gab es nicht die lange, rauchende, stets fortschreitende Wunde, ähnlich den Streifen mit Algen und Morast, die nach den Launen der Strömung im Meer abtreiben, und die auf *L'Acajou* zum Beispiel das Vordringen kultivierbaren Landes in das Gewirr des Urwalds bezeichnete.

Denn nach der Flucht des Marrons hatte La Roche seine Aktivitäten verzehnfacht. Auf die brachliegenden Stücke, welche niemand begehrte (seit 150 Jahren, in denen diese Männer nun versessen waren, zu besitzen: Land, Sklaven, Handelshäuser und Rum), schickte er seine Mannschaften los, machte sich selbst an die steilsten Hänge der Hügel. 150 Jahre lang hatte dieses Land geschlafen, gleich neben dem der Männer des Profits, nun kam einer von ihnen und rückte ihm wieder zu Leibe. Bald würde er sagen: mein Besitz. Und dann würde eine neue Geschichte anfangen. Seine Pflanzung wurde von anderen Pflanzern als Vorbild gepriesen. Ihr Herr ließ sich ebenso wenig wie vorher herbei, sie zu empfangen, aber wenigstens handelte er jetzt (in ihrem Sinne) wie ein normaler Mensch. Seine einzige Sorge war es, Felder für die Kultur hinzuzugewinnen. Im Gegensatz zur Besitzung Senglis war *L'Acajou* ein Bienenschwarm und daher für die Sklaven eine Stätte der Verdammnis. Einer körperlichen, erschreckenden Verdammnis, während bei Senglis sich alles im Niedrigen und Unwürdigen zersetzte, selbst der Wille seiner Bewohner.

So war also die Situation auf den beiden Domänen, als überall der Aufruhr losbrach. Über ihn gibt es nur zu sagen, daß der Grund die Sklaverei war: Wo der Sklave ein Buschmesser, eine Hacke, einen Stock findet, ist der Aufruhr an der Tagesordnung. Ebensowenig, wie sich der Zustand der Sklaverei völlig beschreiben läßt (wegen dieser winzigen unüberwindlichen Gegebenheit der Realität, die keine Beschreibung oder Analyse jemals beinhalten können: Der schwache Geist wacht unter Schmerzen auf, rennt zuweilen tagelang gegen alles an, um dann ins Alltägliche, Hingenommene zurückzusinken, das noch schrecklicher ist als der Krampf der Verdammnis), läßt sich über solch eine Revolte etwas sagen, außer, daß sie das *Steckenpferd* des Leidens ist. Hinter dem Aufruhr des Sklaven steht keine Hoffnung, ihn nährt kein Hoffen, es kommt auch vor, daß er die Rache verschmäht (die der laute Schrei der Hoffnung sein könnte); der Aufruhr des Sklaven weist hin auf ein äußerst dumpfes, schmerzliches Handeln (einen Vorgang), führt es ein: die Verwurzelung. Keiner der Aufrührer kümmerte sich darum, daß Denkströmungen, Petitionen, nächtelange Volksversammlungen und Bankette schon lange vor ihm, anderswo, seinen Entladungen vorausgegangen waren. Oder daß die Mulatten, die dem schrecklichen Joch dieser Gesellschaft schon zur Hälfte entgangen waren, sich an der Sache beteiligen würden, allerdings nur in ihrer eigenen Perspektive: Daß sie nötigenfalls nicht zögern würden, mit den Wölfen zu heulen. Die einzige Sorge war der Streifen Erde, der hier unter ihren Sohlen brannte, auf ihm mußten sie etwas finden, womit sie sich bedecken konnten, wenn sie im roten Glanz auftauchten. Was bedeuteten Städte, Kleinstädte, Dörfer, der dem Herrenland unterworfene Mensch wußte nichts von ihrer Aufregung. Seine Tat war getrennt vom Feuer der Worte.

Schon ganz zu Beginn des Aufruhrs stahl Béluse sich fort. Wenigstens zwei Wochen lang gehörte er zu einer der Banden, die das Land durchstreiften. Sie fanden zufällig zusammen, die Männer kamen von verschiedenen Pflanzungen und sahen sich zum ersten Mal. Aber sie sprachen die gleiche Sprache. Sie hatten die Barrieren zerschlagen, die jede Pflanzung zu einem unentrinnbaren Gefängnis machten. Sie gingen auf dem freien Boden, entfachten kurze Kämpfe mit den Soldaten, versetzten die Kleinstädte in Schrecken. Zunächst blieben sie an den Flanken der Hügel und stießen von Quartier zu Quartier vor. Dann wurden sie kühner und gingen hinunter in die Ebene, wo sie niedergemetzelt wurden. Aber sie konnten sich so lange halten, daß jene, die entkamen und zu ihrem ursprünglichen Halseisen zurückkehrten, noch lange die Märchen, welche in den Hütten erzählt wurden, mit reichlich Stoff füllen konnten, sie ließen ihre Freunde wieder auferstehen und auch jene, die auf der Pflanzung Soundso oder dem Quartier Soundso weiterlebten (und vielleicht warteten). Denn nachdem die Barrieren einmal eingerissen waren, konnten sie nicht mehr mit der alten Beständigkeit errichtet werden; fortan wehte auf dem Land ein Wind: Er war das kostbarste Ergebnis dieser Angelegenheit. In jenen Tagen der Kämpfe rief Béluse abends mit den anderen den rosigen Mond an: „Und was sie will, das ist mein Blut! Doch da sage ich: Nein! Nein! Und dann die Frage! Warum kommt sie nicht selbst? Na los!"

Sie lachten, sie gröhlten, verzückt vom Wahn des Senglis-Weibs. Sie schauten zum hochgebauten Haus, welches, wie *L'Acajou*, seltsam verschont geblieben war von der Woge. Die Sklaven, die Respekt hatten vor den Marrons, staunten, daß sie die beiden Pflanzungen ausgenommen hatten. Normalerweise waren die Marrons nicht wählerisch, sie kamen herunter und brandschatzten. Doch diesmal schienen ihre Taten das Land von La Roche und von Senglis zu umgehen. Und auch die Masse der Aufrührer, nämlich die, welche das Land bearbeiteten, hatten keinen Grund, sich mit diesen Pflanzungen aufzuhalten. Bei Senglis waren nur wenige Männer, bei La Roche wurde der Besitz eisern bewacht. Der Herr hatte seinen Verwaltern und Aufsehern unter der Strafe sofortiger Entlassung verboten, in jeglicher Weise an Verfolgung oder Repression teilzunehmen. Als interessierte ihn diese Geschichte einfach nicht. Danach tötete er jeden Neger, der unbefugt seinen Besitz betrat. Sie wußten es alle, außer ein paar Verirrten oder Zerstreuten, von denen La Roche den Kühnsten (keiner wußte, warum er gekommen war, er hatte vielleicht erwartet, hier seine siegreichen Brüder vorzufinden, wie sie um ein mit dem Mobiliar gespeistes Feuer tanzten) mit Kanonenpulver in die Luft jagte, zwischen den beiden Acajous. Senglis, seines Zeichens Hauptmann der Miliz, *oder ich weiß nicht von was noch*, bewies bei der Erfüllung seiner diesbezüglichen Pflichten nur einen lauen Eifer. Im übrigen wurde er abgesetzt, nachdem er apathisch einige Neger hatte aufschlitzen lassen. Der Mangel an Eifer wurde scharf verurteilt; aber Senglis hatte sich bereits in sich zurückgezogen, er reagierte nicht mehr darauf. Nur bei einer Gelegenheit schmähte er, außer sich geraten, eine Pflanzerversammlung, „daß sie für ihn nur Spott übrig hatten, als er ihnen diese Ereignisse voraussagte." Dann kehrte er zurück in sein Haus zu seinem Fräulein Gattin.

Er erreichte es vor Béluse. Dieser weigerte sich, lange bevor der Aufruhr endgültig niedergeschlagen war, in die Ebene hinunterzusteigen: Aus einem Instinkt oder aus einer Art Schüchternheit, doch nicht aus Furcht. Vielleicht sah er, daß es ein fataler Irrtum war. Vielleicht wurde er bei dem Gedanken, so weit wegzugehen, von Schwindel erfaßt. Er kam also zurück und Madame de Senglis empfing ihn mit wahrer Befriedigung, als hätte er sich nur verspätet. Man kam überein zu sagen, er habe sich aus Vorsicht versteckt gehalten; selbst die Verwalter hielten sich daran. Denn die Wildheit des Kampfes war ja vor den unsichtbaren Mauern der Domäne abgeprallt.

Droben jedoch wagte die ebenso isolierte Louise sich nicht einzugestehen, daß, was sie „den Krieg" nannte, sie überhaupt interessierte. Wenn Longoué zurückkam (er blieb nie länger als zwei Tage aus), gab sie ihm in den *couis* zu essen, mit der Bemerkung, „sie frage ihn nichts und nochmal nichts, denn sie wisse schon, daß dieser ganze Aufruhr nur zum Vergnügen sei", so lange, bis er die Begebenheiten und Ergebnisse in allen Einzelheiten berichtete. Sie wagte nicht zuzugeben, daß sie sich um *L'Acajou* sorgte. Aber Longoué sagte ihr eines Tages, daß *L'Acajou* und das Haus Senglis unter seinem, Longoué's, Schutz stünden. *„Warum das Haus Senglis?"*, fragte sie spontan, bevor sie innehielt, zu spät dachte, daß es nicht mehr Grund gab, *L'Acajou* zu beschützen. Aber Longoué lachte und sagte ihr: „Weil er auf der Besitzung Senglis ist, und weil ich will, daß er dort bleibt." Von da an fürchtete sie nur um Longoué. An dieser Angelegenheit von Kampf und Feuer nahm sie nicht teil und man kann sagen, daß sie schließlich nachgab. Sie war nur wenig erleichtert, als sie Longoué murmeln hörte: „Auf ein andermal." Die Sorge um das Dasein verbrauchte sie ohnehin schnell genug. Obwohl der Mann, ihr Mann, die wesentlichen Dinge brachte, die sie zum Leben benötigten (vom Sackleinen, Nadel, Faden angefangen –

und selbst einen großen Nähwürfel aus Nußbaumholz, fremdartig sah er aus auf dem Hüttenboden, neben dem Lager, wo Louise ihn feierlich abgelegt hatte – bis zu Schüsseln mit Maniok, Mehl und Salz), mußte sie sich um alles übrige kümmern: die Brotfrüchte, den Yams, den Talg, den sie hartwerden ließ, um daraus Kerzen zu machen, die Köhleröfen, die sie heimsuchte. Wenn Longoué Besuch empfing, zwang sie sich, mit den Ankömmlingen auf dem Platz vor der Hütte zu tratschen, während er einen nach dem anderen hereinrief. Sie nahm damit einen Zug von Freundlichkeit an, der ihr gut stand. Zuweilen leuchtete ein Blitz auf; jeder der Bewohner wußte, wieviel Kraft und Mut diesem Leib innewohnten. Nach der Geburt ihres zweiten Sohnes begann sie dick zu werden und ihre Gestalt paßte allmählich zu dem Namen, den ihr die Nachbarn von Anfang an gegeben hatten: Man-Louise.

Der Wald auf dem Hügel lag in seiner größten Hitze. Es herrschte dort wirklich eine überraschende Sanftmut des Daseins, nach der schweren Feuchte dort unten. Die trockene, zitternde Luft rollte sich einem um den Leib, doch so wie es eine Wolke tut, hier lag keine verborgene Macht auf der Lauer. Plötzlich sah man in der Ferne einen Strauß Bäume tanzen: er war nur drei Schritte entfernt. Man entdeckte eine Lücke auf den grünen Steinchen der unendlichen Hügel: sie war in Rufweite. Der Mann ohne Wurzel verwurzelte sich dennoch in dieser Leichtigkeit und trug seinen Namen Monsieur-La-Pointe wie zu Unrecht (daher wurde sein Ältester lange Ti-Lapointe gerufen, bevor er selbst den Namen Longoué aufnahm und gewichtig machte: Melchior Longoué), denn er schaute ringsherum die Höhen wie Wellen des Meeres an und vergaß das Meer. Doch da die verborgenen Mächte fehlten, lagen Hunger und Krankheit auf der Lauer. Die Sanftheit des Daseins war nur in der Luft, sie trug keine Frucht. Longoué streifte schon im geheimen, er, Longoué, über die Hügel, kannte jede

Wurzel und jeden Zweig, wie einer, der, auf der Schwelle zum Wahnsinn, seinen Geist kennt und ihn betastet.

Er hatte sich auch noch nicht an das Schillern oder das Wohlwollen dieser Wälder gewöhnt, als er La Roche traf. Es war acht oder neun Jahre nach Melchiors erstem Schrei in der Hütte. Er hatte immer noch jene Gereiztheit im Leib, denn eine Sicherheit, deren Bedingungen sich dem Geist entzogen, konnte ihn nicht zufriedenstellen. Longoué war rastlos, unfähig zur Beständigkeit, die sein Körper ihm verweigerte. Louise tat ernsthaft, als verstünde sie seine häufigen Ortswechsel, in Wirklichkeit war sie ratlos. Es war an einem jener Nachmittage, in denen jedes Raunen verstummt, von dem rohen Licht wurde das unendliche Laubwerk der Bäume durch die eiserne Dichte der Luft in flachen Schatten geworfen, die sich auf die Kräuter und das Gebüsch am Boden klebten. Jede Biegung des Walds war einzigartig auf der Welt. Longoué hatte plötzlich etwas wie eine Vorahnung im Nacken, einen alten Schmerz, der wieder erwachte, da sah er La Roche weniger als zehn Schritte entfernt. Beide blieben stehen. Reglos musterten sie sich vorsichtig, aber ohne daß jegliche furchtsame Erregung diese Prüfung beeinträchtigt hätte. La Roche ließ sich langsam auf einem Baumstumpf nieder, nachdem er einen Ballen vor sich abgelegt hatte, den er bisher auf dem Rücken trug. Nicht weniger langsam kauerte Longoué sich hin, sein Buschmesser quer über die Schenkel gelegt. La Roche war mit einer Pistole bewaffnet, die er am Gürtel hängen ließ, aber der eine wie der andere wußte, daß dieser Vorteil im unentwirrbaren Tumult der Vegetation, in der Longoué mit einem Satz verschwinden konnte, nur sehr relativ war. Sie spürten, diese Begegnung war nicht zufällig, sie waren einer vor dem anderen hergegangen. Sie ahnten, daß sie seit bald zehn Jahren auf diesen Moment gewartet hatten, der einen Schlußpunkt unter eine sehr alte Geschichte setzen sollte, welche ihr Dasein seither bestimmt hatte. Hier sollte alles zusammengetragen werden, woraus eine Lektion entstehen würde, durch sie, zwischen ihnen, gegen sie. So hüteten sie sich vor zu raschen Bewegungen, diese Vorsicht hatte guten Grund. Sie prüften einander ruhig, La Roche vielleicht eindeutiger, aufrecht, auf dem Anstand, seine blauen Augen starr auf den Gegner gerichtet; Longoué ungerührt, fließend unter einem neutralen Blick, ein wachsamer Block, jedoch nicht ohne ein gewisses Maß an möglicher Güte. Und La Roche redete plötzlich, in Worten seiner eigenen Sprache (weil er wußte, daß Longoué das heimische Kreolisch verstand, daß sie sich so verständigen konnten) und das auch noch mit einer ungewöhnlichen Schnelligkeit, als wollte er dem Marron höchste Aufmerksamkeit aufzwingen, damit er einige an der Oberfläche seiner Rede verstreute Gedanken entdecken würde. Aber La Roche war recht erstaunt, als er feststellte, daß Longoué nicht nur keinerlei Anstrengungen machte, um etwas zu verstehen, sondern daß er überdies in seiner afrikanischen Sprache antwortete, die er zweifellos zum ersten Mal seit zehn Jahren gebrauchte. Nach einigen raschen Wortwechseln einigten sie sich auf einen Dialog, der keiner war: Einer wie der andere war eingeschlossen in seiner eigenen Not, als wollten sie instinktiv das Schamlose an ihrer Vertraulichkeit bemänteln, oder als versuchten sie, da sie nun einmal gezwungen waren, einander zu vertrauen, den eigenen freien Willen zu bewahren oder, menschlicher noch, ihr eigenes Interesse.

„Und", sagte La Roche, „die ganzen Jahre über hat sie geglaubt, daß ich ihr den Akt vorwarf. Diese Buhlerei mit dem Buckligen, nur aus Trotz. Als Beweis habe ich nur, daß sie mir vorher damit drohte, an dem Abend, als wir uns trennten. Sie schrie es, nein murmelte es, den Kopf zwischen den Stäben der Veranda, während ich dastand und lächelte, und dann in großes Gelächter vor ihr ausbrach. Deshalb hat sie es getan. Aber sie wußte nicht, daß schon der Gedanke an die Sache, daß es das schon war, was mich getroffen und plötzlich hatte innerlich versiegen lassen, noch während sie sie aussprach, noch bevor sie sie beging. Und deshalb habe ich sie an jenem Abend nicht zurückgehalten. Denn all den Sand, in dem wir uns gerollt hatten, sie und ich, den sah ich weiß bis ins Unendliche, und sie sah ihn schwarz. Er war schwarz in ihr, und ich wußte es nicht. Ich sage dir, in jener Minute schätzte ich das Gewicht meines Lebens ab, und ich fand es lächerlich! Wozu diente dieses Rennen, all dies Blut, all die Begierde in meinem Blut und dieses Begehren, wozu? Und sie hat all die Jahre geglaubt, daß ich ihr den Akt vorwarf, dabei war es nur der Gedanke, der ihr gekommen war, er hat mich aus dem Ort, wo ich war, entwurzelt. Ihre Großmutter war sicher froh, als sie ihr den Fehler eingestand und so klar entschied, was sie zur Sühne tun mußte. Denn die Alte fürchtete sich vor mir, nicht wegen dem, was ich war, auch nicht wegen der Freuden, zu denen ich die Tochter ihrer Tochter verführte, sondern wegen der Öde und Verzweiflung in mir, die sie erraten hatte. Doch sie ist in uns allen. Sie können diese Öde nicht abhorchen, und doch ist sie da. Warum? Was war also der Grund, wenn man so sagen kann, für diese Scheidung? Es ist schändlich, daß ich ihn vergessen habe. Wer wird ihn mir nennen, wer? Und warum sie zwischen uns geschwankt hat, ich sehe allerdings, daß es der Einfluß der Alten war, die ihr unaufhörlich die Vorzüge der anderen Seite vor Augen hielt, die Sicherheit, das Gleichgewicht, die Gelegenheit, ein schwaches Wesen zu beherrschen, das allem zustimmen würde. Aber ich kenne die starre Verachtung in ihren Augen, wenn sie glaubt, jemand bezwungen zu haben. Ich weiß, daß sie nicht zu weinen wagt, aber daß sie bei jedem Mal weinen möchte, wenn sie so den Sieg davonträgt. Ich habe sie als einziger besiegt. Und wenn sie ihn erwählt hätte, ich hätte zugestimmt. Aber daß sie den Gedanken an diese Affäre nährte, weil ich sie bezwungen hatte, das war es, woraus der schmutzige Sand keimte, wie man ihn an der *Spitze* findet. Worin hatte ich sie bezwungen? Ich weiß es nicht mehr! Und während all dieser Jahre hat sie sich vielleicht eingebildet, daß ich von mir aus kommen würde, um sie zu holen und auf *L'Acajou* mitzunehmen (sie entführen würde wie ein höfischer Ritter), nach allem, was sie getan hatte. Und ich sehe sie immer, wie sie sich an diesen Buckel klammert, während er sie mit seinem Zwergengewicht erdrückt, und vielleicht weint sie. Ich werde mich bei der letzten Lächerlichkeit ertappen, meinerseits zu schluchzen an dem Tag, an dem sie stirbt. Denn sie wird sterben, da bin ich sicher! Sie ist nicht ewig. Sie hat angefangen zu sterben an jenem Tag, als sie zu denken wagte, sich für Gustave Bourbon zu prostituieren sei die beste Replik auf unsere Sturheiten. Sieh sie dir an, im Todeskampf, trotz ihrer Jugend, vor dem Neger, mit dem zu vögeln sie nicht die Kühnheit hat und nie haben wird (als ob ihre Frauen es sich jedesmal versagten, wenn die Herrschaft es ihnen ernüchtert erlaubt), und wie sie sich mit Schminke bedeckt, um irgendeinen Schmutz auf ihrem Leib zu übertünchen, ich kann mir nicht vorstellen welchen, und wie sie sich, Schicht für Schicht, in ihrem Tod mumifiziert. Sie wartet darauf, daß ich komme, sie unterschätzt die Kraft dessen, was mich zerstört hat, sie verkennt, daß ein ungeschickter Mann, der zuschlägt und verletzt, sich auch selbst verletzen kann, nein, sich zerstört über den Tod hinaus, daß ihm nichts mehr bleibt als dieser Geschmack der Verachtung, der Geschmack des schmutzigen Sandes auf dem Leib. Sie weiß nicht, daß auch ich gestorben bin an jenem Abend, und hinfort der einzige Unterschied zwischen uns ist: Daß sie im Todeskampf liegt, während ich bereits zerfallen bin. Und so glaubt sie, daß ich ihr nur diesen Akt vorwerfe, und daß ich trotz dieses Akts kommen werde, um ihr eine Zustimmung zu entreißen, die sie sich wünscht. Ein doppelter Trugschluß, dem sie, so wie sie mich kennt, nicht unterliegen dürfte."

La Roche schwieg, wie ein wohlerzogener Mann, der darauf wartet, was sein Gesprächspartner zu sagen hat. Sie waren nämlich stillschweigend übereingekommen, daß einer nach dem anderen reden sollte, im friedlichen, glühenden Nachmittag; jeder in seiner dem anderen fremden Sprache und in der ihm genehmen Art. Die Vögel begannen wieder zu pfeifen, von einem fernen Blätterwerk aus, in dem sie sich offenbar versteckt hatten; manchmal erfüllten eine Reibung, wie Explosionen aufspritzende Hitze, ein flüchtiges Kriechen und ein langes Fauchen des Winds die Wälder. Unter jedem Zweig wuchs eine Sonne. Longoué strich sich über den Nacken, mit einer langsamen, konzentrierten Bewegung.

„Es ist nicht das Schiff. Es ist nicht das Haus. Beim Schiff muß man sich daran gewöhnen, dieses Ding-da zu atmen. Im Haus ist das Grabenloch voller Aufruhr. Im Meer, ich weiß nicht, trägt dich der Aufruhr. Auf dem Schiff sah ich ihn, ich gewöhne mich ans Atmen. Und ein Mann, das ist wahr, hat mir seinen Fuß auf den Kopf gesetzt, na gut. Aber dieser Mann-da, er wird sterben wie es vorherbestimmt ist, und nicht vorher. Es ist der Pferch. Dieser Pferch-da. Wo sie mich in die Erde voll Wasser hingelegt haben; mit den Eisen kann man nur auf dem Rücken liegen. Drei Nächte und drei Tage lang ist das Wasser gefallen. Aber es war vor allem nachts. Man kann nicht die Augen öffnen, wenn man auf der Erde liegt und das Wasser nicht aufhört. Es ist dieser Pferch-da. Alles kommt von oben, wie gehäutet. Das kentert im Leib, diese weißen Dinger, die herabfallen. Selbst die Nacht wird bleich, sie stößt ihren Geist zurück. Ich zittere wie ein weiß Gehäuteter. Es gibt keine Hoffnung. Es ist dieser Pferch. Ich wollte wirklich meine Zunge verschlucken, es war zu viel. Zwei Tage und drei Nächte in der Fäulnis. Da muß man sterben. Aber der Tod ist nicht für mich, denn am dritten Tag bringen sie ihn, sie werfen ihn neben mich, zum Leben wiedererweckt. Da vergesse ich den

Tod, glaube nicht mehr an den Tod. Ich muß bleiben, denn er ist da. Ich werde vor ihm gehen. Er wird gehen, wohin ich gehe. Am Abend danach bringt man uns in das steinerne Haus. Doch da bin ich wieder lebendig. Das Haus, das Schiff. Ich ertrage es. Alle die sterben, sie sterben. Ich ertrage es. Im Pferch, da schreie ich, da werde ich bleich. Doch alles fängt von vorne an, als man ihn neben mich wirft. Es ist der Pferch-da." Und La Roche, ganz wohl: „Gut. Ich nehme die Kleine ins Haus. Mir scheint, daß sich von dieser Seite her eine Perspektive eröffnet. Ich bin in sie vernarrt, Senglis glaubt wirklich, daß ich mir mit ihr ein bißchen Vergnügen im Haus erlauben will. Das ist so üblich. Aber ich rechne mir etwas anderes aus. Sehen Sie, kein Mann in der Umgegend, der mich nicht für verrückt hält. Ich versuche herauszufinden, ob es auf eurer Seite, in den Tiefen, in denen ihr vegetiert, nicht jemand gibt, dem ich das Heil anbieten kann. Daher Louise, all meine Bemühungen um sie, um das herauszufinden. Da es so bestimmt war, daß mein eigenes Fleisch mich verlassen sollte, würde ich ein anderes Fleisch nähren. Ich würde vom Morgengrauen voller Sand mit einem Schlag in die Nacht voller Fackeln geworfen werden. Ich entwickelte sogar eine Abscheu davor, meinesgleichen zu begegnen, ein Zusammenziehen meiner Haut bei der Berührung mit ihnen. Ich berühre Louise, Sie verstehen, und das Zusammenziehen verschwindet, ich fühle mich ganz wohl. Und sie, sie, sie! Glauben Sie mir, daß ich bei jeder Gelegenheit, wenn ich sie sah, kaum atmen konnte? Ich bin verflucht, ich nehme den Fluch an! Ich allein habe hier Macht! Aber in welchem Moment war der Fehler? Er muß an irgendeinem verborgenen Fehler gereift sein, denn die Bemühungen schlugen fehl und Louise floh ..."

„Zuerst will ich ihn ganz allein seinem sinnlosen Leben überlassen! Da mache ich den Kopf und lege das Tier in den Mund. Die Frau kann viel sagen, er bleibt allein. Und er, er glaubt, das sei sein Wille. Er schreit: 'Nein! Ich will nicht!' Er glaubt, es sei er, der sich verweigert. Doch er tut nur so, denn während er schreit: 'Nein! Und nochmal nein!', zittert er in seinem Leib. Und ich denke nach: er wird also im Haus bleiben, kraftlos. Warum nicht seine Nachkommenschaft mit ihm? Die ganze Linie, die kraftlos fallen wird. Da gehe ich, nehme das Tier weg, zerstreue den Kopf. Und ein Jahr später hat er einen Sohn. Er glaubt, es sei, weil er gewollt hat. Doch er tut nur so, während er da ist voller Geschrei beim Fest, zittert er in seinem Leib. Es ist die Nachkommenschaft, die er verdient. Alle im Haus, können nicht hinaus. Sklaven an allen Tagen, die kommen werden. Ich nehme das Tier weg, sei's drum, daß es sich gegen mich wendet. Er, er hat den Sohn der Sklaverei. Hört gut zu, es ist die Wahrheit!"

Vom einen zum anderen wuchs die Stille, während hingegen der Wald in einer feinen Folge von Gluten erzitterte. Der Abend schritt dort unten voran, sie sahen, wie er über den Horizont der Hügel bis zu ihnen heraneilte. La Roche wühlte in seinem Sack und holte einen Gegenstand heraus, den er langsam vor die Füße von Longoué warf. Eine lange Stille der Meditation. An ihrem Ende hob Longoué endlich den Gegenstand auf.

„Rinde vom Ebenholzbaum mit einem Ruck vom Stamm abreißen! Zwei Monde lang einweichen. Vorzugsweise in Meerwasser. Der heißen Sonne aussetzen, zwei volle Tage. Dann die Innenseite glätten und polieren. Dann zeichnen und schnitzen. Es ist Ihr Profil, mein Freund. Sehr gut gelungen. Natürlich haben die Leute, die uns gewöhnlich diese Steckbriefe machen, Sie nicht gekannt. Sie haben ja kaum Gelegenheit geboten, daß man Sie anschauen konnte. Ich mußte das ganze zeichnen und, bei Senglis, das Ergebnis ist gar nicht schlecht. Nun, warum ich Sie nicht weiter verfolgt habe? Es hat mir so gefallen. Ich hatte mir vorgenommen, eine Expedition gegen sie auszurüsten, denn schließlich waren Sie nicht unerreichbar. Aber dann ist mir plötzlich diese Urbarmachung des Bodens zu Kopf gestiegen. Mir schien, daß ich Sie auf diese Weise noch sicherer bekämpfen konnte. Und, im Laufe der Zeit, sind Sie mir liebgeworden. Wahrscheinlich, weil sie ein ferner, künftiger Grenzstein meiner Ländereien sind? Ich hänge an Ihnen, umso mehr, als Sie La Pointe genannt werden. La Pointe, ist das nicht wirklich der letzte Punkt?"

La Roche lachte sanft, während Longoué die gräuliche Rinde betrachtete, in welche sein Profil geschnitzt war, es zeichnete sich in dunklem Rot gegen das Holz ab. La Roche war amüsiert.

„Ich bringe Ihnen außerdem noch dies! Einen ganzen Abend habe ich Sie gejagt, nur um es Ihnen zu überreichen. Steht nicht der Gebrauch nur Ihnen zu? Nicht wahr?"

Er warf Longoué das kleine Fäßchen zu, das er aus dem Sack geholt hatte. Longoué fing den Gegenstand auf und legte ihn vorsichtig neben die Rinde. Alles im Umkreis verstummte wie überrascht, alles Leben hielt inne, da es diese beiden Männer ruhig einander gegenübersitzen sah. La Roche, der eigentlich, es war sein Recht, den Marron hätte erschlagen müssen, sobald er ihn erblickte. Und Longoué, ohne jede Unruhe, man konnte meinen ohne Haß, mit seinem Buschmesser, das ihm über die Schenkel baumelte. Verbündete in einer einzigen Gegenwart, trotz des Abgrunds zwischen ihnen. Alle beide gleich wahnsinnig.

„Ja, ja, ein Fäßchen. Es ist seit langer Zeit nicht mehr gefährlich. Mir würde es gefallen, wenn Sie es bewahrten, überall wo sie hingehen. Ihre Großneffen werden sich vielleicht davor ängstigen. Was schert es uns? Werden unsere absurden Abkömmlinge überhaupt von dieser Geschichte erfahren? So viel Land wird urbar gemacht sein, daß sie nicht einmal die Bestie werden aufspüren können, die tief in ihnen wohnt. Wir steigen zusammen die Stufen zur Hölle hinunter, Sie immer bleicher und bleicher in Ihren Söhnen, und ich, ertrunken im tumben Hirn eines Crétins. So erstatte ich Ihnen mit dem Datum des heutigen Tags Ihr böses Zeichen zurück. Ja, ja, es handelt sich um eine Rückerstattung. Aber mein Freund, wie werden wir beiden gelebt haben!"

Sie lächelten. Die Nacht lag über ihnen, weit über den Stämmen, sie zögerte, diese außergewöhnlichen Monologe zu bedecken. Die beiden Männer saßen untätig im Feuer des Abends, vielleicht waren sie enttäuscht, daß sie so wenig von dem abgeklärt hatten, was in ihrem Innern brodelte, aber sie waren auch voller Respekt vor dem Frieden und, im äußersten Fall, vor der gegenseitigen Unverständlichkeit, in welcher sie sich solidarisch begegneten. La Roche erhob sich, und war schon unmerklich (oder mit einem Sprung?) in den Schatten verschwunden. Longoué nahm das Fäßchen und die Rinde auf, er war der Herr der Höhen, der Weiße hatte sie ihm schlußendlich zugesprochen. Nicht zugesprochen, sondern zuerkannt, nach einem loyalen Kampf. Es war das Meer, wo die Sterne schwiegen. Es war das Ufer, von dem aus er das andere Land nicht sah. Er schrie in seiner Afrikanersprache: „Dein Leben hat in meinen Händen gelegen. Ich habe dich die ganze Zeit beschützt. Auf ein andermal!" Es überkam ihn wie eine Sanftmut, ein Frieden, ein Einklang mit den Stümpfen, dem Gestrüpp, dem fliehenden Bambus und dem Himmel. Dies war seine Geburt in den Wäldern, als wäre er der neugeborene Sohn seines Sohnes Melchior gewesen. Mit großen Schritten machte er sich auf den Weg zu seiner Hütte.

5. Kapitel

Die Geburt des Sohnes von Béluse war der Anlaß für den endgültigen Niedergang bei Senglis. Sechs Ernten waren eingebracht worden, seitdem Marie-Nathalie, blutleer unter ihrer Schminke, die Kerzen in den Tiefen ihres „Boudoirs" angezündet hatte. Sie hätte gewiß nicht sagen können, wieviel Schimmel sechs Jahre in einem Koffer ansammeln oder wieviel Schärfe sie dem Eisen einer Hacke nehmen können. Ohne ein Gefühl für die Zeit, abgestorben in ihrer reglosen, träumerischen Erstarrung, übte sie sich täglich in der Trauer um die Geburt, auf die sie sich versteift hatte. Béluse, inzwischen an die Verhaltensweisen von Madame de Senglis gewöhnt, erschrak nicht mehr vor ihrem toten Blick oder ihrer Fastenmaske, unter der Creme waren scharfe Falten zu ahnen, er sprach dieses Gespenst mit sanfter Stimme an, spazierte mit ihm durch das Haus, und die Herrin stieß Freudenschreie aus, wenn er sie mitnahm, um mit dem kleinen Senglis zu spielen, ja dieses Gespenst, das sich in einer unerträglichen Leidenschaft verzehrte, wurde plötzlich lebendig und fragte ihn: „Béluse, wann werden wir also mit der Bevölkerung unserer Ländereien beginnen?", und da wiegte er sie in einer Geschichte von großer Fruchtbarkeit, mit Fluten von schwarzen Kindern, üppiger Vegetation und wahrhaften Stromschnellen von Wasser, bis zu jenem Tag, als er, selbst von Mitleid ergriffen, sagte: „Wir haben es, Madame, es wird kommen, ein Knabe." Und er war nicht verwundert, als sie darauf erstrahlte wie eine Sonne, nicht überschwenglich, sondern erfüllt von einem furchterregenden Glück; nur scheinbar erfreut ließ er die werdende Mutter holen, sie war ganz verlegen und lachte laut, während sie den Einfällen der Abgeschiedenen gehorchte („Dreht Euch – Kommt her, daß ich es fühle – Geht – Weiter!") und er schien auch froh zu sein, als sich die Monate des langen Vorspiels zur Niederkunft hinzogen, während der Zeit war er endlich vor den Aufmerksamkeiten der Herrin verschont; er wunderte sich, daß er gerade jetzt, als jeder seine Vaterschaft erkennen konnte, sichtbar am Bauch seiner Gefährtin, erstmals unter den Sticheleien der anderen zu leiden hatte ("Ah, wenn es an mir gewesen wäre, hätte sie schon vor sechs Jahren geworfen." Oder: "Jetzt kommen sie alle dran!"), als ob das Ende dieser Wartezeit ihn schließlich noch isoliert hätte und die Parias sich jetzt erst des Privilegs bewußt wurden, das er genossen hatte. Denn er dachte kaum über die Verheerungen nach, die sich in denen vollzogen, die er nur "die Ladung" nannte. Er hatte sich selbst Feldarbeit verordnet, unter den gegebenen Bedingungen freilich nicht im Übermaß, doch selbst als guter Feldarbeiter ahnte er nicht (er gewöhnte sich daran, es nicht zu sehen), wie sinnlos diese Tätigkeiten ohne Zukunft waren; er hatte sich an den alltäglichen Anblick gewöhnt, an die hungernden Kinder (für die er jeden Tag einen wundersamen Rest von den spärlichen Mahlzeiten der Madame de Senglis stahl), an die unabwendbare Krankheit, von den Erwachsenen mit Resignation hingenommen (wenn man es ihm befahl, holte er für sie den Tierarzt); er versuchte nicht, die ihm eingeräumten Freiheiten zu nutzen, um auf das viele Leid aufmerksam zu machen, da er es Tag für Tag sah, war er schließlich zur Überzeugung gelangt (ebenso wie die anderen, die ihm unterworfen waren, jedoch nicht die Zeit hatten, darüber nachzudenken), daß dies der normale Gang des Lebens sei, ein für alle Mal. Besorgt über die unbestimmte Feindseligkeit, die ihm jetzt überall entgegenschlug, ging er so weit, eine Unterscheidung für die verschiedenartigen Welten finden zu wollen, welche sich im Raum der Plantage trafen oder überlagerten; aber er unterteilte nur in Sektoren, sah nur ein abgeschlossenes Universum, in welchem auch er selbst hier und dort wuchs wie das Moos der Vernachlässigung, und folgte damit einem elementaren Mechanismus seines Verstandes: Er achtete vor allem auf das autoritäre Regiment der Aufseher und Verwalter, denn es war beeindruckend und in gewisser Weise „wirksam", er hatte wenig mit ihnen zu tun, aber er sah, wie sie die Dinge und die Menschen beherrschten, überall war eine lastende Bedrohung von ihnen spürbar: Sie waren Männer ganz aus einem Guß, für die Blutvergießen oder Verstümmelung nur ein (in Wahrheit das äußerste) Moment der notwendigen und permanenten Polizeiaktion darstellte, mit der die Ordnung auf der Plantage aufrechterhalten wurde. Von ihnen getrennt, unterhalb gelegen, die fruchtlose Zone der Arbeiter, aber er dachte nicht: Arbeiter, er sagte: „Die Ladung, es ist die Ladung vom Schiff, die man hier versammelt hat": die sich von den Hütten auf die Felder schleppten und vom Feld zur Hütte, das war alles. Er ging nicht weiter, fragte nicht einmal, warum er sich einst den Aufständischen angeschlossen hatte: War es wegen des Grolls gewesen, den so viel Zerrüttung in ihm angesammelt hatte? Dann war noch das stille Reservat des Hauses, die Hausangestellten auf dem Podest ihrer Sonderstellung, sie waren weder mager noch schmutzig oder zerlumpt (aber auch nicht fett oder friedlich), sie hielten sich oben, indem sie im Dienst stiebitzten: Randexistenzen, die sich mit einem Halbschatten begnügten, in welchem sie über dem animalischen Leben nur *überdauerten*, am Ende hingen sie sogar an ihren Herren (so sehr kann ein Privileg schließlich die Seele erschöpfen und sie in die trübsten Gewohnheiten führen), wie etwa die beiden vor Mütterlichkeit überfließenden Frauen, die sich um die Zuneigung des kleinen Senglis rauften. Schließlich die trostlose, einsame Domäne, auf der Gustave-Anatole dahinfaulte, wobei er sich mehr und mehr mit kleinen, selbst erfundenen Perversitäten die Zeit vertrieb: Er haßte seine Sklaven mit dem lasterhaften Haß des Schwächlings: Wessen er habhaft werden konnte, den verfolgte er und zwang ihn beispielsweise, Haare zu schlucken, die er sich unter den Achselhöhlen ausgerissen hatte (und die Leute vom Haus lachten und schrien denen zu, die sich dieser Pflicht entledigten: „Verdammt, mach daß du es hinunterschluckst!"), oder sich das Gesicht mit dem Stuhl des kleinen Senglis einzuschmieren. Aber jeder sah, daß es sich um Spiele eines Debilen und verlorenen Menschen handelte. Und ganz am Ende, im dunkelsten Teil des Hauses, die Gruft von Marie-Nathalie, das tragische Mausoleum ihrer Jugend. Und, vielleicht, damit er nicht noch mehr nachdenken, damit er in den Sektoren nicht weiterwühlen mußte, hatte er sich unmerklich an den Wahn der Herrin gehängt. Es erwuchs ihm daraus eine neue Stellung: die des Beschützers. Er wußte wohl, daß er mit diesem Wahn nichts zu tun hatte, daß er lediglich sein Gegenstand geworden war; und der Herr mit den blauen Augen war ihm im Gedächtnis haften geblieben, von jenem Tag an, als der Alte sie mit seinen Worten schwindlig gemacht hatte, ihn und die beiden Frauen. Er freute sich dennoch über Marie-Nathalies unschuldige Freude : Wenn er zusah, wie sie die verwirrte Mutter streichelte, voller Ernst der Geburt beiwohnte, alle Welt mit ihren Empfehlungen erschlug und, (als das Kind da war), lange über einen geeigneten Namen nachdachte. Senglis amüsierte sich über diese Ungebührlichkeiten. Als seine Frau ihm verkündete: „Wir werden ihn Anne nennen!" und er sie fragte: „Anne? Warum Anne? Das ist ein Mädchenname", und sie ihm antwortete: „Sie irren, es ist der Name des Konnetabel de Montmorency, Sie müßten wissen, wie hoch ich Anne de Montmorency schätze, er war ein unglücklicher Held", und er erwiderte: „Aber ich bitte Sie, Sie werden diesen Sklaven doch nicht mit dem Namen eines Konnetabels von Frankreich herausputzen!" – hatte sie ihm mit größter Kaltblütigkeit erklärt: „Mein Freund, darin kann ich nichts Nachteiliges sehen, wo Sie doch, ich weiß nicht durch welches Privileg,

141

Gustave Anátole *Bourbon* heißen." Da zuckte Bourbon die Schultern und ging. Das Kind hieß also Anne.

Aber seine Geburt war der Anlaß, fast sogar das Signal, für den Niedergang. Denn es stellte sich sehr schnell heraus, daß der so brennend ersehnte Erfolg die Energien der Madame de Senglis nicht etwa aufgepeitscht, sondern, im Gegenteil, niedergeschlagen hatte, die Freude war zu groß gewesen, danach ließ sie sich gehen. Überglücklich durch ein Ergebnis, auf das sie schon lange nicht mehr gehofft hatte, wurde sie in gewisser Hinsicht vom Übermaß ihrer Gefühle entwaffnet. Béluse mußte also nicht „die Bevölkerung sichern", mußte nicht die einmal angefangene Arbeit fortführen. Er hatte unter den Spötteleien und Provokationen der Frauen zu leiden, die ihn abpaßten und ihm schlüpfrige Angebote machten, aber er lächelte sanft darüber und spielte manchmal, wenn er dazu in Laune war, mit, tat, als verfolgte er die Unverschämten, die ihrerseits vorgaben, unter lautem Schreien und Hilferufen zu entfliehen. Madame de Senglis vergaß von einem Tag auf den anderen ihr seltsames Vorhaben. Sie kümmerte sich nicht mehr um Anne, als sie sich um ihren eigenen Sohn gekümmert hatte. Sie verfiel sehr rasch und Béluse begriff dunkel, daß die Besitzung bis dahin im Schatten ihres Wahnsinns gelebt hatte, nur er hatte mit seiner übernatürlichen, ansteckenden oder hypnotischen Kraft (und ohne die Verlockung eines Gewinns, der so typisch war für die Pflanzer, doch Senglis und seine Frau schienen sich sonderbarerweise davon befreit zu haben) die Universen, die verschiedenen Sektoren zusammengehalten, deren Umrisse er mehr geahnt als gezeichnet hatte. Das Verschwinden dieser Obsession zerstörte das Gleichgewicht des Ganzen und darauf folgte der Niedergang.

Der siegreiche Boden belagerte die Domäne. Wie es sich für Prokonsuln geziemt, gefielen die Verwalter sich in flüchtigen Genüssen, da die Lust an der Autorität nicht genügte, um die Not und die fortschreitende Vernachlässigung zu besiegen. Die schon geschwächte Wirtschaft der Besitzung hatte auch noch unter den bösen Folgen der Veränderungen zu leiden, welche sich im gesamten Handel auszuwirken begannen. Senglis mußte den Betrieb einer Zuckerrohrmühle aufgeben, und bald machte man ihm einige diskrete Kaufangebote für das Grundstück und die dazugehörigen Einrichtungen. Das war ein untrügliches Anzeichen; aber Senglis lebte da schon in dem Todeskampf, der kurz darauf Marie-Nathalie dahinraffen sollte.

Der siegreiche Boden, urbar gemacht, auf dem Sprung, unbeugsam in der Hitze. Tollkühne Banden, ganze Vegetationen von biegsamem Gras umzingelten beharrlich die Kakaosträucher, ließen Spitzen unter ihrem Schatten sprießen, lungerten von trockenen Kakaoblättern überdeckt im Unterholz, und brachen dann plötzlich zwischen den Stämmen ein, erstickten die Pflanze, den Nutzstrauch. Sie warteten auf die Regenzeit, um zum Angriff zu blasen, die Vorhut gleich einer Kavallerie waren Rinnsale mit Sickerwasser, die den vernachlässigten Baum faulen ließen. Während der Trockenzeit knisterten sie, in ihrer Dürre zusammengesunken, doch sie gaben nicht auf, warteten nur im trunkenen Bersten der Luft geduldig ab; dann stürzten sie sich erneut auf ihr Opfer. Marie-Nathalie spürte diese Überfälle in ihrer Umgebung. In ihren Halluzinationen sah sie, wie das rebellische Ufer mit seinen Sanden sich in den roten und schwarzen Boden krallte, und der Sand war fruchtbar. Als sie am Höhepunkt ihres Widerstandes war (ein Jahr nach Anne Béluses Geburt), klammerte sie sich einen ganzen Abend lang an den schweren Drillich, der ihr Bett umsäumte, und schlug den Feind zurück, indem sie ihn beschimpfte: „Komm du nur! Ich spucke dir in die Augen! Ruchloser Schurke, dein Leib ist einsamer als die *Spitze*, nie werde ich mich an deine Zweige gewöhnen, ja, der Geruch deines Bluts stößt mich ab, ich muß es herausschreien, du ekelst mein Herz ...“

Und irrte durch ihre Agonie, bis Senglis murmelte: „Was habe ich Ihnen nur angetan? Marie-Nathalie? Habe ich das verdient?" Da tauchte sie aus dem Chaos ihres Todes auf und begriff, daß er um seiner selbst willen über die Verwünschungen erschrak, die sie wohl geäußert hatte und von denen ein undeutlicher Rest sie noch erfüllte, und sanft sagte sie zu ihm: „Aber nicht doch, mein Freund, es geht nicht um Sie", und verlosch ohne ein weiteres Wort, erbittert und verhalten noch im Schrei ihrer letzten Einsamkeit.

Der siegreiche, wohlwollende, leichte Boden. Béluse, der durch den Tod der Herrin seine Orientierung verloren hatte, schlug sich am Ende der Besitzung, in der Zone, wo der Wald triumphierte, ein kleines Viereck, das er bebaute. Es war fast auf halbem Weg zu den Hügeln und es gab keinen, der ihn hinderte, sich dort niederzulassen. Süßkartoffeln, Yams, Maniok: das war die einzig mögliche Nachlese der Selbstversorgung. Ansonsten wurde er während der Erntemonate herangezogen, oder zur Pflege der Tabakfelder und zum Kaffeepflücken. So war er aus dem Haus heraus und begann wirklich, das Land kennenzulernen. Da ertappte er sich wieder beim Grübeln über den alten Haß. Er erkannte, daß er während dieser sieben Jahre den Anderen hatte vergessen wollen. Nun roch er in der Luft ringsum wieder die Anwesenheit des Anderen. Als Sklave, der für seine eigenen Bedürfnisse aufkam, jedoch nach wie vor gezwungen war, jeglichem Frondienst zu gehorchen, befriedigte er gleichzeitig seinen Wunsch, anderswo zu sein, und die Habgier der Verwalter, die ihn jetzt nicht mehr ernähren mußten mit seiner Gefährtin und seinem Sohn. Er wußte nicht, daß diese Situation durch die Entwicklung der Verhältnisse erst möglich geworden war. Er glaubte vielleicht, er habe sich das Recht auf einen Rückzug in die blättergedeckte Hütte aus roter Erde errungen. Er konnte nun aufs Neue, und diesmal ohne Scham, an den Anderen denken, der droben in den Wäldern eingeschlossen war. Er entdeckte den neuen, siegreichen Boden. Aber er blieb am Grund einer Schlucht stehen, unter zwei über seinem Kopf schwebenden Baumzusammenstößen, und sagte zu sich: „Man spürt nichts hinter sich". Damit wollte er wohl dies ausdrücken: Daß er nichts von diesem Drang spürte, von diesem Durchbruch, der einen mit sich riß, hinüber zum Land jenseits der Wasser, und bewirkte, daß man fortan ohne Rückgrat über die Erde ging. Er ahnte, daß er hier nicht wandern konnte, ohne ein plötzliches Hindernis, bis der Tod ihn fortnahm. Er wurde nicht vom Horizont angesogen und war nicht unwillkürlich berauscht von der Weite des Landes, wie es ihm im dortigen Land ergangen war. Hingegen war er beunruhigt von der großen Vielfalt um ihn herum, daß eine so große Zahl verschiedener Landschaften sich auf einem so kleinen Raum konzentrierten. Von Natur aus hatte er eine Liebe zum offenen Land und gelangte mit Freuden zum erweiterten Leben der Felder. Daher setzte er auch dem Vagabundieren seines Sohnes keine Grenzen.

Anne rannte immer auf den Höhen, umso mehr, als er einen Spielkameraden gefunden hatte; es war der zweite Sohn von Longoué, ein wenig älter als er selbst. Longoué hatte Wert darauf gelegt, diesem Jungen selbst einen Namen zu geben, und entschied sich für Liberté. Man-Louise fand den Vorgang ganz natürlich. Der Wandel im Land, der Kampf und das Vordringen des Waldes wie auch die Sonderstellung der Béluse hatte dazu geführt, daß die Kinder, beides kleine Vagabunden, sich begegnet waren. Es stellte sich sofort heraus, daß ein geheimnisvolles Band sie aneinanderknüpfte. Sie legten viele Meilen zurück, um sich zu treffen, denn sie hatten im Laufe der Zeit Treffpunkte, Unterschlüpfe eingerichtet, die nur sie kannten. Liberté Longoué nahm seinen Gefährten häufig mit zu den Plätzen, wo Man-Louise ihre Kohle brannte oder ihr Gemüse anbaute, und so wurde sie fast zur Mitwisserin ihrer Spiele. Aber Liberté war zu schlau, um seinen

Vater wissen zu lassen, daß er seine Tage mit Anne verbrachte; auch ging er nie bis zu Béluses Hütte. Die beiden Jungen prügelten sich jeden Tag mit großer Wildheit, aus einem instinktiven Bedürfnis heraus, auch ihr Spiel konnte das nicht verbergen: Anne symbolisierte die Franzosen, Liberté die Engländer. Keuchend und abgerissen gingen sie aus diesen todernsten Kämpfen hervor, und Man-Louise stöhnte: „Bei den beiden muß einer den anderen immer umbringen." Sie wuchsen am Rande ihrer jeweiligen Familien auf, im ummauerten Feld der Hügel, und schon vom ersten Augenblick an bereiteten sie sich auf jene Todesnacht vor, welche sehr viel später einen auf den anderen werfen würde, zwischen den drei Ebenholzbäumen. So gelang es Anne eines Abends, bei der Rückgabe der Geräte in der Werkstatt der Besitzung Senglis ein Buschmesser zu entwenden, das er in den Wäldern versteckte, ohne seinem Gefährten etwas davon zu sagen. Und als eine Revolte aufflammte, das Land aufs Neue erschütterte, damals waren die beiden vielleicht sechzehn Jahre alt, vielleicht auch jünger, kämpfte Anne auf seiten der Colons, nur weil Liberté einer Bande Marrons gefolgt war. Sie wollten sich direkt gegenüberstehen, doch dies gelang ihnen während der ganzen Dauer der Unruhen nicht. Und da im Land schließlich alles ruhig wurde, trafen sie sich wieder in den Wäldern, tauschten ihre Kampferinnerungen und forderten einander wieder heraus. Niemand außer Man-Louise wußte von dem geheimen Leben, das sie sich geschaffen hatten, es hätte auch niemand gestört. Sie nahmen die neutrale Zone ein, die keinem gehörte, drangen vor bis zur *Spitze*, um dort zu fischen, und hüteten die Grenzen ihres Reiches; außer bei einer Gelegenheit, als sie eine junge Sklavin trafen (sie konnten nicht sagen, welcher von ihnen sie zuerst kennengelernt hatte) und sie einluden, ohne zu wissen, daß das Mädchen die unerbittliche Nacht in ihre Domäne bringen würde, die sie bereits umschlich.

„Ach, die Nacht! Hast du Angst vor der Nacht?"

Papa Longoué murmelte diese Worte; doch die Stille war so tief gewesen, daß Mathieu zusammenzuckte. Da kam er zurück in die Gegenwart, lächelte unwillkürlich, ein zögerndes, beunruhigtes Lächeln. Ja, er fürchtete die Nacht, den Abstieg auf dem Weg, eingeschachtelt in die lebendigen Schatten. Er mußte sich bemühen, daß er nicht sofort aufstand und ging; aber es „war noch nicht sechs", er wollte vor dem Alten nicht als Hasenfuß dastehen. Doch sagte er: „Wer hat keine Angst vor der Nacht?" Er sah jeden Zweig des Waldes, jeden Streifen Erde, die ärmliche Hütte, die tollwütigen Farne, wie sie verloschen, hart wurden, auch dicht wurden unter dem Umhang aus Grau, der sich ausbreitete. Papa Longoué rührte in den Blättern: „Die Nacht zeigt die Stunden nicht an, in der Nacht erkennst du nicht das Ding, das vorübergeht. Die Sterne. Schau, die Sterne, gibt es ein Wort, das sagt, wie sie leben?" Und vielleicht, weil er nicht weiter vorwärts laufen konnte, ohne anzuhalten, bis zur Schlucht seines Todes, versuchte der Alte stattdessen, hinaufzusteigen wie der Wind in die Tiefe des Himmels: „Es bleibt immer noch, daß man hinauflaufen kann bis ganz oben, selbst wenn man nur eine Ameise auf einer Woge ist."

„Es ist das Fäßchen", sagte Mathieu. „Das ist es! Schau doch. Der Großvater deines Vaters, sagen wir, er war ein Marron. Das ist es, wenn du es zu hart anfaßt, zerfällt es in Stücke! Schau doch. Es war die ganze Zeit über da, während ihr lebtet. Und du hast die Rinde über meinen Kopf gehalten, am ersten Tag, als ..."

„Ja", sagte der Quimboiseur.

„Aber wie?", sagte Mathieu. „Ach! Ich kann mir euch vorstellen, während der ganzen Zeit, immer versucht ihr, das ganze Faß zusammenzusetzen, sodaß im Augenblick kein Stückchen Holz mehr übrig sein dürfte, das heißt vom Holz von *L'Acajou*, aus dem La Roche es hatte herstellen lassen. Aber es ist euer Fäßchen, nicht wahr, ihr hütet es wie einen Schatz und denkt nicht ..."

„Nein", sagte der Quimboiseur.

„Natürlich, ihr denkt daran, denn ihr seid die einzigen, was?, weil wir schon nicht mehr aufschneiderisch genug sind, in diesem Land, in dem wir nicht einmal leben könnten, ohne im Kreis zu rennen wie Brummkreisel, wir brauchen zudem noch einen Clan von Sehern in den Wäldern, die dort ..."

„Naja, naja", sagte der Greis.

„Und was hatte er hineingetan? Denn es ist nicht möglich, er kannte dein *Kraut-für-Leben-und-Tod* nicht, oder jene Zweigstückchen, die du über mich schüttest. Er war nicht der Quimboiseur unter den Pflanzern, auch wenn er wirklich halb verrückt war. Ihr habt die Blätter hineingetan. Das ist also das Versteck. Und was hat er wohl hineingesteckt, damit La-Pointe es öffnete ..."

„Nein", sagte der Alte. „Ich habe die Blätter hineingetan, als mein Sohn starb, nicht früher. Die Familie hat die zerbrochenen Stücke eingefügt, aber sie hat es nicht geöffnet. Das ist richtig."

„Sie haben es nicht geöffnet, aber repariert. Verstehst du das? Das bedeutet, also gut, daß du nicht einmal weißt, was La Roche darin verschlossen hatte, denn wenn man schon rechnen muß, ist es 117 Jahre her, seit er es vor La-Pointe hingeworfen hat, bis zu dem Tag, an dem du es geöffnet hast ..."

„Ich weiß nicht", sagte der Greis.

„Aber ich weiß es. Und selbstverständlich könntest du mir sofort aufzählen, was darin war, denn wenn man dein Gesicht sieht, Papa, ist es todsicher, daß du es weißt, aber ich bin ja nur ein ganz Kleiner, nicht wahr, man muß ihn Geduld lehren, und außerdem haben wir vergessen, alle, außer der einen Familie in den Wäldern ..."

„Nein", sagte der Greis.

„Ach immerhin. Es gibt also ein paar mehr. Sie waren nicht alle zu jung, um den Alten Respekt zu zollen, oder zu alt, um noch genügend Blut im Leib zu haben und ..."

„Du bist gekränkt", sagte der Greis. „Glücklicherweise hast du

Augen zu sehen. Wenn du nicht die Augen hättest, könnte keiner es mit dir aushalten. Wenn du nicht die Augen hättest, wäre ich nicht gut mit dir."

Einmal unterbrochen, blockierte Mathieu gewissermaßen seinen Wutausbruch. Er streckte einen Arm aus und berührte schüchtern die Blätter, die vor ihm ausgestreut lagen. „Verzeih, Papa, ich bitte um Verzeihung. Ich glaube, ich habe Schüttelfrost, das ist der Grund."

„Dann hast du wenigstens einen Grund, daß du hier bist, du bist krank; ich gebe dir eine Medizin!"

„Aber ich sehe es doch, wenn man von Revolten spricht. Revolten! Revolten gibt es in den Büchern, bei uns ist es ein Wir in Aufruhr, ein einziges rotes Blut auf brennende Feldern, so sehe ich das, eine brodelnde Erde fällt über die Besitzungen herein, Revolte ist zu ruhig, na gut, schließlich lese ich die Bücher, ich bringe die Ruhe hinein, aber ich sehe heute, daß es keinen wehenden Wind auf dem Land mehr gibt, nein, es ist immer das Gefängnis der Tod, und wenn einer in Bois-Lézard hinausgeworfen wird, kann er auch heute weit gehen, es nimmt ihn keiner mehr, nicht einmal in La Joubardière im tiefsten Süden, und ich sehe, wie wir immer noch sagen, *auf ein andermal, ein andermal gelingt's,* bis es heißt, *schließlich wurde alles im Land wieder ruhig,* ja, das sind unsere Märchen, eine lange Reihe von *Andermals* verbunden mit Toten und keiner redet keiner schreit die Toten, nicht zu reden von der kleinen Nacht, jeden Tag auf den Hügeln, keiner, und ich komme auf den *animalischen Reichtum* zurück, stell dir das vor, animalisch, er hat die einzige menschliche Geste vollbracht, er war in die Wälder hinaufgestiegen, du bist ganz schön stolz darauf, ha!, zum Glück sagst du: die Menge der Skelette im Zwischendeck, von Ungeziefer und Krankheit zerfressene Skelette, sonst hätte man fast gedacht, daß es eine recht bequeme kleine Reise war ..."

„Na gut, aber du siehst eines nicht, die Ruhe ist notwendig für das Wissen. Das muß ja so sein. Ich sage dir, Mathieu, mein Sohn, glücklicherweise hast du Bücher, so daß du die Details vergessen kannst, und dabei erkennst, was vergessen wird: der Geruch, beispielsweise, die Nachtmannschaft und die Wechselfälle auf der Besitzung Senglis, wie sich die Landschaft überall wandelt, und die abgerichteten Hunde. All das gibt dir die Erklärung! Denn du wirst niemals wissen, wieviel jedes dieser Bücher, die du von A bis Z buchstabierst, gekostet hat."

„Wie recht du hast, Papa! Wenn wir von hier bis Grand-Rivière gingen, würde dich auf dem ganzen Weg die Vernunft nicht verlassen. Aber schau mich an, ich sehe, daß er vom Markt erzählt, und dann weiter zurück, vom Schiff und noch weiter zurück vom Haus dort drüben und immer noch weiter zurück, vom Pferch, wo sie zusammengetrieben wurden, und noch weiter zurück, errate ich, was da war, aber ich sehe, daß er das Meer vergessen hat. Nein, nicht vergessen. Er hat das Meer nicht verstanden, was man auf dem Meer erwartet, er hat nicht einmal Louise angehört, er ist nur aufgestanden, um ihr ein Blatt zu essen zu geben, er hat nie gewußt, daß das Land am Horizont der *Spitze* das gleiche ist wie das hiesige, das gleiche Leid, er versenkt sich in die Wälder und von diesem Moment an sind wir in der Rattenfalle gefangen, wir alle."

„Aber warum hast du geschrien: La-Pointe? Denn sein Name ist Longoué, der Name, den ich trage."

Mathieu lachte etwas gezwungen. Er fröstelte, auf den Fersen kauernd. Er versuchte zu singen, indem er sich, sanft auf seinem Fäßchen schlagend, selbst begleitete, (aber seine Stimme trug nicht sehr weit, denn er sang einzelne Wörter, die für den Quimboiseur bestimmt waren):

Ein Abbé mit einem Degen, *gadé sa!*
Der Würfel zum Nähn war aus Nußbaum, *ki noyé?*

150

Monsieur Verwalter und Aufseher, *couté sa*
Ecus und dann Louisdors, *oué oué oué*
Louisdors und dann Fässer: *sa pa vré*
„Das heißt, wenn du gut zuhörst, behältst du es auch!"
„Das heißt, ich glaube nicht daran! Ein Abbé, der einen Degen trägt, das sieht man auf Kupferstichen, aber nicht in unserem Land! Für die Massentaufe bei der Ankunft, fast eine Zeremonie, aber wenn sie gut durchdacht wäre, würde er keinen Degen mitbringen. Außerdem, wenn wir Verwalter und Aufseher kennen, die Wirtschafter nicht zu vergessen, warum müssen sie damals auch Verwalter und Aufseher heißen? Vorarbeiter, Söldner, was weiß ich? Und kannten sie damals, du siehst selbst, es ist unmöglich, nur einen Nähwürfel aus Nußbaum? Sogar für deine Marie-Nathalie in ihrem Verschlag mit brennenden Kerzen am Mittag, und erst für Man-Louise, die Arme? Und vorher zählst du sechshundert fünfhundertfünfzig in der Kajüte, aber schau nach, ob es Ecus oder Louisdors sind, oder ganz einfach Zuckerfässer? Na?"
„Lassen Sie mich in Ruhe", sagte der Alte majestätisch.
„Nun das Beste. Ein Schlagmann kann kein Offizier sein. Bei La Roche, einem Adligen. Da waren nur Offiziere geladen."
„Ihr Mächte! Schaut! Dieser kleine Junge ist verrückt! Ich hätte sicher kein Gehölz mit Nußbäumen gepflanzt und was den Zucker betrifft, so habe ich nie mehr als ein halbes Pfund pro Konsultation verlangt. Na und? Was sind das, Kupferstiche? Meister Mathieu, du bist gekränkt, das ist nicht schön!"
Die Gekränktheit kam jedoch aus der Angst, sie wuchs mit dem Fortschreiten der Nacht: Mathieu drehte absichtlich die Wörter ins Unangenehme; und so ließ die kalkulierte Heftigkeit dieses Streits sie nach kurzer Zeit ratlos zurück, denn er konnte nicht aus sich selbst Nahrung finden und versackte daher wie ein *gommier* auf dem Strand. Alle beide nisteten sie sich im Tau ein. Zu den Tälern hin stieg ein feuchtes Segel aus dem Wald auf: so

langsam, daß es an den grünen Teich gebunden schien. Der Kummer der abendlichen Dinge drang in den sprühenden Geist, ohne den Krach vom Einstmals verstummen zu lassen. „Das Meer", murmelte Longoué, „das Meer ist das Heute. Du läßt mich den Fluß hinabgehen bis zum heutigen Tag, ich zeige dir den Fluß und Schluß." „Ja, rittlings auf einem Fäßchen", sagte Mathieu; dann schämte er sich und senkte den Kopf. Aber Papa Longoué war schon weit, er durchlebte wieder das Fest, von dem Stéfanise ihm so oft erzählt hatte: Die erregten Männer bedrohten die Ebene, der große Einarmige reckte mit seiner einzigen Hand den höchsten Garanten der Tapferkeit in die Höhe, den damals das Buschmesser darstellte. („Wo ich es herhabe, wären nicht viele hingegangen außer mir!"), ein Kind wurde fast von Arm zu Arm geworfen, und Longoué schrie: „Nachdem sie die Freiheit-Gleichheit-Brüderlichkeit ausgerufen haben, rufe ich Freiheit-Gleichheit-Vaterschaft! Hört ihr alle Leute hier, sein Name ist Liberté!" Und alle anderen antworteten im Flug, bis zu den letzten Zweigen der Nacht: „Ja, Monsieur La-Pointe!", und der aufwindige Wind dehnte den Rauch der Fackeln, die lange Kette der *couis* mit Rum, die Viertel von gebratenen Brotfrüchten, Man-Louise saß reglos ernst vor der Hütte. „Warum?", dachte Mathieu, „all diese Fragen, damit man die Antwort nicht findet, es wird nie ein *deswegen weil* geben; in Wirklichkeit weiß ich nichts und wieder nichts. Der Rest wird in der Tiefe der Wälder gehütet!" Und in diesem Moment spürte er den Wind, ein kleiner Faden Wasser an seinen Knöcheln, der wieder anzusteigen begann: Es war sechs Uhr. Die Sonne kippte hinter den Kamm der Bäume: Das Feuerrot schlug mit einem Mal um in Schwarz. Mathieu war von der Nacht überrascht worden, er würde mit seiner Angst wie mit einem Felsbrocken in der Brust hinabsteigen müssen. Keine Luke würde mehr im Vorhang der Farne leuchten. Schlimmer als ein Maultier würde er zu Tal gehen müssen bis zu der Zone der Ebene, wo ein Rest Tag bis sieben

Uhr stagnierte. Dort würde er ausatmen und wieder in normalem Schritt gehen, ohne einen Blick zurück auf die Nacht der Höhen zu wagen. Die Fragen, welche Fragen? „Es ist dieser Wind", sagte Papa Longoué unsichtbar und ruhig, „es ist all dieser Wind wie das endlose Meer."

DER VIERECKIGE FELS

6. Kapitel

Denn es war sehr bald zu spüren, daß er kein Junge war wie die anderen, er war ruhig, machte nicht immerzu große Gebärden: Er ging alleine fort oder folgte Man-Louise, aber von ferne, er wollte sie nicht einfach begleiten. Schlau tat sie, als merkte sie nichts davon, und auch sie dachte ganz ruhig: „Ich bin zu lange mit offenen Augen in der Nacht dagesessen, während ich auf ihn wartete, er ist still wie eine Nacht und wie eine Nacht kann man ihn nicht verstehen." Wenn sie glaubte, daß er die Fährte verloren haben könnte, hielt sie an, und tat, als sammelte sie Kräuter oder ruhte sich am Rande des Pfades aus, laut stöhnend: „Ihr Mächte, wie bin ich müde!", bis sie erneut hinter sich seine undefinierbare Anwesenheit spürte. Sie wäre sehr erstaunt gewesen, wenn er ihr gestanden hätte, daß er sich nicht täuschen ließ; denn er wußte, daß sie so auf ihn wartete; – er folgte ihr, weil es ihm Vergnügen bereitete. Auf diese Weise, indem einer den anderen führte, weihte sie ihn in die ersten Biegungen der tiefen Wälder ein, zeigte ihm die verborgenen Wege unter den Wurzeln der Mangrovenbäume, die Durchbrüche zum Himmel, mit deren Hilfe man sich im Blumenrohr oder zwischen den Gummibäumen orientieren konnte. Sehr früh stieg er hinab zum Meer und erkundete die Küste (und verdiente so insgeheim den Namen Ti-Lapointe). Seine Natur drängte ihn in ungeahnte Gegenden. Er verschmähte die weißen oder schwarzen Sandstrände, die Dünen, die unterm Wind so schnell flach wurden, die Süßwassertümpel, eiskalt in der Hitze; was ihn anzog, war die sumpfige Zone der Mangroven, wo er den Krebsen Fallen stellte und sich von dem ekelerregenden Geruch durchdringen ließ. Das Leben, was man so Leben nennt, und was offensichtlich mit dem Saft aus der Wurzel steigt, hatte die Küste verlassen und war in die Wälder auf der Höhe gedrungen. Selbst Béluse hatte dieser Macht gehorcht, als er sich im Akazienwald auf halbem Weg dem Felsvorsprung genähert hatte, er, der nie das Meer anschauen ging oder ruhig bei der Welle stand. Die Küste war jeden Tag ein wenig mehr abgesunken, bis sie sogar den Anschein verlor, ein neues Land zu sein. Die Vegetation dort war heller geworden, überall entstanden Wege, Maultierpfade, die auf den Sandhängen Serpentinen bildeten; die Schamlosigkeit der Küste deckte die Schäbigkeit der Menschen zu. Reihen mit Weinreben erschienen rings um das bebaute Land, wie auch starre Büschel mit Manzanillabäumen, zumindest wurden sie jetzt zum ersten Mal bemerkt, als waren sie nach einer Ordnung gepflanzt, um eine Grenze anzuzeigen. Das Kind mochte die von Kokospalmen gesäumten Strände nicht und auch nicht die Alleen von heißem Sand; es fühlte sich wohl im stinkenden Gewimmel der Mangroven. Als Einzelgänger suchte er in ihnen vielleicht das gleiche wuchernde Leben, das ihn in den Wäldern stärkte. Als Jäger wollte er die Beute seiner Jagd nie teilen, er machte sich Feuer in geheimen Winkeln, die nur er kannte, und briet dort die Vögel, die er getötet hatte. Wenn der Zufall ihn zwang, seinen Fang anzubieten (wenn er überrascht wurde, bevor er ihn verstecken konnte), zog er es vor, ihn ganz herzugeben, und stand reglos da und schaute Man-Louise und Liberté zu, wie sie die kleinen verbrannten Knochen ablutschten. Longoué sagte: „Du fängst nicht viel, aber warum gehst du überhaupt auf die Jagd, wenn du nachher nichts essen magst?" Er wollte nicht gestehen, daß er seine Beute nicht teilen mochte, wie er auch beim Rennen nicht begleitet werden wollte. Doch war er nicht selbstsüchtig; er kümmerte sich sehr um Liberté bis jener, vielleicht wußte er, daß sein Bruder von Natur ein Einzelgänger war, selbst allein zu vagabundieren begann, und Anne begegnete.

Dieses Leben, dieses Wimmeln und Wuchern waren für ihn starke Triebkräfte, und tatsächlich wurde er ebenso breit wie groß, immer breiter, kräftiger, gedrungener, dickfelliger. Sein Vater Longoué war der einzige, der Zugang zu ihm hatte; aber bei diesen Gelegenheiten entleerte sich sein Kindergesicht jeglicher Lebenszeichen, als müßte er, um seinen Vater anzuhören, sich aus sich selbst hinauswerfen, das eigene Sein vergessen. Er nahm also auf, passiv und neutral, man hätte nicht sagen können, daß es ihm mißfiel, da zu sein, doch er machte nicht die geringste Gebärde, sprach nicht das kleinste zustimmende Wort. Für Longoué schien dieses Verhalten nicht ungewöhnlich zu sein, und ihm gefielen die Monologe, die so entstanden (er gesprächig, der Junge stumm) und die ganz allmählich, so glaubte er wenigstens, seine väterliche Autorität festigten. Ihm war auch nie bewußt, daß er vor dem Kind nichts verbergen konnte, unmerklich wurde es zum Gefäß seines Wissens, zum Vertrauten seiner Lebensgeschichte, fast zum Richter über sein Handeln. Mitten in seinem Redefluß konnte der Vater innehalten und, ohne den Sohn anzusehen, aber aus den Augenwinkeln nach ihm schielend, fragen: „Also gut, du hast recht. Es war nicht richtig, das zu tun."

Denn das Land hatte sich auf sich selbst zurückgezogen und die seelenlose Küste verlassen; hatte so zwischen der Küste und den Höhen, wo es fruchtbar war und seine wundersame Tracht vermehrte, einen Raum des Niedergangs geschaffen, in dem die Menschen sich anstrengen mußten, um zu überdauern; und so war der Teil, in welchem er -und nur er- ohne Sorgen herumtollen konnte, allmählich deutlicher abgegrenzt. Die Marrons ließ man in ihren Einsiedeleien in Ruhe: Die Jagd auf sie war nur noch eine Sache des Prinzips, man wollte nicht klein beigeben und ein Recht nicht aus den Händen geben, das den einzelnen Pflanzern persönlich wenig bedeutete. Dadurch wurde vielleicht auch das geheime Einverständnis zwischen Anne und Liberté gefördert; man konnte jedenfalls nicht sagen, ob eine gutartige oder ehrliche Einstellung Anne daran hinderte, das Treiben des kleinen Liberté bei den Verwaltern anzuzeigen, oder ob er einfach wußte, daß seine Anzeige keine Folgen haben würde. Er kam jedenfalls nie auf den Gedanken, selbst wenn sie besonders heftig im Streit lagen. Die Marrons konnten zu jener Zeit freier atmen, fast waren sie keine monströse Ausnahme mehr, sondern schon etwas wie eine von allen stillschweigend anerkannte Gruppe. Allerdings flößten sie immer noch Angst ein, und zwar nicht nur den Herren, sondern auch den Sklaven und Freigelassenen, vor allem aber den Mulatten, und diese von den Pflanzern am Leben gehaltene Angst nahm nicht ab. Man pflegte den Kindern damit zu drohen, daß ein Marron kommen und sie holen würde. Denn der Marron verkörperte für die Bevölkerung den Teufel: er verweigerte den Gehorsam. Wenn man einen fing, ließ man ihn vielleicht noch mehr als in der Vergangenheit für die Unverschämtheit und Widersprüchlichkeit seines Daseins büßen; doch es kam immer seltener vor und die Zahl der Einarmigen nahm ab.

Auch die Pflanzer hatten nämlich dringlichere Sorgen, die wichtigste war, daß sie die Pflanzungen jetzt zusammenhalten, ihre Ressourcen gemeinsam nutzen mußten. Die Kurzsichtigen oder Trägen unter den Colons ließen ihre Besitzungen in anderen, dynamischeren Unternehmen aufgehen. Dieser Zwang wurde jedoch durch das System der Heiraten versüßt, es ermöglichte, die Domänen abzurunden, ohne daß zu Hunger oder Ehrlosigkeit verurteilt wurde, wer auf diese Weise die Eigenständigkeit auf seinen Ländereien verlor; sie wurden zu Schwiegersöhnen und Bevollmächtigten. Es entstanden wahre Kasten, gebeugt unter der Autorität eines Patriarchen. Und La Roche war der mächtigste unter diesen Begründern einer Dynastie.

Nach Marie-Nathalies Tod, den er heimlich beweinte (Senglis und er sahen sich Tag für Tag, fast einen Monat lang, und versuchten einander zu quälen und an den Rand der Verzweiflung zu bringen, indem sie endlos die Reize der Verstorbenen in

Erinnerung riefen), wollte er mit Gewalt *L'Acajou* noch ausweiten. Er brach endgültig mit Senglis, den er nur noch die „bucklige Memme" nannte, und ging planmäßig an sein Vorhaben, ohne sich um die anderen zu kümmern. So kam es, daß er fünf Jahre später eine Erbin heiratete, der er unermüdlich jedes Jahr ein Kind machte (ein jeder staunte darüber, wegen seines Alters, es trug dazu bei, seine Legende eines alten Mannes, der nicht unterzukriegen war, zu festigen), und ansonsten nicht beachtete. Wie ein wahnsinniger, absoluter Patriarch, rannte der alte Schuft – so nannte man ihn jetzt – über seine Ländereien, ohne anzuhalten, und beugte den Willen der anderen unter seiner eisernen Faust. Da er stets unerschrocken und unparteiisch war, brauchte er nicht zu schreien; von seinem Pferd herab, dessen Trab und Galopp überall aus allen Gangarten herausgehört wurde, fixierte er jene, die seinen Zorn erregt hatten, mit einem nachdenklichen Blick. Der Blick ließ sie alle erschauern, Söhne, Angestellte, Sklaven und Freigelassene. Bald konnte er mit neuen Einkünften rechnen, denn er verfügte über drei „heiratsfähige" Söhne und vier Töchter, im Spiel der Vernunftheiraten würden sie ihm ertragreiche Abschlüsse ermöglichen. Am Ende regierte der alte Schuft wie ein Despot über die größte Ansammlung von Ländereien im Land. Doch auch jetzt hielt er keinen Augenblick in seiner rasenden Aktivität inne, denn er zitterte davor, an jeder Biegung der unberechenbaren Amazone zu begegnen, deren Peitsche auf die Zweige eindrosch. Er fand sich immer weniger mit Nathalies Tod ab, schrie, *sie würde sterben*. Dieser Wahn feuerte ihn noch an.

Die Engländer machten den Franzosen die Ausbeutung dieser Gebiete streitig; sie landeten daher in periodischen Abständen an der einen oder anderen Stelle; das war die zweite Sorge der Pflanzer. Weil sie aber im Kampf derart einsatzfreudig, verbissen und heldenhaft waren, konnten sie ihren Besitz retten; ihr Verhalten, gegründet auf die Arbeit ihrer leibeigenen Negertruppen, trug ihnen überdies den Ruf eines unbezwinglichen Patriotismus ein. La Roche sandte seine Söhne in den Kampf und sah, wie sie jedesmal gesund und wohlbehalten zurückkehrten, in der Aureole eines für sie neuen Ruhms, aber auch, wie sie jedesmal mehr vor seinem starren Blick erzitterten.

Das alles führte dazu, daß die Marrons ihren Wäldern überlassen wurden und das Kind ruhig droben heranwachsen und seine Einsamkeit ausweiten konnte, indem es sich in ihnen versenkte, es sich in ihnen bequem machte. So bereitete er sich vor auf seinen künftigen Stand. Er machte sich zunächst keine Sorgen um die Beziehung zwischen Anne und Liberté. Er freute sich, daß sein Bruder ihm nicht mehr zur Last fiel; er würde künftig fortgehen können, wenn ihm danach war, sich in den Mangroven zu verweilen oder zu versuchen, auf die riesigen Stinkbäume zu klettern. Anfänglich folgte er auch den beiden Freunden, aber da er aus der Erfahrung mit Man-Louise gelernt hatte oder sich bestimmt besser in den Wäldern tarnen konnte, sorgte er dafür, daß sie ihn nicht bemerkten. Er interessierte sich für ihre schrecklichen Kämpfe, schloß mit sich selbst Wetten auf den einen oder anderen ab, und amüsierte sich danach über das erschöpfte Aussehen von Man-Louise. Wie sie wußte er über das Leben der beiden Schlingel Bescheid, ließ sich aber nichts anmerken.

Er war es auch, der das Mädchen zuerst entdeckte. Er war in einem Mahagoni versteckt, den er den anderen Riesen der Wälder vorzog, weil sich seine Äste über den Weg hinunter nach *L'Acajou* beugten, und weil er von dort einen großen Teil der Ebene überblickte (den Mais, die ausgedehnten Tabakfelder, den Schauder des jungen Zuckerrohrs, das zwischen die roten Pfade eingezwängt stand), als er sie eines Tages aus dem Tal von *L'Acajou* heraufsteigen und unter den Kakaosträuchern verschwinden sah, die die Besitzung umsäumten. Er wußte, daß sie die Tochter eines Sklavenpaares war, das sich an diesem Abhang niedergelassen hatte, wie Béluse am anderen. La Roche duldete diese neuen Verhältnisse, obwohl er sonst seine Sklaven in der unmittelbaren Umgebung seiner Einrichtungen und Werkstätten hielt; vielleicht verdankten der Mann und die Frau diese Milde der Tatsache, daß sie mit demselben Schiff angekommen waren wie La-Pointe: Man wird sehen, daß sich der alte Schuft auf seine Art eine Zuneigung für den Marron der ersten Stunde bewahrt hatte. Dieser hatte noch jeden Moment das Leben aufs Spiel gesetzt (selbst wenn die Jagd offenbar erlahmt war) und sein Sohn konnte sich nun mit einer beim Tabakrollen und manchmal beim Binden des Zuckerrohrs beschäftigten Sklaventochter treffen, sie sprachen miteinander, sogar ein Zusammenleben wäre möglich gewesen, wenn sie es gewollt hätten. Fortan postierte er sich auf seinem Ast, um das junge Mädchen zu beobachten, nicht aus eigenem Interesse – sie war sehr viel jünger als er oder wirkte zumindest so – sondern aus seiner damaligen Neugier für alles, was von unten kam. In seine Neugier waren jedoch Argwohn und ein unbewußter Stolz gemischt. An einem anderen Tag entdeckte er Anne und Liberté, die dem Mädchen folgten, indem einer den anderen vor sich her trieb. Sie bemerkte den Zirkus und wartete einfach auf sie. Er sah sie alle drei den Pfad entlang gehen und dann ernst, gefaßt, verschwinden. Einige Wochen lang bereitete es ihm Vergnügen, sie zu beobachten, wie sie abwechselnd zurückhaltend, aufgekratzt oder erregt waren. Dann wandte er sich von der Gemeinschaft ab und hörte fortan auf, seinem Bruder zu folgen. Erst einige Zeit später begann er sich Sorgen zu machen; als offensichtlich wurde, daß Anne und Liberté sich ernsthaft prügelten und es ein Kampf um das Mädchen war.

So wuchs er heran, aufgrund seiner Massigkeit und Schweigsamkeit erwarb er sich den Ruf der Weisheit und, was mehr war, der „Macht". Der alternde Longoué wollte nicht hinnehmen, daß ihn sein Sohn auf dem Gebiet des Geheimen und Unbekannten übertreffen sollte. Er bestand darauf, daß der Junge sich eine Frau nahm und eine Ecke Land im Wald bearbeitete. Aber der schüttelte wortlos den Kopf und setzte seine Wanderungen fort. Er hatte sich mit einem kräftigen, selbst geschnitzten Knüppel bewaffnet (einem *„boutou"*) und einen alten Sack aus grobem Stoff besorgt, den er daran hängte. Sack und *boutou* waren bereits legendär. Keiner wußte, was er in dem Sack verbarg, doch einige Bewohner des Hügels flüsterten, es sei die Seele eines Toten, die er gedungen hatte, ihm zu dienen, solange der Sack am *boutou* hing und der *boutou* sei bereit, jeden zurückzuschlagen, der versuchen sollte, den Sack zu öffnen. Da konnten sie lange reden. Frauen schienen diesen jungen Mann nicht zu interessieren, ebensowenig wie der Tafia. Eines Abends saß er nun gedrungen und still vor der Hütte in der völligen Dunkelheit unter den Zweigen und erklärte plötzlich (er, der nie den Mund aufmachte): „Man-Louise, von jetzt an bin ich nicht mehr Ti-Lapointe. Mein Name, der ist Longoué. Melchior Longoué." Dann ging er hinein und legte sich auf das Brett, das ihm anstelle eines Strohsacks diente. „Hast du das gesehen?", fragte Longoué. Und Man-Louise antwortete nach langem Schweigen: „Es ist, weil ich in die Nacht geschaut habe."

Vielleicht weil er auf den Abgang des Alten wartete, ohne ihn zu wünschen. Er liebte Man-Louise im Übermaß: mehr aus Anbetung als aus Scham zeigte er ihr dieses Gefühl jedoch niemals. Er achtete Longoué, aber diese Achtung hatte etwas Herablassendes, denn er fand Longoué viel zu lebhaft und hitzig für die „Kenntnis", die er auf sich nehmen mußte. Er war der Erbe der väterlichen Geheimnisse und selbst schon fast ein reifer Mann, doch lebte er weiter in der Hütte. Als Man-Louise und Longoué allmählich alt wurden, übernahm Liberté bald den Hauptteil der Arbeit für die Gemeinschaft. Er verstand Melchiors Charakter und sagte oft: „Laßt ihn in Ruhe." Longoué grinste ihn herausfordernd an. Er meinte, daß sein ältester Sohn ihn zu übertreffen suchte, und war wütend darüber: „Ich bin schließlich der Vater", aber er konnte nicht umhin, dabei auch einen gewissen Stolz zu zeigen. Bei jeder „Sitzung", die er in der Hütte abhielt, flüsterte er den Ratsuchenden zu: „Ach! Wenn Melchior hier wäre, würde er es dir sofort sagen", so als wollte er ausdrücken, daß Melchior zwar sehr fähig war, jedoch nicht an seinen Vater heranreichen konnte und daß, recht überlegt, die Langsamkeit des Alters der überstürzten Dreistigkeit der Jugend immer noch vorzuziehen sei. Melchior weigerte sich jedoch, jemanden zu empfangen, mit dem Erfolg, daß alle Einwohner der Umgebung darauf brannten, ihn zu konsultieren. Er wartete vielleicht auf den Tag, an dem er allein wäre und seinen eigenen Takt vorgeben konnte; gewiß, er hätte sich selbst in den Tod gestürzt, um Man-Louise oder Longoué zu retten, aber die Ausübung seiner Macht verlangte, daß er allein war, und der Meister. So erschien ihm die Ankündigung von Béluses Tod als ein erstes Signal.

Longoué hatte Melchior die ganze Geschichte erzählt. Da der Alte von Libertés Umgang nichts wußte, fragte er manchmal im Flug: „Wißt ihr Neues über den Sohn der Sklaverei?" Man-Louise antwortete dann eilig: „Ja, ja. Er ist auf dem letzten Stück Land von Senglis." „Aha!", sagte Longoué befriedigt. Liberté sprach nie mit Anne über das, was Béluse und Longoué zu Feinden gemacht hatte. In stillschweigender Übereinkunft bewahrten die Söhne das Dunkel um diesen Streit und diesen Haß, als fürchteten sie, ihn ihrerseits wieder aufnehmen zu müssen. Sie sahen nicht, daß, so wie sie einander zerfleischten, sie in Wirklichkeit den Haß geerbt hatten. Jeder von ihnen hatte schon seit langer Zeit die Verantwortung für seine Familie. Aber obwohl sie schon so alt waren, fuhren sie wie als Kinder fort, sich in den Wäldern zu suchen und zu dem Mädchen zu gehen. Nie begab sich der eine ohne den anderen zu einem Treffen mit ihr, sie drängten sie, einen von ihnen zu wählen, erfanden üppige Reden über ihre jeweiligen Qualitäten, ihre

Tapferkeit, die Arbeit, zu der sie fähig waren, über die Schätze, die sie angehäuft hatten. Das Mädchen wandte sich dem einen zu: „Monsieur Liberté", dann dem anderen: „Monsieur Anne", kicherte dabei und trat von einem Bein auf das andere, bis sie alle drei in Gelächter ausbrachen und zu einem endlosen Wettlauf durch die Wälder losrannten. Anne hatte weitere Buschmesser erworben (und besaß außerdem eine Hacke und eine Sichel) und jenes vergessen, das er zwischen den drei Ebenholzbäumen versteckt hatte. Die Zeit verging, doch sie gaben ihre Gewohnheiten und ihre kindlichen Spiele nicht auf.

Melchior kannte die ganze Geschichte, er interpretierte Béluses Tod als ein Signal. Zum einen wußte er, daß Longoué von dem Wunsch beherrscht war, seinen Feind zu überleben; zum anderen erschien es ihm, als ginge mit diesem Béluse, den er nie gesehen hatte, ein ganzes Zeitalter zu Ende. Liberté eröffnete ihnen die Neuigkeit in dem leichtfertigen Ton, den er bei Dingen annahm, die ihm zu Herzen gingen. Der Tod machte Liberté traurig, wegen Anne; aber er dachte auch daran, daß sein Rivale nun über ein eigenes Haus ganz für sich verfügen würde. Longoué sagte nur: „Er hat bis jetzt gelebt, bis jetzt, ich dachte schon, er würde nie sterben." Dann ging er ans äußerste Ende des Hügels, von wo aus man einen Ausblick auf die Besitzung Senglis in der Tiefe hatte und auf die Hütte Béluse da unten, man ahnte sie an einem rötlichen Fleck Erde, der zwischen dem Laub der Bäume ausgeschnitten war, fast mit der Hand zu berühren. Und er blies drei lange Töne in ein *lambi*, dreimal: Die Brise trug den heiseren, hellen und starken Ton fort, ließ ihn an den Hügeln widerhallen und opferte so den Tod der vor Hitze glitzernden Erde; dann kam er zurück in die Hütte. Und keiner von ihnen (weder er, Longoué selbst, noch Man-Louise, noch die beiden Söhne) wußte, daß er fast achtzig Jahre alt war. Er setzte sich vor die Hütte, die anderen umringten ihn schweigend: „Ich wollte ihn nicht töten", sagte er.

Sein Haß war fast friedlich, er keimte ruhig im Tageslicht. Melchior dachte: „Jetzt ist es wirklich vorbei." Er drehte eine violette Blume in der Hand.

Und von diesem Augenblick an konnte Melchior tun und lassen, was er wollte. Longoué regte sich nicht mehr aus der Hütte, er lag still in seinem nahenden Tod; aber der Gedanke an den Tod störte nicht sehr. Das Leben floß eintönig weiter, jeder war mit seiner Arbeit beschäftigt. Sie gingen an dem alten Meister vorüber, ohne ihn zu sehen, ohne ihn so zu sehen wie er war, sie scherzten mit ihm, für einen kurzen Augenblick; sie hatten nicht die Zeit, an den Tod zu denken, sie dachten nicht daran. Und doch kam der Tag, an dem Longoué eine Gebärde machte, eine einzige Handbewegung wie ein Ruf; da standen sie alle um ihn, augenblicklich, als hätten sie hinter der Tür gewartet und seit langem nichts anderes getan, als nach diesem Tag Ausschau zu halten, nach diesem Augenblick, dieser Geste. Man-Louise hielt sich etwas abseits, Liberté stand am Fußende des Strohsacks, nur Melchior ging nach vorne zu Longoué. „Hinter meinem Kopf", sagte der Sterbende, „hinter meinem Kopf brennt es! Hört gut auf das, was ich sage: La Roche, das ist ein Mann. Ach ja, das ist ein Mann." Er drückte die geschnitzte Rinde an sich, seine linke Hand tastete am Boden, zum Fäßchen hin. Er tat einen leisen Schluchzer. Melchior wandte sich den beiden anderen zu, um ihnen zu sagen, daß es vorbei war. Dann kauerte er sich auf seine Fersen neben den alten Meister der Nacht, der in die Nacht zurückgekehrt war. Lange Zeit später erhob er sich wieder, Liberté stand noch an der gleichen Stelle, Man-Louise war hinausgegangen. Er sah sie vor der Hütte sitzen, da, wo sie immer saß. Er ging hin, um ihr Mut zuzusprechen. Sie umklammerte mit der Hand ein altes schwarzes Messer, das so abgenutzt war, daß die Klinge dünn war wie Draht, mehr ein Stichel als eine Klinge. Sie lehnte am großen Mangobaum, ihre starren Augen wühlten im Land vor ihr und im Raum über dem

Land. Er brauchte nicht näher an sie heranzutreten, um zu wissen, daß sie Longoué unverzüglich gefolgt war, daß sie mit ihm den Hügel hinabging, den man nie wieder heraufsteigt, sie hatte keinen einzigen Tag warten können, um sich zu ihm zu gesellen auf diesem Weg; vielleicht weil sie gefürchtet hatte, sich in diesen neuen Wäldern zu verlieren, vielleicht weil Longoué ein Licht in sich trug, das sie liebte, und das ihr auf ihrem Gang leuchten würde. So stellte sich heraus, daß sie während der ganzen Tage diesen Augenblick abgepaßt hatte, und daß sie ihn nicht gescheut hatte, als er gekommen war. Mathieu und Liberté weinten nicht, sie klagten nicht. Sie verbreiteten ganz einfach die Neuigkeit und schaufelten die Grube neben der Hütte für die beiden, die nichts hatte trennen können, weder die alte Wut noch die Tage ohne Glanz.

Massiv und ruhig trat er die Nachfolge des alten Starrkopfs an, der mehr noch als der Vater sein Meister gewesen war. Was konnte er anderes tun? Es entsprach seinem Wesen und es war seine Bestimmung. Die Leute strömten zu ihm, nicht nur die von den Hügeln, bald auch die aus den Pflanzungen. So groß war seine Macht, daß er wieder Oberhand über das kultivierte Land gewann, als wäre er ganz allein ein mächtiger Wald, der die Felder belagerte. Es kamen also auch die aus den Pflanzungen herauf, angstvoll oder lauernd: Mit ihren Schwierigkeiten, ihren Krankheiten, ihren Nöten. Ruhig und undurchdringlich empfing er sie, ohne jegliche Mißstimmung zu zeigen, er hielt ihnen die Rinde über den Kopf und sagte: „Ich habe auf dich gewartet, du bist gekommen", er heilte die Wunden, er beruhigte die Fiebernden. Er war ein guter Mensch, mit all der Macht der Güte, wenn sie sich an der Einsamkeit gestärkt hat. Als er dann erschrak wegen Anne und Liberté, bestand er darauf, daß letzterer die Rolle aufgab, die er bei Anne und dem Mädchen spielte. Er schlug ihm sogar, wenn auch widerwillig, vor, er solle mit ihm gehen und ihm helfen. „Ich soll dir vielleicht den Sack tragen?", sagte Liberté mit einem kindlichen Lächeln. „Du bist wie er", wiederholte Melchior, „dein Fuß ist schneller als dein Kopf." Liberté verstand sehr wohl, daß mit „er" Longoué gemeint war. Sie hatten beide ein gewisses Alter erreicht, waren beide Männer in der Reife des Lebens, aber sie sprachen noch miteinander wie in ihrer Kindheit, als sie durch die Wälder vagabundierten. Liberté lebte weiter in der Hütte, er baute Gemüse an, jagte, kochte das Essen für sie beide; aber die Leichtigkeit und Unbeschwertheit, die bei ihm die Stelle der Würde einnahmen, waren so geartet, daß man nicht sagen konnte, er diene seinem Bruder. Er akzeptierte, da zu sein und die tägliche Arbeit zu erledigen. Melchior wußte, daß es wegen des Mädchens war, bis zu dieser Stunde hatte sie, wohl aus Dummheit, sich nicht zwischen Anne und Liberté entschieden. Dieser folgte seinem Geschick, nahm es hin, forderte es heraus. So wie Melchior das seine hinnahm und bezähmte.

Was hätte er sonst tun können? Er hatte die Küste verlassen, wo er bestimmt von den Mangroven und dem Ufer alles Erhoffte gelernt hatte, und sich mit der riesigen Woge des Waldes verschmolzen, jetzt suchte ihn auch das schüttere Land auf, das reale, leidvolle Leben, die halbtoten Neger – hieß das nicht, daß er sich als erster seines Stammes in diesem Land verwurzelte? Mehr noch als der Vater, dem die Stille der Wälder in der ersten Zeit eine solche Folter bereitet hatte? Mehr als Man-Louise, die ihr Leben damit verbracht hatte, zu erraten, und doch hatte sie nie etwas mit Sicherheit gewußt? Er hatte die Gereiztheit des alten Longoué abgeworfen (nicht nur den Haß, auch die Kampfesglut, die Lust an der Bewegung, die kindische Manie, der stärkere zu sein), er war lange den Wäldern bis in ihre Tiefe gefolgt, er hatte den Namen der Longoué angenommen und gestärkt. („Denn du stellst diese Frage, Meister Mathieu, weil du glaubst, es hätte für ihn mehrere Wege gegeben. Aber das war nicht so. Ich weiß auch, daß für dich ein Quimboiseur reiner Wahnsinn, reine Dummheit ist. Aber das ist nicht so. Wir wissen nicht alles, aber wir wissen wenigstens etwas.") Auch er wußte etwas, er, geduldig und schwer in der Hitze ohne Ende; es war nicht die Kenntnis, na gut, wir waren so unwissend, wir kannten nicht einmal uns selbst, was noch schlimmer ist, aber für ihn war unwissend zu sein etwas wie eine große Kenntnis; und deshalb sollte man gerade bei ihm nicht fragen: „*Warum war er ein Quimboiseur in den Wäldern?*" Denn wenn der Vater den Weg bezeichnet hatte, war der Sohn nicht nur dem Weg gefolgt, er hatte innegehalten, er hatte sich die Zeit genommen, innezuhalten und auf beide Seiten zu schauen, war in die Nacht eingetreten und hatte dort den Gesang der schweigsamen Stämme kennengelernt: Was man hört, wenn man lange reglos dasteht, so lange, daß man unter den Füßen den Knäuel der Wurzeln spürt, die dich in die Erde pflanzen, ganz neu, ohne Grund, und ruhig, ohne Wissen.

7. Kapitel

Hingegen litt dieser unter einer Sache, die er nicht besaß; und die Tatsache, daß er den Namen eines Konnetabel von Frankreich trug, hätte es ihm nicht verschaffen können. Seine ganze Kindheit hindurch hatte er das Lied von „Mamsell Nathalie" hören müssen (er wußte natürlich nicht, daß Béluse nur Senglis' Ausdruck übernommen hatte: „Mademoiselle, meine Gattin"), so daß sie für ihn zu einem Gespenst geworden war, zu einem weißen Zombi, der durch Flure aus Talg irrte und hinter sich die unaufhörlich plappernde Leiche eines Béluse herzog. Das Kind wurde mehr von der ständigen Erwähnung verfolgt als von der Angst vor dem Gespenst. Es war nervös und gewalttätig, schlug auf alles ein, einen Fels im Bach, einen Hund, ein gleichaltriges Kind. Es war auch fasziniert von der Leichtigkeit, dem spöttischen Leichtsinn, dem Lächeln, das ständig Libertés Mund umspielte, selbst im hitzigsten Gefecht. Er fand darin etwas wie eine Ergänzung oder ein Gegenmittel zu seiner eigenen ungehobelten Gewalttätigkeit. Was hatte er während seiner Kindheit gesehen? Béluse bei der Arbeit, unverdrossen, er schien all seine Tugend und sein Glück daranzusetzen, um Tag für Tag eine übermenschliche Arbeit zu leisten (sei es zum eigenen Verdienst oder auf den Feldern von Senglis), als versuchte er die Zeit, die er im hochgebauten Haus verloren hatte, nachzuholen. Die Frau, sie schmiegte sich offenbar immer an etwas, nicht Béluse selbst – er war häufig fort – sondern an den Gedanken von Béluses Anwesenheit. Sie stand vor Morgengrauen auf und ging nach Einbruch der Nacht schlafen: doch sie schien immer zusammengerollt zu sein um einen unsichtbaren Halt, wie eine zu lange Liane. Der Aufseher Targin erschien in längeren Abständen vor der Hütte und schrie immer das gleiche von seinem Pferd herunter: „Fühlst du dich jetzt frei, weil du hier wohnst?" Dann fügte er hinzu: „Du kommst morgen früh ins Zimmer mit dem großen *mombin*." Oder: „Nachher sofort zum Maniok!" *Und dann, der Blitz, der ihn durchzuckte, der Sprung seines Herzens bis zum Hals, jedesmal, wenn er Béluse plötzlich bei der Arbeit innehalten und seinen Kopf zu den Höhen erheben sah!* Solange Béluse nachdenklich dastand und hinaufblickte, hämmerte sein Kinderherz wie eine Trommel, er wunderte sich, daß man es nicht hörte. Er litt Qualen, manchmal suchten ihn Anfälle heim, die ihn schäumend zu Boden warfen, sie wurden durch den ständigen Hunger und die Schwächung seines Körpers noch begünstigt, denn er tat sich Gewalt an, und häufig endeten sie in langanhaltenden Ohnmachten. Seine ganze Kindheit hindurch litt er auch an Krankheiten, die umso länger dauerten, als man keine Mittel gegen sie kannte. So lebte er etwa bis zum Alter von fünfzehn Jahren in der Gemeinschaft von Würmern, die ihm aus allen Körperöffnungen heraustraten. So lange brauchte der Sud, den man ihm zu schlucken gab, bis er wirkte; noch lange trug er mit sich den bitteren Geschmack der fetten Gräser herum. Aber seine Nervosität nutzte ihm auch, sie ermöglichte ihm, seinen Organismus zu stählen, der Auszehrung zu widerstehen. Seine Beine waren immer gestreift von Blätterverbänden auf eitrigen Wunden an den Knöcheln, Waden oder Knien, er überlebte es und es war ihm nützlich. Die Faszination, die die Leichtlebigkeit von Liberté auf ihn ausübte (seine Macht, unversehrt aus den Wäldern hervorzugehen, sich nie zu verletzen, über alles zu lächeln, selbst unter einem Sack mit Kohlen noch leicht zu erscheinen) trat an die Stelle der Arzneien oder unterstützenden Heilmittel. Er verlegte sich darauf, was ihm an Anmut fehlte, durch ein Übermaß an Gewalttätigkeit und Lärm wettzumachen. Wenn er mit Liberté nicht von Béluse sprach, dann, weil er sich des Verbots bewußt war, das auf den beiden

Sippen lastete (den Béluse und den Longoué, oder vielmehr, den Béluse und den La-Pointe), aber vor allem, weil ihn Béluse überhaupt nicht interessierte, seine Autorität hatte für ihn kaum Gewicht. Diese von ihm kundgetane (von einer kaum verhüllten Verachtung gefärbte) Meinung änderte sich erst, nachdem Béluse von seiner Teilnahme an der von den Colons aufgestellten Truppe erfuhr, während der vorangegangenen Revolten. Er steckte an jenem Tag eine schreckliche Tracht Prügel mit dem Stock ein, die (er lag schon blutüberströmt am Boden) noch mit einem Flug dorniger Zweige gewürzt wurde, wonach er einige Tage halbtot darniederlag. Er mochte noch so schreien, er habe es nur zum Spiel getan, um einen Freund zu ärgern (er wagte nicht, ihn zu nennen, denn er ahnte, daß Béluse ihn dann auf der Stelle erschlagen hätte), er traf nur auf die düsteren Augen und die wütende Kraft dessen, den er bis dahin für einen Sklaven ohne Leben oder Wert gehalten hatte. Er änderte also in diesem Moment seine Meinung und die beinah tödliche Strafe tat ihm schlußendlich gut. „Hörst du", sagte er danach zu Liberté, „der beste Kampf, den ich in der Zeit führte, war, nicht unter den Füßen von Béluse zu sterben." Und pfiff, voll Stolz auf Béluse und sich selbst. Doch blieb das Problem, daß die Alten Väter sein wollten: „Ich bin schließlich der Vater", eben da, wo sich die Jungen überhaupt nicht als Söhne empfanden. Diese Opposition war bei Liberté durch sein gutartiges Wesen und die Möglichkeit gemäßigt, immer anderswo sein zu können, doch bei Anne führte sie zu lange schwelenden Dramen. Liberté hegte eine ernsthafte Bewunderung für diese Gewalttätigkeit, die sich in ständiger Alarmbereitschaft Gelegenheit suchte. „Er ist ein Vulkan", sagte er lachend, „einen Vulkan kannst du nicht am Rauchen hindern." Er nahm seinem Freund die Ausbrüche niemals übel und deshalb blieb der Haß zwischen ihnen auf die Bereiche des Spiels und des Wettstreits begrenzt.

173

Daraus erklärt sich zum einen, daß sie sich in das gleiche, kapriziöse und wilde Mädchen verliebten, das sich im Raum zwischen *L'Acajou* und dem Hügel frei bewegen konnte, aber auch, daß sie so lange Zeit an diesem Theater festhielten, es gefiel ihnen wohl gut, der jungen Frau im Chor den Hof zu machen, die recht einfältig war, oder einfach abgestumpft von der unbarmherzigen Plackerei. Schüchtern versuchte er, seine Interessen voranzutreiben, aber das Mädchen sagte ganz sanft: „Monsieur Anne!" und wandte den Blick ab, was ihn daran hinderte, weiter zu gehen. Er verfiel plötzlich darauf, Béluse nachzueifern und wie ein Wilder zu arbeiten; in der letzten Zeit sicherte er ganz allein den Lebensunterhalt für alle drei. Und als Béluse starb (ganz schnell, ohne Geschichten, mutig, wie er gelebt hatte), war Anne plötzlich Herr im Haus, mit der Alten (seiner Mutter), die sich von einem Tag zum nächsten an ihren neuen Vormund schmiegte. Seine Ungeduld und Gewalt waren nun nicht mehr beschränkt – denn Béluse hatte auf ihn, ohne daß er es merkte, einen stark mäßigenden Einfluß ausgeübt, – da entschloß er sich, das Mädchen zu entführen. Während der Zeit, die er brauchte, um diesen Entschluß in sich reifen zu lassen, verschlechterte sich seine Beziehung zu Liberté; eben zu diesem Zeitpunkt begann sich Melchior Sorgen zu machen. Endlich zog er eines Tages durch den Wald, wartete auf das Mädchen und sagte ihr die Sache geradeheraus. Daß sie ihm gefiele, daß er so viel arbeiten konnte wie ein anderer, daß er so viele neue Werkzeuge hatte, daß der Unterhalt von Man-Béluse nichts kostete, daß er stark sei und ohne große Anstrengung vier Stunden hintereinander rennen konnte, daß sie nur aufhören müßte, von einem Bein auf das andere zu treten, daß er nachts aufstand, weil er zu viel an sie dachte, daß er deswegen auch langsamer arbeitete (was eine ausgemachte Lüge war), daß sie glücklich werden würde wie eine Dame (was unmöglich war) und daß er wilde Zicklein jagen würde, damit sie Fleisch hätten. Ein so

konkretes Programm schien die Phantasie des Mädchens anzu-
sprechen: das muß man jedenfalls schließen, denn diesmal blieb
sie nicht aufrecht stehen wie ein Stumpf ohne Blätter, sondern
senkte keusch den Kopf – statt ihn abzuwenden; das war bei ihr
ein Zeichen tiefer Gefühlsregung. Anne war völlig verblüfft. Und
als er ihre Hand nahm, war er überwältigt, denn sie folgte ihm
willig. „Ach!", sagte er sich zornig, „wenn es Liberté wäre, wäre sie
ihm genauso gefolgt!"

Denn er litt unter einer Sache, die er nicht besaß; vielleicht
glaubte er, durch die Entführung des Mädchens könnte er sich
diese Sache verschaffen. Von diesem Tag an war also der Kampf
unumgänglich. Als Liberté von der Angelegenheit erfuhr, lächelte
er zunächst. Dann ging er fort, immer noch so leicht gestimmt:
Melchior sah, wie er ging, er wußte schon, was geschehen würde,
aber er versuchte sich nicht in den Weg zu stellen. Denn Melchiors
Mut und Kraft lagen ganz in seiner Ruhe. Liberté ging nicht sofort
zur Hütte Béluse, er lebte einige Tage in den Wäldern und
sammelte sich. Vielleicht war er unfähig, zu lieben oder zu leiden,
jedenfalls beschloß er bei sich, daß er hingehen wollte, um eine
Erklärung zu fordern, nicht über die Tatsachen (daß Anne mit der
Frau, dieser-hier, zusammenlebte), sondern über den Bruch der
Gepflogenheiten, die zwischen den dreien geherrscht hatten. Er
litt tatsächlich nicht, er war weder unglücklich noch verärgert; er
sah ihre Handlungsweise als eine schwere Verfehlung an, und
diese Verfehlung warf er ihnen vor. Aber er fand die Hütte
verlassen, das erregte ihn mehr als alles andere! Es war offensichtlich, daß Anne höher hinauf in die Wälder geflohen und so zum
Marron geworden war: Im übrigen blieb ihm keine andere Wahl.
Das Mädchen gehörte La Roche, sie konnte nicht frei über sich
verfügen. Anne gehörte Senglis. Beide Familien (wenn man von
Familien sprechen konnte) hatten zwar eine Sonderstellung, die es
dem Mädchen erlaubt hatte, abdriftig zu werden, ohne daß man

ihm einen Mann aufzwang, diese Verbindung ging aber zu weit. Im übrigen durfte man nicht darauf hoffen, daß zwischen La Roche und Senglis eine Einigung erreicht werden konnte, zwischen den beiden Pflanzern bestand keinerlei Beziehung mehr. Senglis würde nicht antworten und La Roche würde den Schuldigen einsperren. Also, sagte sich Liberté, war der Sohn der Sklaverei in die Wälder entlaufen. „Longoué wird das nicht freuen", dachte er noch; es schien ihm, als sei es sein Fehler. Aufgrund dieses recht undeutlichen Gefühls gelobte er sich, Anne zu suchen und die Angelegenheit zu bereinigen; aber er hatte es nicht eilig. Er kehrte also zu Melchior zurück. Wartete ab.

Er wußte nicht, daß der gequälte Anne Béluse aus seinem Wagemut keinen wirklichen Nutzen gezogen hatte. Denn Anne litt unter einem Ungleichgewicht, das die Frau nicht bekämpfen konnte. Obwohl er Marron in den Wäldern war, erfüllte ihn nicht die Berufung des Marrons, nämlich sich ständig gegen Unten zu schützen, gegen die Ebene und ihre Themen, und so die Kraft zum Überleben zu finden. Er besaß nicht die nötige Kraft oder Geduld. Er ärgerte sich über die Dicke der Bäume, und wenn er einen seiner hochgefährlichen Streifzüge in die Ebene unternahm, er war dazu gezwungen – seine neue Lebensweise hatte ihn aller direkter Einkünfte beraubt – bedauerte er, nicht mehr im hellen, unbedeckten Raum zu leben. Anne war ein Marron des Zufalls. Er trug es seiner Gefährtin nicht nach, im übrigen konnte ihm dies unmöglich alles bewußt sein. Aber es war vorauszusehen, daß er sich nicht für immer auf den Höhen einrichten, sondern zu dem Ort zurückkehren würde, wo sein Vater gelebt hatte: Er tat dies wirklich nach dem Tode La Roches. Dann ließ er sich endgültig auf dem schmalen Streifen Land nieder, der später *Roche Carrée*, Viereckiger Fels, genannt wurde (vielleicht weil der nahegelegene Hügel so aussah, vielleicht auch, weil La Roche seine Ländereien in Vierecken bis an den Fuß des Hügels vorangetrieben hatte), und ging wieder auf der Besitzung Senglis arbeiten, die jetzt vom Sohn des Buckligen geführt wurde. Sein Versuch, als Marron zu leben, war also nie aus einer Notwendigkeit hervorgegangen, auch später nicht, oder aus einer unüberwindlichen Neigung, einer Aufwallung des ganzen Leibs, sondern er war die Folge einer Laune, oder, wenn man so will, des Begehrens nach der Frau. Er ging wieder bei Senglis arbeiten (was konnte er sonst tun?) als Feldarbeiter, Taglöhner; nicht mehr als Sklave. Aber das kam aufs selbe hinaus; der einzige Unterschied in jener Zeit nach der Abschaffung der Sklaverei war, daß er manchmal den Kopf hob, dahin blickte, wo Melchior seiner Ansicht nach lebte, und dann der Blitz nicht mehr in der Brust aufschoß und die Angst ihm nicht mehr auf dem Herzen lastete.

Zwar öffnete sich die Hütte von *Roche Carrée* zum unbedeckten Raum und man konnte dort ein paar Gemüsesorten am Leben halten – eher als züchten – und einen Hahn und zwei Hühner (auch wenn es unmöglich war, die Hütte zu begreifen, sie als Gegenstand, als ein Ganzes zu sehen, es umgab sie dieser Schein elenden Lebens, wo jedes Ding im alltäglichen Lehmgrau aufging), doch muß gesagt werden, sie hatte auch deutlich Anteil an den Wäldern, sie badete im Saum des Waldes, welcher sich von ihr aus den Hügeln hinaufschwang, und so war sie wie Anne zwischen zwei Qualen gespalten, Sklavin der Ebene und Schwester des Waldes zu sein; sie stand im Gleichgewicht auf der undeutlichen Grenze zwischen zwei Welten. Eines Tages würde Anne den friedlichen Widerspruch lieben, der seine Hütte am Leben hielt. Aber noch war er nicht so weit; er lebte in den Wäldern im Exil und züchtete im Augenblick nur seinen Zorn. Unausweichlich war nicht nur der Kampf, sondern auch, daß die Gewalt die Anmut tötete. Derjenige, der über alle Dinge lachte, der in sich genügend Rauch bewahrt hatte, genügend flüchtiges Wasser, genügend aufwindigen Wind, daß er weit von den Sturheiten des alten

Longoué weggetragen wurde, der war nicht bereit zur entscheidenden Geste; er würde kämpfen, aber er würde nicht töten können. Er würde den Schlag annehmen, aber, obwohl er behender war, würde er nicht genügend Feuer in sich finden, um einen ebenso tödlichen Schlag zurückzugeben. *Nachdem man also übereingekommen war, daß der Kampf unabwendbar war, mußte man hinnehmen, daß die Gewalt die Anmut tötete.* Das ist der Grund, warum Anne, dessen ganze Kindheit ihn zu den drei Ebenholzbäumen gedrängt hatte, Liberté mit einem Schlag tötete.

Am Morgen begannen sie zunächst damit, einander auszuspähen (fast ein Jahr nach dem Ereignis, das man nur die Entführung des Mädchens nennen konnte), alle beide waren sie am Morgen mit dem Gedanken erwacht: „Also gut. Es dauert schon viel zu lange", und hatten sich durch die Wälder einander genähert. Ihr gemeinsamer Entschluß war dadurch mit herbeigeführt worden, daß es die ganze Nacht geregnet hatte und der Regen weiter fiel wie eine Schranke. Ein endloser warmer Wasserfall, der im Wald einen zweiten Wald wob. Die Tropfen umschlangen wie echte Lianen die Lianen. In einer solchen Sintflut konnte man nichts tun; dieser zufällige Umstand bestimmte für sie den Tag und die Stunde. Im Stillstand allen Lebens, den der Regen erzwang, wurde Anne ungeduldig und eifersüchtig, denn er dachte, Liberté *hätte* ebensogut den Gegenstand ihrer gemeinsamen Begierde entführen *können*. Sie spähten einander aus, nicht, weil sie engherzig waren oder den anderen täuschen wollten, sondern um wieder ihr Kinderspiel zu spielen, jene Wettläufe, denen der Zyklon an jenem Tag einen völlig neuen Reiz verlieh. Unter den dicksten Wurzeln, die über der Erde in Höhlungen und Tunnels verknotet waren, dampfte der feuchte Humus in einem blauen Dunst, der aus den Zwischenräumen aufstieg und durch das Wassergewebe empordrang; wie Kohleöfen, wenn sie in Flammen aufgehen. Der violette Glanz der jungen Stämme, das Rot der fleischigen Blüten,

178

die wild und aufrecht im Strudel dem Regen trotzten, und manchmal, unter Zweigen wundersam verschont, eine zitternde Pfütze, die aussah wie ein Inselchen im Getöse und Delir des Wassers. Gegen Mittag kamen die beiden Männer einander näher und versuchten hervorzubrechen, ohne daß der eine die Bewegungen des anderen voraussehen konnte; Liberté gewann diese Wette, denn er stand plötzlich vor Anne, als dieser ihn ganz hinten vermutete und sich anschickte, ihn zu umrunden. Und da verloren sie wieder keine Zeit damit, einander zu beschimpfen, sie waren zu müde vom zu langen Warten; was hätten sie an Beschimpfungen auch finden können, die dem Ernst der Situation angemessen waren? Sie kannten sich zu gut und beschimpften sich schon seit mehr als zwanzig Jahren mit dem größten Genuß. So kämpften sie, gegen alle Gepflogenheiten, ohne ein Wort. Libertés aufreizendes Lächeln verließ ihn nicht, er nutzte überdies die neue Biegsamkeit, die die dicken Stämme, die gepeitschten Zweige, die stählernen Lianen durchdrungen hatte. Wendigkeit paßt zum Regen. Seine Überlegenheit war also erwiesen, doch zählten die ausgeteilten oder empfangenen Schläge, die Schwitzkästen, die verdrehten Arme, die gebrochenen Rippen wenig bei einem Kampf, in dem es nur einen Überlebenden geben mußte. Anne, der noch wütender darüber war, wieviel Zeit die Angelegenheit in Anspruch nahm, als über Libertés Überlegenheit, brach plötzlich ab und stürzte unversehens zu den drei Ebenholzbäumen, die wie von einer sorgsamen Hand im Dreieck gepflanzt waren, und zwischen sich eine Lichtung geschaffen hatten, die anderen Arten verwehrt blieb; er flüchtete sich in ihre Deckung. Zumindest dachte Liberté, daß Anne sich an diesen Ort flüchtete, weil sich dort der wahnsinnige Sturzbach in einen normalen Gewitterregen verwandelte, und man mit offenen Augen sehen konnte. Anne drehte sich wie ein Wahnsinniger im Kreis, er war eine Manguste im Käfig, eingesperrt zwischen den drei Ebenholzbäumen; er pflügte das dicke Moos auf dem Boden um, den Teppich feiner Gräser, die Unterlage aus Nadeln und Brennesseln, die aus dem Platz zwischen den Ebenholzbäumen einen makellosen Teich in der umgebenden Unordnung machten. Aber er fand das Buschmesser sofort wieder, er umfaßte den vom Schimmel grünen Griff und schwang die schartige, rostige Klinge, schon vor Jahren hatte sie ihre Schärfe verloren. Liberté kam angerannt, er hatte nicht mehr die Zeit, stehenzubleiben. Er stieß einen ungeheuren Schrei aus, ein unerhörtes Gebrüll, ein „Oué!" ohne Grenzen, das sich in Echos im gesamten Regen und darüber hinaus fortsetzte: Er drückte damit die Billigung einer so feinen List aus, sein Erstaunen, daß er sie nicht vorausgesehen hatte, und seine Befriedigung über einen derart gelungenen Schlag mit dem Buschmesser. Die schmutzige Klinge zerriß ihm die linke Schulter und zerfetzte das Fleisch fast bis zum Herz. Das Lächeln war nicht aus seinem Gesicht geschwunden, der wilde, freudige Gesang hallte nach in den Wäldern. Anne hörte zitternd, wie er sich in die Ferne fortsetzte, im Glanz des Nacht gebärenden Wassers, während er die rote Farbe sah, die zu seinen Füßen auslief. „Gut gemacht", wiederholte er, „gut gemacht." Es schien, als wollte der leutselige Tote, wie er so dalag, ihn beglückwünschen, während der Regen zwischen ihnen einen knatternden Nebel aus Tropfen und Windstößen errichtete.

Er hatte nicht an den dunklen Grund seiner Wut gerührt, aber wenigstens konnte er während einiger, zwischen Schmerz und Stolz geteilter Jahre um eine einzige Tat kreisen (die überdies nicht rückgängig zu machen war, die niemand auslöschen oder wiedergutmachen konnte) und seiner Qual das präzise Bild eines Lächelns geben, eines Schreis, eines Fadens aus rotem Wasser, der sich durch das Regenwasser schlängelte. Denn es war in ihm viel mehr als die Reue, daß er auf seiten der Colons gekämpft hatte, und viel mehr als die Besessenheit von dem Gespenst einer alten

Frau – Mamsell Nathalie war für ihn eine alte Frau – das sich urplötzlich im hellen Sonnenlicht auf seinen Kopf herabsenkte. („Ja, Meister Mathieu, veritabler Konnetabel, der du bist! Weil du glaubst, wir haben in diesem Land nur auf dich gewartet, damit du uns etwas vom Leiden und vom Zorn tönst. Ich höre es, wenn du mit dir selbst sprichst! 'Sie wußten es nicht, sie wußten es nicht!' Was bist denn du und was bin ich? Selbst wenn der Haß mit Béluse und Longoué vergangen wäre, wie kannst du die Gewalt abschätzen, die er selbst in seiner Brust hatte, nämlich Anne? Und wenn du sagst: ,Die Vergangenheit', woher willst du wissen, daß es überhaupt eine Vergangenheit gibt, wenn du nicht siehst, daß die grundlose Gewalt ihm ins Herz gepflanzt ist wie ein verwunschener Feigenbaum? Denn die Vergangenheit ist nicht in dem, was du mit Gewißheit weißt, sie ist auch in allem, was wie der Wind vorüberzieht und was keiner in seinen geschlossenen Händen aufhalten kann. Denn sie haben nicht auf dich gewartet, damit du versuchst, den verwunschenen Feigenbaum auszureißen, wie hätten sie auch den Ort bezeichnen sollen, um ihn dir anzuzeigen? Wer hätte ihnen die Kreide geben sollen, um den Ort zu markieren? Da sagst du: ,Sie haben es vergessen!' Aber sie wußten es nicht nur vor dir, sondern auch lange vor Béluse und lange vor Longoué. Das Schiff der Ankunft war nicht das erste Schiff. Denn wenn Longoué von der ersten Stunde an entlaufen ist, dann, so kann man sagen, weil er sich nicht die Mühe machen wollte, das Unten kennenzulernen, er trat auf der Stelle in die Vergangenheit ein, die aufrecht neben ihm stand; deshalb nenne ich ihn den ersten. Er hat an einem einzigen Abend die angehäuften Jahre aufgeholt, seit jenem Tag, als man einige von ihnen an der *Spitze* ablud; damit wurde er zum ersten. Deshalb ist das Schiff das Schiff der Ankunft. Doch die anderen waren schon da, sie hatten es schon vor ihm erlitten. Jene, die man in Massen auslud, um die Ausgerotteten zu ersetzen, aber auch die Ausgerotteten selbst, die sich nicht vorstellen konnten, daß jene hergebracht werden würden, um sie zu ersetzen. Wie hätte er aus Béluse einen Longoué machen können, da Béluse nicht auf der Stelle den Ruf der Vergangenheit über die Hügel hinweg vernommen hatte? Weil Béluse zu einer anderen Mühe bestimmt war, und du kannst noch so schreien, Mathieu Béluse! mein unwissender Urgroßvater erriet vielleicht, zu welcher Mühe? Denn wenn das Blut erst in der zweiten Generation geflossen ist, dann war es, weil Longoué es so gewollt hatte. Er hätte die Marrons versammeln können, er hätte die Hütte von *Roche Carrée* niederbrennen können, nachdem er Béluse auf ihrem Boden festgenagelt hatte. Wer hätte ihn daran hindern sollen? Warum gehen Wut und Gewalt verschlungene Wege in dieser ersten Generation? Dachten sie vielleicht, daß sie zuerst das Land kennenlernen sollten? Unten ebenso wie auf den Höhen? Longoué sagte: ,Er hat den Sohn der Sklaverei.' Aber er war es, der das Buschmesser einpflanzte, um etwas auszuhauen, doch wußte er nicht, daß die Wurzel in ihm selbst war. Denn wenn ihm etwas fehlte, wenn er es nicht besaß, dann deshalb, weil er das nicht gespürt hatte; dabei war es in ihm. Und du siehst, daß die Wissenschaft das Ding auch nicht hergibt, du bist schließlich hier, vom Fieber geschüttelt, und hast nicht einmal ein Buschmesser für alle Fälle. Denn die Vergangenheit ist nicht wie ein Palmenkohl, gerade und glatt, mit einem Busch an der Spitze, nein, sie beginnt mit der ersten Wurzel und knospt weiter, unaufhörlich, bis zu den Wolken".) Und die Vergangenheit floß in der Ebene wie sie auf den Hügeln barst. Eine natürliche Aufteilung, denn hier war die Ebene und dort waren die Hügel, doch hier hatte sie nicht die Zeit, fest zu werden, Gestalt anzunehmen! Wie glühende Erde, die aus dem Wasser auftaucht und sehr rasch ein für allemal erkaltet! So mußte man die Spaltung zu Asche verbrennen und unverzüglich überall ausstreuen. Darum gab es dort den Mörder Anne, der nicht wußte, was in seinem Blut pochte. Darum gab es dort Melchior, standhaft und fest. Wegen dieser Mühe von Unten, die gelernt werden mußte, in Überwindung von Abscheu und Verachtung. Melchior hatte sich der Kindereien entledigt, der Wutausbrüche, des Lärms. Er war ein dick gewordener Mann und ging langsam. Er begriff, daß der Lärm nur dazu diente, die grundlose Gewalt zu ersticken. Doch er suchte den Grund. Oder vielleicht, da er bereits erwählt und berufen war, war es in Wahrheit eher der Grund, der ihn suchte.

Er folgte den Marrons nicht, wenn sie in langen Abständen hinunterstiegen, um die Ebene zu verwüsten. Sie verstanden es, sie wußten, daß hier nicht Feigheit im Spiel war, sie sagten: „Gut. Er hat anderes zu tun." Melchior sah sie fortgehen (Liberté mit ihnen, er würde Anne suchen, solange die Unruhen andauerten) und dachte vielleicht, daß sie in den Kampf gingen, weil die von der Ebene sich erhoben; das heißt, jedesmal wenn die Verachteten, die Sklaven, die Angeketteten den Tod in Kauf nahmen, um den Überlegenen, den Unbezwungenen die aufsehenerregende Geste von Brandschatzung und Kampf zu ermöglichen. *Da verkroch sich Melchior tief in den Schatten; er wunderte sich sanft, daß in einem so kleinen Land Wälder und Ländereien so weit in die Tiefe gehen konnten!* Ebenso wollte er Liberté nicht im Einzelkampf rächen oder Anne mit einem der Mißgeschicke schlagen, Trauer, Gebrechlichkeit oder Impotenz. Auch die Rache war für ihn etwas Oberflächliches. Anne wartete lange auf eine Geste Melchiors: ein Schlag, am hellichten Tag, der ihn zu Boden werfen würde, oder der langsame Fluch, der ihn in seinem Leben lähmen würde. Aber nichts kam und störte die Eintönigkeit der Tage; für Anne war dieses Warten bestimmt eine härtere Prüfung, als es die Bestrafung durch die Rache gewesen wäre. Longoué (La-Pointe) hatte aus dem Haß einen täglichen, quälenden Gesang gemacht, er hatte ihn bezähmt; Melchior, unbesorgt um solche Manien ohne Gewicht, löschte den Haß aus, indem er die Rache verweigerte.

Dennoch blieb das Ärgernis einer Tat ohne Folgen, der Ruf nach einem Ereignis, das die ganze Angelegenheit neu auflegen, oder auf immer begraben würde: Es war Stéfanise, die Große, die diesen letzten Zustand herbeiführte, als sie kam, um mit Apostrophe zu leben.

Und anstatt auf ein „Auge um Auge" zu sinnen, was ein endloses Gitter von Verwundeten und Gemordeten über die Erde gelegt hätte, befaßte sich Melchior mit dem Wurzelschlagen. Er kannte schon lange eine Frau, die Tochter eines Marrons (er hätte nie daran gedacht, sich eine Gefährtin aus denen von Unten zu wählen, wenn er sie auch allmählich achtete, wegen des Gewichts ihres Daseins und seines Wertes), aber sie bereitete ihm Kummer, da sie ihn so sehr fürchtete. Vor ihm war sie wie gelähmt; obwohl er sich manches einfallen ließ, um die Gelegenheiten einer Begegnung zu mehren, war seine Sache nicht um ein einziges Lächeln weitergekommen. Es gab eine Dichte in ihm, die ihn (bei diesen Gelegenheiten) zu Unrecht leichtsinnig oder schüchtern erscheinen ließ. Und auch eine Offenheit, eine Klarheit, die den Leuten auf andere Weise Angst einjagte; nicht zu reden von seinem Stand, der ihn ohnehin isolierte. Er beschloß also, beim Vater um die Hand der Tochter zu bitten; das war ein Vorgehen wie jedes andere, um ans Ziel zu gelangen. Aber als er in die Hütte trat, nahm ihm die Wirkung seines Erscheinens allen Mut. Die drei Bewohner zeigten nicht Erregung oder Entsetzen, sondern dumpfe Lähmung. Besonders die Furcht und der Respekt des Alten bekümmerten Melchior, er hätte sein Sohn sein können. Das junge Ding hatte sich neben seiner Mutter im den hintersten Winkel verschanzt. Der Eindringling lächelte gezwungen.

„Also, ich bin gekommen", sagte er, „um sie zu werben."

Die Alte stieß einen Schrei aus, den sie sogleich unterdrückte. Das junge Ding konnte sein Interesse nicht verhehlen und reckte den Hals.

„Ja, ja", stammelte der Alte ... „Komm her!", schrie er dann energisch, wie um seinen Schrecken zu beschwören.

Die Tochter kam, sie hatte schon keine Angst mehr; aber die beiden Eltern zitterten noch. Da der Vater sich zu einer brabbelnden Rede aufschwang, um die unzähligen Qualitäten seines Sprosses zu rühmen, unterbrach Melchior ihn ruhig, er konnte diese Atmosphäre des Schreckens, man konnte sagen, Entsetzens, nicht länger ertragen, und sagte: „Also gut. Sie soll dann morgen früh bei Sonnenaufgang da sein."

„Ja, ja", sagte der Alte. „Sie wird kommen." Und am nächsten Morgen war sie da.

Er erfuhr nie, ob sie ihm ihre Tochter gegeben hatten, um nicht seinen Zorn zu erregen, oder ob sie von seinem Ansinnen geschmeichelt waren. Er erfuhr nie, ob die junge Frau aus freien Stücken einwilligte, wenn schon nicht mit Freuden, oder ob sie der Drohung nachgab. Diese Probleme verschwanden im langsamen Dahinfließen der Tage und Nächte. Er hatte die Hütte sofort verlassen und versuchte nicht, sich die Szene nach seinem Weggang vorzustellen: die Ausrufe, die Angst, den Überschwang vielleicht. Am nächsten Morgen, lange bevor die Sonne über dem Kamm der Bäume barst, saß die Angekommene an der Stelle, wo Man-Louise immer gesessen hatte. Er bemerkte sie, als er aus der Hütte trat, und dachte blitzartig: „Man-Louise ist zurückgekehrt." Dann lächelte er ihr zu, rief sie herbei, und hatte die tiefe Freude zu sehen, wie sie auf ihn zuging, ohne Getue oder Schwierigkeiten.

Er war der erste des Stammes, der sich auf der Erde richtig niederließ, er hatte sich für die Geduld entschieden. Er war wirklich ein Longoué ohne den Fluch. Der einzige, ja, der einzige, der über sein Geschick entscheiden konnte, es in die eigene Hand nahm, ohne irrezugehen: Vom ersten Schrei des Zuckervogels, den man im Morgengrauen in den Wäldern hörte, bis zum letzten Glühwürmchen, das in der Nacht zu sehen war, am Ende seines langen Lebens. Schwer und hellseherisch, ohne eine Stütze all die Zeit, die er sich aufrecht hielt. Wirklich der einzige. Denn hatte nicht der Vorfahr den Fluch auf seinem Haupt erlebt: Er wurde gefangen, deportiert, als Sklave verkauft, er, der den unendlichen Horizont im Land dort drüben jenseits der Wasser berechnet hatte? Und Apostrophe war schon fünf Jahre nach der Geburt seines Sohnes gestorben, hatte ihm daher nicht das Wort weitergeben können. Papa Longoué selbst, er hatte nichts mit nichts verbinden können, nicht seinen Vater mit seinem Sohn und daher auch nicht die Vergangenheit mit der Zukunft. Ti-René, der sorglose Vagabund, er zog in den Großen Krieg und zeugte den plötzlichen Tod. Alle zusammen. Jeder auf seine Weise unter dem Fluch, alle, außer einem: erwählt, um Kraft und Geduld reifen zu lassen. Dieser Longoué, Melchior Longoué, der den Namen der Wurzel angenommen hatte; der einzige, der die Stille auf seinem Kopf bis ans Ende trug. Er mußte zwar seinen Sohn Apostrophe sterben sehen, doch danach hatte er drei Jahre Zeit, um seinem Enkel von den zitternden Lichtern zu erzählen, die er während seines langen Ganges durch die Wälder angehäuft hatte. Er mußte der einzige sein, zwangsläufig, er war für die ganze Familie (wie auch für die Marrons, die im Umkreis das Echo der Familie waren) die beschwerte Wurzel, die sich in der Erde vergräbt. Deshalb mußte Liberté sterben, er, der in Leichtigkeit vibrierte wie ein Blatt. Libertés Fluch war der größte, oder etwa nicht? Denn in nichts (weder in seinem Lächeln noch in seiner Sorglosigkeit) verdiente oder sah er dieses Geschick eines Mannes voraus, der in seiner Kraft besiegt wird und dem Tod spottet. Melchior trug Libertés lächelnde Leiche auf seinem Rücken vom Platz der Ebenholzbäume bis zur Hütte, und begrub ihn neben dem Grab von Man-Louise und Longoué; zumindest, soweit er das Grab unter der Ansammlung von Brennesseln, Stinkgräsern und süßen Lianen finden konnte, die an dieser Stelle besonders gut wuchsen. Und

Anne Béluse war dazu da, um in dem unvermeidlichen Kampf das Buschmesser mit einem Schlag einzupflanzen, auch er ohne vorherige Überlegung: In der Geste haute er, oder *versuchte er, das Holz auszuhauen,* das in seine eigene Brust gepflanzt war, und verwurzelte zugleich, ohne es zu wollen, Melchior Longoué im Boden der Longoué!

8. Kapitel

Über dem Raum, über dem unaufhörlichen Prickeln und der friedlichen Leere, dehnte sich eine nicht gestellte Frage, während die einen sich in die Schatten der Wälder verkrochen und die anderen im Lehm, da sie ihn aushielten, erstarkten; die Frage kümmerte sich nicht um die Dramen oder das Elend, aber auf ihrem immateriellen Leib einer nicht aufgeworfenen Frage trug sie die Anstrengung und das Elend aller. Denn das Fäßchen war in der Hütte und jeder der Ratsuchenden konnte es sehen, mit seinem Blick abschätzen, jedoch ohne eine längere Betrachtung zu wagen.

„Sie sagen, Melchior trägt nicht mehr den Sack, er hat das Fäßchen angenommen."

„Schrei nicht dies Wort! Sonst gehst du hin im Rauch!"

„Wenn du hineingehst, läufst du endlos auf Wegen ohne Licht."

„Sie sagen, man habe La-Pointe und Man-Louise verbrannt, sie sind da drin."

„Hast du ein Grab gesehen, als du hinaufkamst?"

„Sie sagen, es gibt kein Grab. Sie sind da drin, nur Asche."

„Es war vom alten Schuft. Diesmal hat er sein Geld verloren."

„Der alte Schuft hat La-Pointe nicht gesucht. Die beiden haben einen Pakt geschlossen."

„Es ist sein Pferd. Er kommt mit dem Pferd. Wenn das Pferd galoppiert, ist La-Pointe da."

„Eine Schlange."

Alle, alle waren sie beunruhigt über dieses Fäßchen, das heißt, über das Ferment, das in seinem Innern verborgen war und aus so viel trostlosem Widerhall, aus so viel Verschwiegenem vielleicht eine in der Klarheit lautgewordene Stimme machen würde. Sie waren auch beunruhigt über die Spannung, die sie überall wachsen sahen (denn sie begnügten sich nicht mehr damit, mit ihren Augen eine Amazone ohne Pferd zu verfolgen, die zum Stelldichein eilt) und glaubten, daß sie sich dort oben auf den Höhen knüpfte.

„Sie sagen, sie werden herunterkommen, überall wird es brennen!"

„Wir werden kämpfen, wir werden kämpfen. Macht die Hütte zu."

„Heiliger Antonius von Padua, wir sollen schon wieder kämpfen!"

Sie waren schon stark genug, um das Handeln auszudrücken oder vorauszusehen; aber nur in abgehackten Brocken, in verdrehten Sätzen und ohne zu ahnen, daß sie es in sich trugen. Aufgrund dieser fehlenden Ahnung versuchten sie, eine Verbindung herzustellen zwischen den sie umgebenden Geheimnissen (denn die zu offensichtliche Macht ist ein Geheimnis, selbst wenn sie sich in die gefürchtete Erscheinung eines alten Tyrannen kleidet, oder in die Dichte eines Negers ohne Arg) und den Nächten und Blitzen, zwischen einem Buckligen und einem Pferd, eine Logik, wenigstens einen Anschein von Zusammenhang, der den Geist beruhigen oder den Lebenswillen stärken konnte, auch wenn es ihm nicht beschieden war, sich lange in der Domäne ausgesprochener Wahrheiten zu behaupten.

„Wenn du den Weg nach oben betrittst, könnte man meinen, es ist dieses Ding! Nichts als Holz und noch mehr Holz, Nacht mit der Nacht zusammen. Kühle an deinem Hals, Hitze an deinem Rücken."

„Da würde ich lieber sterben. Wirklich, ich würde lieber sterben."

„Hört nur, wir werden wieder kämpfen."

„Jesus Maria, wir sollen schon wieder kämpfen."

„Sie sagen, mit dem Buckligen geht es abwärts."

„Der alte Schuft wird die Pflanzung übernehmen."

„Nein, er wird seine Tochter mit dem kleinen Senglis ver-
heiraten."

„Du bist plem plem. Mit dem Sohn von der buckligen
Memme."

„Er will immer mehr. Fünf Destillerien, und er will noch
mehr."

„Und sie sagen, es sei voller Buschmesser, wie eine Werkstatt."

„Sie sagen, es gibt darin auch Pulver zum Brennen."

„Melchior ist der stärkste. Er kommandiert die drei: den Sack,
den *boutou* und das Ding-da auch."

„Schaut, wir werden wieder kämpfen!"

Alle, alle waren sie vernarrt in das Wort, welches das Leben
streift und vor ihm warnt, ohne daß es das Leben wirklich
umgreifen könnte. So knüpften sie, von einem Satz zum nächsten, von einer Vertraulichkeit zur Behauptung, ihre geheimnis-
schwangere Stimme, aus der die Klarheit hervorgehen sollte.
Abgenutzt unterm Zuckerrohr, zerstoßen im Kakao, zerfasert mit
dem Tabak, und doch zäh über ihr flüchtiges Häckeln hinaus.
Wenn sie auch nicht fähig waren, es bereits zu verstehen, oder
gar zu handeln, so konnten sie immerhin eine von Reichtümern
geschmückte Zukunft besingen (wie der Schimärentraum eines
Gelähmten); auch wurden sie zuweilen von einem verschwie-
genen Erinnern berührt, einer Erscheinung des vorigen Landes,
wie von dem illusorischen Jucken einer Krankheit, die von
selbst geheilt ist. Sie wagten nicht einmal, an das künftige
Handeln zu glauben, sie übertrugen es deshalb an mächtige
Vertreter, doch spürten sie vielleicht, wie es von einem ihrer
Sätze zum nächsten sprang. Die Tat: ein Impuls, der bereits die

Worte untereinander verband, oder vielmehr, ein Ausdruck (der unvermutete Satzbau) ihrer folgenlosen Reden.

„Wer holt uns hier heraus?"

„Nur die Flamboyants, und der Ebenholzbaum, und die Akazien."

„Es ist Guinea, es ist der Kongo, semper idem."

„Der Regen mit dem Regen, Sonne und Sonne."

„Die Schlange, die Schlange."

„Sie sagen, alle werden frei sein, nicht nur die Freigelassenen."

„Dann kannst du deinen Leib die ganze Nacht vollschlafen."

„Ein Haus für dich mit 200 Toiletten."

„Nicht nur die Mulatten."

„Ein Haus für dich mit zweiundsiebzig Matratzen, achtundzwanzig Eßtischen."

„Du weißt doch gar nicht, wie man an einem Tisch ißt."

„Sie sagen, daß sie ihn immer holen geht, und der alte Schuft ist gar nicht erfreut."

„Den Sohn von der buckligen Memme."

„In diese Angelegenheit solltest du dich nicht einmischen. Wenn ein Schlag mit der *baramine* in der Luft schwebt, kannst du sicher sein, daß du dir deinen Rücken daran abwischst."

„Zum Donnerwetter, wir werden kämpfen."

„Sie sagen, im Wald schau ist Acoma und du verlierst dich in der Kühle ohne Wind ganz aus Gräsern du siehst nicht den grünen Himmel er ist auf deinem Kopf der Wald."

„*Gombo* rutscht, *dongré* würgt dich. Alles was du ißt ist nicht zum Essen."

„Sie sagen denkste, es ist für die Ewigkeit der Jahrhunderte, nichts wird sich ändern!"

Denn das Fäßchen war da; und das Gewitter, der Zyklon, der Staub in der Trockenzeit, das Morgengrauen, die hemmungslosen Nächte, es war da. Ohne daß ein einziger von ihnen schreien konnte, was es enthielt, ob es überhaupt etwas enthielt, ob La Roche etwas darin versteckt hatte. So war die Frage, die nicht gestellt wurde, aber die Geister aller erfüllte, ganz einfach, ganz direkt: *„Was ist in diesem Ding-da?"* – Später, wie die Zeit verging, das Vergessen kam, starb die Frage in ihrer einfachen Form, doch blieb sie in der Luft, körperlos, ausgestreckt auf dem Raum der Hitze, und wartete darauf, daß man sie in anderer Form wieder aufnähme; oder, wenn das nicht einträte, daß sie wenigstens einer in sich tragen würde, durchsichtig und ohne es zu ahnen: Wie ein Schleier der Feuchte, der von einer Straße aufsteigt, von weitem blendet er dich, aber wenn du mittendrin bist, siehst du ihn nicht mehr zu deinen Füßen; oder daß einer ihr endlich eine Antwort gäbe, ohne zu wissen, daß sie Frage ist, ein Schleier in der Schwebe über dem Dahinfließen der Tage, welcher jedoch im scheinbaren Verzicht der Parias weiter wirkt:

Denn zuerst sah Melchior, wie das erste Kind geboren wurde, ein Mädchen, das er Liberté nannte, in Erinnerung an seinen Bruder, der mit einem einzigen Schlag getötet worden war, zwischen den drei Ebenholzbäumen. Es kam Melchior so vor, als könnte er nichts anderes tun. Er fing vielleicht ein wenig von der Energie auf, die der verstorbene Bruder verloren hatte, und schickte sie in einem einzigen Fluß in diesen neugeborenen Leib. Und Liberté, die Tochter, erschien sozusagen gar nicht in den Mühen ihres Vaters; sie war so unauffällig, daß sie sich fast allen aus dem Gedächtnis löschte: Doch gründete sie die Familie der Celat, die sich einmal starrsinnig von allem entfernen, oder vielmehr mit der Masse verschmelzen würde. Denn das Mädchen, es hieß nun Liberté wie der Bruder seines Vaters, hatte vielleicht gelitten unter dieser Verwechslung, in der es unterging, sich aufzulösen schien, während es insgeheim, ganz allein mit seiner Energie, sein eigenständiges, einfaches, gewöhnliches und freiwilliges Dasein im Teil der Parias vorbereitete. Vom ersten Tag an hatte sie sich gewehrt, diese oder jene zu sein, von der man sagte: „Das hat sie alles getan, sie ist mit dem und jenem gegangen, sie haben im Tal hinter *Roche Carrée* gewohnt, neun Kinder bekommen, vier davon sind gestorben, bevor sie fünf Jahre waren", oder eine, über die man die Hände überm Kopf zusammenschlägt, weil ihre Augen diesen Glanz haben oder ihre Stimme einen reißaus nehmen läßt – nein, sie war schon bei ihrer Geburt ein Zweig unter vielen, kaum hervorgehoben, weil sie Liberté hieß, im Gegenteil, gerade wegen ihres Namens, der ihr nicht allein gehörte, war sie unfähig, ihre Energie aus dem gewöhnlichen Weg herauszuziehen oder sich durch außergewöhnliche Gesten oder Worte hervorzuheben. So überließ man sie, nach einem einzigen Blick, ihrer unterirdischen Arbeit. Sie verschwand. Wie auch die Familie, die ihr folgen sollte, keiner hörte von ihr, seit der Zeit vor langer Zeit bis heute: Bis das junge Mädchen mit den flammenden Augen anhalten würde, um zu sagen: „Seht her, ich bin Marie Celat." Und diese Familie, die sich so im Raum verflüchtigt hatte, die in der Masse untergegangen war, würde plötzlich eines Tages (heute) in der neuen Form des jungen Mädchens auftauchen, bei dessen Anblick ein jeder unwillkürlich ausrief: „Seht euch das an, eine Celat!"

Denn die Frage war neben dem Fäßchen zugegen („diesem Ding-da"), doch ihr Frage-Leib war in den Mühen des Elends ohne das Wissen der Elenden zerschmolzen; und da sprang sie plötzlich wieder auf (heute), in der neuen Form: „*Wie, wie kann man nur all diese Zeit in einem Fäßchen unterbringen?*" – ohne daß der Verwahrer dieser Form sie formulieren könnte, ohne daß er überhaupt weiß, daß er in seinem feuersprühenden Geist eine Frage trägt. Doch die Frage in seinem Geist entzündete ganze Feuersbrünste. Er schrie. Er glaubte, mit dem Wissen den Spalt des Ganzen zu entdecken, oder, er war noch ehrgeiziger, den fühlbaren Knoten, der von unten Blut und Saft nährt; wo es doch das Pochen der Frage war (sie war in seinem Denken nicht formuliert, ebenso wie einst das Fäßchen von ihnen nicht genannt wurde), das den Fluß der Antworten gegen seine Schädeldecke stieß.

„Also, wenn sie auch Hunderte von Kerzen am Totensonntag aufstellen, wenn sie sogar den ganzen Friedhof anzünden, es wird ihnen nicht gelingen, die Stammlinie einzuholen. Denn er hatte als erster, er, La-Pointe, die Kette der Toten entweiht!"

„Dabei ist Allerheiligen verdammt schön nachts auf dem Friedhof, wie eine Plantage von Feuern ganz in der Ferne! Jaa, schön!"

„Ja, eine schöne Erinnerung für die, die vorübergehen! Aber wir mögen anstellen was wir wollen, wir werden die Stammlinie nie einholen. Auch mit Kerzen wird es nicht gelingen, daß deine Toten Land und Meer überqueren, um die Hand zu reichen!"

„Schließlich muß doch jeder seine Angehörigen beweinen, oder bei ihnen sein und drei Blumen aufs Grab stellen ..."

„Ja sicher. Jeder harkt auf seinem kleinen Weg den Sand und ordnet die Muscheln an, damit es schön aussieht. Aber wir alle, wir (und nicht du oder er) wir wissen nicht einmal, ob die Toten die Hand gereicht haben, und die Zombis sind nicht gesprächig genug, die sagen es auch nicht, da sie nur übergangsweise die Toten vertreten. Er, La-Pointe, hat als erster den Rücken gekehrt."

„Er hat den Rücken gekehrt."

„Ja. Ich bin nie der selben Meinung mit dir über La-Pointe! Er macht eine menschliche Geste (keine animalische, auch wenn das Tier seinen eigenen Reichtum hat), die Geste eines stolzen, denkenden Menschen: er steigt hinauf in die Wälder. Aber er zerstört den Kopf, und als nächstes fällt ihm ein, hinzugehen und die Eisen in einer Hütte abzulegen, von der er nicht einmal sicher weiß, ob sie Béluse gehört. Er läßt leben, mit der ganzen Geschichte hinter sich. Deiner Ansicht nach hat er recht: man muß das neue Land kennenlernen. Weil er denkt, Béluse sei die „legitimen" Pfade gegangen wie ein Unterworfener. Aber gleichzeitig hat er selbst, La-Pointe, die Stammlinie entweiht, deren Hüter er war. Denn ich sehe, er war der Hüter schon vom Land dort drüben her."

„Was siehst du noch über die Zombis?"

„Daß ich nicht lache, als sie (wir alle) gesehen haben, daß die Verstorbenen nicht mit ihnen in ihren Hirngespinsten tanzten, haben sie die Zombis erfunden. Nicht einmal so sehr, um sich Angst einzujagen, sondern im Gegenteil, um sich zu beruhigen. So glauben sie, daß die Toten zu ihnen zurückkehren. Daß sie zu uns zurückkehren."

„Du bist also stärker als die Zombis. Daher kommt es, daß du keine Angst hast in der Nacht!"

„Und das Fäßchen, das wagen sie nicht zu nennen; übrigens ist es eher eine kleine Tonne. Sie wagen es nicht zu benennen, als hätte La Roche die Macht gehabt, alles von ihnen zu verlangen. Und du schließlich, tust hinein, was du das *Kraut-für-Leben-und-Tod* nennst. Daß ich nicht lache, die Toten sind für immer fort, du kannst dein Kraut lange zerbröseln, das wird uns keinen Schritt weiter bringen im Raum. Denn wir sind auf dem Ast ohne Wurzeln, wir zittern bei jedem Wind hierhin dorthin ohne Grund."

„Aber aber, schau doch richtig hin, Zombi Mathieu! Ich bin nie im Meer getaucht, und wenn du nicht zufrieden bist, geh doch dein Feld im Meer pflügen, da hättest du wenigstens Land! Die Wahrheit ist, du sähest gerne einen ernsthaften Kampf zwischen Béluse und Longoué, um herauszufinden, ob letzterer wirklich der Meister war. Aber sie sind alle beide fort, und wenn du den Kampf sehen willst, mußt du die beiden Gräber auf dem *Akazienhügel* aufgraben und sie rufen."

„Papa Longoué, du bist gekränkt, das ist nicht schön!"

Wegen des endlosen Einbruchs des Raums in deinen Kopf;
wegen der Barrikade vor den Augen, der Tiefe der Wälder, ihrer
erstickenden Gärung, der Blendung; wegen der Anhäufung der
Toten, der Geburten, der Kämpfe, man stieß sich an ihnen, ohne
es zu wissen. Die ewige Frage ließ kaum einen Augenblick
Ruhe, kaum einen Winkel ohne Feuersbrunst, um die Geburt
von Stéfanise zu beobachten, zu loben, zu besingen. Und doch
war diese Geburt ein Teil der Frage, abgezeichnet in der Frage
wie ein Malfini-Vogel am Himmel. Stéfanise die Große war in die
Wälder gekommen, sie würde ihrem Vater Anne folgen, wenn er
nach *Roche Carrée* zurückkehrte (nach der Abschaffung der
Sklaverei), aber sie würde immer ein wenig Moos im Herzen
bewahren, ein wenig vom Marron in der Seele. Und sie würde
freiwillig zum Akazienwald zurückkehren, nicht, um sich gegen
die Ebene zu verwahren, sondern weil es ihr hier gefiel und
ihrem Mann, oder vielmehr, weil hier ihr Geschick war und das
ihrer neuen Stammlinie. Sie war aus dem Bauch ihrer Mutter
gekommen wie ein Tag ohne Maniok, ganz in die Länge
gezogen, und sie würde schneller wachsen als ein Filao. Man
bemerkte kaum, daß sie ein Mädchen war (Mädchen oder
Junge, was bedeutete das schon: sie mußten die gleiche Arbeit
schaffen, sie würde schuften wie zwei Männer; und hatten nur
eine Erbschaft zu übernehmen, für die war ein Mädchen genauso
gut wie ein Junge: geboren zu werden und zu sterben), und
doch würde sie in ihrem Mädchenherzen alle Zärtlichkeiten, alle
Lichter bewahren, die die Erde trägt.

Es war kaum Zeit festzustellen, daß sie da war, rempelte sie
ihre Mutter schon an, zwang sie zu sprechen, zu schreien,
endlich zu leben, brüllte zu ihrem Vater: „Faß mich nicht an! Ich
bin nicht Liberté Longoué!" – was ihn unweigerlich dumm,
brummig und entwaffnet dastehen ließ; sie beschützte die
letzten Augenblicke der alten Man-Béluse (sie war nie ganz von

diesem Schiff heruntergekommen und froh über den unerwarteten Vormund in Gestalt des Kindes); sie grub die Erde um; kaum Zeit, zu sehen wie sie heranwuchs, so sehr, daß man sie auf den Hügeln Stéfanise die Große herbeirief, angefüllt mit einem echten Lärm. Durch sie beschleunigte sich plötzlich das langsame Vorüberziehen – des Lebens, des Elends, der Kämpfe – mit dem Blut. Das Auge wühlte schärfer; die Glut barst. Der Lauf des Baches führte zu ihr! Stéfanise war wie ein Delta. Denn sie würde ihrerseits, nach Louise und Longoué, nach Anne und dem Mädchen, nach Melchior und Adélie, den unausbleiblichen, man kann sagen, mechanischen Versuch wieder aufnehmen, nämlich zur Vergangenheit aufzuholen; diesen Instinkt, der ganz zur Frau gehörte, und der vom Mann mal vergewaltigt, mal gesucht, mal zurückgewiesen wurde: der aber immer siegreich blieb. Und darin würde sie eine solch helle Sonne bringen, daß es trotz der Eintönigkeit der Wiederholung scheinen würde, als hätte sie sich geschaffen, als hätte sie sich plötzlich aus ihrem eigenen Licht geboren.

Wie kam es also, daß der Morgen beinah ausgelöscht, unterschlagen wurde, als sie in der Hütte erschien, unter dem Brabbeln der alten Man-Béluse und dem unwissenden Schweigen von Anne? Ein Kopf mußte ganz schön heiß sein, wenn er eine solche Lücke, einen so schweren Verlust riskierte. *(„Wie, wie nur kann man so viel Zeit in einem Fäßchen unterbringen?")* Denn um Stéfanise herum war der Wuchs des Waldes, Schößlinge strebten mit ihr um die Wette zum Himmel, das Sieb des Lebens mit der Schläfrigkeit vermischt, das dumpfe Entstehen der Säfte, das brutale Bersten des Keims, fern vom Samen – und sie bewirkten, daß der Wald und das Mädchen zusammen schließlich eine Klarheit aussandten, so daß manch einer unbeholfen versuchte, darin Wurzeln zu schlagen.

9. Kapitel

Denn sofort nach Stéfanise, der Tochter von Anne Béluse, ward Apostrophe, das zweite Kind von Melchior geboren. Sofort, aber doch *danach*; ein Jahr danach. Im ersten Jahr schichtet sich der leichte Tau des Lebens, so daß Stéfanise immer *ein wenig mehr* war als Apostrophe; daß sie auf ihn zuging und ihn an die Hand nahm, ihn dann durch das Dasein führte, ohne den Schritt anzugeben oder voranzugehen (im Gegenteil, sie blieb bescheiden hinter ihm und schob ihn sanft vorwärts); und auch wenn sie *ein wenig mehr* war als er, so war ihr dieses *mehr* nie bewußt (worin der feine Tau sie gebadet hatte). Sie kannte sogar jene Qual, die so sehr zu den liebenden Frauen gehört, und doch so außergewöhnlich war für die Tochter eines Marrons, vor allem in einem Land, wo es ganz offensichtlich nicht nur nichts zu tun, sondern auch nichts zu versuchen gab, eine Qual, die in dem Zwang besteht, sich nützlich zu machen, vom anderen gebraucht zu werden. Jeden Tag sagte sie dem armen Apostrophe: *Ou pa ni bisoin moin* du brauchst mich nicht." „Aber wozu denn?", dachte er verwirrt, wagte es nicht zu fragen. So glaubte oder ahnte sie, daß es etwas zu tun gab und ihm dabei eine Rolle zugedacht war. Er spielte seine Rolle tatsächlich, sanft von ihr vorangetrieben; aber er unterlag einer Art fortwährender Verwirrung, welche durch die Bosheit des Schicksals aus diesem schlafenden Mann einen guten Quimboiseur machte.

Melchior interessierte sich sehr früh für das kleine Mädchen: Er war angezogen von dem Glanz, den sie überall im Umkreis verbreitete. Es blieb ein Geheimnis, wie er von ihr hörte und durch wen. Tatsache ist, als sie noch nicht neun Jahre alt war, da kehrte sie schon in die Hütte zurück und schrie ihrem Vater

Anne zu: „Ich habe Papa Melchior getroffen, wir haben geplaudert!" Seufzend dachte Anne: „Mit denen-da bin ich immer noch nicht fertig. Er heckt irgendetwas aus." Aber er verbot der Kleinen nicht ihre Begegnungen mit „Papa Melchior". Denn sie war bei ihren langsamen Spaziergängen und dem einzigartigen Unterricht, den er ihr erteilte, auf natürliche Weise von ihm angezogen, er hat sie verführt, hätte man gesagt, wenn es sich nicht um so einen alten Mann und ein Kind gehandelt hätte. Zwischen ihnen bestand eine mächtige Wesensverwandtschaft, das spürte Anne. Das eintönige Anhäufen war also notwendig gewesen, damit ein Longoué, eine unerschrockene Frau, die sich zu den Béluse verirrt hatte, freiwillig hinaufstieg in die Wälder (sie mußte sich dafür nicht verändern, denn es war die Natur in ihr, die sie hinaufdrängte). Und es war notwendig, daß der in seiner Verwahrlosung starrsinnige Senglis um jeden Preis seine Plantage erhalten wollte (daß seine Plantage nicht von den Marrons verwüstet wurde), notwendig auch, daß Béluse in die Hütte von *Roche Carrée* hinaufstieg, daß er sich auf halbem Weg den Wäldern näherte; daß La Roche schließlich, der nur auf seine Landgewinnung versessen war, Longoué auf den Höhen beließ (daß Longoué *L'Acajou* beschützte, oder sich zumindest vor einem Angriff auf *L'Acajou* hütete) und daß die „Nachbarin vom Schiff" Stéfanises Mutter gebar. Notwendig, damit Melchior sich in ein kleines Mädchen vernarrte, das von der Dichte in seiner Umgebung zu viel abbekommen hatte, und damit Melchiors Sohn, ein Jahr jünger als die Kleine, sie bald überallhin begleitete, ohne etwas vom Schweigen und vom plötzlichen Fluß der Worte zu verstehen, oder doch fast nichts, in denen sich der Mann und die Kleine wohlfühlten. Aber indem Apostrophe ihnen auf diese Weise folgte, ohne ein einziges Wort zu sprechen, erreichte er eine Dichte, eine Präsenz, mit denen er schließlich Melchior und Stéfanise gewann. So erkannte Melchior über

Stéfanise seinen Sohn an, einen Longoué, der sich ohne Anstrengung durchsetzte, wo Stéfanise noch den (echten) Lärm und die Aufgeregtheit brauchte, die sie um sich verbreitete. Und so gelangte auch Stéfanise über Melchior zu Apostrophe: Zu der ernsten, verwirrten Gelassenheit, die, verborgen unter dem „schlafenden Naturell", ihr so viel Freude machte und sie so bezauberte.

Denn es war doch notwendig gewesen, daß die entrückte, in ihrem ungewöhnlichen Gewand leichte Louise das Messer aus der Küche nahm (dasselbe Messer würde er später stehlen, um die Stricke durchzuschneiden, als sie auf dem Gerät war) und in den Pferch trat, um diesen-da zu befreien, – damit er hinaufstieg, und La Roche ihn verfolgte ohne ihn einzuholen, und damit La Roche zehn Jahre später, nachdem er mit seinem Wahn und seiner Sorglosigkeit allein in den Wald gekommen war, das Fäßchen mitbrachte und es ihm zu Füßen warf. Notwendig, damit Louise den Strick durchschnitt, ohne mit dem Befreien der Handgelenke Zeit zu verlieren, denn auch ihr Herz war voll unkontrollierter Gewalt, voll grund- und bewußtlosen Lärms, welcher nur mit Mühe durch die Kraft und den Starrsinn Longoués im Zaum gehalten wurde (bis zu jenem Tag ihres gemeinsamen Hinscheidens, als sie ganz plötzlich darauf brannte, ihm zu folgen): Sie wußte nicht, ob sie einem Befehl gehorchte, der aus dem Land drüben kam, oder ob sie sich einer Notwendigkeit fügte, die aus der Zukunft des neuen Landes hervorging. Damit Louise, damals war sie noch nicht Man-Louise (nachsichtig und behäbig), kannte aber schon jenes Gärmittel von anderwärts in sich, diese Lust am Aufatmen, schließlich dieses Warten – damit Louise in ihrem vollkommenem Leib und in ihrem Stolz den ungebrochenen Leib und (echten) Lärm von Stéfanise vorwegnahm, den Melchior in ihr wiederentdecken würde. Denn für Melchior war das kleine Mädchen zunächst nicht wie eine Tochter, sondern ein Abbild von Louise, so wie er sie gerne kennengelernt hätte, bevor sie die Nachsicht von Man-Louise angenommen hatte. Ihr ganzes gleichförmiges, unerwartetes Sprühen über dem dicken Saft des Elends und der Kämpfe war da, damit der feste, bodenständige Melchior in Stéfanise, die wie ein Filao in den Himmel gewachsen war, das Abbild seiner ursprünglich wilden, kriegerischen Mutter erkannte. Damit er Louise in Stéfanise erkannte – während seine eigene Tochter in ihrer Unbeteiligtheit und Neutralität ihm entging: Sie war nicht im geringsten eifersüchtig auf die Vorliebe ihres Vaters, falls sie sie überhaupt bemerkte; – in Stéfanise also, dem Kind des Aufruhrs. Und daß er sie fortan wirklich wie eine Tochter annahm, daß er sie seinem Sohn gab, damit sie ein zweites Mal seine Tochter würde, (daß die Tochter und der Sohn sich enger aneinander binden sollten als Zwillings-Tintenkirschen): Damit er so in seinem Leben alle gegenwärtigen und vergangenen Gründe zusammenfaßte, aus denen er lebte. Es fehlte nicht einmal, daß er wegen Stéfanise beinahe umgekommen wäre, und wegen Louise und Longoué von La Roche gerettet wurde.

Einmal kam er am Tag in die Kleinstadt, da er ein kleines Geschenk für Stéfanise suchte: Die Kleine drängte ihn, aber auch eine Neugier, die ihn nie verließ. Er verband das neu in seinem Leben aufgetauchte Kind mit dem Leben von Unten, das er täglich seinem eigenen näher empfand: Deshalb wollte er Stéfanise eine Kleinigkeit schenken, etwas zum Naschen, Sachen, die den Geruch der Kleinstadt angenommen hatten.

Es bestand fast keine Gefahr. Die Einwohner kannten ihn, zuweilen näherte er sich der Stadt, ohne die geringsten Schwierigkeiten. Kaum eine leichte Spur Gemurmel: „Da geht Melchior Longoué vorüber." Weder die Pflanzer noch die Land-jäger hätten die Dummheit begangen, ihn zu verfolgen. Aber diese Gepflogenheiten wurden von ein paar Militärs umgestoßen, die vielleicht zu schneidig waren, um über örtliche Gebräuche nachzudenken. Vom unmerklichen Raunen, das Melchior begleitete, neugierig geworden, hielten sie ihn an und er war stolz genug, ihnen seinen Namen zu nennen. Es widerstrebte ihm, sich dumm zu stellen. Die Soldaten nahmen ihn sogleich mit, ihnen folgte eine immer dichter werdende Gruppe von Einwohnern. Die Neuigkeit verbreitete sich überall: „Sie haben Melchior Longoué!", oder: „Wir haben einen gefährlichen Marron gefangengenommen!". Melchior nahm das Risiko auf sich, das ungeheure Risiko (verglichen mit dem kindlichen Vorwand, der ihn hergeführt hatte): Aus einem dunklen Antrieb wollte er sich ohne Waffen und ohne Kampf dem hellen, geregelten Universum der Ebene entgegenstellen. Meldetrupps stoben fort, um die Pflanzer zu alarmieren.

„Diese dummen Henkersknechte!", rief der alte La Roche aus als man ihn benachrichtigte und sprang auf sein Pferd.

Als er die Kleinstadt erreichte, hatten sie Melchior schon zum Richter geführt, dem war die Angelegenheit recht peinlich. La Roche ging geradewegs zum Häftling.

„Du bist also der Sohn von La-Pointe."

„Mein Name, der ist Melchior Longoué."

„Schau einer an. Du hast keinen Namen, mein Junge! Im übrigen bist du der Sohn von La-Pointe."

„Melchior Longoué."

Wie damals Longoué, schaute auch Melchior La Roche ruhig an. Der alte Schuft sprühte vor Boshaftigkeit, ihm schien, als kehrte seine Jugend zurück:

„Ach, Longoué? Was fängst du denn mit einem Namen an? Gibt er dir zu essen? Und vor allem, bist du ein Befreiter? Frei? Verfluchter La-Pointe! Was für ein Kerl! ... Und du läufst hier herum ohne deinen Sack und deinen *boutou?* Kein Wunder, daß sie dich erwischt haben. Schade! Ich hätte ihn gern mal geöffnet, deinen Sack. Nur um den Geist zu sehen, der dir dient. Oder?"

Noch konnte er sich nicht entschließen, Melchior stehen zu lassen. Die Erscheinung aus der alten Zeit munterte ihn auf. Er flehte fast um eine Beleidigung, eine Gebärde, ein Zeichen, das ihn an seinen Marron der ersten Stunde erinnert hätte.

„Also gut. Da du nun einmal da bist, kannst du mir einen Rat geben. Damit diese Spitzbuben wenigstens zu etwas gedient haben! Aber, aber, ich weiß, daß du Quimboiseur bist, du brauchst dich nicht zu winden."

Der Gerichtshof war von rosa, gelbem und rotem Hibiskusgebüsch umrahmt. Ein paar niedrige Hecken und eine Art Rasen erinnerten an die Harmonie eines Gartens nach französischer Art. Aber die gegen das Beschneiden rebellischen Pflanzen, die vom Unkraut wogenden Wege, die leuchtenden Farben der Blumen weit über den Blättern bezeugten, wie weit die Parodie von der Wirklichkeit entfernt war. Der Häftling ließ seinen Blick schweifen; er dachte nach.

„Nun? Was gibt's? Sag mir bloß nicht, daß eine verliebt in mich ist, na?"

Melchior schaute endlich La Roche an; sagte dann sanft:

„Mache die Hochzeit. Der Junge ist fähiger als sein Vater und du liebst deine Tochter. Sie wird zufrieden sein."

„Verfluchter La-Pointe! Verfluchter La-Pointe!"

La Roche brach in lautes Gelächter aus; vielleicht war er froh über diese unerwarteten Worte.

„Wohl denn", sagte er. „Ich werde tun, was du sagst. Aber weh dir, wenn du mich betrogen hast!"

Er lachte immer noch, als er den Saal betrat, wo die Pflanzer, die sich den Marron nicht angeschaut hatten, zusammengekommen waren. Die Versammlung brodelte, die Meinungen schossen in die Luft.

„Laßt uns ein Exempel statuieren."

„Jetzt, wo er schon da ist, dürfen wir keine Schwäche zeigen!"

„Meine Freunde, wir sollten ihn den Behörden übergeben!"

„Oho! Die Behörden werden ihn uns zurückgeben!"

„Am einfachsten wäre, ihn in einen Graben zu werfen."

„Laßt uns kurzen Prozeß machen und ihn möglichst weit oben aufhängen."

„Sie wissen, welche Angst sie vor ihm haben. Er ist Quimboiseur."

„Das macht nichts. Lassen wir ihn frei."

„Und bald werden sie uns sagen: 'Laßt sie alle frei!'"

„Bald? Es wurde schon gesagt."

„Ruhe!", dröhnte La Roche. Das Tohuwabohu brach sogleich ab.

„Monsieur ...", begann ein junger Pflanzer, aber La Roche schaute ihn wortlos und abschätzig an, worauf der Vorlaute schwieg. Sie alle hingen über irgendeinen Umweg von *L'Acajou* und seinem Herrn ab.

„Das paßt zu euch", sagte der alte Schuft sanft, „das ganze Jahr kommt ihr nicht auf die Idee, sie in den Wäldern aufzuspüren, ihr könnt sie von hier durch dieses Fenster sehen, ihr bräuchtet nur die Hand auszustrecken und sie abzupflücken. Nicht einmal mit dreißig Hunden und einer Gefolgschaft würdet ihr euch hinaufwagen. Aber wenn es zwei Unruhestiftern in Militäruniform einfällt, auf der Straße Gendarm zu spielen, dann verliert ihr schnell eure Hemmungen."

„Aber Monsieur ..."

„Ihr denkt wohl es sei jetzt an der Zeit, unserer Bevölkerung eine ausgezeichnete Provokation vorzusetzen. Einen Marron zu hängen, noch dazu wenn er ein Quimboiseur ist, also es gibt nichts Besseres, um alle in Aufregung zu versetzen. Oder etwa nicht? Haben wir denn nicht genug Ärger mit diesen hergelaufenen Abolitionisten? Ja, wir sollten ihnen wirklich einen guten, aufsehenerregenden Vorwand für ihr Geschrei liefern. Nicht wahr?"

„Monsieur, wir sind zum Widerstand entschlossen!"

„Na gut, dann leistet dagegen Widerstand!"

Der Alte holte eine Pistole heraus und richtete sie auf die Anwesenden.

„Ich sehe schon, ich muß eure Interessen gegen euch selbst durchsetzen. Übrigens," fügte er kichernd hinzu, „die Idee stammt von Senglis."

Sie schauten ihn entgeistert an; sie waren überzeugt, daß er keinen Moment zögern würde, die Waffe zu gebrauchen. Er war kein Mann, der eine Pistole zückte, ohne sie bei Bedarf auch zu benützen.

„Gut, ich gehe jetzt hinunter und gebe Anweisungen", sagte er. „Sie sollen ihn brandmarken, dann lassen wir ihn wieder laufen. Damit wird ein jeder zufrieden sein, oder? Ihr bleibt brav auf euren Plätzen und in einer Stunde können wir alle nach Hause gehen. Nicht wahr?"

Draußen besprach eine kleine Gruppe das Ereignis. „Melchior Longoué, der ist stark. Du wirst sehen, er kommt wieder raus! Er hat den Sack, den *boutou* und dieses Ding-da." „Unmöglich, sie werden ihn brandmarken und dann hopp! ab mit dem rechten Arm!" – „Und wenn! Er kann ebensoviele Arme wieder ersetzen wie dir Zähne in deinem großen Mund fehlen." – „Dann hat er einen ganzen Haufen Arme!" – „Schaut, der alte Schuft bringt die Sache wieder in Ordnung!" An der Hecke hängend folgten die etwa fünfzig Leute von weitem dem Fortgang der Dinge.

(Melchior dachte an sie alle, wie sie auf beiden Seiten der Hecke so nichtsahnend glaubten, daß er rein zufällig hier war, daß er sich aus Mangel an Vorsicht hatte erwischen lassen und aus Angst fliehen würde.)

„Gut, sie werden dich abführen", sagte La Roche, „eine unbedeutende Formalität. Danach bist du frei. Du siehst, ich bin nicht nachtragend. An deiner Stelle wüßte ich genau, was ich zu tun habe! Gut. Die Hochzeit, was? Einverstanden, einverstanden. Gefahr erkannt, Gefahr gebannt."

Er zwinkerte dem Marron zu. Er war sehr froh.

Überströmend vor Fröhlichkeit gab er seine Anweisungen. Sein Jubel verleitete ihn zu Vertraulichkeiten. Die erstaunten Colons sahen, wie er seine Waffe wie ein Spielzeug von der Fingerspitze baumeln ließ, als er wieder in den Saal trat. Beinahe für jeden hatte er einen plumpen Spaß parat: „Also, George-Lucien, Ihr werdet anscheinend nie fertig mit Euren Rodungsarbeiten, ich muß Euch wohl helfen." – „Wißt ihr, was die in Paris meinen? Daß wir Analphabeten und Barbaren sind. Dabei gebe ich ein Viertel meines Vermögens her, um den geringen Bildungsstand dieser Herren aufzubessern!" – „Oho, mein lieber Depaulme, können Sie wenigstens lesen?", und er hielt so die Versammlung bei guter Laune. Die Stimmung verwandelte sich nach und nach in eine herzliche Vertrautheit, man sah wieder zuversichtlich in die Zukunft und begann, ernsthafte Pläne zu schmieden, welche Repressionsmaßnahmen zu ergreifen seien, wie die zu den Hütten gehörenden Maniokparzellen zu verkleinern seien – es war eine wahre Freude – bis plötzlich ein Gendarm in den Saal stürzte und schrie:

„Monsieur, Monsieur, er ist geflohen!", *der Tölpel!*

„Vor oder nach der Brandmarkung?"

„Wir führten ihn zur Werkstatt, wie Sie es befohlen hatten; plötzlich rempelte er die Wachen um und verschwand in einer Gasse!"

„Auf die Pferde!", schrien mehrere Stimmen. „Diesmal ist er dran!"

„Ich habe einmal einen von dieser Sorte gejagt, es ist hoffnungslos", sagte La Roche. „Bleibt ruhig! Bietet den anderen nicht das Schauspiel eurer Rückkehr, denn ihr werdet müde und unverrichteter Dinge heimkommen, das sage ich euch!"

Und da das Durcheinander nicht aufhörte, kündigte er an: „Messieurs, wir wollen zu angenehmeren Dingen übergehen. Da wir hier nun einmal versammelt sind, habe ich die Freude, Ihnen die baldige Verlobung meiner dritten Tochter Marie-France-Claire mit dem jungen Monsieur de Senglis bekanntzu-geben!"

In der Aufregung der Komplimente und Glückwünsche kicherte er dann: „Verfluchter La-Pointe, verfluchter La-Pointe!"

„Denn sie hatten es mit den Namen. Sie gestatteten, daß man einen Namen trug, aber er mußte von ihnen stammen. Wenn sie sich für La-Pointe entschieden hatten, dann versuche einmal, sie soweit zu bringen, daß du dich Longoué nennen darfst, denn Longoué ist wie ein *dongré* aus Mehl, das in einem Bouillon mit Krebsen aufgegangen ist, und steif wie Blauholz. Versuche einmal, sie soweit zu bringen! Daß dein Name dir gehört, von dir gewählt wird? Das können sie nicht hinnehmen!" Höchstens, wenn er ihnen besonderes Vergnügen bereitete; so wollte bei-spielsweise Marie-Nathalie nicht, daß man den Mann anders nannte als Béluse (weder Peter noch Paul, sondern Béluse) und sie hatte so großes Vergnügen daran, das Wort in ihrem Mund zu rollen: Béluse. Denn sie wußte, daß das Wort aus ihrer eigenen guten Laune geboren war, aus dem Lachen, das in ihr anschwoll und das sie nur mit großer Mühe unterdrücken konnte, als dieser Verwalter erklärte: „Es ist für den richtigen Gebrauch, *le bel usage*, Madame!" Der richtige Gebrauch würde in ihr einen rechten Wahn wachsen lassen, bis sie sich nur noch an die einzige, fragliche Besamung klammern konnte, das war ihr Auftrag. Der Name sollte zuerst dem angehängt werden, der den Auftrag übernahm, so daß der Mann des richtigen Gebrauchs tatsächlich Béluse hieß. In diesen Fällen, ja, da würden sie sich lieber umbringen, als dir den Namen wegzunehmen, während sie in anderen Fällen – wenn du die Stirn hattest, dir einen auszusuchen und entschlossen warst, ihn ganz allein zu tragen – dich umgebracht hätten, um ihn dir unwiederbringlich zu nehmen. Dann erließen sie das Dekret: „Er hat keinerlei Recht, einen Namen zu tragen." Oder auch, wenn der Name ihnen oder einem Teil ihrer selbst schmeichelte, so daß sie deine Kühnheit herablassend belächeln konnten, wie um zu sagen: „Na gut! Man muß es ihnen lassen, wir stimmen zu." So war es beispielsweise bei der Frau, die mit dem Verwalter Targin lebte, nicht mit ihm, sondern neben ihm, weil er zu Hause ein bißchen Zerstreuung brauchte (*ach nein, er hing, man weiß nicht warum, an diesem Wesen, das er aus dem Verschlag geholt hatte, damals, an jenem Abend, als sie alle drei gebracht wurden, der Mann und die beiden Frauen*), nicht zu vergessen die Arbeit in Haus und Küche. Aber er starb als einer der ersten bei dem Aufruhr, zerstückelt und über eines der von ihm beaufsichtigten Felder verteilt (dieser Mord war so ungeheuerlich, daß Senglis deshalb beinahe seine Domäne verlassen hätte, und die anderen Pflanzer verlangten mit lautem Geschrei, er müsse die Sicherheitsregeln auf seinen Ländereien verschärfen, ja, er müsse um ihretwillen die Bewirtschaftung einstellen), da ging die schon recht alte, aber noch kräftige Frau hin und lebte mit einem Sklaven der Besitzung auf einem Landstück mit sandigem Boden, das sich nicht zur Bebauung eignete. Sie nahm das Kind mit, das sie von Targin hatte, es war hinter dem Haus von Targin herangewachsen, sie hatte es aufgezogen, wie man ein kleines Tier hegt, es immer hinaus in den Hof hinterm Haus gelassen, wo Targin nicht hinkam. So wie dieses Kind das Kind des neuen Paars wurde, gewissermaßen das älteste, bald war da nichts – außer vielleicht die hellere Färbung der Haut – was ihn von seinen

Brüdern unterschied. So nahm man die Gewohnheit an, diese Hütte „die Hütte der Targin" zu nennen und die Familie „die Familie Targin". Ohne es zu wissen bekam der Verwalter also eine namentliche Nachkommenschaft, wie er einen Sohn bekommen hatte, ohne ihm die geringste Beachtung zu schenken. Und diese Familie, keiner machte ihr den Vatersnamen Targin streitig, verbesserte den Boden, drang auf den Sand weiter unten und zu der anderen Seite des Hügels vor, grenzte sich einen kleinen, unbestimmten Raum ab. Das heißt, man wußte nie, was gerade angebaut wurde, eine Art eigener Besitz, unauffällig, verschwommen, überall stand noch Gebüsch, und wurde folgerichtig *La Touffaille*, Buschwerk, genannt. Bis heute, wo das kleine Stückchen plötzlich wichtig wird, aber das ist eine andere Geschichte.

Ich spreche für einen von Unten, verstehst du, von dort, wo sie dir einen Namen gaben, wie es ihnen gefiel; bei denen auf den Höhen konnten sie nämlich nichts anderes tun, als eine Rinde schneiden und ein Profil hineinschnitzen (das war so etwas wie der Großvater der Kennkarte) und hoffen, daß sie sie mit ein wenig Glück erwischen. Die von den Höhen wählten ihre Namen selbst: man nannte sie nicht Soundso, man nahm nicht die Gewohnheit an, sie irgendwie zu rufen, sie wählten aus und verkündeten dann in der Runde: „Also, so ist mein Name." Du siehst den Unterschied. Sie riefen sich selbst, bevor man sie rief. Sie tauften sich, sozusagen. In einigen Fällen gingen sie sogar mehr und mehr wie zur Taufe, sie wählten sich Namen von Unten, so die Mutter von Anne Béluses Kindern, sie bestand darauf, daß der Junge, der ein Jahr nach Stéfanise geboren war (das heißt, genau im gleichen Jahr wie Apostrophe Longoué), Saint-Yves heißen sollte. Sie sehnte sich nach Zeremonien, und wenn sie nach diesem noch ein weiteres Dutzend ausgetragen hätte (wie es üblich gewesen wäre), dann wäre

wahrscheinlich eine ganze Reihe Heiliger durch die Hütte gegangen. Auch hätte sie nicht jedes Mal lange von einem Bein
aufs andere treten müssen, bevor sie diesen Knirps vom Boden
aufhob, um zu verkünden: „Er ist jetzt sechs Monate alt, wir
wollen ihn Saint-Soundso nennen." Endlich. Man mußte sich in
die Bräuche von Unten einfinden, denn Anne hatte in seinem
Kopf schon entschieden, daß er nach *Roche Carrée* zurückkehren würde. Melchior beschloß, wenn er schon etwas aus der
Ebene übernehmen mußte, sollte es wenigstens das gröbste und
dauerhafteste sein. Wie bei jener Gelegenheit: Er schlängelte
sich gerade eines Nachts im Durchgang zwischen den Häusern
der Kleinstadt, als er jemand wie einen Blitz protestieren hörte:
„Und da fängt er an, mich zu *apostrophieren*!", daraus gewann er
die Überzeugung, daß der Apostroph das Festeste vom Festen
sei, und er wurde zum Namen für sein zweites Kind, den
ersehnten Sohn. Das beste aber war, daß am Ende jeder zu
seinem Namen paßte. Wenn du an Saint-Yves Béluse denkst, in
einem Land, wo es schon so schwierig war, ich sage nicht zu
leben, sondern sich zu halten, und wo alle Erde, die du in der
Runde sahst, bis zum Horizont nicht dir gehörte, da denke an
Saint-Yves Béluse, der schon als Kind anfing, in der Erde zu
wühlen, Gewächse mitzubringen, Samen zu sammeln, um sie
irgendwo zu vergraben (am Anfang wußte er nicht einmal, was
aus diesen Samen werden würde, Gombos oder wilde Schwei-
ne), in der Absicht, Handel zu treiben mit den Erzeugnissen aus
seiner Zucht, um an Geld zu kommen. Nicht so sehr um des
Geldes willen, damals war das bei ihm zu Hause noch unbekannt;
sondern wegen des Vergnügens, zu besitzen und als Eigentümer
herumzuspazieren. Dabei wuchs er in den Wäldern auf und war
bis zum Alter von dreizehn Jahren nicht mit denen Unten in
Berührung gekommen. Hatte da nicht der ererbte Name abge-
färbt? Denn ich frage dich, wozu nützt es, Eigentümer zu sein,

wenn keiner im Land etwas besitzt, es sei denn, du willst auf deine Brüder hinunterspucken können? Wenn du dich zu halten versuchst, nichts dagegen; aber wenn die Gloriole des Besitzes in dich eindringt, in diesem Land, wo du ein Stückchen Boden bearbeitest, und sie sorgen sicher dafür, daß es dir nur Mühe und Elend einbringt? Obwohl er noch so jung war, überlegte er schon, wie er seine Landwirtschaft organisieren sollte, er hegte die größten Hölzer, den Ebenholzbaum oder den Mahagoni, denn er sah voraus, daß er eines Tages Nutzen daraus ziehen würde. Kannst du dir vorstellen, wieviel Zeit es braucht, bis der Ebenholzbaum dir etwas einbringt? Aber Saint-Yves sah viel voraus: Daß er sich eines Tages in *Roche Carrée* um seine schwarzen Hölzer und sein Gemüse kümmern würde; daß er eines Tages nicht mehr ein Sklave auf dem Papier mit Marken sein würde, sondern von nun an ein Sklave des Bodens. *Und vielleicht ging er hinauf, um die drei Ebenholzbäume abzuschlagen und zu verkaufen?*

Stéfanise zumindest nicht, ihre Arme waren immer in Bewegung in der Luft wie Quirle, ihre großen Füße „spritzten den Morast" zwischen die Zehen, ihre Stimme wurde wie eine Trompete über die Schluchten getragen, sie nahm nicht bedenkenlos jeden von der Kleinstadt aufsteigenden Strom hin. Zu der Zeit, als sie in der Hütte von *Roche Carrée* lebte, nach der Abschaffung der Sklaverei, und bevor sie wieder zu Apostrophe hinaufstieg, schlichen die jungen Männer aus der Umgebung alle um sie herum: „Mademoiselle, du gefällst mir, ich will für dich leben." „Warum sollen wir es nicht machen wie Hengstlein und Stütchen?" „Ich bin vorbeigekommen, um zu sehen, ob du Gras für deine Hasen holst." – die Schüchternen, die Frechen, die Bodenständigen. Sie lachte, und fragte Sylvius, Félicité oder Ti-Léon: „Wie ist dein Name?" – und, wenn sie zu feurig wurden, floh sie und schrie: *„Ou té an goumin-an?* Warst du im Kampf?"

Denn leidenschaftlich liebte sie den ewig neu begonnenen Bericht, dies war die einzige Art, sie zurückzuhalten, plötzlich hörte sie aufmerksam zu, der große Zeh ihres linken Fußes bohrte sich in die rote Erde: Wenn der Junge, der mehr wußte als die anderen, ein amüsantes Großmaul, der gut „ausmalen" konnte, vom großen *goumin* der Sklavenbefreiung erzählte.

Yo té di nou, Schweinebande, wenn ihr glaubt daß sich hier etwas ändern wird könnt ihr beim Warten schon einmal Wurzeln schlagen der Staub der Jahrhunderte wird euch bedecken aber ihr werdet immer an der gleichen Stelle stehen also tummelt euch das Zuckerrohr wartet nicht auf – und was sehe ich da ganz am Ende der Straße plötzlich die Frauen Frauen Frauen man hätte meinen können alle Vögel vom Paradies Man-Amélie ganz vorn verfluchter Donner Gottes die drei Gendarmen machen nichts sie springen nur auf ihr Pferd alles gehört uns vorwärts schreien sie vorwärts du hättest die Hacken die Buschmesser sehen sollen und einer unter ihnen ein Mulatte ist gekommen um zu schreien meine Freunde meine Freunde das ist nicht die richtige Methode rums! da packt ihn das Verschwinden schneller als du sagen kannst Donner Gottes gehört alles uns wir gehen zu Tal Frauen Frauen nichts als Frauen vorn da plötzlich – Halt! Gewehre quer über der Straße die Soldaten und die Bajonette, halt wer hat halt geschrien, vorwärts das *Aufräumen* beginnt, ich sehe zwanzig dreißig neben mir fallen, nur Rauch eine ganze Weile bleibst du taub, und auf einmal bin ich auf der anderen Seite wir wir gehen weiter wo sind die Soldaten und ich sehe die Frauen Frauen Frauen jede ein Gewehr wir steigen zu Tal und ein anderer kommt mit einem Taschentuch geht nach Hause und rums! er rennt schneller als ein Pinseläffchen wir gehen zu Tal und nicht nur alle Häuser alle Möbel am Boden das Gitter ist verschwunden nicht nur die Straße sondern alles überall die Felder die Wege, es läuft über wo sind die Soldaten alle zusammen Binderinnen Schnitter genug davon immer Schläge einzustecken immer Schläge ohne Antwort *Yo té di nou* Nichtstuer Schlampen auf es wartet nichts auf euch nichts ändert sich – aber da waren wir keine Mätzchen mehr und wo sind die Verwalter Man-Amélie ihr Gewehr wie ein *boutou* sie schreit braucht keine Kugeln du weißt es nicht aber wie ein *boutou* vorwärts, ihr Rock ist schräg hochgebunden wie eine Hose sie schreit mein Sohn *pa moli!* Mein Sohn vorwärts! und da dann doch Soldaten und Soldaten Feuer Feuer aber du siehst es der Fluß ist übergelaufen wieviele wieder am Boden fünfzig und hundert wir wir gehen weiter nichts hält uns auf und plötzlich ein einziger Schrei *Chelché rivé l'esclavage fini* der Sieg *Chelché rivé* und ein anderer kommt, Die Republik Frankreich bringt euch die Freiheit ihr Delegierter Herr Minister Schoelcher *Yo té di nou* Wilde und Nichtsnutze auf an die Arbeit Beelzebub nicht einmal Beelzebub will euch haben es ist für die Ewigkeit der Jahrhunderte – das ist also der Sieg und die Sklaverei zu Ende ich sehe Man-Amélie auf dem Boden liegen ihr Rock ist ihr über den Kopf gezogen und der Kopf schief ausgerissen ihre Hand auf dem Gewehr wie ein *boutou* sie schreit nicht mehr hört nicht mehr das Getöse den Lärm alle auf der Straße des Sieges sie hört den Donner Gottes Sieg für alle jene die mit ihr hingegangen sind auf der Rue Victoire!

„*Oué!*", schreit Stéfanise, *la fimin dan vouél!* Der Rauch im Segel!"

Aber es war nicht gut, wenn der Erzähler von diesem Rauch, oder besser diesem Wind in den Segeln zu viel Gebrauch machte, wenn er Dinge hinzufügte, die nicht wahr waren, wenn er vom Hundertsten ins Tausendste kam, wenn er sich an der geschilderten Bewegung oder an dem Lärm berauschte, denn Stéfanise wußte alles über den großen Kampf, und schrie dann voll Entrüstung, weil die Wahrheit derart ausgeschmückt wurde, den unvorsichtigen Prahlhans an: „Hau ab! Hau ab! Das hast du dazu erfunden, verfluchter Lügner!"

Denn es war in der Luft, pochend, noch nicht vergessen, noch nicht verloren, die Fuhre der Frauen Frauen Frauen und nicht nur die Marrons wie hochmütige Herren des Elends und des Lehms, sondern alle in einer einzigen Wucht die Niedergestreckten die Stummen die Unterworfenen. Es war in der Luft und jeder konnte es riechen, bei Melchior angefangen, der sich Unten und denen von Unten genähert und aus Neugier sein Leben bei ihnen aufs Spiel gesetzt hatte, bis zu Stéfanise, die den Bericht verfolgte. Es war in der Luft, und alle, die empfänglich waren für das Beben, das heißt, alle, die wie Melchior diesen täglichen Tod ertrugen, ohne sich ihm zu unterwerfen, oder jene, die wie Senglis nicht mehr auf Profit versessen waren: Im Grunde alle Untätigen, die der harte Gegensatz zwischen Elend und Habgier nicht betraf, konnten es spüren und verkündigen; oder, wie Stéfanise, es spüren und sich erinnern.

Besonders Senglis war (ebenso wie einst Marie-Nathalie) fähig, jeden Windhauch einzufangen, der seine stickige Atmosphäre störte, und litt unter diesen Veränderungen um ihn herum. Er war allerdings weniger phantasiebegabt als seine verstorbene Frau, die in ihren letzten Augenblicken von einer ganzen Vegetation überfallen worden war, nachdem sie sie ihr Leben lang verwüstet hatte, er hörte eine andere Woge sich brechen, einen schweren Geleitzug, gewöhnlichere, nähere Feinde, und versuchte in seinem Todeskampf (noch lange vor dem großen Kampf, für den sich Stéfanise begeistern würde) die Meute der Sklaven um sich zurückzuschlagen, die er rundum anwachsen und ihn umzingeln sah. Es war zu der Zeit, als sein Sohn begann, der jungen Marie-France-Claire den Hof zu machen; Senglis war geschmeichelt über ein solches Zusammentreffen und hegte die Hoffnung auf eine endgültige Verbindung, die seine Ländereien *L'Acajou* zugeschlagen hätten, jedoch unter der Führung seines Sohnes. Seine Hoffnung war schimärenhaft wie alles, was er unternommen hatte. Von diesem Traum abgesehen, war er jedoch menschlicher geworden und hatte seine Manien abgelegt. Vergessen im tiefsten Dunkel des hochgebauten Hauses, erschien er nicht mehr zu den Geschäften der Besitzung, sie wurden zum großen Leidwesen der Verwalter vom jungen Senglis tatkräftig in Angriff genommen. Aber diese kurze Zeit der Rast, einer glückseligen Ruhe, kündigte nur die Gewalt und Zerstörung an, die so grausam an ihrem Ende standen.

Gemartert von der wimmelnden Menge um ihn, brüllte er aus der Tiefe seines Zimmers: Ringsum hörten ihn alle, die Kinder vergruben sich in den Hütten. Dann brabbelte er endlos Ratschläge und Rezepte: für Landwirtschaft, Repression und Rechnungswesen. Sein Todeskampf wollte nicht enden. In der Luft spürte er die leise unaufhörliche Berührung, das Streicheln der künftigen Sache, er würde sie jedoch nicht mehr sehen. Eines Tages schließlich verlangte er nach La Roche; sein Sohn, der schon bei dem Gedanken an einen solchen Gang zitterte, mußte den Mut aufbringen, zum Vater von Marie-France-Claire zu gehen; aber La Roche kam eilends herbei, geleitet vom jungen Senglis, den dieser Ritt, Stiefel an Stiefel mit dem alten Schuft, völlig verwirrt hatte.

„Ah!", sagte Senglis, „Ihr seid gekommen! Sie lassen mich keinen Augenblick in Ruhe, ich muß mich unaufhörlich verteidigen, hört Ihr sie, hier, hier, ich sorgte mich schon, ob Ihr überhaupt durchkommen würdet, ah!"

Dann wechselte er das Thema, auf einmal ganz freundlich: „Wir haben uns ganz schön gehaßt wegen ihr, findet Ihr nicht?"

„Mein lieber Freund, mein lieber Freund", sagte La Roche nur.

„Obwohl wir es uns nie eingestehen wollten, so weiß ich doch, daß Ihr sie ebensosehr geliebt habt wie ich! Aber auch ich,

La Roche, auch ich. Seht Ihr, ich konnte ihr niemals sagen, daß Anne de Montmorency kein Konnetabel von Frankreich war, zumindest soviel ich weiß. Das war blödsinnig, nicht wahr? Blödsinnig. Aber Ihr. Wie habt Ihr Euch zurückhalten können? Ah! Leugnet es nicht! Da waren: Marie-France-Adelaide, Marie-France-Eloise, Marie-France-Claire, aber bei der letzten konntet Ihr nicht mehr widerstehen, Marie-France-Nathalie. Seht Ihr! Ich wette, sie ist Eure Lieblingstochter!"

„Ach", sagte La Roche weinend, „sie ist wirklich tot. Sie ist tatsächlich gestorben."

Die Kerzen erstickten kläglich. Die beiden Alten belauerten sich vielleicht ein letztes Mal im Halbdunkel des Zimmers, noch hatten sie auf ihr Spiel nicht ganz verzichtet. Doch da versank Senglis, als hätten ihn die Worte von einer belastenden Sorge befreit, mit noch größerer Macht in seinen Wahn, sterbend schrie er: „Paßt auf, mein Freund, ah, sie werden Euch auch fortreißen, Ihr kennt sie noch nicht, es ist der Sumpf der Mangroven, ich versinke, haltet mich, haltet mich!" – während La Roche, ein bodenständiger Alter ohne Träume oder Visionen, ihm die Hand hielt und die Amazone beweinte, die an diesem Ort gelebt hatte, zwischenzeitlich aber auch ausrechnete, was der Besitz einbringen könnte, wenn er einmal dem Sohn an-vertraut wäre.

Denn das Leben, die Sehnsucht nach dem Tod, der Durst nach Besitz blenden dich auf deinem Weg, hindern dich daran, die Wurzel zu spüren oder die im Raum zu Tal gehende Fuhre zu verstehen: Außer in dem Fall, wo du, wie Senglis, nur noch ein durchsichtiger Lappen bist, der im geringsten Hauch wegfliegt und mit der Fuhre hinabfährt, oder aber, wenn du wie Longoué Melchior eine unerschütterliche Tonne bist, die nur vom ver-borgenen Elan der Wurzel erbebt. Dann, ja in diesen Fällen begreifst du die künftige Sache. Sonst sitzt du da und grübelst:

„Wo, wo nur ist das alles hingekommen?" Diese Anhäufung, die überflüssig erscheint – bis zu dem Tag, an dem die Hitze dich durchbohrt wie ein Pflock, aber die Hitze kann dich auch zu Boden werfen. Dieser einförmige Schrei, den du nicht hörst: Damit La Roche auf sein Pferd springt, in einem Satz bis zur Kleinstadt, und zu Melchior sagt: „An deiner Stelle wüßte ich, was ich zu tun habe"; damit er darauf folgende Anweisungen gibt: *„Man solle den Häftling zur Werkstatt bringen, fesseln sei nicht nötig* (und keiner von beiden hatte vom Fäßchen gesprochen, das doch zwischen ihnen stand wie ein Monument, oder von Louise, die aus ihren Blicken lebte). Damit jene, die den Gang der Dinge von weitem beobachtet hatten, sich abwandten, der eine in sein Haus aus Wellblech und Kistenholz, der andere in seinen strohgedeckten Verschlag, und alle schrien: „Ich hatte vorausgesagt, daß er entkommen würde! Wer konnte auch Melchior Longoué festhalten?" Und damit Stéfanise, die schon von ihrer Natur her zu der Hütte unter den Akazien gedrängt wurde, dagegen in *Roche Carrée* verweilte, damit ihr täglich wegen des Berichts vom großen Sklavenaufstand die Luft wegblieb und sie ebenso wie Melchior die (damals und noch heute) so undeutliche Wahrheit verstand: Daß die Herren, ob Herren der Plantagen oder die Herren Marrons von den Wäldern, gezwungen sein würden, von ihrem ruhmreichen Pakt Abstand zu nehmen; daß diese zurückkommen würden zur Scholle ohne Glanz, während jene unverzüglich eine andere Art Gewebe über die Erde spannen würden; daß dieses eine Mal die Aufständischen, ob Sklaven oder Kleinstadtbewohner, selbst ihre Feuersbrunst entzündet hatten; daß sie sich ihren Weg auf dem so weiten und so kleinen Land gebahnt hatten; daß das Leben die dichte Verschlingung und den feuchten Teppich der Wälder verlassen würde, um sich in der Gegend von *Roche Carrée*, beim Sieb des gepflügten Bodens zu verankern, und überall, wo die Menschen litten und starben, ohne jeden Widerhall ihrer Schreie. Vielleicht sah Stéfanise wie Melchior die Abwesenheit voraus, das Nichts, das tödliche Vergessen, das hieraus entspringen würde; – und stieg daher in die Wälder hinauf, damit es wenigstens zwei oder drei gäbe, die auf dem Vorplatz der Hütte den Schutt und die Asche der Feuersbrunst rührten.

Wo, wo ist denn all das hin, das dir ins Hirn steigt, dich im Kopf brennt, ohne daß du das Feuer kennst, obwohl du so an der Verbrennung leidest? Du fragst: „Wirklich, Papa, man weiß nicht einmal, wo man wühlen soll?" Es ist nicht das Elend, du mußt nicht das Elend suchen, ich sage dir, das Elend sucht dich, und versuche nicht, mit Worten in das Elend einzudringen. Niemals! Sonst packt dich der Schwindel. Wie ein Fregattvogel, der nur noch einen Flügel hat, um ins Meer zu schlagen. ... Man könnte meinen, indem sie den rechten Arm abhackten und danach das rechte Bein, haben sie schließlich eine ganze Seite unseres Leibs amputiert: eine Lunge, einen Hoden, ein Auge, ein Ohr. Und deshalb muß man vielleicht dies in der Anhäufung suchen: den Teil von dir, in dem die Brandwunde ausstrahlt wie ein Blitz, und der doch fern von dir in den Wäldern geblieben ist, oder unter dem Meer oder im Land dort drüben: die rechte Hälfte des Gehirns.

10. Kapitel

Die beiden Beamten mußten nämlich trotz ihrer Verblüffung, ihrer Verärgerung den Auftrag zu Ende bringen (sie waren dazu bestimmt worden und auch nur der Anschein von Sabotage bei dieser Arbeit konnte ihnen ernsthafte Schwierigkeiten mit ihren neuen Arbeitgebern einbringen); auf daß überall die Legalität obsiege. Die Legalität, das heißt, dieser Anspruch, daß die Sklaverei abgeschafft sei, daß jeder von den Standesämtern aufgenommen werden sollte, zumindest was seine Identität oder die Papiere betraf, die er zu ihrem Beweis vorzulegen hatte. Die beiden Beamten hatten also auf dem größten Platz einen Tisch aufgestellt und sich dahinter verschanzt gegen die auf dem Platz hin und her wogende Flut. Eingesperrt in den Burgfried ihrer Register und Formulare, eingeschnürt in ihre Gehröcke, mit feuerroten Ohren und davonfließendem Leib, musterten sie die undeutliche Welle schwarzer Gesichter vor ihnen. Ganz Amtspersonen, zeigten sie nichts von ihren Gefühlen, zumindest nicht im Ton der Stimme, wenn sie schrien: „Der Nächste" oder: „Familie Boisseau"; doch zwischendurch neigte sich einer zum anderen, um ihn mit einem Scherz aufzumuntern oder sie vergruben sich hinter den Papieren und heizten ihre Wut an.

„Es ist unmöglich, wirklich unmöglich", sagte der erste Beamte rasch.

Dann richtete er sich wieder auf und schrie: „Der Nächste!" – Er hatte die Bittsteller zu befragen.

„Besitzung Lapalun."

„Wieviele?"

„Ein Mann, eine Frau, drei Kinder"

„Familie Détroi", verkündete der erste Beamte. „Ein Mann, eine Frau, drei Kinder. Der Nächste!"

„Familie Détroi, zwei plus drei", wiederholte der zweite Beamte, er hatte die Schreibarbeit zu erledigen. Und reichte jeder vor sein stets gleiches, verschlossenes Gesicht hingestreckten Hand ein Papier, von dem er selbst eine Kopie behielt.

„Quartier Plaisance."

„Wieviele?"

„Ich, Eufrasie, die Kinder..."

„Wieviele Kinder?"

„Fünf."

„Familie Euphrasie, ein Mann, eine Frau, fünf Kinder, der Nächste!"

„Familie Euphrasie, zwei plus fünf", wiederholte der zweite Beamte.

„Ich ganz allein", sagte der Nächste.

„Kein Vater und keine Mutter?"

„Nein."

„Keine Frau?"

Der „Nächste" grinste.

„Familie Tousseul, einer. Der Nächste!"

„Familie Tousseul, einer", wiederholte der zweite Beamte. Er reichte das Zeugnis der Existenz, wenn auch nicht der Identität, hinüber.

Das war das Nachspiel des großen Kampfs: Die Aushändigung der Papiere, sie sollte den Eintritt in die Gemeinschaft der freien Menschen besiegeln. Rings um den Tisch war eine gewisse Zurückhaltung, fast ein Ernst geboten. Aber je weiter man sich von ihm entfernte, wuchs die Erregung in der Menge. An den Rändern war es der reine Überschwang. Durch die ganze Kleinstadt, unter den geschlossenen Fenstern, mit angeketteten Läden und blinden Nischen: lärmende Freude. Die ehemaligen

Sklaven der Plantagen waren da, mit ihren Frauen. Aber auch, majestätisch in ihren Lumpen, ihren Lehm und ihre Armut wie eine Prunkschleppe hinter sich herziehend und als einzige mit Buschmessern bewaffnet, die Marrons. In einer Umgebung von Fetzen und Lumpen fanden sie immer die Mittel, zugleich die ärmlichsten und die prächtigsten zu sein. Sie kamen in kleinen Gruppen, wie abgeschlossene Inseln im brodelnden Meer. Sie redeten nicht, gestikulierten nicht und man konnte in ihrem Gefolge etwas riechen wie den Beigeschmack der Angst, der durch die Aufregung des Tages jedoch schnell weggefegt wurde. Die Gefühle der Marrons waren gespalten zwischen der Befriedigung eines Menschen, dessen Existenz abgesegnet oder dessen Vergangenheit verbrieft wird, der Neugier, wie es wohl sein würde, sorglos im Irrgarten der Gassen hin- und hergehen zu können, den sie bislang nur heimlich betreten hatten, und auch einem undeutlichen Bedauern, weil die Zeiten vorüber waren, als sie die Gefahr ihres Lebens noch auf die höchste Stufe der Lebensordnung gestellt hatte. Diese gemischten Gefühle beeinträchtigten sie in ihrem Verhalten, ja, sogar in ihrem Schweigen. Es erwuchs ihnen daraus ein übertriebener Anschein von Bescheidenheit, welcher sie noch mehr heraushob. Ihre Besonderheit (zusätzlich zum Buschmesser) war, daß sie, am Tisch angelangt, von sich aus ihre Namen und die ihrer Angehörigen nannten, im Gegensatz zur Masse, die im allgemeinen große Mühe gehabt hätte, Namen zu verkünden oder sich auf ein Familienleben zu berufen. Den beiden Beamten konnte es nicht entgehen; dieser Zug von Unabhängigkeit erschien ihnen wie eine Kränkung: sie vergrößerte noch ihren Ärger.

„Unglaublich, unglaublich", seufzte der zweite Beamte.

Sein Kollege war gerade dabei, die Liste der gängigen Vornamen abzuschließen, die er anstelle von Familiennamen an eine Reihe dieser Wilden vergab.

„Familie Clairette ...“

„Familie Anaïs ...“

Mit immer röter werdenden Ohren und wirren Augen kauerten sie sich alle naslang hinter ihrem Papierkram zusammen, um sich beim anderen zu beklagen.

„Der alte La Roche hatte recht, als er verlangte, daß der Standesbeamte auf jede Besitzung kommen sollte, damit hätten wir uns diese Massenausstellung erspart! Was für ein Trauerspiel! ...“

„Tja, mein lieber Freund, Anordnung der Republik! ... Der Nächste!“

Der Ausrufer machte sich nun an die antiken Größen.

„Familie Cicero ...“

„Familie Cato ...“

„Familie Lethe ...“

Das gesamte Altertum zog vorüber, zumindest was sie vom Hörensagen kannten: von Romulus über Horaz bis Scipio.

„Scipio, es ist zum Sterben! ... Hören Sie sich das an! ...“

Unglücklicherweise waren sie bald mit ihrem Latein am Ende. Eben in diesem Moment hörten sie eine Stimme, die sie zusammenzucken ließ, sie sagte: „Familie Longoué“. Sie reckten sich lebhaft hoch.

„Wie, wie“, kläffte der erste Beamte.

„Familie Longoué“, sagte Melchior. „Ein Mann: Melchior Longoué, eine Frau: Adélie Longoué, eine Tochter: Liberté Longoué, ein Sohn: Apostrophe Longoué.“

„Erstmal Liberté, das ist kein Name“, schrie der erste Beamte.

„Schon gut, schon gut“, sagte der zweite lebhaft. „Familie Longoué, zwei plus zwei.“

Melchior nahm das Papier.

„Sie hätten nicht nachgeben dürfen“, warf der erste Beamte dem anderen leise vor.

„Ach!", sagte der zweite, „ob Longoué oder Aristide!"

Sie meinten, sich an den folgenden rächen zu können.

Unter anderem mußten sie aber einer Familie Béluse und einer Familie Targin zustimmen. Sie sahen, wie die bereits Eingeschriebenen weggingen: Die meisten wedelten das Blatt mit erhobenem Arm, einige wenige betrachteten das Papier ernst, als versuchten sie, sein Geheimnis zu entschlüsseln. Diese Beamten hielten sich nicht für Halbgötter, das Gefühl ihrer Macht schmeichelte ihnen keineswegs; sie kamen sich eher vor wie Clowns, die auf grausame Weise die Schicklichkeit parodierten.

Als sie die Vornamen, das Altertum, die Naturschauspiele (Zéphir oder Alizé) erschöpft hatten, wie auch die Namen der Leute in ihrer Heimat, einem Winkel der Bigorre oder des Poitou: Clarac oder Lemesle (da hatten sie ihren Nachbarn einen schönen Streich gespielt), ließen sie sich dazu herab, ihre Klienten zu befragen und gingen sogar so weit, heimische Namen einzutragen: von einer Besitzung oder einem Quartier. So gab es Familien namens Plaisance oder Capote oder Lazaret. Wenn die Frechheit allzu offensichtlich war, machten sie sich einen Spaß daraus, die Namen umzudrehen, sie zu verzerren, um sie ein wenig von den Vorbildern abzusetzen. Aus Senglis wurde so Glissant und aus Courbaril Barricou. Aus La Roche: Roché, Rachu, Réchon, Ruchot.

Auch traf es sich bei den beiden Beamten unglücklich, daß keiner von ihnen Chemiker oder Hochseefischer, Astrologe oder Botaniker war: Welch unerschöpfliche Reichtümer sie doch hätten ausbeuten können, welchen unendlichen Wortschatz; stattdessen mußten sie sich mit kläglich Zusammengesuchtem begnügen (Mars oder Réquine, Sapin oder Rétamé); sie bedauerten es und überlegten bisweilen, einige gelehrte Bücher zu holen, die ihnen neue Horizonte eröffnen sollten.

Der Nachmittag zog sich hin, niedergedrückt von einer Hitze, die in der Menge brütete und gegen die Fassaden um den Platz brodelte. Man hatte den Beamten erlesene Erfrischungen bringen lassen, doch sie zogen bald Karaffen mit Wasser und einem Schuß Tafia vor. Die strenge Zurückhaltung von Amtspersonen, die sie zunächst über das Getümmel erhoben hatte, legten sie ab und ließen ihrer Neigung zum Witz die Zügel schießen; sie bemerkten nicht einmal, daß sie damit zur allgemeinen Entfesselung beitrugen; daß die ehemaligen Sklaven diese offensichtliche Feindseligkeit dem kalten Maß zu Anfang der Einschreibung bei weitem vorzogen. Die Nacht brach über diesen Aufruhr herein, man brachte Lampen und Fackeln. Die Schatten betonten noch das Überborden der Szene. Alle schrien, die Kandidaten, die Amtsleute, die Eingeschriebenen.

„An 1848 werde ich noch lange denken", brüllte der zweite Beamte.

Die Hunde bellten von überall her, die Pferde der Gendarmen bäumten sich auf, der Rauch der Fackeln kreiste und erfüllte den Kopf mit noch mehr Trunkenheit.

„Das ist eine schöne Musik!"

„Schau an", stimmte der erste Beamte zu, „Familie Dorémi! ..." Sie kippten buchstäblich in die Groteske (zumindest dachten sie es). Am Ende jedoch reagierten sie nicht mehr; der erste Beamte schaute das schwarze Gesicht vor sich an, ohne es zu sehen, er hörte auf zu fühlen, zu denken, und bat nach einer Weile: „Wählen Sie einen Namen." Bald mußte er ächzen: „Wählen Sie *bitte* einen Namen!" Die unerschütterliche Flut, wild und unbehelligt von ihren Sticheleien, hatte sie besiegt. Dies wurde ihnen bewußt und verschärfte ihre Wut. Daher richteten sie sich von Zeit zu Zeit auf und ließen schwere Beschimpfungen auf diese Leute niedergehen, die vor ihnen aufgeschichtet waren wie ein Vorhang, der sie vom süßen Leben trennte.

„Ich habe genug, ich habe genug", murmelte der zweite Beamte.

„Familie Néassé", bellte sogleich der erste. „Ein Mann, eine Frau, sechs Kinder."

„Familie Néacé", nahm der zweite Beamte auf. „Zwei plus sechs."

Als es Nacht war, kamen die ehemaligen Freigelassenen aus ihren Hütten, die Mulatten aus ihren Häusern. Die einen wie die anderen kreisten gespreizt in der Masse, die sie letztendlich verschluckte. Die Freigelassenen versuchten schüchtern an der Heiterkeit teilzuhaben, aber sie waren nicht in der Lage, die kollektive Freude zu genießen, da sie ihre Freiheit lediglich einem persönlichen Verdienst verdankten, vielleicht der Zuneigung oder Dankbarkeit eines Herrn, einem besonderen, engen, abgeschiedenen Grund. Sie waren von der allgemeinen Aufwallung wie ausgeschlossen. So verhielten sie sich wie einer, der das schon kennt, das schon durchgemacht hat. Ihr Lachen war herablassend, ihr Lächeln gönnerhaft. Die Mulatten, zumindest die, welche sich herabließen (oder es wagten), auf die Straße zu gehen, gaben zu erkennen, daß ohne sie, ohne ihre Überzeugung, ihre Kämpfe ... Jetzt, nachdem die Angelegenheit gewonnen war, bot sie sich zur Erhöhung des eigenen Prestiges an. Man gruppierte sich um sie, hörte ihnen zu. Sie sprachen gut Französisch, o ja! da konnte man nichts sagen. „Er spinnt Französisch, der Monsieur Dachin!" Aber diese Foren im Kleinen wurden bald von der Welle mitgerissen. Die Mulatten zogen sich zurück, gereizt über die Undankbarkeit der Neger.

Denn da lag die Gefahr: daß diese Woge durch den Spalt der geöffneten Tür zu Tal stürzte. Daß die je nach Parodie oder Häme zufällig hingeworfenen Namen sich mit dem Staub der Erde bedeckten, mit der ehrwürdigen Patina der Zeit, bis sie die Benannten zu ungeahnten Ansprüchen trieben. Wer einen Na-

225

men trägt ist wie einer, der lesen lernt: Wenn er den Namen nicht vergißt, die wahre Geschichte seines Namens, und er das Lesen nicht wieder verlernt, steigt er auf. Er fängt an, eine Mutter, einen Vater, Kinder zu kennen: Er lernt, sie schützen zu wollen. Er verläßt das gähnende Loch der Tage und Nächte, er tritt ein in die Zeit, die für ihn eine Vergangenheit widerspiegelt, ihn in eine Zukunft drängt. Er konjugiert seine Verben, während dort bisher eine einzige, verschwommene Form für ihn alle möglichen Beugungen des Handelns oder Untätigseins umfaßt hatte. Die eingebungsreichsten Herren im Lande suchten (und fanden schon in der dünkelhaften Dummheit ihrer Mulatten) ein Mittel, um diese Gefahr abzuwenden. Aber andere, wie La Roche, sie waren freilich sehr in der Minderheit, trieben diese Überlegung bis ins Extrem. Ihnen war jedes Mittel recht, sofern es rückwärts führte; sie fälschten die Vergangenheit, *ihre Vergangenheit*, die von der Woge auf dem Platz hinweggefegt worden war, und hielten an ihr fest. Es war wie eine Priesterschaft, die sie verewigen mußten. Sie weigerten sich, weiter voranzugehen in der Regellosigkeit.

Denn der fast hundertjährige La Roche war nicht in der Stimmung, so viele Neuheiten abzusegnen. Daß die Reformen notwendig waren, auch aus der Sicht seines eigenen Interesses, das entging ihm nicht; mit seinem wachen Geist sah er in der Zukunft (denn er beabsichtigte keineswegs, auf das Dasein zu verzichten) die gefangene Masse, die er nicht einmal mehr würde ernähren müssen. In dieser Hinsicht der Beziehung war die Angelegenheit vielleicht nicht einmal so schlecht: Sklaven zu kommandieren oder aber freie Menschen zu zwingen, bei Senglis, wo war da der Unterschied? Der alte Schuft kaute seine Argumente durch; er fand bald noch andere, die ebenso schlagend waren. Nämlich die Unbequemlichkeit, daß man fortan Paraden erfinden, Pläne abstimmen, Gewissen kaufen müßte,

226

(gewiß, sie waren wohlfeil). Der Zwang, sich von einer absolu-
ten Welt zu lösen, um in die Unsicherheit der Absprachen
einzutreten. Die Schande, nicht mehr in Erscheinung zu treten,
die Fäden im Dunkeln zu ziehen. So viele voraussehbare
Einschränkungen stießen den alten Pflanzer ab. Die Jungen
paßten sich an, eine so schwere Anstrengung konnte man von
ihm nicht mehr verlangen. Auch war ein Wert seiner Welt fortan
in Gefahr: die Fügsamkeit, die strenge, unbedingte Fügsamkeit,
aus der diese Welt bestand. Ihm würden die Untergebenen
fehlen, doch darunter verstand er nicht solche, die dem Fingerzeig
oder Augenwink gehorchten, nein, sondern die darauf *warteten*,
gehorchen zu dürfen. Doch was sah er allenthalben? Eine
gewisse Vorliebe für den Protest, den Streit; das wollte natürlich
niemand zugeben, aber sie schwamm im naiven Brodeln dieser
Abolition mit. Eine Neigung zum Aufruhr und zum Gekreisch.
Und warum sollte er es nicht eingestehen, er fürchtete auch, daß
die aus ihren Wäldern herabgestiegenen Marrons zu diesem
Most ihr Ferment des Kampfs und Widerstands hinzufügen
könnten. Vor allem aber bedauerte er, daß dieser Widerstand
bald in alltäglichem Gekeife untergehen würde. Ach! Vielleicht
erlag er der Versuchung, dem großen schweigenden Trotz
nachzuweinen, den er auf der Seite der Hügel eingeatmet hatte?
Und jetzt würde das alles so schrecklich banal werden auf den
Feldern, um ein paar Sous würde man feilschen müssen. Waren
diese Leute denn nicht in der Lage, einfach auf die Welt zu
kommen und zu sterben, ohne Geschichten zu machen? Oder
wenigstens eine majestätische Feuersbrunst zu schüren, zur
Aufhellung seiner alten Tage? Nein. Er würde die Erniedrigung
erfahren, einen elenden Pöbel von Unwissenden und Unfertigen
zu bekämpfen und zu bezwingen. Wären diese Marrons nicht
besser in ihren Wäldern geblieben? Statt zu kommen und in der
Ebene ihre hochfahrende Abneigung zuerst auszustreuen und

227

bald ganz zu vergeuden? Statt mit ihrer Kraft zur starrsinnigen Bosheit der sich ankündigenden Kämpfe beizutragen? Seine Arbeit, oder vielmehr, seine Mission, war offensichtlich: *neue Marrons entstehen zu lassen*, und im übrigen jene, *die jetzt Feldarbeiter genannt wurden, einzusperren, zu isolieren*. Ach! Er sah in der Zukunft (die er noch lange beherrschen würde) die einzige positive Erbschaft, die er seinem Urgroßneffen überlassen würde: die systematische Umzingelung, in der die Ebene erstickt werden sollte. Daß jene, die wieder entkamen, nie Gelegenheit hätten, zurückzukehren, um ihren hinterhältigen Wagemut zu predigen! Was die Marrons betraf, so würde er zu seinem eigenen Vergnügen eine neue Generation schaffen. Ja, seine Enkel würden darüber nichts erfahren. Es war *seine Vergangenheit* (seine eigene, sie gehörte ihm allein, ihm, wie er neben seiner Reiterin stand), in seiner Allgewalt würde er sie verewigen! – Der mürrische Alte plante seine Herausforderung. Er allein hatte Macht. Er würde sich von niemand eine solche Einmischung gefallen, sich eine gescheiterte Existenz aufzwingen lassen, wo er doch keinen einzigen Verstoß gegen seine Auffassung von Gesetz und Ehre begangen hatte? Wo war der Fehler; wo der Irrtum? ...

Die Frage : *Warum stirbt La Roche auf einem Sklavenschiff?* blieb also unvollständig. In ihrer Abgeschlossenheit bezog sie die Dimension des Wahnsinns, oder jedenfalls der Unvernunft, in der sich der alte Schuft fortan bewegte, nicht ein. Es war, als würde er zu einem Ende hingetrieben, das seinem Leben endgültig das Leuchten eines glänzenden Abgangs verlieh. Der Frage mußte etwas hinzugefügt werden; genauso, wie man La Roche im logischen und stolzen Zusammenhang seines Lebens sehen mußte, aber auch in der Trunkenheit und Zersplitterung seiner letzten Zeit. Man mußte die schattenhafte Frage um ein Wort der Schatten ergänzen. Mußte dem hochmütigen Pflanzer von dem Moment an folgen, als er am Bett von Senglis im Todeskampf vielleicht zum ersten Mal in seinem Männerleben hemmungslos Tränen vergossen hatte, bis zu jenem Abend, als er sich sorgfältig vorbereitete (wie für eine Zeremonie), um sich dann an den Rand der Klippe tragen zu lassen. Zwischen diesen beiden Momenten blitzte das einförmige Flimmern einer gleichen *Abwesenheit:* La Roche, als sei er anderswo hin getragen worden, auf der Suche *nach einem Grund, den ihm keiner enthüllen würde.* Ihm von da an folgen, von dieser Klippe, denn es gab einige wenige Ereignisse, die auf die Frage antworteten, und sie zugleich veränderten oder eher noch, ergänzten.

Der alte Schuft, schon wacklig auf den Beinen, spielte in jener Nacht also den Verschwörer. Nur wenige Tage nach den lieblosen Feierlichkeiten zur Sklavenbefreiung machte er sich daran, die neue Ordnung zu provozieren. *Der Alte erwartete eine geheime Ladung Afrikaner!* Er trampelte vor Vergnügen, als er auf der Höhe der Klippe eine Lampe schwenkte, worauf ihm ein Signal von hoher See antwortete. Eine Barke kam heran, man hätte fast sagen können, „alle Feuer gelöscht". La Roche stieg frohgemut ein. Er mühte sich, zu schweigen, spielte seine Rolle des Schmugglers übertrieben echt. Sie legten am Schiff an, es lag nicht auf hoher See, sondern verborgen in einer kleinen Bucht: Die Barke hatte einen großen Umweg aufs Meer hinaus gemacht, um eine mögliche Überwachung zu täuschen. Sie stützten La Roche, er hätte die Strickleiter nicht allein erklimmen können, aber er *sprang* dennoch *an Deck.*

„Ohe, Meister Lapointe", rief er.

Der Schiffskommandant schrak zusammen; er konnte sich nicht an das Benehmen des Pflanzers gewöhnen, der ihm nie seinen Kapitänstitel hatte gönnen wollen, unter dem Vorwand, er habe ihn als Meister Lapointe kennengelernt und dieser Name erinnere ihn außerdem an irgendeinen dieser Marron-Neger.

Schaut an: Die *Rose*, ja sie, hatte ihren Anker in dieser entlegenen Bucht geworfen, um ihre Ladung dort heimlich zu löschen! Der Kapitän Lapointe hatte Kapitän Duchêne ersetzt, er war glücklich an einem Schlagfluß gestorben, als er gerade seinen Arm hob, um einen Schoppen Tafia hinunterzustürzen. Die Reeder hatten Lapointe Vertrauen geschenkt, und er hatte sich auch wirklich als Herr der Lage erwiesen, in der letzten Zeit, wo der Sklavenhandel so gefährlich kompliziert geworden war. Lapointe war streitbar, hartnäckig und streng; er hing am Nächstliegenden, am präzisen Manöver des Augenblicks, und belastete sich nicht mit Überlegungen über die Zukunft. Er hatte sich mit den Strukturen und Organen dieses Handels vertraut gemacht, hatte dabei allmählich die Prahlereien des Kommandanten Duchêne aufgedeckt (der war damals sehr viel stärker von seinen Auftraggebern abhängig gewesen, als er zugab), wie auch die Erfordernisse der großen Sklavenschiffe: Letztere verlangten eine so hohe Rendite, daß jeder Kapitän sich wie eine Geisel vorkommen mußte, eingezwängt, so dachte Lapointe, zwischen den Risiken des Wettbewerbs und den strengen Vorgaben aus La Rochelle oder Bordeaux. Das System war so schwierig geworden, daß man bei den Colons ein Interesse wecken mußte, damit sie am anderen Ende der Kette halfen. Der unermüdliche La Roche hatte also auch diese Saite in seinen Bogen gespannt. Für diese Reise, wahrscheinlich der letzten für die alte, zusammengeflickte, kurzatmige *Rose-Marie*, hatte der Alte gar einen speziellen Empfang erfinden müssen, mit der stillschweigenden Zustimmung der Colons, sie konnten es sich nicht leisten, ihm das zu versagen. La Roche hatte sie davon überzeugt, daß sie zu diesem Empfang verpflichtet waren, daß die acht Monate zuvor eingegangenen Zahlungsverpflichtungen für diese Reise gedeckt werden mußten, daß es eine Möglichkeit gab, die erworbenen Köpfe in der Umgebung der Distillerien zu verbergen, und, wenn sie einmal angesiedelt wären, wäre es einfach, ihre Ankunft vorzudatieren oder sie einfach zu unterschlagen, im übrigen seien für diesen Transport lächerlich niedrige Preise vereinbart worden. Die Panik und die Ratlosigkeit unter ihnen waren so groß, daß er eine ganze Reihe von den guten Gründen für diesen Wahnsinn hatte überzeugen können, nun blieb ihm die Aufgabe, die Angelegenheit tatsächlich durchzuführen.

Der Kommandant trat vor den alten Herrn und seine Gefolgschaft (zwei zu Tode erschrockene schwarze Diener) in Begleitung seines Zweiten, in welchem man den ehemaligen Schlagmeister erkennen konnte, der in der Psychologie der Afrikaner so bewandert gewesen war. Die *Rose-Marie* war ein Schiff mit Tradition.

„Tatsächlich, Meister Lapointe, da haben Sie eine schöne Ladung! Ich hoffe, Sie werden mir den Besten reservieren?"

Der Greis, kurzatmig und überbordend zugleich, schritt übers Deck, sprudelnd vor lauten Ausbrüchen, die er sofort unterdrückte, worauf er den Finger auf den Mund legte und durchdringende, lange „Pssst" zischte. Die zwei oder drei absolut notwendigen Blendlaternen trugen zur verschwörerischen Stimmung bei. Die Nacht war mondlos, die Klippen der Küste an dieser Stelle warfen einen gleichmäßig tiefen Schatten. Man hörte die Kröten und Zikaden oben auf den Klippen ihren ununterbrochenen Gesang weben.

La Roche verließ jählings die Gruppe um Lapointe und ging auf die Masse zu, die man von der Brücke aus kaum ahnte. Im Vorübergehen hatte er sich eine der Laternen gegriffen. Die Seeleute sahen das Schwanken des gelben Flecks in der Nacht, wie der Alte die Laterne vor die Brust oder die Gesichter hielt. Es erinnerte an den stillen Flug eines Leuchtkäfers auf einem Feld mit schwarzem Fleisch. Der Flecken Licht entfernte sich elegant, begleitet von einem zufriedenen Schnurren seines Trägers. Plötzlich verschwand er, ohne daß man einen einzigen Laut gehört hätte. Oder vielmehr, nachdem er so verloschen war, verschluckt in der Masse der Finsternis, vernahm man unter dieser Masse einen hellen Ruf, wie ein Freudengelächter; dann diesen Schrei, den keiner der Überlebenden später erinnern, das heißt, verstehen würde. Der ehemalige Schlagmeister war beunruhigt schon vorausgegangen; der Kapitän Meister Lapointe schrie: „Bloß keine Feuerwaffen!".

Der Zweite der *Rose-Marie* war also sofort zur Stelle: In dieser vollkommenen Nacht sah ihn keiner unter der Magma verschwinden. Die Matrosen sprangen hinzu mit ihren Säbeln und Hacken und räumten schnell auf. Die Schlacht breitete sich aus, keiner dachte daran, die alte *Rose* zu verlassen; bis man zwei große Schläge hörte, die ins Wasser niedergingen, gefolgt von der unendlichen Vervielfältigung der Tropfen, die ins Meer zurückfielen. Die Diener von La Roche zogen es vor, das wütende Getümmel zu verlassen und wieder festen Boden zu gewinnen. Dies erzeugte eine einzige Bewegung in der Ladung, sie gab ihren Schwung auf die Reling ab. Trotz ihrer Eisen und Stricke stürzten sie sich alle hinunter, in der Hoffnung, die so nahe Küste zu erreichen. Die Matrosen wollten sich ihrem Versuch entgegenstellen, aber Kapitän Lapointe schrie nochmals: „Laßt sie, laßt sie fort!" Das Geschrei verlosch, jeder sammelte alle Kräfte, um den Baluster zu übersteigen, verzweifelt das Wasser zu rühren auf den fünf oder sechs Metern zwischen dem Schiff und dem Fuß der Klippen. So fiel der Regen schwarzer Leiber.

„Zum Teufel mit ihnen allen!", schrie Lapointe.

Er sagte nicht, daß er in Wirklichkeit nicht gewußt hätte, was er mit seiner Ware anfangen sollte, jetzt, nachdem La Roche tot war. Er hatte auch noch dessen Leiche am Hals, bei all dem

Getöse, das sie in der Nacht veranstaltet hatten, war es am besten, schnellstmöglich das Feld zu räumen. Die Republik scherzte nicht bei Übertretungen ihrer Gesetze. Lapointe ließ der Bewegung auch noch nachhelfen: Die Matrosen ergriffen jene unter den Negern, die sich an Deck zusammengekauert und die Schläge nicht erwidert hatten. Sie warfen sie ins Wasser, ohne ihnen vorher die Eisen abzunehmen. Eine große Zahl erreichte schon das Ufer und verteilte sich auf dem Ocker der steilen Felsen wie eine Schicht Dicksirup auf einem rostigen und verbeulten Blech, andere halfen sich gegenseitig im Wasser, einige gingen lotrecht unter.

Lapointe befahl, den Anker zu lichten und diesen traurigen Ort zu verlassen. Er ließ La Roches Kleidung wieder herrichten und eine Barke wurde losgemacht, die diesen in geringer Entfernung von der kleinen Bucht auf einigen Felsen absetzen sollte. Die Leiche in ihrem weißen Anzug leuchtete schwach, während die Barke die Bordwand wieder erreichte und das Schiff darauf die hohe See ansteuerte. Der Zweite hingegen wurde in ein Laken gewickelt und, mit Sklavenkugeln beschwert, ins Meer geworfen, dazu zwei weitere Matrosen, die Opfer der Schlägerei geworden waren, ohne jegliche Zeremonie.

So endete die letzte Schlacht: Schwerfällig und verklebt im Durcheinander der Finsternis. La Roche einsam auf seinem Totenbett, die Augen zu den harten Sternen dort oben verdreht, unweit davon die Flut der Deportierten, schon auf der Suche nach Steinen, um ihre Eisen zu brechen, während die *Rose-Marie* auf die hohe See entschwand. Mit ihr entfernte sich das letzte Schiff des Sklavenhandels von der Küste, gealtert, zerbeult, unsicher; sie hatte den alten Schuft auf seiner Felsenstele zurückgelassen, hatte ihm eine Truppe vorbildlicher Marrons zugestanden, solche, die niemals auf dem Markt ausgestellt würden, die niemals dem Gepolter eines langsam durch den Morast fahrenden Wagens folgen würden. Der alte Colon wurde bei seiner letzten Parade also gut bewacht: Er konnte schlafen in der Nachthitze, umgeben vom friedlichen Filzwerk der Klippen, begleitet vom Getöse der Schlacht; er konnte schlafen, er hatte die Welt der Gegensätze, die er für sich gewünscht hatte, bis ans Ende kennengelernt, ohne trunken zu werden oder sich anzupassen. Und in seinem Katafalk aus Felsen errichtete er schon den undurchdringlichen Burgwall, hinter dem seine Nachkommen, geschwächt von so viel Starrsinn und harter Einsamkeit, sich für immer einmauern würden. Denn er war hergekommen, um abseits des Landes zu sterben, das er beherrscht hatte, nicht auf dem Mutterboden, nicht auf dem fetten Lehm, nicht einmal auf dem heißen Sand, sondern in der Höhlung eines Felsens, den seine tote Hand noch zu umgreifen schien. Von der Erde zurückgeworfen auf diesen unfruchtbaren Vorsprung, wo der Gischt der Wellen ihn nicht ein einziges Mal erreichen würde. In Erwartung, daß im zufälligen Lauf der Tage ein Einwohner ihn entdecken und erschrocken wegrennen würde, um die Gendarmen zu benachrichtigen. Dann würde man ihn, schon halb skelettiert und von schwarzen Maden wimmelnd, in das riesige Mausoleum legen, das man auf der Höhe von *L'Acajou* für ihn errichtet hatte.

Und auf dem letzten Schiff des Sklavenhandels, das sich vom Ufer entfernte, wie ein steifer alter Mann nach einem letzten Aufflackern seine Jugendzeiten verläßt, ja selbst die Erinnerung daran, sann Lapointe düsterer denn je über sein Geschick nach. Soweit er überhaupt seinen Träumen nachgab, hatte er von makellosen Manövern geträumt, von majestätischem Einlaufen in den Hafen, von ordentlicher Buchführung, von beträchtlichen Einnahmen (sie bestanden nicht nur in dem Profit, den sie brachten, sondern auch im Wert, den sie darstellten) und schließlich von einem Rückzug in eine alte, einsame Heide; – er schaute hin zur Masse der Nacht, die sich dort hinten abflachte, und grinste über sein eigenes Pech, er überzeugte sich selbst, daß der ersehnte Kapitänsrang, den ihm der alte Affe mit seiner bösartigen Arroganz bis ans Ende verweigert hatte, ihm nur Verdruß bereitet hätte. Denn jetzt würde er, nach Jahren offenkundigen Dienens, sich für eine Ladung verantworten müssen, *die schon im sicheren Port angelangt war.* Weder die englischen Fregatten noch die Schiffe der Republik hatten ihn gezwungen, sie über Bord zu werfen, und er hatte sie dennoch verloren, wo? – nicht einmal im Meer, sondern an Land, jenem Land, zu dem er sie hatte transportieren sollen. Die Reeder der *Rose-Marie* würden skeptisch werden, Verrat wittern, sie würden den geheimen Bericht zerpflücken, in welchem er die Angelegenheit darzustellen hatte, und seine Abfassung würde ihm bestimmt große Mühe kosten. Wenn er überhaupt so weit kommen würde. Denn er war auch verantwortlich für die Besatzung, die bis in zwei Tagen ihre Heuer verlangen und ganz ohne Zweifel meutern würde. Wo sollte er das Geld hernehmen, Gottverdammich? Überdies würde die *Rose-Marie* selbst nirgendwo mehr unbehelligt bleiben. Das letzte Schiff des Sklavenhandels war zum Geisterschiff herabgesunken, ohne Lebensmittel oder frisches Wasser vor englischem und französischem Gebiet, wo es nicht anlegen durfte.

Die Frage: *Warum stirbt La Roche auf einem Sklavenschiff?* war also unvollständig. Sie umfaßte nicht den Wahn des alten Herrn, seine Verweigerung jeglicher Bürgschaft für die Handlungen seiner Nachkommen und deren mögliche Profite, seinen Willen, an dem toten Punkt zu verharren, wo die Amazone ihn verlassen hatte, nachdem sie ihm selbst diesen Platz zuwies. Die so ergänzte Frage wurde zu: *Warum stirbt La Roche auf einem geheimen Sklavenschiff?* Ohne das Beiwort „geheim" verlor sie ihren Sinn und es bestand kein Grund mehr, sie überhaupt zu stellen. Als jene beiden Beamten sich auf ihre Stühle niedergelassen hatten, unfähig, ihre Register zu schließen, niedergerungen von der erstickenden Anstrengung und noch mehr von der erschreckenden Gleichgültigkeit dieser Woge, die ihnen gegenübergetreten war, war der alte Herr von einst am brennenden Tag gestorben; – er ging seinen langen Weg nun weiter in der Nacht ohne Anhaltspunkte, auf einem alleinstehenden Felsen. Ja, seit jenem Moment stellte er in seinem Leben die *Rose-Marie* dar, fliehend auf dem einförmigen Meer. Von ihnen blieb schon nichts mehr (von dem Mann und dem Schiff, die durch das gleiche Zeichen geeint waren), als die undeutliche Regung der Nacht am Rande der Küste; dort, wo jene, die den fünf Metern Wasser entkommen waren, sich zu dem eintönigen Gesang hochschleppten, der auf dem Kamm der Klippe gewoben wurde ...

„Weil du, Meister Mathieu, diese Sonne auf deinem Kopf siehst. Aber wie lange Zeit hast du sie nicht gesehen? Ja, wie lange? ..."

Doch Mathieus allzu lebhafte Gedanken liefen ihm überallhin voraus; er stieß sich an der Anhäufung der Leben und der Tode, ihm fehlte die Zeit, sie zu ordnen. Er drehte sich und drehte sich in diesem Zirkus der Hitze. Und dann, plötzlich angehalten, wandte er sich um und tänzelte in der Manege seines Kopfes. Die Trockenzeit trug ihn fort, hoch über die Hitze hinweg.

Das große Feuer barst auf der Höhe und über der Ebene. Die von der Hitze ausgefransten Bambusstangen, die versengten Farne eröffneten dunstige Löcher nach Unten. Als der Wind zum Himmel aufgestiegen war, wo er in der reglosen, wolkenlosen Ödnis schmolz, hatte das Dach der Hütte kaum gebebt. Das Stroh war durch die Glut enger zusammengeklebt als durch die Massage eines Regenschauers und bot dem Wind nur noch die zusammengeballte Dichte seines Skeletts. Das Rot und die

Grüntöne der Ebene, die reichen Ockerfärbungen der Lehme hatten sich mit einer gelblichen Schicht überzogen, die ihr Leuchten abstufte. Wirklich, die unerbittliche Dürre überfiel die Erde.

„Aber du kennst das Heute nicht, Papa! Was vergangen ist, ist vergangen, sag mir also, was dort unten noch bleibt? Ja, sag es mir! Nach all der Zeit, in der du nicht einmal bis zur Teerstraße gekommen bist, siehst du überhaupt die Plackerei dort unten? Höre, ich werde nachher dort hinuntergehen. Ich schaue in den hellichten Tag. Was ist schon die Nacht, ich warte die Nacht nicht ab. Ich bin kein Hasenfuß (wenn ich Angst habe, dann habe ich eben Angst), ich sehe am hellichten Tag, mit meinen Augen von heute! Man muß hinuntergehen, Papa, unbedingt!"

„Ja ja", sagte der Greis, „geht hinunter, die Zeit ist gekommen."

„Aber warum du nicht, der Älteste hier oben? Werdet ihr nie genug haben vom ewigen Zählen eurer Blätter? Schau mal, ich sage dir, es gibt Fährten, weißt du, die Register. Das Wissen."

„Aber alles, was ich lesen kann", sagte der Alte, „ist der weite Himmel und die Nacht, die in ihm schläft. Ihr, geht ihr hinunter, geht nur hinunter, die Zeit ist gekommen!"

Da stand Mathieu fiebernd auf, ging mit großen Schritten auf den hinabführenden Pfad, er sagte Papa Longoué nicht einmal auf Wiedersehen, er eilte zur Teerstraße, beschloß, die vorüberziehenden Gesichter, Gesten und Worte zu vergessen, die ganze Pflanzung von Männern und Frauen, jeder mit seinem eigenen Laub, jeder auf seine Art in den Himmel gereckt. Denn was für Mathieu blieb, was in seinem Kopf pochte, was quälend schmerzte in dieser Hälfte des Hirns, der er seit so langer Zeit hinterherrannte (obwohl er unter diesem quälenden Schmerz litt), war es nicht diese Biegung des Wegs, kurz bevor man im Zuckerrohr herauskam, dort, wo die beiden Zitronenstämme im Viereck einiger gelbroter Pimentsträucher einen grünen, schat-

237

tigen Frieden abrundeten? War es nicht dieses Morastloch vor den Zitronen, gefüllt mit einem harten, verletzenden Staub, wenn er zuerst mit dem einen und dann dem anderen Fuß hineintrat, meinte er, er falle von einer Klippe? War dies nicht, nach der Biegung, an der er in jedem Fall anhielt, als klebte er mit den Fersen an ihr, die stumme Klarheit der Felder, man konnte meinen, sie wären verlassen, aber man meinte auch, die von Béluse weggeworfenen Fesseln hätten hier Wurzeln geschlagen und sich vermehrt, um dich noch heftiger festzuhalten? Diese abgestorbene Feinheit, dies kauende Schweigen, der Glanz der in ihrem Feuer langgezogenen Blätter, war das nicht das wahre Gesicht, die einzige Geste, das Wort? Wer würde all das enthüllen, was ein einziges Feld an sachte vergrabenem Nichts unter seinem Boden verborgen hatte, wieviele Stimmen es erstickt hatte, rauh von Tafia und dem Tam-tam des letzten Glases, bis endlich ein einziger vor dem Feld zu Boden stürzte und ihm wissend sagte: „Du bist das Wahre?“ Und Mathieu, der das nicht konnte, wollte daher weit fort gehen von Papa Longoué, ihn aus der Führung entlassen, den Faden abschneiden und diesen unmöglichen Greis vorausgehen lassen, während die anderen, die durch die Nacht mit dem Quimboiseur verbunden blieben, kunterbunt in das Wasserloch zurückfielen. Denn die Erde, die da vor ihm, Mathieu, dampfte – *Ist sie nicht immer das, was bleibt?* „Denn eines Tages werden sie die Bewohner einmal aufwerfen und umwälzen müssen, damit sie ihren Gewinn abgibt für all die Jahre, die sie sich hat betrügen lassen. Saint-Yves hat recht gehabt! Wenn er die Samen in dem Beutel versteckte, den er um den Hals trug, versuchte er sie schon gnädig zu stimmen; denn eines Tages wird sie bestimmt aufhören müssen mit den Lügen, damit die, welche sie bearbeiten, fern von jeder Art Lautsprecher für ihre endlose Verdammnis, endlich die Lichtung in den Wäldern finden, den hinabführenden Weg und die drei Zitronenstämme. Denn sie ist die Rolle und der Schauspieler, alles, was sonst gelitten und geleistet wird, geschieht nur durch sie, weil sie da ist und einen gerade noch soweit aufrechthält, daß man nicht stirbt?" So wurde Mathieu hin zu einem heißen, abstrakten und doch brennenden Gedanken getragen, dieser legte sich vielleicht gerade (um ihn zu erwarten) auf das letzte Blatt des letzten Halms auf dem letzten Zuckerrohrfeld, drei, nein eher vier Kilometer weiter, in einer halben Stunde wäre er dort, – und er verdrängte die Prozession der Gesichter, der ausgesprochenen Begierden, der gewinnbringenden Tode, die im Gefolge des Quimboiseurs aufgetaucht waren. Er radierte Papa Longoué aus. Er wollte allein sein mit der Befreiung, die in ihm erblühte, „ich sage dir, sie werden sie schließlich bebauen, sie wirklich kultivieren, und sich nicht sinnlos auf der ganzen Länge ihres Leibes abrackern", und sich im schweren Licht eines einzigen, großen Gedankens drehen, und in der Trunkenheit seiner heißen Erde wirbeln, schwindlig werden. So sehr, daß er einen Mann ansprach (ein einziger Mann auf der Straße, er schien eine Bugwelle in den Dunst der Hitze zu zeichnen), ganz grau, Haut, Lumpen, Beine, der spitze Bakoua-Hut grau, vermengt mit der Saat der Erde. „Wem gehört das denn? Wem gehört das alles?" Und der Mann vom Land lächelte und sagte: „Schön guten Tag. Es gehört Monsieur Larroche. Alles, es gehört Monsieur Larroche."

„Ach natürlich, Monsieur Larroche, selbstverständlich."

Der ernüchterte Mathieu, seines schönen Gedankens beraubt, herabgezogen aus seinem Traum von der flammenden Erde, näherte sich dem Blatt, das er von weitem fixiert hatte, voller Ungeduld, es zu pflücken (während der Mann weiterging auf seinem Weg und sich manchmal nach dem jungen Mann aus der Stadt umwandte, der sich hierher verirrt hatte), und natürlich lag auf dem Blatt weder ein Gedanke noch eine Antwort, es war ein

Zuckerrohrblatt, das zwei gelbe Streifen an den Rändern trug, scharf und brüchig, Mathieu drehte es zwischen den Fingern, das Blatt sagte kein Wort vom großen Geheimnis der Gemeinschaft.

Er hörte Papa Longoué lachen. Er dachte: „Auf jeden Fall macht es mir nichts aus, wer den Kampf gewonnen hat"; doch da war er wieder in einem riesengroßen Fäßchen, rollte endlos auf der Straße, jenseits des wie eine Stichflamme leuchtenden Spundlochs vor ihm, erschien ein grimassenschneidender Papa Longoué, „du kannst es nicht, sage ich dir, du kannst nichts, wenn du nicht zurückgehst zur Quelle."

„Aber", dachte Mathieu, „wenigstens bleibe ich bei Stéfanise stehen!" Er lachte in sich hinein.

Stéfanise die Große : Sie hob das Fäßchen in der Hütte hoch, verrückte ohne Grund die geschnitzte Rinde, ging hinaus auf den Vorplatz, mit ihrem endlosen Leib wie ein männlicher Papayastamm, und dachte: „Also gut, ich muß nach dem Yams schauen." (*Denn nicht nur die Verwalter hatten es heraus, sich bekochen zu lassen und alles andere, nicht wahr? Es gab immer eine Frau, die dich bediente, oder nicht? Sie ist neben dir eingepflanzt, während du den wichtigen Mann markierst, vor deinem* coui *mit Stockfisch und Brotfrucht, und erklärst, daß die Arbeit nie aufhört? Oder?*) Und sie ging, um im Vorübergehen ein Wörtchen mit Melchior zu wechseln, in dem Verschlag, den er sich ganz in der Nähe gebaut hatte, um sie nicht zu stören. Melchior sagte: „Es ist ein Jammer. Deinem Vater ging es doch so gut." Und sie antwortete zum tausendsten Male: „Ja, es ist einfach ein Jammer." Beiden war es bewußt, daß der andere nicht übertrieb und daß die Worte nur da waren, um den Kontakt herzustellen.

Mathieu, allein auf der Straße, lachte. Im blendenden Licht des Spundlochs vor ihm klaute Stéfanise Apostrophes Hacke oder sein Buschmesser oder die Kiste, auf der er saß, wenn er Ratsuchende empfing. Und wenn der träge Apostrophe vage nach dem Gegenstand verlangte, tat sie, als suchte sie ihn und murmelte: „Also wirklich, also wirklich"; bis sie triumphierend zurückkam: „Er war hinter den Siedekessel gefallen!" Und ab und zu schrie sie mit ihrer Posaunenstimme, die in Modulationen aufstieg und einschmeichelnd bettelte:

„Postrofe, mein Mann, sag mir vielen Dank?"

TROCKENZEIT IN LA TOUFFAILLE

11. Kapitel

I

Ich sage dir,

er kehrte nach *La Touffaille* zurück, wo sie alle auf ihn warteten, die Mutter gesammelt, die Söhne grundlos schreiend, die
Töchter aufgelöst in ihrem Warten, nur die Älteste nicht, sie war
mager wie ein Draht und stand verstockt neben der Mutter, alle
sahen, wie er vom Maultier abstieg und das Tier in den Pferch
führte, endlich ins Zimmer trat, aus dem sie sich nicht gerührt
hatten; doch die Art, wie er an ihnen vorüber zum Pferch
gegangen war, ohne einen Blick durch die Zimmertür zu werfen, hatte ihnen schon gezeigt, daß die Dinge nicht zum Besten
standen – und ich sage dir, in diesem Moment war er bereits am
Ende, gab er zum ersten Mal auf; und seine ganze Steifheit, als er
eintrat, sollte es verbergen: Denn wenn er gezeigt hätte, daß er
nicht mehr hoffte, wäre alles zu Ende gewesen, hätte er eine
zehnfach größere Energie aufwenden müssen, um nur das
Gejammer zu beenden oder die Trübsal zu vertreiben.

Die drei Söhne quälte die eine, gleiche Sorge so sehr, daß sie
wie ein Mann in drei Ausgaben wirkten, obwohl doch der eine
gedrungen und in sich gekehrt war, der zweite ganz in die Länge
gezogen und der dritte engelhaft, fast rosig unter seiner schwarzen
Haut. Sie schauten ihn heimlich an, nachdem sich ihre Erregung
und ihr Geschrei ohne Übergang in ein eher ängstliches
Schweigen verwandelt hatte, während die Mädchen (außer der
Ältesten) überstürzt eine Reihe von Fragen stellten. Aber er
setzte sich, ohne ein Wort zu sprechen, und sie blieben alle um
ihn herum stehen, wie abwesend.

Sie hörten manchmal, wie ein Mango auf das Blechdach fiel, und wie das Maultier im Pferch laut schnaubte. Die Geräusche der Nacht also, nur wahrnehmbar während der Nacht, doch zu jener Stunde waren sie empfänglich dafür, als wäre die Nacht, die sie so schweigsam machte, schon gekommen. Sie hörten die Fallgeräusche auf das Dach und das Scheuern am Pferch, obwohl sie sich daran gewöhnt hatten, es nicht zu hören – außer in der Betäubung der Nacht, bevor die Müdigkeit sie völlig niederstreckte; jetzt hörten sie es, weil sie offen waren, schutzlos gegen die gähnende Leere des Nachmittags. Und er, der Vater, sprach immer noch nicht. Von der Stelle aus, wo er saß, sah er das Stückchen Land, verstopft mit Brennesseln, das hinter dem Haus bis zum Mangobaum anstieg, die paar Meter gestampften Lehms, die wie ein aufgewühlter Grat die Wucht des kleinen Zuckerrohrfelds schmückten. Er konnte gerade noch bis zur grünen Krempe des Zuckerrohrs auf der Kuppe sehen und stellte sich den Hang selbst vor, geeint und friedlich. Zur Linken ging der Pfad weiter, wie von den Wäldern erdrückt, übersät mit Felsbrocken und fetten Pfützen; zur Rechten fiel er steil ab bis zu der Kreuzung mit den Tintenkirschen und weiter bis zum Fluß, dieser rundete sich hier zu einem Teich, in dem die Kinder beim Bürsten der Maultiere badeten. Er, der Vater, hatte sich also gesetzt; als ob das Hinsetzen und Erstarren im Schweigen die ganze Anstrengung zusammenfaßte, deren er fähig war. Doch der Tumult überfiel ihn: *La Touffaille* stürzte durch die Tür, und das in Plan und Geographie gut gezeichnete Land, mit ihm seine ganze Einrichtung an Kräutern, die Windungen der Äste, die Dichte der Fruchtstände, das Dunkel unter den Kakaosträuchern, die Krausen vom Yams, die Stricke der Pataten, alldas nahm in seinem Kopf reißaus. Er war nur noch eine Stimme, das Bemühen, der Schmerz einer Stimme, die sich durch den Einsturz von *La Touffaille* einen Weg bahnen wollte; und ebenso hörte er als

246

Widerhall nur eine einzige, eintönige Stimme, obwohl er wußte, daß acht Stimmen ihm antworteten, sieben, wenn man bedachte, daß die Mutter nie ihren Mund aufmachte, oder eher noch sechs, denn Edmée, die Älteste, sprach auch nicht viel mehr.

„Senglis hat gesagt, es gibt kein Guano."

„Aber das Schiff war doch neulich da, gerade vor zehn Tagen!"

„Er hat gesagt, dieses Schiff sei nicht das Guano-Schiff gewesen."

„Das heißt, daß es jetzt gleich kommt!"

„Er hat gesagt, daß das Schiff nicht so bald kommen wird."

„Dann gibt es also nicht einen einzigen Sack, nicht einen!"

„Er hat gesagt, daß wir dieses Jahr ohne Guano auskommen müssen."

Dann Schweigen; *sie mager wie ein Fädchen immer noch verstockt neben der Mutter sie wartet mein Lieber ich weiß nicht worauf sie wartet ihre Augen als wären sie blind ihr Mund wie mit einem Vorhängeschloß, ach, so war sie;* als einzige lebendig, dunkel, unverständlich unter diesen Targin, deren Geschichte, deren erlittenes Leben, nur mehr ein vertrocknetes Pochen der Erde war; sie allein, Edmée, stand inmitten der anderen, alle Targin, aber doch nur entweder „der Vater" oder „die Mutter", die „Söhne" oder die „Töchter"; unbestimmt. Skizzierte Schatten, mit der Erde vermengt.

„Er hat gesagt, daß er nur zwölf Karren nimmt, die Geschäfte gehen nicht gut, er kauft nicht mehr als zwölf, und er gibt das Geld nicht im voraus."

Dann Schweigen; und die Mutter, ferner als die Verzweiflung, ging die Tage zurück, klammerte sich an die einfachen Momente, die selbstverständlichen Gesten des Daseins (um nicht auf ihrem Kopf den nahenden Tod zu spüren): die drei Jungen und die drei Mädchen, unter der unerbittlichen Führung der Ältesten, wie sie sich mit Wasser besprengten, schaumig grün von den eingeweichten Kräutern (oder so taten), – den Topf, innen rot glasiert, mit rosa oder blauen, im Ton versteinerten Adern, er war für die Eltern vorbehalten – die Blätter, die an der Haut der Kinder klebten, während sie fröstelten (oder so taten) und die Älteste sie mit einem Grasbüschel säuberte, das bis zu ihrem Ellbogen schäumte – jeden Morgen und Abend das Gelächter um die Flaschen aus rostigem Eisen, aus denen das Wasser spritzte, süßer und wärmer, wenn es den ganzen Nachmittag im großen, unter den Bambusregenrinnen aufgestellten Behälter erhitzt worden war – die Würfel der Brotfrucht im schwarzen Siedekessel, die Schalen ganz oben auf dem Kessel als Abschluß, darüber ein Stein, dessen Gewicht dem starken Brodeln des Wassers widerstand – die Küche unterhalb des Zimmers mit einem Boden aus gebräuntem Lehm, er mündete ebenerdig in den Anstieg der Kakaosträucher, das Zimmer zierte hingegen ein Bretterboden aus weißem Holz, der sich überall absenkte – das Holz, die Kohle, die Asche waren in eine Ecke geworfen – der abgetretene Stein zwischen Zimmer und Küche wie eine schwankende Treppenstufe – die Mahlzeiten um den Tisch, alle auf den zwei Bänken an beiden Seiten aufgereiht, außer dem Vater, er saß am oberen Ende auf dem einzigen Stuhl – in langen Abständen dampften einmal Stockfisch in einer Sauce aus roter Butter und der Geruch von Pimenten im Haus – der Maniokstaub um den Tisch am Ende jeder Mahlzeit – die Mittagszeit, so angenehm, wenn man die Mädchen lange entlausen mußte, während die Jungen sich gegenseitig den Schädel rasierten (Kokoskopf-Frisur) mit einem aus der Wachstuchumhüllung genommenen Rasiermesser – der lange Kampf gegen die Fliegen, er endete nie – ihre unermüdliche Runde, die Taubheit, die aus ihrem zerhackten Lärm entstand – die Fliegen, die Fliegen.

Dann Schweigen, draußen die Trockenzeit; *und es war lange nachdem Stéfanise zum letzten Mal in die Akazien hinaufgestiegen war, aber siehst du, die Trockenzeit verändert sich nicht, du hockst dich im Staub auf die Fersen und wenn du aufstehen willst, bist du der zitternde Staub, ja, in einer solchen Hitze hatte Stéfanise zu ihrem Vater Anne Béluse geschrien, alle beide kauerten sie in der mehligen Erde vor der Hütte von* Roche Carrée: *„Jetzt haben wir schon zehn Jahre die Papiere und wenn ich noch einen einzigen verfluchten Tag bleibe, werde ich noch gelber als dieses Papier!" Und der betroffene Anne hatte ihr geantwortet (denn hast du gesehen, wie die gewalttätigen Leute immer tief in die Verblüffung fallen, wenn das Unvorhergesehene sie trifft?): „Kannst du mir sagen, ob du zufällig um meinetwillen hierbleibst und meinen Maniok ißt?" Aber Stéfanise war zu stark für ihn, anstatt ihm nun die Arbeiten aufzuzählen, die sie für ihn verrichtete, hatte sie nur sanft gelacht. Und Anne hatte sanft wie ein Lamm (denn hast du gesehen, wie dieselben im Innersten freundlich sind) selbst die Liste aufgestellt; nicht etwa über die Arbeit, die sie erledigte, sondern wie oft sie in die Wälder gestiegen war, um Apostrophe zu umwerben: An dem Tag beispielsweise, als Sylvius ihr ein Stück Tuch brachte, wer weiß, woher er es hatte, und da sie abwesend war, hatte er das Geschenk nicht zurücklassen wollen und es wieder mitgenommen; und an dem Abend, als sich das Feuer über das Land von* L'Acajou *ausbreitete, und er, Anne, das Werkzeug herausgeholt hatte, die Frau und Saint-Yves nicht vergessend, und sie hatten die Nacht vor der Hütte im Schein der Feuersbrunst verbracht, während Stéfanise, na, im schön kühlen Wald ...* Und Stéfanise lachte. Aber sie, die immer alles hinausposaunte, was sie plagte, gestand diesmal ihrem Vater nicht, wie sehr Apostrophe sie mied und keinerlei Anstrengung machte, während so viele Männer gerne gewollt hätten, und wie nötig es war, daß sie jedesmal hinaufstieg, um sein Gedächtnis aufzufrischen, – während Melchior und Adélie ruhig lächelten.

Es war also lange nach dieser Zeit, Anne hatte die Gelegenheit gehabt, seinen letzten Ausbruch wieder hinunterzuschlukken, hatte sich mit Stéfanise versöhnt; dann war er gestorben, indem er von einem Baum fiel: Sehr laut nach Hilfe schreiend war er durch die Zweige heruntergepurzelt – und Saint-Yves hatte die Hütte übernommen. Aber auch als Anne starb, zwölf Jahre nachdem Stéfanise das letzte Mal da hinaufgestiegen war, gab es immer noch kein Kind, das unter den Akazien geschrien hätte. Melchior selbst, der sich mit Adélie im Verschlag neben der Hütte eingerichtet hatte, verstand nichts von dieser Sache. In einem Land, wo die Kinder überall aufwuchsen wie Pfefferminze, seufzte Stéfanise den ganzen Tag, um ein einziges zu bekommen, doch es kam nicht. Es war also das Geschick der Longoué, immer um den Nachwuchs der Familie leiden zu müssen. Vielleicht pflanzte sich eine so seltene Art nicht von alleine fort? Und es fiel auf, daß die Béluse sich ebenfalls daran machten, an der Zahl der Kinderschar in ihrer Hütte zu sparen; aber hättest du die Sprößlinge zählen können, die sie außerhalb hatten? Sowohl Saint-Yves oder Zéphirin, als auch Mathieu-der-Vater, alle waren sie unfruchtbar, oder fast, im eigenen Hause, aber überall draußen säten sie mit der größten Freiheit. Denn nur die Longoué hielten sich an einen Stammhalter, manchmal wurde er von einem Bruder oder einer Schwester begleitet, doch waren diese nur gemacht, dem zur Fortpflanzung Bestimmten etwas Arbeit abzunehmen. Deshalb, weil bei den Longoué wirklich eine Erbschaft weiterzugeben war, und der Berufene sich ihrer würdig erweisen mußte. Dabei durfte ein Béluse (trotz des Nachahmungswunsches, das heißt, der Vorgabe, ihre Familie beschränken zu wollen) offenbar seinen Samen überall draußen vergeuden, er war ja nicht von Bedeutung. Aber ein Longoué, nicht wahr, der mußte sich aufbewahren. Zum Ausgleich wurde man bei den Longoué alt; aber glaube nicht, daß es viele im Land gab, die mit La Roche oder Senglis den Wettlauf des Alters aufnahmen und sich den Achtzig näherten wie Longoué-La-Pointe, oder gar den Einundneunzig von Melchior! Der Verschleiß durch die Arbeit raffte sie schnell dahin. Außerdem hatten sie es alle eilig, sich überall gleichzeitig zu vermehren, als Ausgleich für den Tod, der ihnen entgegen galoppierte. Als müßte der Tod vor einem so üppig bewachsenen Feld müde werden oder schließlich wenigstens ein bißchen zögern? Aber schau mal, da haben Stéfanise und Apostrophe doch übertrieben. Sie, ganz von Klagen erfüllt; er, ganz in seinen Zauberpraktiken aufgegangen. Wenn ein Longoué auch ein seltenes Tier ist, mußten sie ihn denn vierzehn Jahre lang aufschieben, nur um seinen Wert zu steigern? Ihre Energie aber trieb Stéfanise während dieser langen, unfruchtbaren Jahre zu Apostrophe hin: Sie überschüttete ihn mit Aufmerksamkeiten, wollte alles über ihn wissen; so kam es, daß sie sich nach und nach in die Geheimnisse des Quimboiseurs einweihte. Daß eine Frau so nahe an der Domäne der Nacht marschierte, erschien Apostrophe ungehörig; aber da sein von den Geschäften zurückgezogener Vater Melchior, der dennoch höchst anwesend war, nichts dazu sagte, ließ der konfliktscheue Apostrophe sie gewähren. Ach, diese Stéfanise! Schon wog sie das Fäßchen ab, sie war allein, und hob die geschnitzte Rinde auf ihren Kopf. Sie wurde noch kühner und pflegte willige Kranke sogar während ihrer Regelblutung, diese waren froh, zu konsultieren, ohne etwas zur Bezahlung mitbringen zu müssen; und Apostrophe schüttelte den Kopf ... *Gut, sie war meine Mutter, aber dennoch ist es bemerkenswert, mehr als zwanzig Jahre lang hat sie ihm mit Worten den Kopf verwirrt, bis sie genausoviel wußte wie er; doch sie litt solange sich der Erfolg nicht einstellen wollte, während er,*

251

ganz abwesend in den Wäldern, fast ohne es zu wollen, die Hand auflegte und dich beruhigte, selbst wenn überall sonst die Trockenzeit herrschte, und der Klumpen der Sonne auf deinem Kopf lag.

Oder, nach jener Zeit, das Krachen, das in *La Touffaille* draußen zu einer Kugel anschwoll, um besser in das Innere des Hauses rollen zu können: Es war, als würde das Dach unter dem Druck abheben und eine Minute später sähe man, wie es eine Kassavafrucht mit brodelndem Öl auf dem Bretterboden platt-drücken würde. *La Touffaille* kochte; man mußte sich fragen, warum Senglis sie so dringend von dort vertreiben wollte, nur damit seine Ochsen einzögen. Nicht einmal Ochsen würden es an dem Hang dieses Hügels aushalten.

Aber er, der Vater, rührte sich nicht. Wer hätte den Mut gehabt, die Hand für irgendeine Arbeit zu heben, während die Wahrheit hier aufschien: Kein Geld, kein Guano, keine Ernte (außer zwölf Karren mit Zuckerrohr, soviel wie Null auf der Latte) und das Schwein, man sah nur noch seinen Kopf, und die Hühnereier, die in der Hütte schlecht wurden? Sie alle, zumin-dest die drei Söhne und drei Töchter, sonst so schnell bei der Arbeit, blieben tatsächlich abwesend um den Vater sitzen. Die Mutter gesammelt, die Älteste, Edmée, immer magerer in ihrem Schweiß. Bis zu dem Augenblick am Abend (es kochte nichts im *canari*), als sie das Grummeln des Tam-tam hörten, wie die Ankündigung eines unwahrscheinlichen Gewitters in der trok-kenen Erde. Die Schmetterlinge hefteten sich bei ihrer Suche nach Licht auf die Haut. Das gesamte Knattern des Tages hatte sich im Flimmern der Leuchttierchen gesammelt. Dort unten schwoll das Trommeln an, zweifellos, um der Nacht beim Herabsinken zu helfen. Im Zimmer wurden die neun Statuen endlich wieder lebendig, der Vater seufzte: „Heute ist Samstag, sie schlagen den Tambour bei Monsieur Pamphile...“

Aber ich sage dir:

Sie – und für mich ist sie das einzige Maß in der Zeit, die herabfällt – sie war noch nicht geboren, es war, als sähen weder der Vater noch die Mutter in ihrem Kopf, daß sie eines Tages zusammen eine Tochter haben würden, die die acht anderen auf den Weg bringen würde (zwei von ihnen sollten in früher Kindheit sterben) und ich selbst also war in Stéfanise nur wie eine Klage, die hinter ihrem eigenen Leib herrennt, während zum zweiten Mal überall der Kampf anfing! Man muß denken, daß die Neffen von La Roche sich an die neue Situation angepaßt hatten, oder daß das Stiebitzen auf den Feldern für ein paar Sous wirklich nichts einbrachte, oder daß das Papier, das in einem verschlossenen coui *vergilbte, auch nicht viel mehr ausmachte, oder aber, daß die Herren Mulatten in ihrem Kampf und ihrer Überzeugung schwach wurden, nicht wahr? Wie dem auch sei, sie brandeten alle wieder einmal auf, denn das Elend macht dich unermüdlich wie einen Schmetterling, und viele schrien: „Wilhelm soll leben!", weil ein Wilhelm mit einer Ziffer auf der anderen Seite der Wasser Krieg führte.*

(„Und warum nicht: ‚Wir sollen leben'?", fragte Mathieu)

Wie dem auch sei, immer die gleiche Geschichte: Solange sie auf den Höhen sind, kommandieren sie, dann steigen sie hinunter ins Flache, und dort werden sie zum Massaker erwartet. Dies geschah in der Tiefe des Südens, an einem Ort, wo die Bedrängnis blühte. Schau dort hin, es liegt verlassen unter dem Sand. All die Zeit, die herabgefallen ist. Und warum nicht: wir sollen leben? Weil das Meer dich umgibt: Wenn es Wilhelm ist, den es auf den Sand wirft, nimmst du Wilhelm mit seiner Ziffer und trägst ihn auf deinem Kopf beim Vorwärtsrennen. Und stell dir vor, dieses Mal gibt es nirgendwo in der Menge eine Spaltung, alle wollen das gleiche; die Mulatten, diesmal drehen sie das Rad, man kann nichts sagen. Zum Beweis: eine gewisse Zahl von ihnen wurde erschossen und die übrigen lebenslänglich eingesperrt. Alle wollen das gleiche, erheben sich mit denen, die in ihren Papieren mit Feldarbeiter bezeichnet werden: ehemalige Marrons, Sklaven, Freigelassene. Wenn nicht Melchior oder Apostrophe in den Wäldern gewesen wären, hättest du gedacht, daß sich drüben, im unendlichen Land, nichts ereignet hat.

(„Es hat sich nichts ereignet", sagte Mathieu)

Alle vereint in dieser Angelegenheit, die alte Sache fängt wieder an. Als würde ich nichts sehen, und du auch nicht, trotz deiner Hand vor den Augen, ja, vom Kampf und von der Spaltung im Land dort drüben, jenseits der Wasser? So war es:

Du bist da, du öffnest die Augen, es ist ein heller Morgen. Ringsum die Wälder reichen bis in den Himmel. Du schließt die Augen, du wiegst dich in Sanftmut. Wenn ein Schrei kommt, ist es ein Kolibri. Du siehst deinen wohlgenährten Körper auf dem schöngearbeiteten Geflecht. Aber der Wald ist ein Stamm, der im Haus aufsteigt und der Himmel das Dach. Du stehst auf, gehst hinaus, du siehst die Häuser. Die Hunde, dick wie Zebus, sanft wie Papayas. Du läufst, keiner antwortet. Der Schlaf ist auch in deinen Augen. Aber du läufst. Dann kommt der Fluß, der Horizont wird gelb. Aber ganz gelb, gelber als das Blatt in der Trockenzeit. Er fällt in der Ferne, so weit, daß du in seinem Leib kenterst, und für dich ist das fahrende Wasser wie ein im Fleisch untergegangener Faden, ohne Rast oder Ende. Du kannst laufen bis zum Tod, du siehst das Ende nicht. Wo ist das Meer, du weißt nichts vom Meer. Du gehst voran im Fluß. Du nimmst das Wasser auf deinen Rücken, du trägst es bis zu seiner Mitte. Das Wasser ist über dir, du wirst fließender als der Fluß. Du allein, du bist der Wald und der Fluß und die Häuser. Du denkst, man muß die Leute für die nächste Arbeit bestimmen, das Pflügen. Du denkst, es gibt nicht genügend Buschmesser zur Verteidigung. Du denkst, die Kolonne der Sklaven wird in drei Tagen vorbeikommen,

254

noch zwei Tagesmärsche zur sinkenden Sonne hin. Du denkst,
alle in den Wäldern verstecken, ab morgen. Denn der Wald, der
den Himmel unter seinen Zweigen trägt, er ist auch in deinem
Kopf. Du allein im Licht. Du stehst auf, das Wasser begleitet dich.
Es ist das unendliche Land. Du gehst auf die schön gereihten
Häuser zu. Du hältst an. Zu viel Stille. Der rastlose Horizont
zieht sich auf deiner Haut zusammen. Sie haben dich. Du siehst,
sie haben dich, sie alle mit den Gewehren, sie haben die Hunde
niedergemetzelt, ohne ein Geräusch, ohne einen Mucks; du
siehst ihn, er grinst, er ist bei ihnen, er gibt Anweisungen, voll mit
dem Gift der Rache; in dem Moment hörst du den ersten Schrei
und die Erste, die man aus der Hütte holt, unter Schlägen mit
dem flachen Säbel. Es gibt nichts zu sagen, der Wald verläßt
dich, der Fluß verläßt dich, sie sind schon zehn über dir, da hörst
du, trotz des Entsetzens ringsum, die Ketten, die sie zurechtlegen:
So ist das also, ho!

Aber schau dir's heute an, das heißt, in diesem Moment, wo
sie alle ungeteilt hinunterstürmen und schreien: „Wilhelm soll
leben, der Erste oder der Zweite", und du möchtest glauben, in
dem Lande dort sei nichts geschehen. So lange haben sie den
Schmetterling gespielt, der überall herumfliegt und anstößt, jetzt
werden sie genauso geeint und eng wie die Haare auf dem Kopf,
am Ende finden sie das gleiche Lied, machen aus ihren Schreien
eine einzige Rede. Sie sind dafür, weiter vorwärts zu rennen,
und es ist nicht mehr der Marron, der in den Wald hinaufsteigt
mit der Kette an seinen Füßen als sei sie eine Schlange in seinem
Kielwasser. Sie rennen alle, sie werden zum selben Fluß, das
Land dort drüben ist vergessen, da stimme ich zu, aber warum
wiederholt sich dann die Geschichte jedesmal? Der Elends-
Schmetterling, der sich erhebt, und die Hand, die draufschlägt?
Wieder eine Schießerei, und sie fallen zurück in ihr Vergessen,
ihre Sorglosigkeit?

("Sie fallen nicht zurück!", sagte Mathieu)

Doch du bist durch den Wald gegangen bis zum Pferch, toter als ein heruntergefallener cachibou *voll schwarzer Ameisen. Du schreist in deinem Kopf: „Vor morgen bin ich gestorben. Wohin sie mich bringen, gehe ich nicht!" Aber schau an, dem anderen hat der Verrat nichts genützt, was hätte er auch anfangen können, mit dem Kommando über ein Dorf von Greisen und Kranken ohne Nahrung, es war ein Glück für ihn, daß seine Herren ihn nahmen ohne abzuwarten bis er schrie wie ein Schwein und daß sie ihn in deiner Nähe in den Morast des Pferchs warfen.*

("In den Morast des Pferchs", sagte Mathieu)

Und heute, ich will sagen, in diesem Moment, wo sie zum ersten Mal alle herunterkommen ohne Ausnahme, da kannst du feststellen, daß es vorbei, vergessen ist. Wo sie dich hingebracht haben, stehen die Söhne deiner Söhne auf, und die Söhne der Söhne des Anderen auch, sie baden zusammen in einem neuen Fluß; aber bald gehen Soldaten hindurch und der Staub fällt auf ihre Köpfe zurück. So ist es. Als wären jene, die gestorben sind, geschaffen als eine Sonne, die aufgeht und wieder sinkt, ohne im vorübergehenden Tag irgend etwas zu verändern. Als wenn sie im Vorbeigehen den Kopf mit einem Staub bedeckten, der dich entsetzt verharren läßt. Und das Meer, das Wilhelm hergebracht hatte, nahm ihn sofort wieder mit, man weiß nicht wohin. Doch das war lange bevor sie in La Touffaille geboren wurde: Denn die Zeit fließt für die, die dort im Süden schrien, aber sie fließt auch drei Jahre später, als sie geboren wird (das heißt ein Jahr, nachdem ich in Stéfanises Leib diese Klage gefunden hatte, der ich nachrannte), und sie fließt auch noch zwanzig Jahre tiefer (denn die Vergangenheit ist nicht einfach, ach!, es gibt so viele Vergangenheiten, die bis zu dir herunterkommen, du mußt dich schon verrenken, um sie einzufangen, kannst nicht mit den

Armen über dem Kopf sitzen bleiben wie eine lahme Ente und darauf warten, daß sie sich in die Kühle neben dich setzen) als sie schon von La Touffaille weggegangen war zu mir (Ti-René war unterwegs, man sah, wie er seinen Buckel in die Welt streckte) und als die drei Söhne Targin, man kann sagen, Ti-Renés Onkel, die Hoffnung verloren.

Dabei waren sie immer noch eine einzige, eintönige Stimme, finde du heraus, wer gerade spricht und wer zuhört, sie waren alle drei die Stimme des Sohnes Targin, ebenso wie es die des Vaters gab, die so seltene der Mutter und die der Tochter (auch sie war in drei Zweige aufgeteilt), nicht gerechnet die Stimme, der noch knausrigere Klang der Stimme der Ältesten, Edmée, sie hatte sich von den anderen gelöst, als Edmée Papa Longoué begegnet war: Die drei waren im Hof beschäftigt, während ihre einzige Stimme die Arbeit, die Erde ringsum, die Niedergeschlagenheit auf der Erde beredete. Der Jüngste, er war kaum vierzehn Jahre alt, fügte dem eintönigen Fädchen ein Nichts an Leben hinzu:

„Mamsell Edmée, mager wie sie ist, wählt die richtige Zeit, um ihre Füße wegzuziehn!"

„Was heißt hier mager, vorne wird es runder und runder."

„Was heißt hier runder, es ist ein Stock mit einem schönen Ballen vorne dran."

„Glaubst du, daß wir auch weggehen?"

„Sicher gehe ich weg, und zwar in die Kleinstadt."

„Läßt du die Mädchen hier?"

„Ich weiß es nicht, wenn Monsieur Senglis uns das Land oberhalb von *Pays Mêlées* anbietet, dann nur, weil man dort nicht viel machen kann!"

„Du verstehst aber auch gar nichts, er sagt, daß *La Touffaille* gut fürs Vieh ist, jetzt, mit der Zentralfabrik, lassen sie die Stiere aus Brasilien kommen, *La Touffaille* ist gut für Gras und Futter für die Ochsen."

„Das Land dort oben ist gut, nur kann man keine Ochsen bis da hinauf bringen."

„Ich für mein Teil weiß nicht, ob hier oder da, ich gehe in die Kleinstadt."

„Und was machst du dort?"

„Keine Not, ich finde einen Job, ganz bestimmt!"

„Dann hat er ein Khakihemd und eine Alpaka-Hose!"

„Läßt du deine Mutter zurück?"

„Mamsell Edmée ist auch weggegangen. Warum nicht ich?"

Die drei arbeiteten im Maultierstall wie gewöhnlich im Einklang. Sie mieden Arbeiten, die sie voneinander trennten, sie richteten es so ein, daß sie zusammen waren. Der Älteste schnitt rauhe, schwere Düngersäcke auf zwei Seiten auf, drehte sie um und nähte sie mit großen Stichen wieder zusammen, der zweite säuberte Stroh und brachte den Abfall auf einen alten Misthaufen; der letzte flocht, an einen Pfosten gebunden, Stricke aus dicken Lianen. Es waren niedrige Arbeiten, wie erfunden, um auf bessere Tage zu warten. Das Strohdach des Stalls zischte in der Trockenzeit. War es nur der jüngste der drei Brüder (die Füße um die Basis des Pfostens geschlungen, den Leib zurückgelegt im Gleichgewicht mit dem Strick, den er flocht), der zuweilen erriet, daß der Schwindel, der sie manchmal in der Sonne überfiel, der Verzicht war?

Sie alle, und die vor und nach ihnen, waren also geschaffen, um das Licht und die Sonne des vorübergehenden Tages zu sein! Aber sie fielen namenlos, wie eine Sonne ohne Horizont an einem Tag ohne Licht. Sie sind das Licht, das von unten entzündet wird, sie sind der Friedhof ohne Sand und Kerzen und Muscheln, welcher die Feuersbrunst unter deinen Füßen anfacht: Du vergißt Wilhelm oder irgendeinen anderen Vorwand, du schaust unter deinen Füßen das Mal und die Fackeln. Sie alle waren schon angezündet, bevor der Vater deines Vaters geboren war, es sind

Leuchten für dich, Mathieu. Die Kämpfer ohne Namen, von denen du nicht einmal das Heldenlied kennst. Aufgestanden für dich, Mathieu. Damit du das unendliche Land dort drüben verläßt und dann hier in deinen Leib die abgesteckte rote Erde aufnimmst. All diese Tag für Tag verbrannten Sonnen, aber du findest die Grube in den Wäldern nicht mehr, nur von Zeit zu Zeit einen vergilbten Knochen unter einer verfaulten Wurzel. Damit Stéfanise eines Tages, nachdem sie schon monatelang überall auf den Hügeln rennt, um das Fleisch von ihrem Fleisch besser tragen zu können, um nicht zu sterben aus Angst vor Apostrophe, um den Augenblick zu wählen, wenn Apostrophe weit weg ist, damit sie dann mit der Hilfe einer Nachbarin in ihrem Leib das Häufchen Fleisch bis auf den Boden ihrer Hütte preßte. Ohne einen Schrei, aus Angst, daß Apostrophe, wenn er ihn hörte, im dreifachen Galopp angerannt käme. Sie, die doch ihr Leben mit Schreien verbrachte. Und um das Häufchen an- zuschauen, streng schwarz auf dem Boden der Hütte und lachend zur Nachbarin zu sagen: „Dieser-da wird wissen, wer der Meister ist!" – und sich damit von dem Schrecken befreien, der bis dahin in ihr zusammen mit dem Kind gewachsen war. Und keiner hatte zunächst daran gedacht, diesem Ding voller Blut einen Namen zu geben, stell dir das vor, ein Stück Fleisch mit ge- schlossenen Augen, das schon Papa Longoué hieß. Vom ersten Tag an. Und selbst wenn sie später beschlossen, ihn Melchior zu nennen, oder Ocongo, oder beides zusammen, macht das nichts, er ist schon Papa Longoué. Geboren als Greis, damit er der Papa werde, dessen einziger Sohn ganz weit weg vom Blitz erschlagen wurde.

Doch Stéfanise ärgerte es über die Maßen, als ob sie nach- tragend war, daß dieser-da sich erst nach vierzehn Jahren gezeigt hatte, daher hielt sie ihr Versprechen und machte recht deutlich, *wer der Meister war.* Voll leidenschaftlicher Liebe nahm sie sich des Kindes an, kam darin selbst Melchior, dem Großvater, zuvor, und traf alle Entscheidungen selbst. Melchior lächelte, er dachte vielleicht, daß Stéfanise ihn, Melchior, auf die gleiche Stufe stellte wie Apostrophe. Sie zeigte keine Absicht, das Kind zu vereinnahmen, setzte nichts mit Gewalt durch; er folgte ihr einfach überall hin. Zunächst in ihren Armen wie ein *boutou*, dann auf der einen Seite wie eine Spirale, doch kümmerte sie sich scheinbar nicht um ihn. Aber sie hatte für ihn den Gebrauch des Monologs wieder erfunden, den die Longoué so schätzten, und, ohne ihn anzusehen, begleitete sie mit Worten jede Gebärde, die sie machte, beschrieb jeden Ort. Sollte er, der immer um sie herumlief, sich merken, was er konnte. So verwandelten sich die Ausbrüche, mit denen sie einst die Hügel überflutete, in eine gleichmäßige Folge von Wörtern, nicht leise und nicht laut, sondern ganz normal. Klar und offensichtlich. Und so begann für Papa Longoué, noch als Kind, ja gerade erst auf den Beinen, die schmerzliche Geschichte, die ihm für immer bestimmt war. Denn er litt sein ganzes Leben unter einer Mühe um ein Wissen, zu dem er berufen war, das zu besitzen er gewiß verdiente, und doch floh es ihn stets oder ließ ihn ständig unzufrieden: Vielleicht weil das Wissen nicht mehr genügte, vielleicht weil ihm, als er Stefanise hinterherlief, die Puste ausgegangen war, und vielleicht auch gerade deshalb, weil Stéfanise, trotz ihres Lichts, nicht die richtige war (eine Frau), um das Wissen zu vermitteln. Sie schien dies zu wissen und zu fürchten, denn von Anfang an wiederholte sie, daß sie aus dem Kind einen Longoué *machen* wollte, als wäre er noch keiner. Apostrophe war tatsächlich zu wenig greifbar, er kümmerte sich nicht genügend um seinen Nachkommen. Man konnte sagen, zwischen Melchior und Papa Longoué öffnete sich wieder ein Loch, und Stéfanise versuchte mit Verbissenheit, es zu füllen, an seinem Rand jedoch balancierte unbekümmert Apostrophe. Dabei war er von ihnen allen vielleicht am besten geeignet für seinen Stand. Als träumte er, durch seine immerwährende Zerstreutheit irrend, als einziger noch vom großen dortigen Land, von der unendlichen Küste ohne Ausläufer und Buchten – und als müßte er seinen einsamen Traum mit in den Tod nehmen. Oder als ob er der einzige von ihnen wäre, der jene Neugier nicht kannte, die Melchior in die Kleinstadt gedrängt und Stéfanise so lange in *Roche Carrée* zurückgehalten hatte. Er litt nicht im geringsten darunter, daß er vom wirklichen Leben wie abgeschnitten war, von dem niedrigen Elend, das er doch auch teilte. Er hegte für die Leute der Täler weder eine verborgene Verachtung noch eine besorgte Zärtlichkeit: Er sah sie ganz einfach, sprach zuweilen mit ihnen, und heilte sie; er ahnte nicht, daß eine solche Gleichgültigkeit ihn fast auf Dauer ausschloß; daß auf seiner Stufe das Loch auf eine andere Art neu gegraben wurde, das Melchior mit so viel Geduld überwunden hatte. Auch deshalb, weil man zwischen den beiden Welten nicht auf einmal oder ein für alle Mal eine Harmonie hätte verwirklichen können. Und aufgrund dieser neuen Ausflucht, wegen dieses Rückzugs, litt Papa Longoué unter dem Unbehagen, das Apostrophe ihm vererbt hatte, im gleichen Maß, wie er die Gabe hatte, dieses Unbehagen zu spüren. Darin war er, alles zusammengenommen, ein Longoué, auch wenn er keiner war. Diese Eigenschaft hätte man andernorts eine große Sensibilität genannt, jedenfalls war sie verborgen in seinem Innern und wurde von keinerlei Überlegung genährt, so daß sie ihn mit einer Beunruhigung und Schwäche zeichnete, die er nie überwand. Sein Wert hing mit dieser Schwäche zusammen, und er wäre der Angelegenheit zweifelsohne zum Opfer gefallen, wäre von Stéfanises zwanghaftem Unterricht erstickt worden, wenn Melchior ihn nicht, ohne eine Absicht zu zeigen, mit einem Beben erfüllt hätte, einer unendlichen Fähigkeit, zu lächeln und abzuwarten. Sie half ihm, die beunruhigende, nächtliche Region

261

voll von Verführungen und Unbegreiflichem, welche sein eigenes Leben war, heil zu durchwandern.

Er war also fünf Jahre alt, und begann, bei Stéfanises Aufwallungen große Augen zu machen, als Apostrophe eines Tages in der Hütte liegen blieb. Das Kind verstand nichts von der allgemeinen Aufregung, es sah, wie Melchior sich über Apostrophe beugte, sah das *coui* mit gekochten Kräutern, das dampfende Tuch, das um die Brust des Kranken gebunden war, die starren Augen Adélies, die in einer Ecke saß, die sichere und geordnete Rührigkeit der plötzlich verstummten Stéfanise, sie unterstützte Melchior, ohne irgendetwas entscheiden zu wollen. Und später erschien Papa Longoué, daß er bei diesem Ereignis mit einem Schlag alt geworden war, das heißt, daß er sich auf einmal mit seinem eigenen Wesen verschmolzen hatte, sich zu dem Greis ohne Namen gesellt hatte, der in ihm steckte, denn es blieb ihm von diesem Tag außer den Vorbereitungen und der ganzen Aufregung um Krankheit und Tod schließlich nur jener Schrei eines Tiers, den Stéfanise ab fünf Uhr nachmittags bis zum Mittag des nächsten Tages ausstieß. Ein einziger, schrecklicher Schrei einer Stute in Agonie, einer Schmerzensmutter, der Schrei der Erde, die man aufgeschlitzt hat, rollte auf den Hügeln einen ganzen Abend, eine Nacht und einen Morgen. Als schrie Stéfanise dieses erste Mal für alle, die nicht geschrien hatten; als erfüllte sie das Land mit ihrer Stimme, für all jene, die vom ersten Tag an vor lauter Entsetzen und Fieber nicht die Zeit gefunden hatten, mit einem Schrei zum Gipfel des Schmerzes zu steigen; für all jene, die aus ihrer Geschichte einen langen Prozessionsgesang ohne Tränen gemacht hatten. Als ob sie den Schmerz auf ihr Haupt lud, der sich überall angesammelt hatte, in den Akazien, in der Ebenheit der Felder, dem gelben Wasser der Tümpel, in der fauligen Süße der alten Mangroven. Sie schrie also ohne aufzuhören, wie losgelöst von den Umständen, und schaute nicht ein einziges Mal auf den daliegenden Apostrophe. Jene, die er geheilt hatte, deren Elend er gelindert hatte, für die er der einzige erreichbare Arzt war, der einzig mögliche Vertraute und die einzige gefürchtete Autorität (auf diese Weise hatte er seine Rolle recht gut gespielt – trotz des Traums, der ihn anderswohin trug – in der langsamen Reifung des neuen Landes) kamen und zogen nahe am Schrei vorüber, gingen ernst am Schrei entlang, und sie ihrerseits schauten nicht ein einziges Mal auf Stéfanise, den reglosen Ursprung des Schreis. Und das Kind Papa Longoué ertrank einen Tag lang in diesem Schrei, er setzte sich in seinem Innern noch lange fort, nachdem seine Ohren ihn schon nicht mehr hörten. Er ging daraus nicht etwa erstickt hervor, sondern bis ins Mark durchtränkt: Ein wissender Greis, der schon im Alter von fünf Jahren in seinem namenlosen Kinderleib alles Nötige bereit hielt, um eine solche Klage gut zu kennen und zu ertragen.

Und so war er auch bereit, Melchiors Wort zu empfangen, als Stéfanise in den drei folgenden Jahren mechanisch wie ein Pendel in der Erstarrung wandelte. Dieser belastete ihn nicht mit Rezepten oder genauen Kenntnissen, sondern wie ein in den Zweigen unsichtbarer Pfeifervogel gab er ihm, ebenso zäh und hartnäckig wie der Vogel, mit seinem sanft rauschenden Sprechen den Geschmack am Wasser, das sich sucht, am Stengel, der wächst, am Fels, der verwittert, an der Erde, die arbeitet, an dem, was sich sanft belebt und Geduld übt unter der Sonne.

„Schau her", sagte Melchior, „Stéfanise rennt ständig überall umher. Sie wird dir die Wörter sagen, ich habe nicht die Zeit dazu, ich bin schon auf die andere Seite des Hügels gepflanzt. Ich werde mit lehmigen Füßen im dortigen Land ankommen. Du darfst Stéfanise nicht verlassen, sie macht Lärm, du denkst vielleicht, sie weiß nichts, aber ich sage dir, sie wird dich in die richtige Erde legen."

„Schau her", sagte er, „versuche nicht wegzulaufen, wenn dein Tag gekommen ist. Die fortgegangen sind, holen dich von der anderen Seite über, ihre Kraft ist mehr als deine Kraft."

„Schau her", sagte er, „du hast diesen Akazienwald, aber versäume es nicht, zum flachen Gelände hinunterzusteigen, um die Kokospflaumen der Savanne zu essen und die Zitronen der Ebene auszusaugen ..."

Dann trat er mit dem Kind in die wankende Nacht, niemand konnte ihnen dahin folgen, nicht einmal Stéfanise hatte Zugang. Dort zeigte er ihm Apostrophe, wirklicher und lebendiger als der vom Traum heimgesuchte Schatten, der in der Hütte gewohnt hatte, einen lächelnden Liberté, der bat, den Sack tragen zu dürfen, Longoué, wie er hinter Man-Louise herrannte, mit einem großen goldenen Brot in der Hand, Cydalise Nathalie, umgeben von fleischfressenden Blumen, den alten Schuft, der sich selbst unter den Felsen vergrub, und dann die anderen, auf dem Schiff zusammengepfercht wie auf allen anderen Schiffen, die diesem vorausgegangen waren. Aber vor allem ließ er ihn an die unbeschreibliche Nacht rühren, das heißt, an die Seite, wo dieser durchsichtige Wald sich mit dem schweren Urwald des dortigen Landes vermischte, so sehr, daß ihrer beider tolle Fruchtbarkeit, ihrer beider flammender Wuchs unter seinem Gewölbe einen gleichen Himmel schuf, über Ländern, die doch so weit voneinander entfernt waren; dann ließ er ihn an den Büschel der ungeordneten Kräuter rühren, zusammengehalten vom *Kraut-für-Leben-und-Tod*; und an die Erinnerung, sie war nichts als ein stärkerer Wille, fähig, einen Sack in ein Grab zu verwandeln, ein Fäßchen in einen von schwarzen Wegen gepflügten Abgrund, und eine geschnitzte Rinde in einen Schutz und Schirm gegen alle Mächte; und an die Zukunft, die stagnierte.

All dies Beben der Nacht, aus dem zu Papa Longoué jene Schwäche kam, die sich aus seiner eigenen Hellsichtigkeit ergab, bereitete ihn vor auf die Begegnung mit Stéfanises Klarheit: Wie man in ein gut gelüftetes, krumiges Feld rasch und nutzbringend die Steckreiser für die nächste Ernte setzt, so konnte er nach der Auflockerung durch Melchior die präzisen Wörter in seine Brust versenken, die Stéfanise hineinwarf, und den fahlen Geruch des Schiffes kennenlernen, die einzeln sortierten heilsamen Kräuter, die Toten, die gerufen werden und zurückkehren.

Gut, sie war meine Mutter, aber dennoch ist es bemerkenswert! Du kannst dir nicht vorstellen, wie weit sie in meinen Kopf eindrang; glücklicherweise war ich dagegen gewappnet. Melchior hatte gesagt: „Sie wird dich in die Hand nehmen, sie wird dich auf ihre Schulter setzen. Wenn du nicht die Kraft hast, unbeweglich sitzen zu bleiben, purzelst du hinunter. Aber wenn du dasitzt, fest wie eine Palme, dann siehst du von ihrem großen Leib herab alles ringsum, was zu sehen ist." Und ich kann dir sagen, ich bin nicht runtergepurzelt. Ich kann dir sagen, ich habe gesehen. Und jetzt, o ihr Mächte, die verkommenen Leute, sie geben vor, zu sehen und nutzen die Unglücklichen aus. Einer hat sich dort unten eingerichtet, er tut so als schließe er die Augen und sieht, er verkauft ihnen Quellwasser und behauptet, es würde sie heilen, genauso wie sie Weihwasser in der Kirche nehmen und glauben, damit wird ihr dicker Fuß abschwellen; und der-da, ein ganz Schlauer, wird dennoch mit dem Kopf verkehrt herum und mit den Augen in den Haaren enden, so ist er in Wirklichkeit:

Eines Tages kommt also ein armer Teufel, ich kenne ihn, ein Alter, der ausgespuckt hatte, er würde niemals hier heraufsteigen, und er sagt zu dem falschen Hellseher: „Mein Maultier, ich verstehe es nicht, je mehr ich ihm in seinen Kübel gebe, desto länger streckt es die Zunge raus und frißt nicht." Der Schwindler sagt zu ihm: „Ach! Du hast ein Maultier?" Da wird der Alte böse,

warum soll er kein Maultier haben, er ist ein ehrbarer Mann,
und je länger das Gerede geht, desto mehr denkt er, das Tier wird
in einem Luftzug verschwinden, so kummervoll ist es. Bald
werden seine Rippen ihm in den Kopf steigen, und dann ade die
andere Seite. Und der Schwindler sagt: „Es ist nichts, ganz und
gar nichts, du mußt ihm Pimperlimpim-Pulver in einem Kübel
Wasser geben. Das kostet zwei Francs." Der Alte bleibt sitzen,
regungslos und sagt: „Und was ist Pimperlimpim-Pulver?" Da
schreit der Schwindler: „Was, du in deinem Alter und ehrbar wie
du bist, kennst das Pimperlimpim-Pulver nicht? Also wirklich,
meine Ohren werden zu Wasser! Du nimmst das Pulver beider
Amerika, vermengst es mit Pimperlimpim-Pulver, gibst etwas
Mini-Vini-Essenz dazu, denn, du verstehst, wenn du die Essenz
nicht dazutust, wird das Tier niemals die Dosis trinken, und
zum Schluß gibst du noch den Extrakt aus der Feder des Spani-
schen Stiers dazu, der ist für die Kraft. Das kostet zwei Francs."
Der Alte wiederholt: „Pulver beider Amerika, Pimperlimpim-
Pulver, Mini-Vini-Essenz, Feder vom Spanischen Stier." Dann
bleibt er sitzen, noch steifer, und sagt: „Gut, aber wo finde ich all
diese Pulver?" „Au wei au wei," sagt der Betrüger, „wo findest du
den Rotfisch, wenn nicht im Meer, und den Schwarzen Fisch,
wenn nicht im Fluß? Das Pulver gibt es in der Apotheke, du
brauchst nur zur Apotheke hinunterzugehen und Monsieur
Toron, ein guter Mulatte, wird dir die Pulver zeigen, wie sie auf
dem Regal aufgereiht sind, für vier Francs sind sie dein, jedes
Pulver kostet einen Franc." Und der Alte zählt vier und zwei
zusammen, sein Kopf platzt vor Schweiß; dann zieht er ein Tuch
heraus, und mit viel Zählen von Groß- und Kleingeld, von
kupfernen und durchbohrten Münzen, reiht er zwei Francs in
die Hand des Schwindlers auf. So ist der also. Ein Schwindler. Er
hätte der Stimme von Stéfanise nicht standgehalten, sage ich dir,
nicht eine Minute. Er wäre zu Staub zerfallen, wenn sie nur

seinen Namen gerufen hätte. Es gibt keine mehr, das ist wahr,
seitdem Melchior, an den großen Mangobaum gelehnt, stehen
blieb, den boutou *an seiner Seite. Nein. Es gibt keine mehr.*

Seit dem Tag, als Melchior, am gleichen Platz wie Man-Louise
(aber er stand aufrecht an den Mangobaum gelehnt, sein breiter
und gerader Leib stützte sich gegen den Stamm) gewartet hatte,
um Stéfanise und das Kind noch ein letztes Mal in der Biegung
des Waldes zu sehen; dann hatte er die Augen geschlossen, und
war ohne Schwäche oder Müdigkeit hinabgestiegen, wie ein
fester Mann, dem die Trockenzeiten nichts anhaben. Und
nachdem Stéfanise ihn ebenfalls in einer Grube begraben (nach
Adélie und den anderen, die dort verstorben waren), nachdem
sie die Stelle plattgestampft hatte – gab es im ganzen Land
vielleicht keinen einzigen mehr. Keinen mehr, außer einem
Greisenkind, ganz schwach in seinem Namen, der Nacht schaffen
konnte am hellen Nachmittag. Keinen mehr, der das zum Angriff
abgerichtete Volk der Zombis anfeuerte, oder der einen Senglis
im Todesdelir der Mitternacht ertränkte. Ihre Zombis dienten
nur noch dazu, den Kindern Angst einzujagen, ihre Macht
beschränkte sich darauf, ihren Nachbarn zu quälen.

Es war nicht verwunderlich, daß von diesem Moment an die
von Unten so willig gelernt haben, sich gegenseitig zu verach-
ten; sich einer über den anderen zu setzen, das heißt, der sich
am weitesten entfernt glaubte von den Höhen über den, der
ihnen noch näher war und so weiter. Daß sie so willig den
falschen mit dem richtigen verwechselten. Daß sie die Farbe des
Holzes auf ihrer Haut verachteten und in ihrem Fleisch die
Versuchung kennenlernten, aus ihrer Haut zu fahren. Denn das
Land dort drüben war für immer gestorben, na ja gut, es gab das
neue Land, aber das nahmen sie nicht einmal in ihren Bauch, sie
sahen nicht den einen Himmel über sich, sie suchten in der
Ferne andere Sterne, ohne ihren Fluß zu nennen, der war

ausgetrocknet, und ihren Wald ohne Wurzeln. Als wenn dieses Land ein neues Schiff vor Anker war, in dessen Bauch und Zwischendeck sie vor sich hin faulten, ohne jemals zwischen die Masten auf den Hügeln hinaufzusteigen. Ganz im Gegenteil, sie vergruben sich immer tiefer, drängten sich täglich mehr in der Unkenntnis des hellen Tags zusammen, hatten das Greisenkind oben bei den Masten zurückgelassen, dessen Taumel (dessen Schwäche) sein größter Wert war. Es war nicht verwunderlich, daß die Neger über sich selbst Neger schrien. Was sie anholte, bezog offenbar nicht mehr seine Kraft aus dem unendlichen Land dort drüben; sie glaubten, sie könnten La Roche oder Senglis erreichen, oder vielleicht gar Lapointe in seiner Heide oder seinem Büro in Bordeaux. Die Beamten hatten sie also, wie zwei mißmutige Propheten, alle ins Poitou oder die Grafschaft Bigorre geschickt, dort irrten sie umher, ohne Heim und ohne Herd. Aber das Elend arbeitet in dir, gegen deinen Willen steigst du aus dem Ozean herauf; schon langst du in der Fischreuse deiner selbst an. Schließlich war eben ein weiterer Abgrund zu überwinden, eine neue Schlucht, ein Wasserloch, wie jenes, das Melchior in seinem Leben überquert hatte. Du kannst nicht mit einem großen Schritt über den Schlund springen oder auf die Klippe steigen. Und schon war im gleichen Moment, als sie ohne Spaltung ein weiteres Mal, alle im Süden, aufgestanden waren, eben in diesem Moment war Anne Béluse, der in sich die rissige Erde von Unten trug, zum Friedhof der Kleinstadt geschickt worden, in ein weißes Tuch gehüllt, das wie eine Hängematte an einen Bambusstab gebunden war. Als erster seiner Stammlinie ging er so fort, vor ihm ein Mann auf einem Maultierrücken, im kleinen Trab von den Schultern vierer Nachbarn baumelnd, die sich zwei und zwei abwechselten (das unter dem Gewicht des Toten durchhängende Tuch schleifte fast über das Gras des Pfads) und mit ihren Stimmen gegenseitig anstachelten. Fortan

268

würden die Béluse diesen Weg für ihre letzte Reise nehmen. Man konnte meinen, sie warteten erst auf diesen Tag, um in die Gemeinschaft von Unten einzutreten; so war es mit Saint-Yves, der im gleichen Jahr starb wie Melchior, so war es einst mit der Frau von Anne und gestern mit der Frau von Saint-Yves. Aber in der Zwischenzeit war Zéphirin, Saint-Yves' Sohn, schon groß geworden; und ein Jahr nach der Geburt von Ti-René Longoué hatte er einen Sohn bekommen, der war Mathieu Béluse.

II

("Du gehst doch zu schnell voran!", sagte Mathieu. "Kannst du nicht ein Datum nach dem anderen verkünden – und aufhören, dich vorwärts und rückwärts zu drehen? Du kreiselst wie der Staub von *Fonds-Brûlés*, ho?")

Also wirklich! Du erwartest, daß ein Register, eines jener dicken Hefte, die sie dir im Rathaus unter die Nase halten, um dich zu beeindrucken, daß so eines dir sagen kann, warum ein Béluse derart auf einen Longoué folgte, oder warum Louise der Gebärde gehorchte, sie, die sich schon für eine Verwandte von La Roche hielt, oder aber, wie es kommt, daß all diese afrikanischen Sprachen aus ihrem Hirn verschwunden sind wie ein Flug Kernbeißer? Schlag deine Register auf: Gut, du entzifferst die Daten; aber alles was ich lesen kann, ist die Sonne, die sich in einem großen Wind auf meinen Kopf senkt. Und du siehst es, die ersten Tage sind da oben zur Stelle, eine einzige, fast blaue Wolke, du versuchst, im Pochen hinaufzusteigen, aber es sind Tage, die sind schwerer tiefer als die Rückseite der Erde, sie bewegen sich kaum im Glanz des Himmels, kaum kannst du sie beobachten, wie sie auf dich losgehen, und dann nach und nach überstürzen sie sich, das ganze bricht herunter, vorgestern ein Seufzer, gestern ein Blitz, das Heute ist so grell in deinen Augen, daß du es nicht siehst. Denn die Vergangenheit ist oben schön in sich abgeschlossen und so weit weg; aber du forderst sie heraus, sie rennt los wie eine Herde Stiere, bald fällt sie dir auf den Kopf, schneller als ein cayali, *der von einem Pfeil getroffen wurde.*

Sie erlaubte nicht einmal, daß man an einer Biegung haltmachte, in die Runde schaute, daß man die ganze flache Savanne umfaßte, ihren grünen Bewurf mit rostroten Spritzern. In großen Abständen die Kokospflaumen, in kleinen Herden weideten sie die Savanne, starre Blätter versteckten die gelben Früchte. Die raschen, schnell erschöpften Weiten, wo eine Zone Gebüsch plötzlich im Geräusch eines Bambusdickichts schwankte. Der flache Flug eines rot gepflügten Felds, bald eingeschnürt von einer Vertiefung oder gebremst von der Wucht dreier Filaos. Alles, was klar und trocken schallte, blaßgrün und leichtbraun, rund um die großen Hügel oder die düsteren Höhen. Aber diese eine Mühe glich den ursprünglichen Humus überall an; mitten im Zuckerrohr eröffnete sich plötzlich ein Unterholz, in dem ein Gewässer ganz aus Tiefen entsprang. Doch die Vergangenheit, die auf deinen Kopf herunter reißaus nahm, gestattete nicht, daß man am geduldigen Werk entlang trödelte, mit dem der Wald zusammengeharkt, die Savanne höhergelegt, der Humus verteilt, die Menschen einander angenähert worden waren. Man hätte wissen müssen, in welchem Moment das gegen das Kliff anbrandende Meer des Bodens sich beruhigt hatte im (fortan gelichteten) Akazienwald. Das heißt, man hätte die Seite abschätzen müssen, wo die Savanne und die Felder den Wald erreicht hatten (er schillerte noch in seiner tollen Üppigkeit oberhalb der Akazien), der hinwiederum den schweren Urwald des unendlichen Lands erreichte. Aber das Getöse der Vergangenheit auf dem Kopf gestattete nicht, daß man diesen Moment nachprüfte oder diese Seite maß. Es war also besser, den Menschen kennenzulernen, Tier des Humus oder des Zucker-rohrs, wie seine Füße von der Savanne zum Wald gelaufen waren und vom Wald zur Savanne. Man mußte engere Gründe ins Auge fassen, zum Beispiel, daß die Erde hier vernachlässigt war und dort ausgelaugt. Warum ausgelaugt? Ausgelaugt für wen?

Denn ich sage dir, wo war der Unterschied zwischen ihr und mir, ho, als wir uns kennenlernten? Und senke nicht den Kopf wie ein Kraut-der-Fräuleins! *Ich kann in meinem Alter ruhig erzählen, wie und warum mein Sohn geboren wurde. Du meinst, ich gehe zu schnell voran? Vielleicht deshalb, weil ich den Moment berühre will, als mein Sohn geboren wurde, um dann zu dem Moment zu eilen, als er starb! Nein? Und dazwischen werde ich wohl die Augen schließen müssen, um sie noch einmal zu sehen, vor dir, mit dem ich zum ersten Mal über sie rede seit jenem Tag des Zyklons. Für mich ist sie das Maß in der vergehen-den Zeit. Es gibt einen Tag vor ihr und einen Tag nach ihr. Es nützt also nichts, den Kopf zu senken und so zu tun, als zählte man die Kräuter im Fäßchen – ich könnte der Bruder vom Vater deines Vaters sein, dann wäre sie deine Großtante. Schau. Kam sie herauf, um mich zu treffen? Nein, nein! Diesmal war es die Jugend, die überall schrie: „Ein junger Seher ohne Bart in Klau-sur bei Stéfanise und eine Frühreife, die die Zeit damit verbracht hat, ihre Brüder zu waschen, die Tiere zu pflegen, Zuckerrohr zu binden (ihr magerer Leib in einem engen Fähnchen, der Mund in den Kopf zurückgezogen) und von einer Ernte zur nächsten verzweifelte, ohne zu wissen, daß sie verzweifelte, und warum. Und wenn einer von uns, ich weiß nicht wer, den anderen gesehen hat, dann gehe du hin und beweise, ob es auf den Hügeln oder in den Tälern war! Ich hörte ihren Namen, Edmée, ich hörte einen solchen Namen zum ersten Mal, ich war nicht viel auf der Seite der Savanne gerannt, Edmée, es war als sagte die Brise zu dir: „Hilf mir!", und ich war da, ohne ein einziges Wort zu kennen, aber sie war auch da: Mit ihrem fast dreieckigen Kopf und den Augen, die in der Tiefe glitzerten, da brauchte es keine Worte. Für uns stand ein ganzer Flamboyant-Baum aufrecht (ich übertreibe nicht) und es brauchte nicht weniger als die Wut eines Zyklons, um ihn zu fällen. Doch es war im Jahr 90, da du nach Daten schreist, gebe ich dir dieses Datum, als mein Sohn René kam. Sie wohnte schon in unserer Hütte, Stéfanise machte die größten Anstrengungen, um sich daran zu gewöhnen; wir hatten Stéfanise nichts gesagt, eines Tages sieht sie die Andere kommen, ohne ein Wort, ohne eine Erklärung. Zwei bewaffnete Statuen in der Hütte, ich ohne Worte in der Mitte. Und ich war auch nicht nach La Touffaille gegangen, ich wäre lieber gestorben, als zu bitten, um was auch? Sie blieb eine Woche, dann ging sie zurück, um ein oder zwei Sachen zu holen: Der Vater sah sie nicht, die Kinder schrien, die völlig erstarrte Mutter schaute zu, wie sie fortging. So war das Leben ...*

Und keine der Töchter hätte daran gedacht, ihr Beleidigungen hinzuwerfen. Und nach fünf Jahren, zu der Zeit, als ihre Sorglosigkeit in der trockenen Luft verblaßt war, verteidigten sie immer noch ihre Schwester. Der Vater, der zunächst schweigsam war, als ob ihn die Angelegenheit nichts anging, wurde allmählich verbittert. Er warf seiner ältesten Tochter so etwas wie Fahnenflucht vor. Aber wenn er sich derart gegen die Abwesende aufbrachte, war es, weil er schon lange Zeit auf *La Touffaille* verzichtet hatte. Er harrte nur wegen der anderen aus, die nie davon sprachen fortzugehen. Und auch die Söhne, die keine Hoffnung mehr hatten, machten Edmée nieder. Was die drei Töchter betraf, so waren sie zwar nicht optimistisch, aber wenigstens still, sie sahen keinen Grund, die Verantwortung für das Unglück der Ältesten aufzuladen. Vor allem eine von ihnen, sie war so schön mit ihrer glänzenden Haut, schwarze, glatte Haare fielen ihr bis zu den Hüften, ihre Arme und Beine waren rund, und so glich sie in ihrer Schönheit einer Coolie-Frau, ihre sanfte Stimme sang die Worte auf einem einzigen, zarten Ton, sie verteidigte ganz ruhig und schüchtern ihre Schwester, ohne eine einzige verletzende Bemerkung einfließen zu lassen. Da sie Aurélie hieß, schrien die Söhne, vom Schweigen des Vaters ermutigt: „Edmée und Aurélie, im gleichen *canari!*" Aber die Jahre, die vorübergingen, legten Rachegedanken ins Herz des Vaters. Eines Tages, genau fünf Jahre nach Edmées Fortgang, kündigte er für den nächsten Samstag eine Totenwache an. Eine Feier im engsten Familienkreis. Und, sagte er, diese Wache sei für seine Tochter, die vor fünf Jahren gestorben sei. An jenem Tag ließ er ein weißes Tuch bügeln und breitete es auf eine Kiste neben dem Bett, stellte eine Schale Weihwasser mit einem Zweig darauf, und kaum war die Nacht gekommen, zündete er neben der Schale zwei Kerzen an. Die Mädchen schrien, der Fluch würde über sie alle kommen. Die Mutter machte den Mund nicht auf. Er verlangte, alle sollten sich setzen und der Docht der Lampe aus Weißblech müsse heruntergedreht werden. Die Söhne umringten ihn neben dem Bett, die Mutter blieb allein im Zimmer, die Mädchen kauerten, um ihre Mißbilligung zu zeigen, draußen in der Nähe der Tür. Aber er wollte, daß die Riten einer richtigen Nachtwache eingehalten wurden. Er ließ etwas zu essen und dann etwas zu trinken ausgeben. Blutwurst, die sie aus einem anderen Ort besorgt hatten, Rum und Frucht-säfte. Der Tam-tam von Monsieur Pamphile rannte über die Nacht, sein schwerer Schlag und manchmal sein Knattern ver-längerte sich auf jedem Hang der Hügel, oberhalb der reglosen Wälder; auf den schwach gezeichneten Pfaden. Dieser Tam-tam kam traurig in *La Touffaille* an, wo alles, was einer Totenwache

Glanz und Lebendigkeit verlieh (die Märchenerzähler mit feister Stimme, die schaudernden Kinder, die Speisen und die Nähe zum Tod) an jenem Abend ebenso fehlte wie die angeblich Verstorbene. Die Blutwurst war kalt, jeder kaute mechanisch an einem Stückchen. Der Tam-tam war zu weit entfernt, er starb im schwarzen Loch des Zimmers, in dem die Lampe wesentlich schlechter leuchtete als eine Kerze. Der starrsinnige Vater redete ohne Unterbrechung, als wollte er die Märchenerzähler ersetzen. Was er sagte, war *La Touffaille* selbst, ihr trostloser Kampf, ihre auseinandergefallene Geschichte, angefangen von der Zeit, als es verboten wurde, auf dem Land den Tam-tam zu schlagen, bis zu dem Tag, an dem Senglis ihnen den Tausch vorschlug, nachdem er aufgezeigt hatte, wie *La Touffaille* nur noch Schulden und Elend einbringen konnte. Doch war es nicht auch wahr, daß die Gendarmen mehrfach hergekommen waren, wütend im letzten November, weil sie an der Abzweigung der Tintenkirschen steckengeblieben waren, und das andere Mal abgekämpft, den Leib voll Schweiß, unter der Sonne der Trockenzeit? Sie wollten noch nichts Bestimmtes, diese Gendarmen, sie kamen einfach vorbei, um sich bewundern zu lassen, sie sprachen mit lauter Stimme (daß es den Schuldturm tatsächlich gibt). Wenn das Gesetz gegen dich war, konnte dich nichts mehr retten ... Und so vergaß der Vater, neben diesem leeren Bett, in das er im Geiste offensichtlich die Leiche von *La Touffaille* gelegt hatte, allmählich Edmée, die mit ihrem Quimboiseur fortgegangen war. Die Söhne gaben die rituellen Antworten, verdeutlichten einen Punkt oder verstärkten eine Klage. Die Mädchen, die sich zunächst mit leiser Stimme unterhalten hatten („Mein Herrgott", hatte Aurélie geflüstert, „ich weiß nicht, wie sie es fertigbringt, eine einzige Nacht dort oben, und ich bin tot, und wache in der Haut eines Hundes wieder auf, mit einem lebenden Toten, der auf mir liegt, um mich zu umarmen", dann hatten sie sich die verschiedenen Verwandlungen vorgestellt, die ihrer Schwester drohten, falls sie Stéfanise oder ihren Sohn verstimmte), kauerten sich mit fortschreitender Nacht still näher ans Zimmer. Der lange Gesang der Verlassenheit, ruhig und präzis, hüllte sie ein. Und gegen Morgen griff die Hoffnungslosigkeit auf sie über. Diese Parodie eines Leichenbegängnisses hatte sie tiefer getroffen als die Mühsal ihres elenden Lebens, hatte den Rest der Glut niedergeschlagen, der sie bis dahin standhaft gemacht hatte. Weniger starr als benommen gesellten sie sich zum Vater, sie wollten nicht Edmée verwünschen, sondern das Unglück von *La Touffaille* aufführen. Das heißt, sie gaben der Litanei ohne Glanz die Last ihres Schweigens bei. Und als der von seiner Zeremonie besessene Vater (selbst nachdem er ihren Anlaß vergessen hatte) sie alle zwang, zu kommen und das Bett zu segnen, gehorchten die Töchter ohne ein Wort. Der Tam-tam war erstorben, rosiges Weiß sammelte sich in der Ferne um die Kämme, schon löste sich die Hütte von der Erde. Diese Wache hatte *La Touffaille* endgültig getötet, das sahen die Nebenfiguren jetzt. Sie legten sich im Zimmer um das leere Bett und hörten, wie die Mangos auf das Dach fielen; ihre Augen waren offen für den Tag, er war nur zum Warten bestimmt; und ohne es zu wollen, hatten sie den Kopf der Mutter zugewandt, sie spürten im Halbdunkel, daß sie die einzige Kraft geblieben war, die einzige Schnur, die sie mit diesem Ort verband. Aber die in sich zusammengesunkene Mutter hatte kein Wort gesagt ...

Ah, ich wundere mich immer, wie sprunghaft der Geist ist! Jetzt bist du ganz zappelig und hörst nicht zu; La Touffaille, das ist für dich ein Nichts; die Targin sind für dich Luft. Du fragst, wo das Maultier geblieben ist. Du bist auch einer, der den Boden verläßt und dem Rauch hinterherläuft. Du suchst auch nach dem Pimperlimpim-Pulver. Gut, eine nicht zu Ende erzählte Geschichte ist wie ein Tam-tam, der ohne die Stöckchen trommelt.

Schau, du kannst, wenn nicht das Maultier, dann wenigstens seinen Herrn erwischen, wie er gerade in die Apotheke kommt. Seit dem Morgen ist er die Hügel herabgestiegen, sein Leib besteht nur aus Schweiß, doch ist er fast pieksauber in dem Hemd, das er angezogen hat, bevor er die Kleinstadt betrat. Seine Lumpen sind zerknüllt in seinem Karibenkorb. Schau, er hat sich mitten in der Apotheke aufgepflanzt, sein Kopf dreht sich von rechts nach links, eine ganze Drehung, während er die grünen, weißen, schwarzen Pokale mustert. Er hält bei einem riesigen roten an, er denkt: „Es kann nicht anders sein, ohne Fehler haben sie da die Feder vom Spanischen Stier hineingetan." Und Monsieur Toron, ein guter Mulatte, der schon verstanden hat, wie die Sache steht (er braucht sich nur diesen Golbo anzuschauen, der sich dreht wie ein Karussell mitten in der Apotheke), begibt sich zu ihm: „Nun, was kann man für Sie tun?" Ziemlich mißtrauisch stellt sich der Andere vor: „Sehen Sie, ich habe ein Maultier, das macht das Maul nicht auf, nicht einmal für das Amen. Außerdem hat man mir gesagt, daß Sie mir eine Mischung geben können, damit es wieder trinkt. Das Pimperlimpim-Pulver." „Ach so, ach so", sagt Toron, „Pimperlimpim-Pulver. Ich verstehe." „Ja", sagt der Alte. „Zuerst das Pulver beider Amerika und dann das Pimperlimpim, das ist das wichtigste, und dann die Mini-Vini-Essenz, denn sehen Sie, das macht, daß es zum Trinken kommt, das Maultier, und dann die Feder vom Spanischen Stier, die soll ihm Kraft geben." „Ja, ja, ich verstehe", sagt Toron. Dann ruft er seinen Gehilfen: „Anatole! Sie werden vier Pulver für das Maultier unseres Freundes herstellen!" Dann erklärt er dem Gehilfen, einem jungen Mann, der sehr stolz ist auf seine neue Brille, welches die Pulver sind und an welcher Stelle er sie auf dem Brett hinten im Laden finden würde („Wissen Sie, so kostbare Stoffe setzt man nicht grundlos einer Gefahr aus"), während der Alte sein Problem bespricht und erläutert, beunruhigt darüber, daß

276

der Gehilfe fortgeht, selbst wenn er eine neue Brille trägt, mit der er, in seiner weißen Schürze, aussieht wie ein gestrandeter schwarzer Seeigel. („Nein, nein!" schreit Toron. „Er ist ein ausgezeichneter Laborant. Unter uns", sagt er mit gesenkter Stimme, „er kann genauso viel wie ich.") Da setzt sich dein Kerl stocksteif hin und wartet, bis der ausgezeichnete Laborant ihm ein bißchen Mehl oder weißen Zucker oder Natron in vier Papierfetzen eingewickelt hat, was weiß ich, und bis er auf jedes Papier den Namen des Pulvers geschrieben hat.

Gut! Da ist er wieder, um vier Francs erleichtert, die wie ein Blitz durch sein Tuch gegangen sind, pflanzt sich vor das Maultier, das schnauft wie ein Vulkan. Aber er, der Herr, schnauft fast genauso stark, er ist gerannt von der Apotheke bis zur Hütte, nicht einmal sein Sonntagshemd hatte er ausgezogen, ja, nicht einmal die vier Papiere hat er eingesteckt. Er hält sie fest in der Hand, der Schweiß hat das Mehl oder den weißen Zucker fast durchtränkt. „Hier, hier", sagt er, „wenn du jetzt nicht frißt und wenn du jetzt nicht trinkst, dann hat Luzifer sozusagen die Hand des Herrn mit der Brille zum Zittern gebracht." Dann packt er den Kübel, gießt Wasser hinein, gibt das Pulver dazu, rührt um, und da ist er rittlings über dem Maultier, er öffnet das entzündete Maul, schüttet alles hinein; das Tier hat nicht einmal mehr die Kraft, ihn abzuschütteln, es hält unter der Kaskade seine roten Augen weit aufgerissen; endlich steht der Alte ganz befriedigt wieder auf. Das Pimperlimpim arbeitet im abgemagerten Bauch. Es wird nicht lange dauern. Natürlich war zwei Tage später das Maultier-da verendet. Du siehst den Alten, er steht vor der aufgedunsenen Leiche, er betastet die Füße, sie sind steifer als Bambus, schließlich schneidet er ein Stück Schwanz ab, er bleibt davor stehen, mit dem Büschel Haaren in der Hand denkt er nach: „Jetzt müssen du und ich hingehen, und zwei Worte mit Monsieur Toron reden."

Und während dieser Zeit wurden die Register geschrieben! Sie kamen, da war das Zuckerrohr, sie starben. Du ziehst die alten Papiere zu Rate, das ist es, was du findest: Sie kamen, da war das Zuckerrohr, sie starben. Sowohl in den Tälern wie auf den Höhen. Also, es ist nicht nötig, daß ein junger Mann in die Wälder hinaufsteigt, um einen alten Rest ohne Bindung bis an den Rand des Worts zu bringen. Du hast mich zu nichts genötigt, das kann nur der Malifini-Vogel am Himmel: Der die Fäden zieht seit dem ersten Tag, und er ist der einzige, der die Vergangenheit in seinem Schnabel festhält! Ich sage dir, Meister Mathieu, wenn auch du fortgehst, um das Pimperlimpim-Pulver zu suchen, anstatt in der Grube auf den Hügeln zu wühlen, wird dein Kopf ebenso leer werden wie die Sandspitze, *du stehst unter dem Mond wie ein Fels, nicht kalt, nicht heiß. So machen sie es in diesem Land. Am Schluß haben sie sogar vor einem Schwindler Angst, der sich in seinem Schaukelstuhl wiegt. Sie haben Angst vor dem Abbé Samuel, sie glauben, daß der Abbé womöglich seine Soutane über ihnen ausschüttelt, um sie zu Krüppeln zu machen. Seitdem die Predigten ihnen das Höllenfeuer vorausgesagt haben, falls sie nicht in Unterwerfung verharrten, welche die Tugend und die Pflicht ist, haben sie alle Angst, an einer schwarzen oder weißen Soutane vorbeizugehen. Denn sie glauben, daß die Soutane des Abbé sie verfolgen und entstellen wird. Sie haben Angst vor der Mitternacht, sie weinen, Mitternacht liege auf dem Zweig und warte darauf, daß sie vorüberkommen. Derart ausgetrocknet ist ihr Hirn. Doch du siehst nicht die vergangenen Dinge, die in die Erde gepflanzt sind, um zu dir zu sprechen. Weder die Register noch Papa Longoué, nein! Nimm nur ein Zuckerrohrgewächs, schau, wie es in der Erde wächst bis sein Pfeil im Himmel platzt, und folge ihm auf dem Pfad bis zur Zentralfabrik, und beobachte, wie es zu Melasse wird und zu Dünnsirup, zu Zucker oder Tafia, zu*

Dicksirup oder coco-merlo; *dann verstehst du den Schmerz und hörst zwischen den Registerzeilen das wahre Wort von einst, das sich in so langer Zeit nicht verändert hat. Du hörst es.*
(„Donner Gottes. Das ist wirklich wahr", sagte Mathieu)

III

Während der Zeit lassen die Anderen Straßen bauen. Kolonial-straßen, die zur Fabrik rennen und sich nie darum kümmern, was auf beiden Seiten dahinvegetiert. Sie führen zur Gendarme-rie, ihre schwarzen Streifen schneiden in die Savanne. Sie ziehen sich in Serpentinen bis zu den Städten und Häfen, stoßen an die wackeligen Kais, wo die Schiffe sich mit Gütern füllen. Diese Straßen haben keine Zeit, in die Wärme des Landes zu dringen, jeder kann sehen, daß sie in höchster Eile rennen, vom Rand der Felder bis zum Ufer des Meers.

Während der Zeit füllen sie die Städte; was sie Städte nennen, da es keinen anderen Namen für diese unsägliche Ortschaft gibt. Ein Gedränge von Wellblech und Kistenholz, wie ein Geschwür zwischen die Wege aus Morast gehäuft, auf einer Seite die Kirche, am anderen Ende das Missionskreuz. Die lange Hauptstraße, recht breit, für die Tilburys und leichten Wagen, die Reifröcke und Begräbnisse erster Klasse. Protzerei, grelle Fassade, und keine zwanzig oder zehn Meter dahinter, sondern fünf, wimmelnde Lepra, die sich ganz natürlich zur Ummauerung des Friedhofs absenkt. Waren also die ehemaligen Marrons nur von ihren Hügeln heruntergekommen, hatten die Sklaven es nur in den Tälern ausgehalten, um sich am Ende in diesem Elend zu tummeln? Und auch die anderen waren nicht hervorgehoben, die Longoué, Béluse oder Targin? Blieb nun die lange Geschich-te im Morast der Elendsquartiere hängen?

279

Aber da war eine Stadt! Sie wurde erwählt unter all den Hüttenhaufen, das Beispiel und die Lebendigkeit der Lepra darzustellen! Besessen in ihrem Getöse, um einfach jede andere Stimme auf den Höhen auszulöschen. Schaudernd im gelben Blitzen der Lampen schrie sie ihr Leben an jeder Kreuzung heraus, unwahrscheinlich reich an Fackeln und Läden, an krummen Geschäften und Blut; in ihren Theatern und auf ihren Straßen spielte sie den ewigen Karneval, der sie ergriffen hatte. Und, um den Todesschrei überall sonst zu ersticken, mimte sie den Tod im schwarzen Gewand, das mehlbestäubte Gesicht. Sie warf die einen gegen die anderen in die Arena, ihre Mulatten und ihre Weißen, ihre Farbigen und ihre Herren brachte sie zur Gärung. Eine Stadt, in der die Musik im Morgengrauen knatterte, während die Recken sich gespreizt, um der hohen Sitte zu gehorchen, zum Duell einstellten am vereinbarten Ort. Es kam auch vor, daß bei fahler Beleuchtung Rasiermesser um Spieltische aufblitzten. Ein Wahnsinn war an den Bug der Erde vertäut, um der undeutlichen Stimme des Elends seinen Schirm angestrengter Taubheit entgegenzusetzen. Aber die Stimme kam von den Höhen herab! – Eines Morgens fegte sie mit Asche und Feuer den Trubel und die Regellosigkeit hinweg; sie schlug mit Betäubung, die diese Erde hatten betäuben wollen; sie bedeckte sich mit Lava statt mit Mehl und ihr Gewand verdunkelte den Himmel. Sie mimte über dieser Stadt in Hitze eine Hitze, die die Wände, Straßen und den Morast, das Jahr, den Tag, die Luft rundum versteinerte, ja sogar die Vorstellung, die man von einer Stadt haben konnte. Und als sie sich zurückgezogen hatte, ließ sie den Menschen als Garanten ihres Durchgangs (wenn man die Ruinen nicht zählt) nur einen Felsbrocken in der Schwebe über den Ruinen zurück und einen alten Neger voll Entsetzen, daß er lebendig abgekocht worden war, als einziger hatte er überlebt in dem unterirdischen Gefängnis, in das man ihn geworfen hatte. Aber wer hat denn nach dem Warum solcher Ereignisse gefragt? Warum dieser Neger, keiner hätte natürlich gedacht, ihn einen „Farbigen" zu nennen, warum dieser Fels im Gleichgewicht auf den gähnenden Mauern, den man auch noch mit Eisenketten befestigen mußte? Wer fragte, ob es nicht ein für alle Mal zu Ende war mit Städten, die wuchsen und wimmelten? Das heißt, mit der unsäglichen Ortschaft, die ihre Stimme anschwellen läßt, um den Ruf der Höhen zu ersticken? Das heißt, mit dem abgekapselten Gefäß, in dem die Geschichte der Erde und die Kenntnis der Vergangenheit hängenbleibt und sich verliert?

Verlassen wir die Stadt, ihren Schmerz ohne Widerhall, ihre betäubte Öde. Während dieser Zeit breitete sich die Erde weiter über sich selbst aus, glich alle Dinge einander an. Fühllos bis in ihre hintersten Winkel. Sie brachte das eine zum anderen, den wilden Humus zum bebaubaren Land. In der so entstehenden Lichtung erschienen bald die Vorsänger, schossen aus dem Nichts, um die Schönheit zu besingen. In einem Land, wo Singen befreit, mußten irgendwann diese Vorsänger kommen. Sobald die Urvegetation etwas Raum ließ für ihre zierlichen Stimmen, wurden sie aus der eigenen Glückseligkeit geboren. „Wie war es gut und schön, in geordneten Reihen und nach dem Rhythmus des Tam-tam, voll freudigen Vertrauens in die Arbeit das Zuckerrohr zu schneiden: Während Passate in der Ferne die Süße der Blumen, Früchte, Blätter und Zweige streiften!" Kaum hatte er sich vom Hügel gelöst, kaum hatte der Vorsänger sich vom Zuckerrohrfeld erhoben, wo seinesgleichen sich schinde-ten, schon faselte er von zerbrechlicher Schönheit, ohne das Todesgewand zu kennen, das die Schönheit umhüllte. Er strengte sich an, um den Schweiß des niedergetrampelten Zuckerrohrblatts fernzuhalten, so daß ein Blatt für ihn bald nur noch die Dichte hatte, wie sie dem Wort in einem Lied zukommt. Auf der

Lichtung wiegte sich der Vorsänger in gespielter Wollust. Er hatte nicht nur den Hügel und sein strenges Gebot vergessen, sondern auch die Ermattung, die roten Ameisen, den Aderlaß, die Öde des unter der Sonne ausgebreiteten Zuckerrohrs. Weil der Vorsänger auf einem Weg tanzte, der nicht für seine Füße bereitet worden war, wies er alles weit von sich, selbst die Erinnerung an den ursprünglichen Lehm. Er rannte zu anderen Beglückungen, noch nicht wissend, daß sie sich endlos vor seiner ausgestreckten Hand entziehen würden (daß ihn selbst im tiefsten Unbewußten der Befriedigung ein dunkler Mangel stets an den Rand jenes Weges werfen würde) – deshalb würde er eines Tages zu dem Pfad zurückkehren müssen, zur Kreuzung, bevor er in die Kolonialstraße einmündet und beide Füße fest in das Loch vor den Zitronenbäumen verschweißt versuchen, die Kraft einzufangen, die seine Seele durchwalkte. Um wenigstens den Mann zu verstehen, der sich in der vergessenen Tiefe seiner Seele regte. Den Mann, nicht mehr Melchior oder die Targin, und noch nicht Mathieu oder Papa Longoué, sondern den umrißlosen (Sylvius, Félicité oder Ti-Léon), der in seinem Fleisch das wirkliche Gewicht kannte, wie auch das Maß eines Zuckerrohrblatts, der vielleicht am Samstag zu seinem Vergnügen den Tam-tam bei Monsieur Pamphile schlug, und der sich jeden Abend in seiner Hose aus Sackleinen, mit Fransen an den Knien und einer Stickerei aus Löchern, auf das schiefe Brett, oder sogar auf den nackten Boden der Hütte legte – damit ein bukolischer Vorsänger eine Prozession von Kolibris in die würzige Luft entsenden und damit anschließend ein Mathieu Béluse, ebenfalls ein Vorsänger, stehenbleiben und versuchen konnte, das Liedergurgeln in seine geschlossene Faust zu nehmen, das ihn in seiner Kehle würgte.

Aber auch dieser Mann schritt voran. Er überließ es dem einen oder anderen seiner Söhne, der unglaublicherweise den Feldern

entkommen und Lastwagenfahrer oder Hafenarbeiter, Steuerbe-
amter oder Apothekengehilfe, Rathausangestellter oder Lehrer
geworden war, oder ganz einfach ein Dauerarbeitsloser auf der
Suche nach kleinen Jobs, ihm überließ er es, das Feld mit einem
einzigen Blick zu erfassen und seine Tiefe abzumessen. Er selbst
gehörte zum Feld, er hatte keinen anderen Horizont als zwei
Handbreit über dem Boden (dort mußte man die Stengel abschneiden) und in drei Metern Höhe, wohin die oberen Blätter
reichten. Er schritt dennoch voran: Denn während all der Zeit, als
die Aufseher und Verwalter zunehmend unter den „Farbigen"
rekrutiert wurden und die „Farbigen" sich schlugen, zunächst, um
dieses Recht zu erlangen, und später, um die natürlich daraus
folgenden zu erkämpfen (das Recht, sich als Bürger aufzuführen,
der seinen Bürgermeister oder Abgeordneten wählt, das Recht,
nicht sich selbst gleich zu sein, sondern einem illusorischen
Anderen, das Recht, ein Gewerbe zu führen und Eindruck zu
schinden, das Recht, die Nacht mit einer schäumenden Girlande
aus Worten zu schmücken), taten sie dies oft auch mit der ganzen
Versessenheit und Großzügigkeit des Heldentums und mit der
ganzen Selbstverleugnung dessen, der an das glaubt, wofür er
kämpft. Und was sie errangen, war nicht alles wertlos (denn auf
die vielen Verirrungen setzte sich zuweilen doch die Kohle eines
erstickten Schreis, zuweilen führte ein Achselzucken dazu, daß
einer sich umdrehte und die wiedererstandene Vergangenheit
sah, die zu ihm sprach), manchmal trug es sogar dazu bei, ein
wenig Land aufs Land zu bringen – während all dieser Zeit jedoch
hatte er, der Mann, ein Zuckerrohrschnitter oder Heizer in der
Zentralfabrik, der zwischen die beiden Enden der Zuckerrohr-
pflanze genagelt war, nicht einen einzigen Moment Zeit gehabt,
um seine Stimme zu erheben, hatte nicht ein einziges Schweigen
ausmachen können, um seine echte Stimme hineinzutauchen,
damit er sie anschließend vor sich hertragen konnte; so daß all

diese Bewegung mit Wahlurnen, Schärpen, Peitschen, Gesetzes-
vorlagen, Hochrufen über seinen Kopf hinweggegangen war,
daß er nie daran teilgehabt hatte, und daß so der ganze Lärm, dem
er zuweilen als Vorwand diente, und diese ganze Hitzigkeit auf
Veränderung und Nutzen, welche manchmal ausdrücklich auf
ihn bezogen wurden, ihn nach wie vor in seinem Morast
beließen: Er war Zuschauer am Straßenrand, er klatschte der
Veränderung Beifall, er nahm sogar zuerst die Zuckerrohrkarren
und dann den Lastwagen in die nächste Kleinstadt, um das Papier,
das für andere alles verändern würde, in einen versiegelten
Kasten zu werfen, aber er biß nicht an (er war Liebhaber des
Festlärms und sehr lebhaft dabei, der Veränderung, die vorüberzieht, Beifall zu klatschen, aber der nächste Morgen brachte
Ernüchterung, wenn er sich wieder in die geschlossene Welt
eingliedern mußte, wo ihm kein Schreihals, kein Offizieller zu
Hilfe kommen würde), in seinen Augen taumelte stets, nach dem
feierlichen Glanz, der kleine schlaue Regen traurigen Wissens.

Während der Zeit zog das winzige, auf sich selbst zurückge-
zogene Land aus lauter Schlingen, Biegungen, Hügeln und
Schluchten um diesen-da (Stéfanise hätte ihn gefragt: „Wie ist
dein Name?" – und er hätte ganz naiv geantwortet: „Sylvius ist
mein Name.") den Kreis der neuen Plantagen enger, so daß es
keinen Unterschied mehr gab zwischen den Höhen und den
Tälern, zwischen dem, der schweigt, und dem, der sich fügt,
zwischen einem verstörten Marron und einem Sklaven im Todeskampf. Und so kam dieser Mann, der abseits der menschlichen
Bewegungen geblieben war, der heute aß, was er gestern
gegessen hatte, dennoch in der Bewegung des Bodens voran,
dort, wo die Savanne und die Felder den Wald erreichten. Er
schreit über sich selbst, er muß noch einen Abgrund überwinden.
Solange er ihn nicht überwunden hat, wirkt die Vergangenheit
weiter; und in dem Moment, wo er ihn überwindet, beginnt die

Zukunft. Es gibt keine Gegenwart. Die Gegenwart ist ein vergilbtes Blatt auf dem Stengel der Vergangenheit, dort angewachsen, wo nicht die Hand, nicht einmal der Blick hinreichen. Die Gegenwart fällt auf der anderen Seite herab, sie liegt endlos im Todeskampf. Im Todeskampf.

Und in der Tiefe dieses letzten Abgrunds zertrampelten die kastrierten Vorsänger, von ihren Fähigkeiten verzauberte Männer voll Lebensart und guten Willens, welche sich selbst überlassen blieben, die Wurzeln mit ihren Füßen, aus denen manchmal ein vergilbter Knochen hervorstach, tanzten ihren Tanz voll Eleganz auf dem Stück Land, wo die namenlosen Helden schrien, die keiner wiedererstehen ließ; wo jene Funzeln sich verzehrten, der ganze unterirdische Friedhof, angezündet von den namenlosen Kämpfern, die keiner aus der Erde herausholen würde: Denn es war allgemein anerkannt, ihr Kampf war umsonst gewesen (ihr Abstieg wie ein wilder Fluß, ihr Aufstieg wie ein wilder Wind: Es blieb kein Brandmal davon auf der Haut); besser – für die Einwohner der Besitzungen der einzig mögliche Ausweg und auch eine unablässige Versuchung – man arbeitete, damit der Ozean versiegte, nicht, um in das unendliche Land drüben zurückzukehren, sondern um auf dem algigen Meeresboden zu rennen, zwischen dem Getier der Tiefen, das völlig erstaunt war, plötzlich unter diesem weiten Himmel im Todeskampf zu liegen, und so bis zum Büro von Lapointe zu gelangen, um ihm bei der Abfassung seines letzten Berichts zu helfen. Und da dieser Bericht kaum erträgliche Geschichten enthalten würde, war es gut, Worte mit Schmetterlingen und Leichtigkeit zu schmücken, Wendungen in Honig, Sätze in Durchsichtigkeit und Mondblau zu tauchen, um unter der Anmut des Sagens den ungereimten Schrecken des Gesagten zu ersticken.

Daraus entwickelten sie diese Manie einer matten Folklore, worin die Herren sie bestätigten. Das kostete diese Herren keine große Anstrengung, sie mußten nur das örtliche Kreolisch annehmen, eine Sprache der Übereinkunft, wo das Du sich mit dem Sie vermischte, und die Sprache so weit ausrotten, daß auch die Erinnerung an jene Starrheit fehlte, welche Louise und Longoué ergriff, bevor Louise sich daranmachte, Longoué die spröden, singenden Wörter zu lehren. Es entstanden ebenso viele mündliche Ausdrucksweisen wie es Höhengrade bis zum Meer gab. Hinzu kam noch, daß diese Sprache, statt an ihrer Reichweite zu arbeiten, sich am Ende selbst verfälschte, wenn sie in der Kehle einer alten Lehrerin mit ausdruckloser Stimme stockte, die tief bestürzt über ihr neues, gutes Französisch, naiv beklagte: „Ich verstehe die jungen Leute von heute nicht, meine Liebe, sie können keinen Satz in Französisch beginnen, *si yo pa finille en créol!*"

(„Wie die Frau Eudorcie", sagte Mathieu.· „Du kennst sie nicht, sie kommt nie aus dem Haus Senglis heraus, sie hat Pausbacken und lacht die ganze Zeit, sie geht auf Zehenspitzen, als wollte sie ihren dicken Hintern nicht zerbrechen; und jedesmal, wenn Senglis eine Tasse Tee will, schreit er:'Eudorcie, *fé an dité pa moin* und jedesmal sagt Eudorcie spitzer als Madame la Gouverneur: ,Was soll das sein, Monsieur, ein Aufguß oder ein Absud?' Und der verzweifelte Senglis brüllt: ,Aufguß oder Absud, Donnerwetter, *man di'ou fé an dité ba moin!,* ich habe gesagt, mach mir einen Tee!')

Oh! ... Oh oh oh! ... Und in der Frage von Absuden hat sie wohl Unterricht bei Cydalise Nathalie genommen, sie war eine Autorität in diesem Fach, nicht? Cydalise zählte die Kräuter hinter den Hütten auf wie eine echte Negerin, mit ihrer Hilfe hättest du alles mögliche schwängern können, es sei denn ein Wille, der stärker war als ihr eigener, versteckte sich im Winkel einer Wurzel unter den Akazien; sie, Cydalise Eléonor wäre nicht zu Toron gegangen und hätte so viel Geld für ein wenig weißen Zucker oder Magnesiumpulver ausgegeben. Und selbst wenn sie es getan hätte, wäre sie, Marie-Nathalie, nicht mit einem Maultierschwanz in der Hand zurückgekehrt (wie jener Kerl), um Rechenschaft zu fordern.

Du siehst ihn, er tritt in die Apotheke, er dreht und wendet sich, als griffen ihn die Pokale von allen Seiten an. Monsieur Toron, ein guter Mulatte, kennt die ganze Angelegenheit bereits. Er tritt sehr eifrig vor: „Also, wie geht es dem Maultier?" Der Alte hält an, die Sonne hat aufgehört zu kreisen, er zieht den Atem tief ein, erhebt langsam die Hand, schüttelt den Haarbüschel, ohne ein Wort zu sagen. „Was?"', sagt Toron, „Ich kann es nicht glauben!" „Ja ja", sagt der Alte, „man muß annehmen, daß Monsieur Anatole schlecht zubereitet hat." „Das ist ganz unmöglich", sagt Toron. Er ruft: „Anatole, kommen Sie mal her!" Auch der Gehilfe beteiligt sich nun am Tanz, seriös wie altbackenes Brot, rein wie der junge Morgen. Und da schreien sich die drei im Laden die Kehlen heiser, hinter den Vorhängen aus Bambus, die vor die Türen herabgelassen waren. Sie drehen sich im Kreis, jeder von ihnen gleich unfähig zu hören, was sein Gegenüber schreit, bis Toron, als wenn das Licht der Gnade über ihn gekommen wäre, plötzlich mit einer großen Gebärde innehält, die beiden anderen mit der Hand zu sich ruft, nicht aufhört, sich gegen die Stirn zu schlagen, sich auf einen Stuhl setzt und den Alten von oben bis unten betrachtet, dann sagt er mit feuchtem Blick und einem Kloß im Hals: „Welche Farbe hatte überhaupt Ihr Maultier?" Der Andere, von der Frage ergriffen, da er bereits die übernatürliche, endgültige Ursache für das Versagen der Arznei ahnt, stammelt: „Na und, na und, es war grau, das Maultier." „Also wirklich", sagt Toron. „Das hätten Sie doch sagen müssen! Wir haben an die gewöhnliche Farbe gedacht, Anatole hat das gewöhnliche Pulver gemacht. Beim Spanischen Stier gibt es natürlich den schwarzen, den weißen und den grauen. Und welches ist die gewöhnliche Farbe, Anatole?" „Es ist die weiße Farbe, Monsieur Toron." „Da haben Sie es, hätten Sie gesagt, daß das Maultier grau war. Anatole hat ihnen die Feder vom weißen Stier zubereitet, Sie sind Zeuge, es war kein einziges schwarzes Pulver im Papier, geschweige denn ein graues. Das Pulver ist im Blut des Maultiers umgekippt, es konnte keine Wirkung zeigen." „Ja", sagt der Alte, „das ist wahr, das konnte es nicht."

Cydalise, hingegen, hätte keinen Fuß in den Laden gesetzt, mit der festen Absicht, ihre vier Francs zurückzuholen, um sich dann ein zweites Mal vom Apotheker hereinlegen zu lassen, der sich ebensowenig um das Leben von Menschen kümmerte wie um das eines Maultiers; und das mit den prächtigsten Weiterungen, die man sich vorstellen kann: Zum Beispiel bot Toron dem Alten, um ihn endgültig zu beruhigen, an, er würde ihm den Maultierschwanz für zehn Sous abkaufen, da es interessant wäre (wie er sagte), die Wirkung der Feder vom grauen Stier am Schwanz zu beobachten; und so fort. Cydalise hätte drei Kräuter hinter einer Hütte abgerissen, und der schleunigst in die Grube fahrende Toron hätte nicht einmal die Zeit gehabt, sich von seinem Laboranten zu verabschieden.

Und schon gar nicht Stéfanise. Zwar hatte die große Frau eingewilligt, sich mit Edmée zu vertragen und war in den Verschlag von Melchior umgezogen, aber man darf nicht glauben, daß sie damit auf irgendetwas verzichtet hätte. Zunächst hatte sie ihre Stimme mit der neuen Situation in Einklang gebracht: Seit Papa Longoué fünf Jahre alt war, nach Apostrophes Tod, hatte ihr die Informantenrolle einen gleichmäßigen Ton aufgezwungen, ohne Ausbrüche und Liebkosungen. Aber für wen hätte sie auch sonst schreien sollen? Hatte sie nicht an einem einzigen Tag ihren ganzen Vorrat an Schreien aufgebraucht? Wen hätte sie um ein großes Dankeschön bitten sollen?

Mit dem Verlöschen ihrer Stimme drückte sie auf ihre Art den Verlust aus, den Apostrophes Tod für sie bereitet hatte; es war ihre Art, den Verstorbenen zu beweinen. Später hatte sie sich einfach eine andere Lebensaufgabe gesucht. Als sie plötzlich mit diesem Geheimnis ganz aus Haut und Schweiß konfrontiert war, das sich Edmée nannte und nachdem sie begriffen hatte, erstens, daß dieses Geheimnis es wert war und zweitens, daß Papa Longoué sich für immer daran gekettet hatte – ging sie um das Geheimnis herum, entschlossen, es für sich einzunehmen. Aber sie war jedesmal vor dem vierfach verriegelten Mund gescheitert, der wie eine Schranke quer über das dreieckige Gesicht verlief. Sie hatte verblüfft festgestellt, daß der Starrsinn sich auch fern vom Schrei oder von Ausbrüchen verwurzeln konnte. So kam ihre Liebenswürdigkeit gegenüber Edmée mehr aus Gegnerschaft als aus Freundschaft. Als René, der Sohn von Papa Longoué und seinem Geheimnis ohne Worte (Stéfanise nannte es freundlich ‘*baramine* aus Nacht’) da war, übersah sie das Kind (im übrigen dachte sie, den Namen wörtlich nehmend, wenn einer wiedergeboren ist, hat er sowieso keinerlei Chance zu irgendetwas), suchte weiterhin nur die Mutter zu betören. Es war ihr letztes Werk, keiner kann sagen, ob es ihr gelang. Papa Longoué beobachtete immer häufiger die beiden Frauen, wie sie über die gleiche Arbeit gebeugt waren, schweigend, solidarisch an jedem Tag, der vorüberging. Er erfuhr nie, ob Stéfanise die „*baramine*" schließlich hatte zähmen können, oder ob Edmée (was noch schöner gewesen wäre) endlich in ihrem Schweigen den Willen der Großen eingeschläfert und vergraben hatte. Tatsächlich lebte Stéfanise nicht lange genug, um ihr Projekt zu Ende zu führen. Eines Tages war sie zur Kleinstadt hinuntergegangen und hatte sich mit einer Händlerin über eine Angelegenheit von Salzfleisch geschlagen, die Reklamation glitt ab in Beschimpfungen „über die Hexer, die Söhne Satans und seiner Werke" (das schrie die Händlerin) und über „die Verbrecher, die am Elend verdienen" (das war Stéfanises Meinung) und endete mit einem Krawall. Nachdem sie die Händlerin wie eine Kassavafrucht umgehauen hatte, und es ihr gelungen war, vor den Ordnungshütern zu fliehen, stieg Stéfanise wieder hinauf, ein Stück unbezahltes Salzfleisch, ihre Kampfesbeute, schwenkend. Aber dieses Fleisch war ihre letzte Trophäe ... Am Abend desselben Tages verschied sie, nachdem sie zwei oder drei Stunden lang gestöhnt hatte. „*Ou pa palé anpil,*" sagte sie zu Edmée, „du hast nicht viel gesagt." Das waren ihre letzten Worte. „Sie hat die Abzweigung verfehlt", sagte Papa Longoué, „und ihr Herz hat nicht mehr mitgemacht." Er selbst fühlte sich wie ein Karren, der in eine Schlucht stürzt.

Ein Jahr danach kam der Zyklon und entwurzelte jedes Geheimnis in der Runde. Und zwei Jahre später verließ der offizielle Kalender die Achtzehnhundert und trat in die Neunzehnhundert ein. Auch zu dieser Zeit wachte auf *La Touffaille* nur die Mutter. Das heißt, daß sie als einzige von den Targin, die man weiß nicht was für ein Wunder auf dem Antlitz der Erde erwartet hatten, noch vor Anker geblieben war, sich unbeugsam weigerte, ihr Land zu verlassen. Die anderen (ihr Mann, ihre Kinder) spähten nach ihr, seit jenem Samstag, als die Parodie einer Totenwache die Leiche von *La Touffaille* gefeiert hatte; Vater, Söhne und Töchter lauschten, ohne daß sie sich abgesprochen hätten, auf das kleinste Stocken in der Mechanik des Starrsinns; wagten sich aber nicht einmal so weit vor, Anspielungen zu machen oder Einladungen auszusprechen. Sie hielt einsam aus, wie ein Tier, das von einer schweigenden Sippe gestellt wurde, aber verachtet, was sie festhält. Die Ankündigung, daß der älteste Sohn vielleicht einen Job in der Stadt suchen wollte (er bat bei ihr um Erlaubnis), entlockte ihr keinen Laut. Da sie von ihnen allen die kleinste war, erschien sie wirklich wie eine

Kerze, die zwischen großen Bäumen leuchtet und sich weigert zu verlöschen. Die Zeit ging vorüber, sie wurde immer leerer und härter, das heißt, nur aufgebläht von Schulden, Ermattung, Brotfrüchten und Maniok, erbarmungslos und ohne eine Freude. Es war klar sichtbar, daß *La Touffaille* dem Willen der Ochsenimporteure nicht standhalten würde. Doch sie hielt aus, eine Urmutter, die ganz einfach schwieg, abseits von Lärm oder Niedergeschlagenheit. Zu der Zeit, als der Vater noch zu Senglis hinging, um über die Bedingungen zu verhandeln, weigerte sie sich schließlich, seine Berichte anzuhören, wenn er voll Stolz auf dieses Privileg (nicht darauf, daß er die Bedingungen als erster erfuhr, sondern, daß er einem Mann in die Augen gesehen hatte, den keiner von ihnen kannte, sie hatten ihn nicht einmal in der Kleinstadt gesehen, an einem Sonntagmorgen, und dennoch spielte er mit ihrem Geschick und hatte schon im voraus gewonnen), aber auch von ihm zu Boden gedrückt, zurückkehrte. Ihre Weigerung, zuzuhören, war nicht offensichtlich gewesen; sie war nicht immer zugegen, wenn der Vater zurückkehrte, das war alles. Dann hörten die Besuche bei Senglis auf; das Land produzierte ohnehin bald nichts mehr außer Gemüsen und Früchten, welche sie in Begleitung der Töchter auf dem Markt verkaufte. Vor dem Haus zeigte sich der Abhang, der einst so friedlich absank, jetzt als trauriges Dickicht rostiger Erde, auf der vertrocknete Pflanzen noch die alten Reihen bezeichneten. Die Kakaopflanzen dahinter erstickten in ihrer Fäulnis. Um den Mangobaum gewannen die Brennesseln die Vormacht und überall sonst fehlte es wenigstens nicht an Gras für die Kaninchen. In der Ebenheit zwischen dem Fluß und der Küste nährte die fortschreitende Versumpfung entlang *La Touffaille* dicke Gräser für die Stiere, sie nahmen offenbar den Einzug dieses Senglis schon vorweg. Doch sie hielt aus, aufrecht unter ihrem Korb, mitten im Getöse der Frauen, die den Markt überfluteten (sie hatte ihren angestammten Platz), vertrauliche Zurufe klangen von ihren Gefährtinnen herüber, unter ihnen fand sie plötzlich ihre Stimme wieder, lebte auf, erzählte nicht enden wollende Geschichten, die von Sonntag zu Sonntag wieder aufsprangen; sie war ernst, immer noch zurückhaltend, aber endlich streifte auch ein Lächeln ihr Gesicht, und hob die unter der schwarzen Haut etwas bleichen Wangen. Als versuchten diese Marktfrauen, die um die Stände herum einen solchen berstenden Lärm entfalteten, alle mit ihren schlecht gehenden Früchten und Gemüsen, wenigstens die Präsenz (wenn nicht die Kraft) der Erde droben aufrechtzuerhalten. Als hätten Stéfanise, die nach dem Streit gegangen war, und Edmée, die von dem Zyklon mitgerissen wurde, den anderen Frauen die Mühe übertragen, das Leben herauszuschreien, ohne einzuhalten oder schwächer zu werden.

Aber nach dem Zyklon gab es nichts mehr zu hoffen. Der Vater und die Kinder sahen aufmerksam zu, wie sie mehr und mehr in sich zusammensank. Zuerst kamen die Reparaturen, das gähnende Dach, die aufgeschlitzten Wände, die am Boden liegenden Bäume; dann Edmées Begräbnis, diesmal ohne Totenwache, es wurde rasch begangen in der allgemeinen Erschöpfung: So kam es, daß sie nicht sogleich die Leere spürte, die sie (in ihrem Innern) wie an der Oberfläche der Dinge treiben ließ. Aber am Ende konnte sie nur noch mit leiser, eintöniger Stimme von den Schäden singen, die der Zyklon angerichtet hatte, von den Ruinen, die er angehäuft, bis zum kleinsten Yamsgewächs, das er entwurzelt hatte, über das alles führte sie nun Buch. Sie sprach jedoch nie von ihrer Tochter, die nach da droben gegangen war und leblos, wie eine Kugel, vom herabwehenden Wind zurückgebracht wurde. Um die Tochter zu vergessen, verbiß sie sich in die Aufrechnung der materiellen Schäden, sie ließen eigentlich keine Hoffnung mehr und keine

Wahl. Die anderen überwachten sie, sie hatten verstanden, daß es nur eine Frage der Zeit war, bis ihr Entschluß gereift war. Im übrigen bedachten sie die Mutter, als hätten sie Gewissensbisse, mit einer völlig außergewöhnlichen Pflege und Aufmerksamkeit.

Sie schleppte ihren Kummer noch einige Zeit weiter und zwang die anderen dazu, ihr Warten kennenzulernen und auszuhalten. Jeden Sonntag, wenn sie diesen Markt betrat, schien sie dort neue Kraft zu sammeln, einen Vorrat an Geduld für die kommende Woche. Zehnmal zählte sie die Geldmünzen nach. Zehnmal maß sie die *couis* mit Maniok, die Schöpflöffel mit Salz, die Löffel voll Zucker. Bis zu dem Tag, als sie ihrerseits erschöpft war, jedesmal kümmerlichere Haufen zu verkaufen, von Mangos und Yams, Brotfrüchten und Pataten, Orangen und Tintenkirschen, die sie zufällig irgendwo aufgelesen hatte, da setzte sie sich einfach hin und schaute alle um sich an, Vater, Söhne, Töchter, und zeichnete mit der Hand eine vage Gebärde des Verzichts, als wollte sie all die abdriftige Vegetation von *La Touffaille* weit von ihrer Müdigkeit weisen ...

Während dieser Zeit strengten sich die Béluse an. Das heißt, im Jahr 1910 ging Zéphirin fort, um sich zu den Toten zu gesellen; doch nicht durch ein Unglück oder das Schicksal. Auch ihn raffte der Verschleiß dahin. Der Verschleiß knetete mit seinen bleichen, leimigen Fingern für diesen Béluse das gleiche Schicksal wie für alle, den Maßstab des Todes für die Einwohner der Besitzungen, und fügte ihn in die allgemeine Norm. So wurden die Béluse, die sich seit langem wenigstens an ihrem letzten Tag (wenn sie über das Land, die Wälder und Felder, auf der Kolonialstraße und auf Seitengassen bis zum Friedhof der Kleinstadt getragen wurden) in die Gemeinschaft der Toten einreihten – durch Zéphirin endlich mit der Masse verschmolzen. Denn sein Tod (das heißt, die Art, wie er zu Tode kam) zeichnete ihn nicht mehr aus. Noch bevor sie endlich wie alle anderen lebten, bevor sie die Longoué aufgaben, ihre Raserei der Verweigerung, lernten es die Béluse also, am allgemeinen Verschleiß zu sterben. Zéphirin war nicht wie sein Vater zum Handel berufen, er war darauf versessen, *Roche Carrée* zu halten, während er für Larroche arbeitete; er starb mit achtunddreißig Jahren. So strengten sich die Béluse an, das war ihre Aufgabe, das unterschiedslose Schicksal zu erreichen, das im Schweiße über die Wälder, die Kleinstädte, die zitternden Hügel und die geraden Furchen verteilt war; überall, wo der Boden ohne Unterschied seine nun gipfellosen Weiten unter dem Gewicht der Sonne ausbreitete. Sicher, Mathieu Béluse würde Ti-René Longoué noch in den Großen Krieg jenseits der Wasser folgen! Aber er würde zurückkehren, er, Béluse.

IV

Ach, ich sage dir.

Dann Schweigen, ringsum die Trockenzeit, Papa Longoué ohne Stimme neben den verkohlten Farnen (Mathieu sank wie ein erloschenes Feuer auf die geriffelte Erde, stieß sich am Tag, der durch die Bresche hereinrannte, wo das Wort geradezu den Schirm aus Grün verzehrt hatte, das Gewirr der Lianen und des Bambus, um im Vorhang ringsum eine Lichtung zu öffnen, und mehr, eine Verheerung aus Versengtem und Hellem) ein alter zerfurchter Leib, ein widerspenstiger Geist, aus einem Stück gehauen, ein weises Kind, das – seit dem Tag, als Apostrophes Tod es in den Schrei von Stéfanise gestürzt hatte – in diesem Schweigen und Geheimnis eintauchte, worin es Edmée begegnet war. Im Schweigen. Aber wie hätte er beispielsweise von seinem Vater Apostrophe sprechen sollen, er hatte ihn nur in der unbeschreiblichen Nacht kennengelernt, in der Melchior für ihn die Masse der Toten erweckt hatte – sonst war Apostrophe nur ein auf sein kindliches Staunen geworfener Schatten. Papa Longoué sah kaum noch das runde Gesicht, diesen schwarzen Mond am Himmel, der über das Kind gebeugt war, ihn selbst, und zweifellos hatte er auch als Greis nie aufgehört, dieses Kind zu sein, während die zerstreute Stimme buchstabierte: „Dieser Junge-da, er wird reif sein, bevor er gewachsen ist." Und wie hätte er Saint-Yves Béluse zeigen sollen, den Kaufmann aus Leidenschaft, oder dessen Sohn Zéphirin, der mit Achtunddreißig starb, oder ihre Frauen, ihre Kinder, die in der Hütte aufwuchsen oder überallhin ausgesät waren, und wie hätte er sagen sollen, ob sie über Probleme diskutiert, Fragen gestellt, gelitten oder gehaßt hatten, er, der von seiner Zeit nicht einmal genügend übrig hatte, um sich an die Augen im schwarzen Mond zu erinnern, und ob diese Augen etwas anderes sagten als die langsame Stimme, die aus dem Mond herabfiel wie nächtlicher Regen?

Der Geruch des Gesteins, der Geschmack harten Felses im Wasser der Tümpel, das verbrannte Holz, das aus dem Feuer fiel und sich in Funken auf der schwarzen Erde um den *canari* mit Pataten verteilte, und vielleicht auch der Beigeschmack von gehärtetem Ton auf den Händen und Armen der Frau (Saint-Yves nötigte sie, Karaffen und Töpfe zu drehen – wer weiß, wie sie das gelernt hatte – er brannte sie selbst, zwischen zwei Holzstapeln, und sie verkaufte sie anschließend vor der Kleinstadt) und das Kind Zéphirin sammelte die Scherben zerbrochener Karaffen, häufte einen rauhen Schatz geschwärzter Böden, abgerissener Henkel, gespaltener Schnäbel; dann der Verschleiß, die Jahre, die Nächte und der Ofen verlassen, wie auch die Ebenholzbäume, bis zu dem Tag, als der siegreiche Wald sein Anrecht auf die Spanne Boden und das Loch mit Lehm zurückerobert hatte – die ineinanderfließenden Braun- und leuchtenden (aus der grünen Tollheit aufgeschossenen) Violett-Töne belegten das grelle Rot, das seine Wunde in den Boden gegraben hatte, mit Schatten – und der gehärtete Fußabdruck von Saint-Yves, drei Schritte nach rechts vor dem Eingang zur Hütte, den weder die Feuerschauer noch die feinen, heißen Augustregen hatten auslöschen können – danach, doch eigentlich zur gleichen Zeit, in einer anderen Welt, am anderen Hang dieses Hügels (es hätte ebensogut ein ganz anderer Hügel sein können), doch kein Einwohner wußte, daß er derart bezeichnet war, um die beiden Extreme des gleichen Geschicks zu tragen, schaute Apostrophe zu, wie Stéfanise den Boden der Hütte fegte: Den festgetretenen, geglätteten Boden, glänzend wie Lack, wo der Staub unter dem Besen aus Stechanemonenzweigen wegglitt wie Rohzucker auf dem eingebrannten Boden des Kessels, – und sich mit einem Seufzer erhebend sagte er, ein für alle Mal die Aufregung und Gereiztheit weit von sich weisend: fast als überlegte er, schweigsam und jenseits allen Denkens: „Ach! Das Land gehört noch nicht uns, nein, es gehört nicht uns." Und, offenbar um das wieder einzufangen, was er nicht eingrenzen konnte, nahm er das Fäßchen auf seine Knie und befestigte in sorgfältigen Handbewegungen die herunterhängenden Dauben des Behältnisses mit einem Lianenstrick.

Und wie hätte Papa Longoué, nachdem er das Geheimnis benannt hatte, es erklären oder zeigen oder einfach in Erinnerung rufen sollen, er, der doch völlig sprachlos vor der Ergründlichkeit dieses dreieckigen Kopfes gestanden hatte, rettungslos angezogen und unterworfen von diesem unbedingten, endgültigen Schweigen, wo er doch nie etwas anderes hatte tun können, als das Aufblühen der Knochen unter der Haut festzustellen, da Edmée immer mehr abmagerte, nicht wie eine *baramine*, sondern eher wie ein Zweig Piniholz? Das Geheimnis. – Welches andere Wort für diese Frau, die sich verzehrte, ohne auszutrocknen: Die Knochen traten jeden Tag mehr hervor, doch waren sie umschlossen von ein wenig dichtem Fleisch, einer leuchtenden Haut, die weder schlaff noch zerknittert war. Er hatte all die Jahre nichts anderes tun können, als jeden Abend vor der Hütte zu sitzen, unter der Folter dieses Schweigens, mit der Rinde auf seinen Knien wie ein Stück Holz ohne Bedeutung: „Heute ist sie wieder magerer geworden, bald wird sie ein starker Wind nach unten tragen." Er wagte dabei nicht zu glauben, daß er in die Zukunft sah, und suchte eher, mit diesem Scherz die meerblaue Bedrohung zu beschwören, die ihm nachts auf die Lider drückte und ihn plötzlich nach Luft ringend und blind aufweckte, wie ein Mann, der im flüssigen Morast der Mangrove ertrinkt.

Dieser Alptraum, der keiner war (denn in Wirklichkeit träumte er nichts und berührte das Grauen nur mit diesem Aufschrecken in die vom Schrei der Insekten gewiegte Nacht), war bedrohlicher geworden, sodaß er nervös wurde wie ein Tier, das ein Gewitter spürt oder den Tod. Bis zu dem Zeitpunkt, als das Geheimnis und das Schweigen auf einmal völlig bedeckt waren vom Bersten und der Unsinnigkeit dieses Winds (man hätte meinen können, er wäre rot, so sehr brannte er in den Augen), welcher schon zwei Tage lang geweht und noch alle Dinge in ihrer Verankerung gelassen hatte, der Wind bereitete nur den Weg für den richtigen Zyklon: Eine Eruption von Donner und Schlieren in der Tollheit, die noch vor einem Augenblick jene Luft gewesen war, die du einatmest, und in der du dich bewegst, jetzt eine Schlacht von wütenden Hölzern Eisenstücken Blechen – es war fünf Uhr morgens, doch es wurde zum zweiten Mal Nacht – und der Fluß aus Luft brüllte durch die Bretter der Hütte, während er alles nach draußen mitnahm, die Tür fortriß (die Hütte selbst bäumte sich auf der Erde wie ein widerspenstiges Maultier), das Getöse stöhnte im Ohr, ohne Ende, der Geruch

nach Verbranntem, der zuerst die Nase kitzelte und sie anschließend verstopfte bis in die Tiefen des Hirns, und schließlich
wurde der Regen aus dem Himmel gerissen und mit den
Bäumen, den Kisten, den Strohsplittern auf den Leib gefegt wie
Wurfgeschosse, die Fässer barsten, und sie beide (sie war
leichter als ein Sack, er trug das Kind, es war noch nicht
erschrocken, sondern fast vergnügt) krümmten sich in der Tiefe
der Hütte, dann wurden sie auf den Vorplatz gerissen und
allmählich zum abschüssigen Pfad abgetrieben – aber das dreieckige Gesicht war immer noch ungerührt, hatte die Augen
geschlossen, der Mund, ein Strich, dünn wie ein Fädchen,
während er schrie, festhalten, es war seltsam, den Mund zu
öffnen in diesem donnernden Loch – und er war gegen einen
Mangobaum gedrückt worden, vom Gewicht des Winds dort
festgehalten, ohne Schmerz an den Stamm genagelt, das Kind an
ihn geschmiegt, er hatte gespürt, wie auf den Hügeln ringsum
der Himmel in tödlichen Trümmern herabfiel, er hatte gesehen,
wie sie langsam zum Abhang hin glitt, völlig verrenkt, in dem
Maß wie der Zyklon an Stärke gewann, und er hatte versucht, ja,
versucht, zu ihr zu gelangen, mit ihr zusammen hinunterzugehen
(trotz seiner Sorge um das Kind, es war ihm mit einigen
Verrenkungen gelungen, es zwischen sich und den Baum ein-
zukeilen), aber diese luftigen Hände, die ihn gegen den Mangobaum drückten, erlaubten ihm nicht, zu sterben; und er hatte
gesehen, wie sie auf dem Pfad verschwand, sicher schon tot, ihr
Leib schlenkerte von einem Fels zum nächsten, ihr Kleid war
längst abgerissen, die Arme und Beine um den Kopf verknotet –
und er war da geblieben in der Sintflut und den Blitzen der
entwurzelten Gegenstände, in der Nacht aus Zinnspänen, in der
Feuersbrunst aus Luft und Wirbeln, und wußte, sich aufzuregen,
zu bewegen, zu fliehen war sinnlos, oder auch diesen Leib zu
suchen, der praktisch über den Abhang des Hügels davongeflo-

gen war, und er hatte die Augen geschlossen, sich der Erde
entrückt, der Raserei des Lebens, die tödlich um ihn brodelte,
und war einfach am Fuß des Mangobaums zusammengesunken,
als allmählich die abnehmende Stärke des Zyklons ihre Umar-
mung gelockert hatte, und wie ihn endlich ein Sonnenstrahl
zwischen den Augen traf (René lag jetzt fest in seinen Armen
und weinte ohne Unterbrechung wie eine Mechanik), hatte er
erkannt, daß Schweigen und Geheimnis auf die Erde zurückgekehrt waren: Denn er hatte überall die Wasser gesehen, die im
kleinsten Winkel austraten, auf der winzigsten Oberfläche erzitterten, sanft das Gefälle hintersprangen zwischen den aus-
gerissenen Felsen, den Teppichen aus Lianen und Stämmen,
zwischen den in den Lehm gepflanzten Brettern und den
abgesägten Bäumen, im glitzernden Gewirr, wo die Bambusrohre
funkelten wie grüne Glut; er hatte endlich das Rauschen des
sumpfigen Wassers gehört, geschlossener und dichter als das
Schweigen, geheimnisvoller als der Horizont im Meer: Es war
die Stimme der Mächte des ersten Tags, die über den Urwassern
schwebten, ohne Vergangenheit und Gedächtnis.

René, der sich um seinen Hals klammerte, weckte ihn aus
der Erstarrung. Man kann sagen, daß mit diesem Zyklon die
Verständnislosigkeit zwischen ihnen wuchs, die Distanz, die der
Vater nie verringern konnte. Mit seinen acht Jahren war das Kind
schon empfindsam genug, um einen solchen Tag des Schreckens
für immer zu spüren; anscheinend verband es, obwohl der Vater
es bei der Gelegenheit so umsorgt hatte, für den Rest des Lebens
Papa Longoué mit dem Zyklon und der Angst. So begann
zwischen ihnen der wortlose Streit, der nicht enden sollte. Ohne
es zu wollen, machte Papa Longoué die Angelegenheit noch
schwieriger; denn als er aufbrach, um Edmée zu suchen, wollte
er das Kind nicht mitnehmen – die Wege waren verschwunden,
die Gefahren groß. Und in seinem Ungeschick und seiner

Unkenntnis dieser Dinge versuchte er, Renés Kleider und Körper zu trocknen (Doch wie? In diesem Universum, das plötzlich nur noch aus Wasser und Morast bestand?), danach setzte er ihn hinten in die Hütte, offenbar, um ihn vor einer möglichen Rückkehr des Windes zu schützen, und ließ ihn dort zurück, der Feuchtigkeit, der Einsamkeit und Kälte ausgesetzt, wo es doch sinnvoller gewesen wäre, ihn in der prallen Sonne zu lassen. René litt noch mehr unter der kurzen Zeit, die er so in der Hütte verbrachte (er flüchtete sich sehr schnell nach draußen), als unter den Stunden der Besinnungslosigkeit, die er im Zyklon hatte durchstehen müssen.

Papa Longoué fand Edmée in einem Wasserloch. Nur der Rücken ragte aus dem Morast, der schon lauwarm war. Er hob die Leiche hoch, ohne sie anzusehen, setzte damit einen fast gelben, schwefligen Wasserfall frei, er wickelte sie so gut er konnte in sein altes, zerrissenes Hemd aus grobem Tuch; dann trug er sie fort. Nicht zur Hütte, sondern in Richtung Meer, nach *La Touffaille*. Als hätte der Zyklon wirklich seine Hütte abgerissen, oder als hätte er es für gerecht befunden, Edmée ihren Angehörigen zurückzugeben, an diesem letzten Tag. Das Leben zitterte ringsum. Abgestumpft räumten die Leute in den Trümmern auf, suchten nach Verletzten, standen mit großen Gebärden klagend um die Toten. Keiner kümmerte sich um den mageren, fast nackten Mann, der in seinen Armen eine noch entblößtere Frau trug. Vor dem zerstörten Haus von *La Touffaille* traf er sie versammelt. Schon von Ferne schauten sie zu, wie er kam, und Aurélie begann zu ächzen. Er legte seine Last vor der Mutter ab und blieb dann reglos, stumm, als ginge ihn diese Angelegenheit nichts mehr an. Tatsächlich richtete keiner ein Wort an ihn und keiner zog ihm ein böses Gesicht. Das Begräbnis fand am gleichen Tage statt, ein Massenbegräbnis, der Domherr oder Pfarrer sprach den Segen, vage Maßnahmen zur Seuchenverhütung bestimmten das Bild. Die Gruben und Gräber, zerstört und versetzt, ohne Kreuze, Sand und künstliche Blumen, waren wie verstopfte Krebslöcher in einem sumpfigen Feld. Der Domherr wußte nicht, daß in einer der Kisten, die er reihenweise besprengte, die Frau eines Quimboiseurs lag. Alle waren abgekämpft, benommen. Der Erbe der Longoué folgte der Menge, wußte nicht, wie er in die Kleinstadt, auf diesen Friedhof gekommen war, halb nackt und völlig unbekannt. Er sollte die Targin nicht wiedersehen. Als er zur Hütte hinaufkam, war Ti-René verschwunden.

Was habe ich anderes getan, als immer zu versuchen, daß ich die Kette nicht verlor, vom ersten Tag an, alles, was ich in meinem Leib hatte, war dazu da, damit ich jene nicht vergaß, die zu schnell fortgegangen sind und was getan-wohlgetan ist, die Erde, die du umrührst, um die Kenntnis auszugraben, aber die Wahrheit geht vorüber wie der Blitz, du bleibst bestürzt sitzen, mit deiner ausgestreckten Hand, und der Wind fließt durch deine Finger wie ein Bach. Du lauschst auf das Geheimnis, so sehr, daß ein Zyklon es entwurzelt und dann die Wasser deinen Leib bedecken, dann die Sonne in dich dringt wie eine Arznei. Ach! Meister Mathieu, du behauptest, ich kenne das Heute nicht, weil ich nie bis zur Teerstraße hinabsteige, doch das Heute ist der Sohn vom Gestern, und du bist Mathieu, Sohn von Mathieu, der ankam, um mir vom Loch in der Erde zu erzählen, in das Ti-René, mein Sohn, der man kann sagen seit dem Tag des Zyklons fortgegangen war, schießlich am Ende seiner Reise gefallen ist! Ach! Du hast die Augen, das Licht ist in deinen Augen, aber du wirst so schnell nicht kennenlernen, was sich im Kopf rührt, wenn man Melchior vorübergehen sieht, einen großen Neger ohne Hast, von den Messieurs verachtet und in seiner Unwissenheit verkannt, und doch beherrscht er alles. Und die Große, die an ihrer Stimme hängt wie ein canari *über dem Feuer.*

Es gibt Stiere, die auf den Hügel hinaufgehen, keiner kann sie je wiederfinden. Abends gehe ich hinunter zur Quelle, und während ich meine Korbflasche mit dem coui auffülle, höre ich, wie sie durch die Nacht rufen. Es gibt zweistöckige Häuser an der Hauptstraße der Kleinstadt, ich wäre neugierig, in eins der Zimmer im ersten Stock zu gehen, und aus dem Fenster zu sehen, ob die Straße immer noch da ist. Was habe ich anderes getan, als daß ich in jeden Tag ein wenig Sonne vom Vortag brachte, um den Zug der Ochsen bis zum heutigen Tag zu erhellen, den Abstieg Melchiors, und daß man sogar überall in den Wäldern, die du siehst, den Geruch dieses großen Schiffes atmen kann. Du achtest nicht auf einen alten Leib, der deliriert, aber warum behauptest du dann, daß ich das Heute nicht kenne? Ich sage immer zu ihnen: „Geht und schreit dem Doktor, er hat sehr starke Heilmittel", aber der Doktor kostet 500 Francs. Ich sage zu ihnen: „Ich bin ein alter Neger ohne Halt", sie antworten: „Alfonsine wird sterben, ihr Hals ist in der Nacht angeschwollen." Ich sage zu ihnen: „Riecht ihr denn nicht dieses Schiff?", und sie antworten: „ Genug mit den Dummheiten, Papa Longoué, am Ende wirst du noch verrückt." Und ich sage zu ihnen: „Das Elend ist nicht wie der Tag, der vergeht, im Elend gibt es kein Morgen, keinen Mittag, keinen Abend", und sie antworten: „Was du siehst, siehst du gut, auch wenn du dich nicht aus dieser Hütte rührst." Aber was tue ich, ich nehme dennoch meine Hacke, um ein paar Gewächse zu häufeln, wenn ich nicht die Zahl der Nächte bis heute auflese, die ich damit verbracht habe, meine Toten wiederzusehen, zur Zahl der Tage gezählt, an denen ich auf Ti-René Longoué gewartet habe. Aber der ist wirklich nicht zurückgekehrt, selbst wenn sein Leib ab und an hier erschienen ist. Weil sie in ihrer Haut ein Tier haben, das sie in die Ferne treibt, schauen sie alle über das Meer; und deshalb habe ich schon lange vor der Zeit gesehen, daß René

Longoué diese Hütte verlassen und ganz auf die andere Seite des Waldes fortgehen würde.

Denn für den Quimboiseur war die erste von Renés Eigenschaften seine Ungeselligkeit. Als sein Vater ihn am Abend des Zyklons wiederfand, verlangte das Kind nicht ein einziges Mal nach seiner Mutter, was schon ein erstes Anzeichen war. Der Tag, an dem er allein durch das unbegreifliche Gewühl zerstampfter Vegetation, gelben Wassers und Schlamms geirrt war (im Kopf immer noch die Sirene des Winds), hatte ihn sozusagen unempfindlich gemacht. Er war nicht stutzig oder töricht, er war sich selbst genug. Papa Longoué sprach zu ihm, aber er hörte wirklich nicht zu, er war immer auf etwas gespannt, das außerhalb der Reichweite seines Blicks oder Gehörs lag. Mißtrauisch und aggressiv grinste er ganz offen, wenn von Stéfanise die Rede war (er hatte sie gekannt), von Melchior oder Apostrophe. Selbst seine Mutter schien ihn kalt zu lassen. „Sie war schließlich deine Mutter", sagte Papa Longoué, aber der heftige kleine Junge schwieg.

Mit dreizehn Jahren nahm er Arbeit in einer Gerberei an und lernte, wie man Leder bearbeitet. Sein Vater sah ihn immer seltener, und jedesmal kam es zum Streit. Man nannte den jungen Mann einen Luftikus, da er sich herzlich wenig darum kümmerte, was er an Katastrophen auslöste. Doch bei der Arbeit war er zuverlässig, und, was das übrige betraf, ein höchst liebenswerter Kamerad. Allerdings war er auch sehr streitsüchtig und duldete nicht die geringste Anspielung auf das, was man den Beruf seines Vaters nennen kann. Er prügelte sich gern, nicht so sehr aus Bosheit, sondern um sich davon zu überzeugen, daß er am Leben der Gemeinschaft teilhatte. Der Kampf stellte für ihn eine wirkungsvolle Art dar, sich Anerkennung zu verschaffen. Seine Freunde hatten für solche Neigungen kein Verständnis, sie schrien, Ti-René, der Gerber, sei ein Teufel in

303

Kleidern. Überdies war er schüchtern (vor allem gegenüber den kessen Frauen, die in die Gerberei kamen) und suchte nicht über diese Schüchternheit hinwegzutäuschen. Aber auch dies wurde ihm als eine äußerst geschickte Taktik ausgelegt.

Nur beim Vater ließ er seinem wilden Naturell freien Lauf. Doch Papa Longoué glaubte, den wahren Grund für sein Verhalten erfaßt zu haben, das verborgene Zaubergepäck. Er nahm die Ausbrüche seines Sohnes, sein Grinsen, seine bitteren Bemerkungen geduldig hin. Er lernte, ihn zu beschwichtigen, ohne ihm zu schmeicheln; ihn zu beunruhigen, ohne ihm Vorwürfe zu machen. Und nach und nach veränderte sich Ti-René. Er verfiel darauf, seinen Vater auszufragen, erbat Erklärungen über Edmée – wie hatte er sie kennengelernt, warum hatte sie nie gesprochen – und über Stéfanise, die ihn immer übersehen hatte. Obwohl er sich nie darauf einließ, die Zauber zu studieren (er glaubte ganz einfach nicht daran), lauschte er ohne Hohn der eintönigen, aus der Vergangenheit auftauchenden Geschichte, manchmal vielleicht sogar mit einer gewissen Zärtlichkeit. Aber alles war verdorben, wenn Longoué mit Heftigkeit darauf bestand, René solle die Stadt verlassen und wieder auf dem Hügel leben. In solchen Momenten schrie der Junge einmal ganz laut; dann ging er, ohne den Streit auszufechten, fort. Sein Vater wußte noch nicht, daß er eigentlich keine Wohnung hatte und überall herumvagabundierte, wie es ihm gerade einfiel. Vor allem liebte er die ungewissen Ränder der Stadt, die mit Kerzen erleuchteten Hütten aus Wellblech schufen mit ihrem unentwirrbaren Gedränge etwas wie einen bergenden Unterschlupf; es war schön, dort bei nicht enden wollenden Palavern Rum zu trinken oder frei um einen Tambour herumzutanzen, vor einem dieser kleinen Ausschänke, die zu recht *„privés"* genannt wurden. Hier fand er Gelegenheit zu so mancher Prügelei zwischen zwei flammenden Reden.

Die Stadt war das Heiligtum des Worts, der Gebärde, des Kampfs.

Papa Longoué wußte genau, daß all das nur eine einzige, sehnliche Begierde überdeckte, nämlich fortzugehen, herauszukommen, dieses überfüllte *coui*, dieses Scheibchen Erde zu verlassen und im Raum jenseits des Horizonts zu schwimmen. Hatte nicht schon Apostrophe gedacht, daß dieses Land nicht ihnen gehörte, selbst wenn er es nie klar ausgesprochen hatte? In ihrem tiefsten Innern hegten sie den brennenden Wunsch, ein Anderswo kennenzulernen, wo sie nicht mehr Objekte waren, wo sie selbst sehen und berühren konnten: Sie verließen den Hügel, aber es war nicht die Stadt, die sie suchten,- so dachte der einsame Quimboiseur – es war die hinter der Linie des Meeres aufgetürmte Wolke, die nie hier herüber kam, um den reinen Himmel zu füllen.

Die Kriegserklärung, das war der Ruf zu einem großen, unbekannten Kampf um eine unschätzbare Beute, keiner hätte sie berechnen können (da sie nicht begehrt wurde wie ein konkretes, gebräuchliches Gut, das einfach in Geld umzurechnen war, sondern diffus in der Hoffnung schwebte wie ein Feilicht des Glücks, das Versprechen eines abenteuerlichen Anderswo) erfüllte also das Land mit Begeisterung – besonders Ti-René – zumal Papa Longoué sie nur voller Zweifel und Verärgerung aufnahm. „Bleib hier", sagte er, „keine Behörde wird dich von hier wegholen. Was hast du dort verloren, daß du hingehen und Krieg führen willst? Und vor allem, weißt du überhaupt, wie so ein Deutscher aussieht? Er versteht keine Sprache, die man spricht. Wenn du einen von ihnen siehst, wirst du ihn nicht einmal recht laut beschimpfen können, bevor du mit diesen verdammten Gewehren auf ihn schießt." Aber es war nichts zu machen, René Longoué ließ sich auf keine Diskussion ein. Von dem Augenblick an, als er die Uniform anzog, bis zur

Abfahrt des Schiffes wollte der Vater ihn weder sehen noch etwas von ihm hören. René versuchte mehrmals, sich wenigstens in seiner neuen Aufmachung bewundern zu lassen, doch Papa Longoué zog sich unter die Bäume hinter der Hütte zurück und der Soldat blieb allein auf dem Vorplatz und schrie im Flug: „Du bist ein Wilder! Es gibt keinen schlimmeren Wilden als dich!" – und stieg schwerfällig wieder hinab.

Ohne seinen Vater umarmt zu haben, wurde er mit dem ersten Truppentransport eingeschifft. Diese Abreise hatte das Land bewegt, die Heiterkeit war groß, keinem konnte das Ereignis entgehen. Vom höchsten Punkt aus beobachtete Papa Longoué das Auslaufen des Transatlantikdampfers. Aufrecht, allein, an jenem Tag verlassener als er es je in seinem Leben sein würde, reglos zwischen den Ölpalmen entlang des Kammes, sah er weit draußen und unten das Schiff, es rauchte, als sei ein Feuer aus grünen Zweigen in den Wind auf dem Grün des Meeres geworfen worden (für sie war es das erste abfahrende Schiff, nach den vielen anderen, die nur angekommen waren) und zwischen dem Schiff und ihm das bunte Kachelmuster stummer, unter der Sonne verlassener Felder. „Geht", dachte er, „geht, mein Sohn, der nicht der Sohn Melchiors ist, und der wild ist wie ein Longoué, aber ungläubig wie Apostrophe. Wenn du nicht in unser Land zurückkommst, gibt es kein Land mehr für mich. Geht, mein Sohn. Denn keiner antwortet, wenn ich mit meinen Armen schreie." Und er öffnete seine Arme zur Weite hin; dann lachte er und sagte: „Am Ende wirst du noch verrückt, ho Longoué."

(René Longoué organisierte bereits, das Schiff war noch in der Mitte der Reede, eine Partie Serbi, er hatte den Hügeln nur einen flüchtigen, fast schamvollen Blick gegönnt. Sie waren im Schiffsbauch, man hatte ihn für sie umgebaut. René wurde sofort wieder heftig, in seiner überstürzten Art, die er bis zuletzt nicht

306

ablegen würde. Für ihn hatten nur die weißen Offiziere Anspruch auf eine gewisse Autorität, und auch nur ab dem Grad des Leutnants. Er fand es zum Beispiel ehrenrührig, daß der Rang eines Befehlshabers mit der Silbe *Unter* beginnen sollte und lehnte folglich die Autorität der Unterleutnants ab, fand die Sitte, daß man sie ganz einfach Leutnant nannte im übrigen unverschämt. Das waren seine Sorgen, seine Probleme. Im übrigen war der Protest sein Gesetz. Den größten Teil der Überfahrt verbrachte er in Ketten, aber er lachte wild darüber. „Was bist du denn?", schrie er. „Ein Feldwebel. Bildest du dir ein, daß ein Feldwebel mir auf die Füße treten kann?" Man warf ihm bald vor, daß er mit seinem Benehmen und seinem schlechten Ruf der Gesamtheit seiner Landsleute schadete. Wenn er gerade frei war, gelang es ihm, in die Küche einzudringen, er brachte immer riesige Berge von Eßbarem mit. Die anderen zierten sich nicht, diesen Proviant mit ihm zu teilen; zufrieden und voll Verachtung lachte er insgeheim darüber. Er war wild und unbändig, doch seine ganze Ausgelassenheit fiel ab, als das Schiff in Le Havre einlief. Schon lange hatte die Kälte sie erfaßt; er hatte sich darüber lustig gemacht und behauptet, er spüre nichts, und so getan, als würde er sich zuweilen ausziehen. Aber dieses bis zur Unendlichkeit dunstige Land, der geschmolzene Schnee am Boden, die blendenden Fluchten weißer Dächer, die Rührigkeit wie in einem fiebrigen Bienenkorb, das Verkehrsgewühl, die ganze höhnische Vertrautheit eines Krieges, der sich noch nicht als endlos erwies, ließen ihn für lange Zeit verstummen. Er wurde nur noch arroganter gegenüber seinen Kameraden und lachte über ihr Ungeschick, sich in dieser neuen Umgebung zu bewegen – dabei war er anfangs in den von eiskaltem Morast versperrten Straßen jedesmal zusammengezuckt, wenn eines dieser für ihn so faszinierenden Automobile hupend auftauchte. Doch seine unleugbare Verführungsgabe bewirkte tatsächlich, daß ihn die Ansässigen und ihre Kinder mochten – sie nannten ihn Blanchette – und daß er sich eine Reihe Einladungen zum Abendessen zugute halten konnte, aus denen er viel Ruhm bezog. Sein Gebrauch der französischen Sprache wurde im Verkehr mit den weißen Soldaten sicherer, er war ganz überrascht, daß sie angesichts der Autorität ihrer Oberen ebenso armselig dastanden wie er. Ohne sich zu zieren, nahm er in sein Französisch eine gewisse Anzahl englischer oder kanadischer Ausdrücke und einige Sprichwörter aus der Normandie auf.

Seine Neigungen hinderten ihn jedoch nicht daran, das Opfer eines komischen Abenteuers zu werden, hinter den Linien, im Nordosten Frankreichs. Er war bei einer Familie zum Abendessen eingeladen, sie wohnte gegenüber der Kaserne, wo sein Regiment Quartier bezogen hatte, bevor es an die Front ging. Dort sah er sich einem seltsamen Gemüse gegenüber (die Herrin des Hauses hatte es folgendermaßen präsentiert: „Ich hoffe, Sie mögen Artischocken, wir haben noch welche, so sind die Zeiten.“). So saß er also da und wußte überhaupt nicht, was er mit diesem Ding tun sollte, und alle anderen um den Tisch musterten ihn unter dem Deckmantel der Höflichkeit mit unleugbarer Neugierde, warteten darauf, wie dieser junge Wilde seine Hände, seine Serviette, seinen Teller gebrauchen würde. „Ja", sagte er lachend. „Nicht wahr", sagte der Familienvater. „Ja ja", sagte er, und dann plötzlich: „Entschuldigen Sie, ich muß hinaus, ich komme wieder!" Er ließ die verblüffte Tischrunde sitzen, eilte über den Platz, rempelte die Wachen des Garderegiments an, stürzte aufs Zimmer, außer Atem, und schrie: „Schnell, schnell, wie ißt man Artischocken?" Und die anderen, zumindest die wenigen Weißen, die bei ihnen waren, gaben ihm in Ausbrüchen von Heiterkeit die phantastischsten Ratschläge: „Du nimmst ein Taschentuch, wickelst sie hinein, hängst es dir um den Hals und hüpfst auf einem Bein um den Tisch", bis einer, die Belustigung war beendet, es ihm endlich erklärte. Und wütend überquerte er im Laufschritt den Platz, setzte sich keuchend an den Tisch, von dem keiner sich gerührt hatte, und begann dann, mit erlesenen Gesten und einem breiten Lächeln die Artischocke, die ihn anwiderte, zu entblättern.

Mit seinem Ansehen war es – nach diesem Abenteuer – zu Ende: Das bereitete ihm einen unüberwindlichen Verdruß. Als sie an der Front waren, drängte es ihn in übertriebene Gefahren, was im übrigen gegen die Disziplin verstieß, doch er prahlte hinterher mit ihnen. Aber er kannte noch lange Zeiten eine Niedergeschlagenheit, die nicht vom Krieg herrührte. Im Gegenteil schien es, als würde dieser Mann nie die grausigen Schrecken des Todes um sich herum erfassen können, oder die Gefahr, die ihn ständig bedrohte. Sein Feldwebel, ein echter Profi im Schleifen von Kolonialtruppen, sagte zu ihm: „Du nimmst nur den Mund zu voll", er antwortete, die Wendungen der Sprache hatte er rasch gelernt: „Und pisse es Ihnen in hohem Bogen ans Bein."

Er war bei den Offizieren gern gesehen (wenn auch nicht angesehen), bei diesem Regiment galten nicht die Regeln, die sonst das Verhältnis zwischen der Truppe und den oberen Dienstgraden bestimmen. Einer von ihnen, dem er in der Schlacht aufgefallen war, fragte ihn beispielsweise vor jedem Angriff: „Na, soll es heute sein, Blanchette?" – eine Bemerkung, die in einer anderen Einheit sicher nicht angebracht gewesen wäre. Es war unglaublich, wie wenig dieser Gerber aus den Tropen die Angst kannte. Schließlich sprachen sie nicht mehr ihm das Verdienst für diese Tapferkeit zu, sondern eher einer „besonderen" Natur; er wurde auch nie für eine Tresse oder Medaille vorgeschlagen, nicht einmal nach den drei durch seinen Einsatz zustandegekommenen Ausbrüchen. Er lachte darüber. Eines Tages, als er wieder einmal bei einem Linienangriff vor seinen Kameraden und Oberen voranstürmte, sprang er aus rein sportlichem Vergnügen in ein Loch mit Brackwasser, doch eine Granate erreichte es im selben Augenblick wie er. „Ich wußte genau, daß ich seine Haut bekommen würde", dachte blitzartig der Feldwebel. Man fand seine Nummer, das war alles, was blieb, die aufgelöste Identität oder Realität eines besessenen Mannes, wie René Longoué es gewesen war.

Und ich wußte es seit langem, ich hatte ein Papier erhalten, vielleicht fünf Jahre vor seiner Rückkehr, und dieses Papier hatte ich im Wald bei der Hütte vergraben, etwa an der Stelle, wo Louise, Longoué, Melchior und die anderen ruhen mußten. Ich wußte es, aber ich wollte es aus seinem Munde hören, da er als Zeuge der Angelegenheit beigewohnt hatte. Und da stand er vor mir, Mathieu Béluse, der noch nicht der Vater von Mathieu Béluse war, er, der noch zwei Jahre nach dem Ende des Großen Krieges dort geblieben war, und drehte und wendete sich, ich sagte zu ihm: „Auf jeden Fall wird er nicht wieder auferstehen. Setz dich also auf diese Kiste und erzähle mir den Tag, die Stunde, den Ort." Er setzt sich, er ist ein Mann voller Würde, er konnte nicht glauben, daß ich in meinem Innern schrie, er beschrieb das Krankenrevier in allen Einzelheiten, seit jener Zeit sehe ich die vorn geöffneten Zelte, das Stroh und die Männer mit Armbinden, ich weiß wirklich alles über das Krankenrevier, er erklärte, wie man zur ersten Linie vorstößt, wie man zurückkommt, alle Titel der Kompanien und Regimenter, die Nummern, die Uniformen, ich sage zu ihm: „Aber warst du denn mit Ti-René zusammen?" Da sagt er zu mir: „Seit zehn Jahren, Papa Longoué, waren wir unzertrennlich", und ich sage: „Ach! Weil du ein Béluse bist, der Sohn von Zéphirin, dem Neffen meiner Mutter Stéfanise!"; und er sagt: „Ja, Papa Longoué." Aber er war schon ein Mann voller Würde, er sollte bald Verwalter in Fonds-Caïmite werden, und seit zehn Jahren war er mit Ti-René be-

freundet, einer machte Dummheiten, der andere ging hin und bügelte sie aus. Ja, und seine Würde bewirkte, daß er den ganzen Krieg erzählte, zum Beispiel von einem zur Wache eingeteilten Mann, den die Angst erdrückte, und der seinen Hauptmann tötete, als dieser von der Inspektion zurückkehrte. Dabei wollte ich doch nur wissen, wie dieses Loch aussah, am endlichen Ende erzählt er es mir und erfindet sogar, um mich zu trösten, abzulenken, die Geschichte eines anderen Mannes in einem anderen Loch, die Granate fällt ihm zwischen die Beine, explodiert jedoch nicht, der Mann bleibt reglos wie er ist, er schreit, er schreit, und als man sie weggenommen hatte, war er wahnsinnig geworden; ja, ich träume von alledem. Und er, Mathieu, ist schließlich gegen sechs Uhr wieder gegangen, ich sah ihn hinuntersteigen; wer hätte mir gesagt, daß der Sohn der Béluse zu mir auf die Hügel kommen würde, um mich eines Tages nach dem Was und Warum zu fragen? Heute ist es ein anderer Krieg. Was war er denn für uns, außer einem großen Loch, über das die Zeit mit einem Satz gesprungen ist? Und heute, schau an, wieviele Löcher in der Erde offen sind, im selben Moment, in dem ich spreche, und wer weiß, wie viele Menschen wahnsinnig geworden sind, bevor sie starben?

(„Die Franzosen haben Bir Hakeim eingenommen", sagte Mathieu.)

Dann Schweigen; der Greis und der junge Mann saßen direkt auf der Dürre, als klebten sie an den nächstliegenden Dingen; aber in Gedanken durchquerten sie das Dickicht der Welt, die aufeinandergetürmten Räume, nicht, weil sie an einen bestimmten Ort gelangen wollten, sondern weil sie angefüllt waren mit einer Röte, einem Krachen in ihnen und um sie herum (die Welt: ein wütendes, unwirkliches Irrenhaus, voller Getümmel, und all das stets in der Ferne) und weil sie sich von der Kraft leiten ließen. Weil sie die Tiefe der trockenen Hölzer, der skelettierten Lianen, des braunen Staubs auf dem vom Feuer selbst rotgewordenen Gelände nicht erschöpft hatten; weil sie vom Hauch verbrannt wurden wie von einer heiseren Atmung, welche die rissigen Zweige ausströmten; weil sie ihre Kräfte auf den vom Winterregen in die Pfade gesenkten Furchen erschöpften, die dann von der hohen Trockenzeit zu brennenden Öfen geformt wurden. Sie brachen alle beide mit den schwachen Wolken auf, die im Himmel flüchteten, sie drängten mit all ihrem Blut über die samenlose, ausgeraubte Ähre der Erde hinaus, bis zu einer Höhe, wo ihnen das Wasser und die Ebene, die Zyklone und Waldbrände, das Gesetz des Tambours und das geschriebene Gesetz mit einem Mal zugänglich wurden. Der Greis ohne Anliegen und der allwissende, naive junge Mann waren vereint durch einen ähnlichen Anstieg der Flut, die in ihren Leibern schwappte, sie gingen talab bis zur Welt (ihrer erbarmungswürdigen Vielfalt), vielleicht suchten sie, zwischen Wolken und Dunst, das lange, unendliche Land zu erahnen, für das sie kein Wort hatten, und das sie bestimmt nur als reine Abwesenheit spürten; sie suchten nach ihm nur, um die nahegelegene Erde besser zu begreifen, die ihnen doch unbegreiflich blieb.

(„Aber du kannst es sehen", sagte Mathieu sanft. „Jetzt weiß ich, daß du es sehen kannst.")

Wer ist es, der es kann? Es ist so groß. Ich sehe Löwen, größer als der Morne des Esses, mit einem Satz springen sie über die Berge, und Flüsse, breiter als das Meer, du kannst die ganze Erde hineinwerfen, ich sehe das Gras, es rollt über deinem Kopf wie ein Haus, und wenn es Feuer fängt, legen sich die Löwenberge ins Feuer, um es zu löschen! Ich sehe die von Magnolien gesäumten Straßen, das Stroh auf den Dächern blüht in großem Duft, die Straße steigt hinauf in einen Baum, weiter als Mittag. Ich sehe den Mittag, ich spüre den ersten Morgenwind, der sie zur Arbeit versammelt, und ich höre die Musik in der Nacht, wenn die

Sterne zwischen die Zweige herunterkommen und sich aufs Blatt setzen. Es ist das unendliche Land: du bist ein junger Bursche, wenn du in einen Acajou steigst, du bist ein alter Leib, wenn du dort oben ankommst auf dem letzten Zweig. O ihr Mächte, der Tag ist schwach, das Auge sieht nur einzelne Stellen. Wenn du ganz lebhaft bist in deinem Auge, nur in deinem Auge, wird das Gesichtsfeld zur Einöde vor dir. Das Land ist zu groß, es bewegt sich von Nord bis Süd – kannst du ein Land erahnen, das atmet, während du schläfst, das sichtbar ist, wo deine Augen nicht sehen, kannst du das, wenn du nicht dort hinabsteigst, wo alles Wasser sich unterirdisch wieder sammelt, wenn du nicht unter deiner Haut rennst, um das Licht zu finden am Ende des Kanals, und dann das offene Meer im Licht?

(„Aber du kannst den Ort sehen", sagte Mathieu sanft. „Die Häuser, den Wald, den Bach.")

Ich sehe, ich sehe den Irren. Gerade macht er den Handel ab mit den Männern, die gekennzeichnet sind, seine Herren zu sein. Er denkt, er sei allmächtig, aber der ihm ein Buschmesser, zwei Fäßchen Rum, ein schmutziges Hemd gibt, denkt schon: „Wenn alles vorbei ist, verschiffen wir ihn auch." Doch der Irre ist blind, er liest nicht in den Augen des Aufkäufers und eröffnet ihnen den Weg, er zeigt ihnen die Richtung im Wald, schwärzer als das Pech von dreitausend Feuersbrünsten, und er bringt sie bis in die Mitte des Platzes, nachdem er die Hunde eigenhändig erwürgt hat.

(„Ah! Voll mit dem Gift der Rache", sagte Mathieu)

Die Leidenschaft, der Erwählte, der Befehlshaber zu sein. Sie hatten sich vor versammeltem Volk gestritten, jeder von ihnen hatte gesprochen, aber als die Nacht herabsank, war die Wahl bestätigt worden. Da hatte er sich in die Wälder geflüchtet, verfolgt von einer großen Zahl, denn er hatte die Alten beschimpft, die Toten zu seinen Gunsten angerufen. Dann das Leben als

313

Einzelgänger, bis er um die Sklavenkolonne kreiste; und da die Aufkäufer ihn gefangennahmen, hatte er einen Tauschhandel vorgeschlagen. Dann hatte er an seinen Fingern die Zahl der Einwohner abgezählt, die mitgenommen werden konnten; da hatten die weißen Männer vor ihm eine Prozession von Gegenständen ausgebreitet, aus denen er wählen sollte. *Das ist schon die Leidenschaft, Befehlshaber zu sein.* Er hatte sich ohne Zweifel Verdienste erworben; aber die faulige Wurzel hatte sich in seinen Bauch gelegt, sie brachte ihre Fäulnis zur Blüte. Und vielleicht war sogar das Recht auf seiner Seite. Bestimmte die Sitte, daß er gewählt werden mußte. Hatte sein Vater sich die größeren Verdienste erworben, und er wurde als der Erbe angesehen oder als Wahrer der Kontinuität.

("Vielleicht", sagte Mathieu, "ja, vielleicht war das so.")

Aber du wirst nicht leugnen, daß der andere die Macht hatte. Die Alten erkannten seine Kraft, er ging in der Nacht und berechnete den Horizont, die Bäume waren seine Vertrauten, die Tiere gehorchten, das Kind mit Krätze lächelte und die schwangere Frau erhob sich für ihn. So kam die Wahl zwischen ihnen beiden aus der Erde ringsum; und anschließend der Plunder. Das schmutzige Hemd als Preis für die Einsamkeit. Denn obwohl der Haß ihn aufwühlte, als er dieses Buschmesser und die zwei Fäßchen aus dem Gepäck nahm, wußte dein Vorfahr schon, daß dies für ihn ewige Einsamkeit bedeutete. Ein Glück, daß sie ihn in diesen Pferch warfen, und dann in die Zelle im Haus, und dann aufs Schiff, wo sich in seiner Nähe, er sieht sie nicht, die Frau festmachte; sie kam aus einem anderen Teil des Landes, sie wußte nichts von der Angelegenheit: Sonst wäre sie nicht hingegangen und hätte mit ihm zusammengelebt. Und ein Glück, daß der Andere, ich weiß nicht, was er im Sinn hatte, auch noch beschloß, ihn bis zum neuen Land leben zu lassen und dann im neuen Land bis zum Tod in Leibeigenschaft.

*Aber wer erinnert sich hier noch an das Schiff? Der Raum
jenseits ist dicht, das alles hat sich wieder verschlossen wie ein
fertig gekochter weißer Seeigel. Da spüren sie in ihrem Innern
das Jucken, Füße, die sich heben, um zu gehen, Flügel, die
wachsen, um zu fliegen. Für sie ist das Anderswo ein Magnet.
Dagegen kann man nichts machen. Daher kommt es, daß du
jetzt wortlos dasitzt, Mathieu Béluse, und vor meiner Hütte zu
Staub wirst, weil du schon so lange dasitzt und mir zuhörst ...*

Und er sagte nicht – „dabei weiß er es besser als ich", dachte
Mathieu – daß zu der Faszination des Anderswo, zu diesem Ruf
des Horizonts, zu diesem Aufgehen allen Fleisches im paradie-
sischen Traum von der „Ferne", noch die Komödie des Elends
gespielt wurde, in einer Weise, daß es lächerlich war, hinterher
die Akte aufzuzählen, das Bühnenbild zu beschreiben. Beispielsweise (dachte Papa Longoué) arbeitete Ti-René schon seit
zwei Jahren in dieser Gerberei – es war also drei Jahre nach dem
Ausbruch des Vulkans, der die große Stadt ausgelöscht und die
Asche bis in die Salinen des Südens gestreut hatte – als in *La
Touffaille* die Mutter sich eines Tages hinsetzte, mit ein paar
Blättern auf den Knien, und all diese Hitze des Mittags mit ihrer
Hand wegschob.

Die Sirene der Zuckerfabrik schrillte laut, die vom Lärm
erschreckten Fliegen kreisten über dem Tisch. Die drei Söhne
und drei Töchter standen auf, schauten den Vater an, darauf
wartend, daß er das Wort sprach. „Gut", entschied er, (er hatte
immer geglaubt, daß die Entscheidung ihm zustand, er glaubte
friedlich auch weiter daran), „ich gehe am nächsten Samstag zu
Senglis, ich nehme seine Bedingungen an." Dann, nach dem
letzten Ton der Sirene, schlug die Stille zu wie mit einem
boutou, und die Fliegen fielen mit einem Schlag zurück auf den
Essig, der das Holz des Tisches brannte. Das Wort war gesprochen, der Vater würde zu Senglis gehen: Mehr ein Name als ein

Mann, anwesend, ohne anwesend zu sein, fast wie eine Perle im Rosenkranz. Keiner von ihnen hätte sagen können, ob dieser Senglis seine Frau liebte, ob er seinen Kaffee mit dem Löffel schlürfte, oder ob er manchmal die Erde in seinem Garten umgrub, um zu sehen, wie sie gelb wurde. Er war eine Nummer in einer endlosen Linie, vielleicht nicht einmal der erste, der ihnen *La Touffaille* nehmen wollte. Keiner von ihnen (auch der Vater nicht) war jemals weiter gelangt als bis zum Eingang des „Schlosses". Er war eine farblose Nummer, nicht einmal eine Ziffer, in einer unendlichen Folge. Man verstand, warum er es nicht eilig hatte, *La Touffaille* in Besitz zu nehmen; er hatte so viel Zeit. Die Zeit spielt keine Rolle für die, die Vor- und Nachfahren haben. Seit zehn Jahren hätte er sie beim Schlaffittchen packen können, aber nein, er hatte die verschlungenen Wege vorgezogen, und sie langsam erstickt. Endlich war es soweit und ausgesprochen, der Vater würde zu Senglis gehen. Sofort begannen die Söhne mit der Liste für den Umzug. Es stellte sich bald heraus, daß jeder von ihnen heimlich hinaufgestiegen war, um den Boden in den Bergen zu prüfen. Die Mädchen fragten, ob die Quelle weit vom Platz des künftigen Hauses war, und ob es dort auch keine Schlangen gab. Es gab vor allem Blauholz. Der Vater rechnete aus, daß er mit der Abfindung einen kleinen Bestand an Hühnern und Kaninchen kaufen könnte; Viehzucht würde auf den Höhen besser gehen als Ackerbau ... Draußen glitzerte der gehärtete Lehm. Ein sanftes Knistern der Hitze wiegte den Boden und die Bäume. Aber der Boden gehörte schon nicht mehr ihnen; sie konnten ihn weder verkaufen noch offiziell abgeben, da sie keinerlei Besitztitel hatten. Sie würden einfach ein Abtretungszertifikat unterschreiben. War das vielleicht der Grund, weshalb Senglis sie nicht bedrängt hatte?

Die Mutter erhob sich und ging bis zur Tür, sie kniff die Augen zusammen im blendenden Licht der Trockenzeit. Viel-

leicht dachte sie an jene, denen man nicht einmal ein Abtretungszertifikat zum Unterschreiben vorlegte. Wenn sie sich
schon auf *La Touffaille* so elend vorkamen, was sollte man
sagen, wenn man an jene dachte, die sich in die Hütten neben
der Fabrik zwängten – Ableger der Fabrik? Zum letzten Mal
schaute die Mutter auf den in der Flut der Nachschößlinge
ertrinkenden Abhang. Aber nicht einmal das blendende Licht
gehörte mehr ihnen. Nicht einmal der Lärm der Hitze gehörte
ihnen. Und die Mutter schlug die Hände vor die Augen, stützte
sich gegen die Tür. Hinter ihr senkten die anderen den Kopf. –
Es führt nicht weiter, ein wenig Land zu haben, wenn nicht das
ganze Land allen gehört.

DAS MISSIONKSKREUZ

12. Kapitel

I

Mathieu weigerte sich, zum Quimboiseur hinaufzusteigen, er schrie Madame Marie-Rose, seine Mutter, an, die Ärzte verlangten genügend Geld, sie müßten das schaffen. „Mein Herrgott", sagte Madame Marie-Rose, „ein Kind von gerade eben neun Jahren, und widerspricht seiner Mutter!" Doch obwohl sie sonst häufig die Peitsche hinter der Tür hervorholte, blieb sie diesmal stehen und reagierte nicht auf den Trotz ihres Sohnes. So lange er sich erinnern konnte, hatte Mathieu nie widersprochen. Er war zuerst von seiner Tante Félicia aufgezogen worden, dann von seiner Mutter selbst und von seiner ältesten Schwester, war also aufgewachsen im Schatten der Frauen, die wie alle anderen im Land für die Erziehung der Kinder zuständig waren. Obwohl er den Namen Béluse trug, sein Vater hatte ihn anerkannt, war Mathieu in allem auf seine Mutter angewiesen. Madame Marie-Rose hatte vier Kinder, zwei Mädchen und zwei Jungen; die Älteste hatte 1934 geheiratet, ihr Mann arbeitete in der Stadt und kam nur jedes Wochenende nach Hause. Daher war die etwa fünfzehn Jahre ältere Schwester für Mathieu (nach Madame Marie-Rose und Tante Félicia) eine dritte Mutter geworden. Um ihn an seine frühe Kindheit zu erinnern, fragte sie Mathieu zuweilen noch scherzhaft: *„Ti-Mathieu nèg, sa ki rivé ou?* Kleiner Neger Mathieu, was ist passiert?", worauf er mit singender Stimme wie damals, als er vier Jahre alt war, antwortete: „Meine Tante hat mich geschlagen." Doch weder die Tante noch die Schwester hatten die Wildheit des Kindes bändigen können; das gelang nur der Mutter. Sie, die kaum lesen und schreiben konnte, ließ ihn seine Lektionen aufsagen, das Buch lag dabei weit aufgeschlagen in ihren Händen wie ein zerbrechlicher Gegenstand: Mathieu hatte sie nie täuschen können, nie eine andere Lektion aufsagen oder etwas erfinden können, wenn er nicht weiter wußte. Sie erriet an der Betonung, daß das Kind eine Lektion nicht gelernt hatte, und holte die Peitsche.

Insgeheim waren sie Verbündete, Madame Marie-Rose war stolz auf ihren Sohn und seine schulischen Erfolge; aber eine seltsame Scham hielt sie beide von den Liebesbezeugungen ab, die sonst einen Jungen und seine Mutter verbinden. Mathieu hatte Angst vor Madame Marie-Roses Strenge. Im übrigen wunderte er sich, daß sie ihn mit so viel Zurückhaltung bat, zum Quimboiseur hinaufzusteigen. Das Kind seiner Schwester lag fast im Sterben, und Mathieu weigerte sich, seiner Mutter zu gehorchen.

„Daß du dich nicht schämst“, sagte sie, „es ist das Kind deiner Schwester. Ach Jungfrau, beschütze uns! Ich lasse kein Wenn und Aber gelten, die Ärzte haben gesagt, er muß sterben, du gehst da hinauf zu Papa Longoué.“

Mathieu war in Panik; ein verdorbener Nachmittag: er würde in der Sonne hinaufsteigen, und dann allein vor dem Quimboiseur stehen, sechs Kilometer von jeder Menschenseele entfernt, verloren im Akazienwald. Als ahnte er, obschon noch ein Kind, im voraus, daß er mit dem Aufstieg in diesen Wald für immer das beruhigende Nichts verlassen würde, die behagliche Abwesenheit, *das* friedliche *Siechtum*, das ihnen allen half, im Schatten des Missionskreuzes zu überleben. Mathieu setzte sich dort jeden Abend auf die Zementstufen nieder, um den Prahlereien der beiden Anführer des Quartiers besser folgen zu können. Ein Marsch von langen sechs Kilometern, im überhitzten Schotter, zuvor noch der flüssige Teer, dann auf der schneidenden Erde zwischen den Reihen mit Bambus; um plötzlich allein vor dem

Quimboiseur zu stehen, wenn das Schweigen auf den Hügel fallen oder der Wind in den Blättern zischen würde.

Dabei hatte Mathieu den Mann schon kennengelernt. Einige Wochen zuvor, als er bei Sainte-Rose, dem Friseur, war, hatte der Quimboiseur den Laden betreten und sich auf einen Schemel gesetzt; und während ein Stammgast der Örtlichkeit auf einem Banjo zupfte und Sainte-Rose mit seinen Scheren hantierte, seinen ewigen Kehrreim wiederholend („Die Eisen lassen sich führen und spüren, sie fallen zwischen die Stämme wie Nüsse!") – war sein Kinderblick im Spiegel dem Blick des Mannes begegnet. Sie hatten sich eine Weile gemustert, alle beide ruhig, ausdruckslos, bis das Kind die Augen senkte; und der Mann hatte zu ihm gesagt, gerade in dem Moment, als er voll Ungeduld, endlich zum Spielen zu kommen, vom Sessel sprang (ein großer Stuhl mit einem Strohgeflecht): „Kleiner Junge, du hast diese Augen, das kannst du mir glauben." Er erinnerte sich noch genau daran, mindestens ebenso genau, wie an den Tag, als das Boot seines Onkels in der Bucht des Diamant-Felsens gekentert war; und wenn er die Augen schloß, sah er gleichzeitig den Blick des Quimboiseurs und die lange, bläuliche Helligkeit, die ihn verschluckt hatte, allmählich in ihm und um ihn angestiegen war, als er im Meer versank. Sein Onkel war dann hinterherge-sprungen, um ihn zu retten.

Er fürchtete also jetzt die Macht des Quimboiseurs – obwohl er sich damals gefragt hatte, (während er aus dem Laden herausstürzte und überrascht einen kleinen, heißen Wind an seinen Schläfen spürte), warum der Mann sich die Haare schneiden ließ. Er vermochte also nicht den Haarwuchs aufzu-halten? ... Als Madame Marie-Rose ihm befahl, in die Akazien hinaufzusteigen, sah er vor sich einen großen, verdunkelten Spiegel, in dem zwei wimpernlose Augen strahlten.

Madame Marie-Rose war hart geblieben, und schon ging er

die Straße entlang, an einem Samstagnachmittag. Sein Sinn war auf den Moment gespannt, an dem er vor der Hütte haltmachen („Ganz oben am Weg, du kannst es nicht verfehlen.") und schreien würde, um sich Mut einzuflößen: „Keiner da?" Er war so beschäftigt mit diesem Moment, daß er nicht bemerkte, wie er vorankam, nicht die beiden Zitronenbäume an der Mündung des Wegs aus Lehm sah, oder die großen, flachen Felsen, die in den letzten Biegungen aufeinandergestapelt lagen, und mit einem Mal in der dunklen Hütte saß, recht unbequem auf einem grob gehauenen Schemel, nachdem Papa Longoué zu ihm gesagt hatte: „Setzen wir uns und folgen dem Weg." Da erwachte er aus seiner Hypnose, amüsierte sich fast über den Anblick dieses alten, abgemagerten Mannes mit geschlossenen Augen, der wirklich in seinem eigenen Innern voranzuschreiten schien, während seine Stimme, fast hätte man gesagt, schlaftrunken, murmelte: „Ich steige hinab, ich steige hinab, an der Teerstraße gehe ich nach links, an der Sägerei vorbei, über die Brücke, ich gehe die Hauptstraße hinauf, biege an der Ecke vom Kaufhaus Bonaro ab, ich gehe am Garten vorbei, am Gotteshaus, ich biege am Gemeindehaus nochmal ab, hier ist die hintere Straße, eine Hütte, zwei, drei, ein kleiner Pfad, hier ist es, ich trete in den Hof, da ist ein gepflasterter Weg, („Au wei", dachte das Kind, „als würde er den Ort nicht kennen, wo er doch 110 Jahre auf der Welt ist!" – doch da fuhr er zusammen, denn die Mumie vor ihm in der Finsternis der Hütte schrie fast:) ich kann nicht hinein, ich kann nicht in das Haus, das Tischtuch ist verkehrt herum auf dem Tisch und die Statue der Jungfrau auf dem Regal muß umgedreht werden!" Dann erhob sich der Greis, ganz normal, und sagte: „Du gehst wieder hinunter, ich kann nicht hinein." Und setzte hinzu: „Ich kenne dich, ich habe diese Augen gesehen, bei Sainte-Rose."

Es folgte diese unsinnige Geschichte: Mathieu, am Ende nach

all den Kilometern, brach in Tränen aus, als er ankam, das inständige Bitten seiner Mutter, das sanfte Weinen seiner Schwester, ihr Jammern über die Abwesenheit des Mannes, der Neffe glühend vor Fieber in einem *tray,* das mit Tüchern ausgefüllt und mit einem Schaffell zugedeckt war, der Wiederaufstieg am Sonntagmorgen (während die Freunde im Garten hinter der Schulkantine Belagerung eines Forts spielten), die Szene wiederholte sich, der Quimboiseur im „Zustand", der Abstieg im Geiste, die Parodie einer Konsultation, und schließlich der wieder normal gewordene Papa Longoué, der ihn hintergründig anlächelte. Und das schlimmste: Alles war noch genauso: das Tischtuch war verkehrt herum, die Statue der Jungfrau auf dem Regal; und der Quimboiseur empfahl ein Heilmittel, welches, Mathieu wußte nicht durch was für ein Wunder, das Kind heilte.

Und selbst nachdem er diese beiden Sitzungen vergessen hatte, das heißt, während der fünf Jahre, in denen er nicht ein einziges Mal an den Quimboiseur dachte, behielt Mathieu dennoch in seinem Kopf, und vielleicht eng am Gleichgewicht seines Körpers, die Schattentiefe der Hütte und die luftige Länge des Wegs, der sich von diesem Schatten bis zur flachen Hitze der Kolonialstraße wand. Und in ihm war, während dieser ganzen Zeit, die Empfindung von einer sich ausbreitenden Helligkeit, einem steigenden Gewicht, das er getragen hatte, während er die drei Straßen, aus Lehm, aus Steinen, aus Teer, hinabgestiegen war. Aber nicht die Straße war es, die ihn später zum alten Mann rief, noch die Begierde, die Zukunft zu erfahren, nicht einmal die Faszination einer Macht, an die er nicht mehr glaubte, zu jener Zeit, er war Gymnasiast von vierzehn Jahren, verkehrte er im Geiste mit weit verführerischeren Mächten. Er kam vielmehr, um in der Hütte den Abgrund von Schatten und Leichtigkeit zu finden, die geduldige Reglosigkeit, all das, was so weit entfernt war von seiner eigenen Natur.

Er erinnerte sich, wie das Land zur Zeit jener „Sitzung" von einer Tollheit der Feste und Feierlichkeiten aufgewühlt war. Sie nannten es die Dreihundertjahrfeier, die Schüler hatten sogar einen Spruch daraus gemacht, so sehr hatte man ihnen Tag für Tag die Litanei eingeimpft: „1635 Anschluß an Frankreich – 1935 Dreihundertjahrfeier des Anschlusses." Eine Eruption von Banketten, Reden, Trinksprüchen. Und an die viermal (zweifellos bei zwei Hin-und Rückfahrten) hatte er fähnchenwinkend am Straßenrand gestanden, unter tosendem Beifall, doch dieser mußte sich selbst zum Anlaß nehmen, denn der Gegenstand dieser Woge der Begeisterung (ein schwarzes, glänzendes Automobil) fuhr schnell durch das Spalier des Volkes. Schon lange war eine Leidenschaft geboren und gewachsen für alles, was von anderswo kam, von jenseits des Horizonts; und ein blindes Vertrauen in alles, was sich, berechtigterweise oder nicht, als Ausfluß und Vertretung dieses Anderswo ausgab. Als käme jedesmal ein wundersames Stück von der Welt angeflogen und durchschösse meteorengleich den abgeschlossenen Raum des Hier.

Mathieu erinnerte sich daran, wie er schon in den unteren Klassen hingerissen, leicht und unansprechbar werden konnte, riesengroß und überschwenglich, nur wegen der Lektüre eines Satzes wie: „Die Borealen Meere sind von Walen bevölkert", oder nach der Betrachtung einer Fotografie in seinem Geographiebuch, beispielsweise von den *Causses*. (Da war sie also, noch umfassender und tyrannischer als der Anschluß oder der erneute Anschluß, da war die dumpfe Begierde, fortzugehen, teilzuhaben, die unüberbrückbare Vielfalt der Welt zu erschöpfen, – die doch ständig dazu verführt, sie zur einzigen Wahrheit zu reduzieren.) Mathieu hütete derweil das kleine grüne Büchlein von etwa sechzehn Seiten, das in seiner Art über die Geschichte des Landes berichtete: *die Entdeckung, die Pioniere, der erneute Anschluß an Frankreich, der Kampf gegen die*

Engländer, die Gutartigkeit der Eingeborenen, die Mutter oder das Große Vaterland. Es verschaffte ihm weder Befriedigung noch Frieden. Immer umgetrieben von einer Unruhe, die ihm gewiß nicht bewußt war, gab es für ihn und seine Kameraden eine Möglichkeit der Identifikation in den Helden des Kinos, die sie zweimal pro Woche in eine andere Welt entführten. Bald genügten ihm die so verhängnisvollen Vorstellungen auf den Bänken des *El Paradiso* nicht mehr, sie wurden unter dem Missionskreuz nachher noch lange besprochen. Auch die Bücher nicht, die sie haufenweise verschlangen, (bis zu den „Filmheftchen", von denen er bei der Tante eines Freundes, einer aufgeschlossenen Person, einen unwahrscheinlichen Stapel entdeckt hatte, heimlich holte er sich Nachschub). Als der Krieg 1939 ein anderes Feuer der Begeisterung entzündete und die Soldaten mit einer Blume im Gewehrlauf an Bord gingen, während die Menge sang:

Roulé! Roulé, roulé, roulé,
Hitlè nou kai roulé ou anba monn'la!"

rief dieser Hügel, den sie Hitler hinabrollen wollten, ihn, Mathieu, nicht zu einem anderen Hügel, den er vier Jahre zuvor zweimal zu Tal gegangen war. Er war ganz einfach dumm vor Bewunderung für die, die fortgingen: Er rannte bis zum *Transat*-Dampfer, eingequetscht in die Menschenmasse; dann die ganze Mole entlang, mit der gleichen besinnungslosen Menge, um die langsame Fahrt des Schiffs zum Horizont zu verfolgen, wo es verschwand. (Für sie war es das zweite Schiff, das wirklich ablegte, nach so vielen anderen, die nur angekommen waren). So war sein Leben – oder vielmehr das, was die wirkliche Grundlage seines Lebens war – zusammengesetzt aus einer Folge von Ausbrüchen, wo der Beifall für den, der von weither kommend, vorüberging, sich in die rasende Begeisterung derer mischte, die fortgingen.

Doch der Krieg warf sie alle bald zurück in ihren salzigen Sumpf. Schon 1940 stellte sich die Frage der mitreißenden Abschiede nicht mehr; im Gegenteil, beträchtliche Armeekräfte wurden zu ihnen entsandt, um sie davon zu überzeugen, daß sie blieben wo sie waren. Die weite Welt schloß sich erneut.

Mathieu saß plötzlich (es war Samstag, er war von der fünfzehn Kilometer entfernten Stadt auf Schleichwegen quer übers Land nach Hause gekommen) wieder auf jenem gleichen Sessel im Laden von Sainte-Rose; und obwohl niemand da war außer dem Barbier und dem Banjo-Spieler, sah er im großen Spiegel die Augen.

„Was ist aus diesem Papa Longoué geworden?"

„Ach mein Lieber", sagte Sainte-Rose (Mathieu war vierzehn Jahre alt und Gymnasiast – was ihm die bedingungslose Freundschaft des Friseurs eintrug), er ist noch immer auf den Höhen."

„Läßt er sich die Haare schneiden?"

„Nie und nimmer. An dem Tag, an dem du ihn hier gesehen hast, mein Lieber, ist er keine zehn Sekunden geblieben, nachdem du weg warst. Er kommt nie in die Stadt."

(Sainte-Rose hätte von dem Ort nie anders als von einer Stadt gesprochen)

Die alte Furcht holte Mathieu wieder ein. Er schloß die Augen, er spürte, wie er im Blau des Meers aufging, sank und sank, wie ein Drache in einer Helligkeit aus durchsichtigen Algen und einer dunstigen Sonne; er sah wieder die Augen, nicht mehr im Spiegel, sondern am Grund des blauen Wassers, das in seinem Innern schwappte. Die alte Furcht und die neue Qual wurden eins. Er wußte nicht, warum, aber am nächsten Morgen, also einem Sonntag, befand er sich zum dritten Mal auf dieser Straße. Der Schatten droben, die Leichtigkeit, die Starre zogen ihn an.

Papa Longoué sagte sofort zu ihm: „Ach Junge, für dich wird es schwer, mit deinem Leben zufrieden zu sein!", als nähme er ein am Vortag unterbrochenes Gespräch wieder auf. Der Junge blieb den ganzen Tag, redete nicht oder fast nicht. Das Schweigen zwischen ihnen zitterte ebenso wie die Luft über den Zuckerrohrfeldern ganz dort unten. Sie beobachteten, schätzten einander ab. Und ganz allmählich gingen sie dazu über, an die Urgroßeltern und die vergangenen Generationen zu erinnern. Das heißt, Mathieu, der die Richtung gefunden hatte, nötigte den Greis, die Geschichte zu erzählen, während der aufwindige Wind sie langsam mit seiner Flut bedeckte.

Nachdem Papa Longoué sich selbst um den Sohn Béluse bemüht hatte, fragte er sich jetzt, warum dieser junge Mann kein Wort sagte, er war offenbar nur hierhergekommen, um sich vor der Hütte auf die Erde zu setzen. Ein Junge, der schon mehr wußte als der Gemeindeschreiber. Was er suchte, war der Schatten, die Starre, die Tiefe der abgelaufenen Wahrheiten, um damit wie mit einem Verband die Unruhe und Erregung zu bedecken, die ihn hin und her rollten.

Manchmal kam jemand den Pfad herauf, ein Zuckerrohrschnitter oder eine Kohlenhändlerin; Papa Longoué empfing den Ratsuchenden und Mathieu wartete. Die Vergangenheit. In Sachen Vergangenheit hatte er nur die Erfahrungen seines Schülerlebens (er war der letzte seiner Familie, für ihn war die Schule die einzige Sorge), doch er konnte – jedesmal wenn der Quimboiseur ihn verließ, um eine „Sitzung" zu halten – in seinem Gedächtnis nur verstreute Stücke daraus finden, unvermittelt wie grüne Mangos, die einzeln herunterfallen.

Der Schulhof, übersät mit langen Gräsern, die Schüler banden drei von ihnen mit einem großen Knoten an der Spitze zusammen und sprachen dabei die Formel („Hund und Katzen dreie, ich komm' nicht an die Reihe"), die bewirkte, daß man in der folgenden Stunde nicht aufgerufen wurde. Die Reihe der Schüler vor dem Klassenzimmer (unter dem Plakat mit blumenverzierten Lettern: „Schlaft neun Stunden – Das ist das Geheimnis – eines blühenden Alters!"), alle sind darauf bedacht, den linken Mittelfinger über den Zeigefinger zu legen, auch, um die Aufmerksamkeit des Lehrers von sich fernzuhalten und nicht aufgerufen zu werden. Wenn manche beim Kreolischsprechen erwischt wurden, einer schändlichen, verbotenen Sprache, mußten sie sich in einer Reihe aufstellen, mit vorgestreckten Händen, Handflächen nach oben, Finger zusammengelegt, und jeder bekam fünf Schläge mit dem Lineal. Der Direktor, ein untersetzter, guter, unerbittlicher Mann, geheimnisumwittert in den Augen der Schüler, die er nach dem Unterricht noch dabehielt (zumindest alle, die sich auf die Mittlere Reife vorbereiteten), er ging zwischen den Tischen durch, mit dem Lineal unterm Arm und schrie: „Los Coco, los, 1515, 1515...?" Und das Lineal drückte eine Schädeldecke nach unten, wenn ein erschreckter Schüler zögerte, Marignan auf seiner Schiefertafel zu feiern, während die anderen erleichtert die richtige Antwort hoch über ihre Köpfe hielten. Das langgliedrige kleine Mädchen (sie lachte die ganze Zeit, er war betört von ihrer Anmut), deren stets frisch gebügelte Kleider er bewunderte, sie hatte einen so großen Mund, daß man meinte, nur die Ohren hätten ihn aufgehalten – weshalb sie natürlich „*Merci-z'oreilles,* Danke-den-Ohren" genannt wurde. Eine andere hatte solche X-Beine, wenn sie ging, daß sie den Namen „Zehn nach Zehn" bekam. Die während des Unterrichts beschlossenen Prügeleien, ihre Ankündigung machte im Klassenzimmer die Runde; dann, nach der Schule, bildeten die anderen einen Kreis, aus dem man nicht entwischen konnte, es wurde zwischen den Gegnern eine Linie gezogen, die der Herausforderer überschreiten mußte; und die beiden Kämpfer umklammerten sich wütend. Manchmal brachen die Kanzleifedern in der Hand oder an einem Arm ab, dann mußte man hinterher die Spitzen herausholen, sie hinterließen im Fleisch zwei rote, von der Tinte violett gefärbte Löcher. Wenn ein Herausgeforderter den Kampf verweigerte, geleitete ihn ein Zug mit großem Lärm (*„hi cayé, hi cayé, hi cayé – é – hi cayé!"* – er hat sich gedrückt!") bis zum Haus seiner Mutter, wo er todsicher eine Tracht mit der Peitsche bekam. Aber die gleiche Dresche erwartete auch den überheblichen Sieger.

Die Prüfung für die Stipendien und ohne Zweifel dieses Komma oder jener gut auf ein Passé simple gesetzte Akzent hatten ihm eingebracht, daß er als Halbinterner des Gymnasiums in die Stadt hinunterkam. Er wohnte bei seiner Tante Mimi, sie bereitete ihm für die magere Pension auch das Abendessen. Die alten Schulkameraden, ehemalige Rivalen, kehrten zum Zuk-kerrohr zurück und waren fortan weiter von ihm entfernt als ein syrischer Händler von einer einwandfreien Uhr ... Aber in Wirklichkeit gefiel ihm dieses Gymnasium nicht. Seine Zärtlichkeit, sein aktives Gedächtnis, kehrte zurück zum Schulhof, der so verwildert war wie eine echte Savanne, und zum Garten des Direktors (dem Allerheiligsten), wo die besten Schüler die Glocken läuten durften.

Vor der Schule, doch ebenfalls in jene Zone des Daseins getaucht, in der sich der Junge gerne wiedererkannte, lag die Kirche. Zuallererst die Fünf-Uhr-Messe, das hieß, in der Nacht mußte man aufstehen, sich (wie ein vor Panik wahnsinniger Wind) in die hintere Straße stürzen, um keuchend in das Halbdunkel der Sakristei zu fallen, wo bereits eine Nonne herumwerkelte. Der heimtückische Kampf zwischen den neun oder zehn Schlingeln, die sie waren, um den Aufstieg in der Hierarchie, damit sie am Ende einmal das Kreuz tragen durften: 0,25 Francs pro Feier, besser als das Weihrauchfaß: 0,15 Francs, oder die Ölkännchen: 0,10 Francs. Die dumpfe Verachtung (gewürzt mit dem Groll des ehrlichen Arbeiters) für den unter ihnen, der (als einziger) kein Geld bekam, da seine wohlhabenden Eltern nicht zuließen, daß er für einen Dienst an Gott bezahlt wurde. Und der Taumel der Kirchengesänge, der Weihrauch, der Urwälder emporwachsen ließ, die Süßigkeiten zur Taufe, der laue Geruch des Meßweins. Abbé Samuel, ein Kanadier, schrie, wenn er wütend war, die Meßdiener an: „Hau ab, gehn Sie nach Hause!" Das Responsorium, wo die lateinischen Wörter sich in schwarzen Großbuchstaben gegen die mageren Kursiven der Erklärungen absetzten ... Das Büro, wo der Vikar in seinem Schaukelstuhl hinter einem verglasten Tisch sitzend, ihnen ihren Verdienst auszahlte (er war in ein Heft eingetragen) und manchmal – als Mitleidsprämie – ein paar Bata-Schuhe dazugab, man wußte nicht welche religiöse Vereinigung sie geschickt hatte. Schließlich diese zweiundzwanzig oder fünfundzwanzig Francs (es kam auf die Sterbefälle und Geburten an), die er zu jedem Monatsende gewissenhaft seiner Mutter abgab, bei Doktor Toinet verdiente sie 120.

Verknüpft mit dieser Morgenmesse: die fünf Eimer Wasser, die er am Brunnen in ihrer Straße holte (ein Yoyo-Brunnen, dessen Kurbel sich angenehm leicht drehen ließ), mit ihnen füllte er dann, bevor zur Schule ging, eine große, vor dem Haus aufgestellte Tonne. Tage, an denen er sich verspätet hatte, und seine Kameraden auf dem Schulweg sahen, wie er am Brunnen hinter einer alten Frau wartete, die zu zittrig war, um sich zu beeilen. Weiter damit verbunden das Hasenfutter, er mußte es jeden Abend finden, mitten im Ort, die unbebauten Grundstücke mit Brennesselgebüsch, wo die Leute ihren Müll abluden, gab es nicht mehr. Er kannte die Plätze mit süßen Lianen (dem besten Futter überhaupt) und sah sie bangend schwinden.

Am hervorstechendsten der Alptraum-Tag, den er in einem

Holzpavillon des Krankenhauses hatte zubringen müssen: Er war am Morgen von seiner Mutter gebracht und in der Gesellschaft von Fliegen in einem Bett zurückgelassen worden, voll Entsetzen vor den ausgemergelten Greisen, alle hatten sie eine kleine Fliegenklatsche (das wichtigste Instrument des Orts), und mit einem Gefühl der Fremdheit gegenüber den Nonnen, die sanft und doch so fern waren – eine von ihnen war zu seinem Erstaunen ebenso schwarz wie er und anscheinend die grimmigste von allen. Sie waren am Mittag und um drei Uhr gekommen, um den Saal eine eindrucksvolle Folge von *Vaterunser* und *Gegrüßet seist du* aufsagen zu lassen – so daß das Brummen der Kranken im Einklang das Surren der Fliegen einmal ausglich. Am Mittag der fade Graus des Tees, der in Eimern gebracht wurde, es schwammen schon ein paar Brotkrusten darin. Die Unwirklichkeit des Saales, eine Wand war für kranke, schwache oder verletzte Kinder seines Alters reserviert (eines von ihnen, grün und abgemagert, hatte seit Monaten Erde gegessen: es würde sterben). Um vier Uhr nachmittags war Mathieu aufgestanden, war dem von zwei Zementrinnen eingefaßten Weg gefolgt, durch das ausnahmsweise offenstehende große Tor gegangen und, immer noch in dem Schlafanzug aus dickem grauem Tuch und ohne auf die Passanten zu achten, die ihn anriefen, nach Hause zu seiner Mutter geeilt, in die zwei kleinen Zimmer, die sie von Monsieur Bedonné mietete. Sie grenzten an die zehn unter dem gleichen Blechdach aufgereihten weiteren Zimmer, das war die gesamte Behausung. Als seine Mutter ihn im Bett vorfand, erklärte er ruhig: „Ich gehe nicht mehr zurück." Nach einem Zögern (und dies war das einzige Mal – aber zweifellos, weil das Krankenhaus für sie etwas darstellte wie das Vorspiel zum Tode) gab Madame Marie-Rose nach.

Aber was war diese Vergangenheit, was waren diese Erinnerungen? – Nichts anderes als der warme Kettfaden seines

Daseins, eine Folge von Bildern und Blitzen, woraus er jeden Tag den Elan für den nächsten fand. Konnte er, noch ein Kind, über die Kindheit nachsinnen? Und, angenommen er tat es, sich dann weit genug von dem Direktorsgarten, dem lückenhaften Pavillon im Krankenhaus ohne Medikamente entfernen, oder vom mit Gewändern und Mäntelchen behängten Sakristeiflur, wenigstens so weit, damit diese Orte für ihn wie Sonnen wurden? Er strebte nach einem Ort, so fern, daß aus der Zone, wo das Auge nicht mehr sieht, ihn sein Glanz noch erreichte wie ein feuriger Pfeil. An diesem Ort gab es eine andere Vergangenheit, andere Nächte zu durchqueren, bevor man, atemlos, das Halbdunkel eines Morgens berührte. Das war es, was er mit seinem ganzen Leib ahnte, und bevor er *dort* nicht angelangt wäre, würde er sich vor der Nacht ängstigen. Und wenn er, der Skeptiker, die Macht des Quimboiseurs nicht mehr fürchtete, dann auch, weil hinter dieser faltigen Stirn, hinter den mehr und mehr fortlaufend gesprochenen Worten ein Land des Bebens lauerte, ein Land der erloschenen oder verbotenen Wahrheiten, welche ihn bereits, ungehindert entfacht, mit einer schwereren Sorge erfüllten.

Und so lebte er zwischen vierzehn und siebzehn (überspannt, verwildert, abgemagert von den Entbehrungen und Hochgefühlen) auf diesem Gipfel, diesem Exzeß. Schwankend zwischen dem Schwindel dieser Nacht, als die wirkliche Vergangenheit (die ferne Stammlinie) verloren gegangen war, und dem hellen, quälenden Gesang der Gegenwart, oder vielmehr, der gegenwärtigen Leere. Dennoch ließ das Fieber allmählich nach. Er schritt von einem Samstag zum nächsten voran – manchmal stieg er auch einen ganzen Monat nicht hinauf – zu der tiefen Ruhe der Hütte, und dazwischen vollführte er in einem nebensächlichen Leben die üblichen Handlungen eines Gymnasiasten, doch verbarg er nicht, daß er sich unbeteiligt und entrückt fühlte, das machte ihn nicht sehr beliebt. Ganz allmählich schloß er Freundschaft mit einigen von ihnen, er wußte nicht, daß sie ebenso verloren, arrogant und beunruhigt waren wie er. Bis zu jenem Tag mitten in der Trockenzeit, als er sehenden Auges aufgebrochen war zu etwas, das ein erträumtes Land und zugleich die bebende Vergangenheit eines wirklichen Landes war, und er begriff, daß der Weg hinab zum alltäglichen Leben führte, daß man so von den Akazien zu den Feldern ging, von den Feldern zur Kleinstadt: Doch daß es jedesmal nur ein Scheinleben war. Denn die sich erweiternde Lichtung erreichte das Nichts, das wirkliche Leben blieb ohne Ziel, die platte Hitze des Teers erhob sich zu keiner lebenswerten Höhe – solange dieser Schatten von oben nicht aus der Hütte geholt wurde, wo er so lange schon schlief, damit er sanft und unüberwindlich über das Land ringsum ausschlug. Die Vergangenheit. Mathieu sagte sanft zum Quimboiseur: „Papa, jetzt kannst du mir sagen, was in dem Fäßchen war."

„Jetzt", sagte Papa Longoué.

Und der Alte nestelte unter dem Gürtel seiner Hose und holte eine alte Börse aus grobem Tuch an einer Hanfschnur hervor, öffnete sie, breitete sie auf seiner Hand aus und hielt den Gegenstand Mathieu hin. Der beugte sich darüber: Er sah nichts am Boden der Börse, außer vielleicht einem winzigen grauen Stäubchen, das ebensogut von der Abnutzung des Tuchs her- rühren konnte. Er schaute den Quimboiseur an. Aber die Stimme des Alten erhob sich schon hell in die trockene Luft, wie aus der zitternden Tiefe der Vergangenheit herausgelöst, jetzt klar und deutlich, genau wie die Bambusrohre, Farne, Lianen in der Trockenzeit ringsum zu Skeletten verdorrten, ohne Tiefe.

„Also", sagte Longoué, „La Roche stand da vor der Klippe der Akazien, genau an der Stelle, wo du beim Hinuntersteigen die zwei Zitronenstämme siehst, er war ganz weit von den anderen weg, ein Mann, den du nicht ausrechnen konntest, vielleicht schrie er gegen die Akazien an, wer kann es sagen? Und als sie zurückkamen, hat er das Fäßchen vor die Küchentür gelegt. Es war nicht einer der Sklaven (von denen, die er seine Leute nannte), die ihn an das Ding erinnert hätten, das Fäßchen, sie wußten, was es enthielt. Es war auch nicht Louise. La Roche hatte ihr das Fäßchen gezeigt, bevor er zur Jagd aufbrach, und gesagt: „Wir werden sehen, ob er mich noch brandmarken will, wenn ich ihn wieder habe." Ach, ich weiß diesen Satz auswendig. Louise hatte also nichts zu dem Ding zu bemerken, das da draußen lag. Im übrigen war Louise am nächsten Tag auf dem Gerät und er, er trank mehr Tafia als du auf einmal tragen kannst. Gut. Longoué kommt durch die Küchentür herein, fast wäre er über das Fäßchen gestolpert, mit Louise auf der Schulter kehrt er zurück. Und noch am nächsten Tag, als die Leute erschrocken zu La Roche kommen, um ihm zu sagen, daß auf dem kreuzförmigen Gerät niemand mehr ist, geht der ganz in seinen Rum ertrunken hinaus, deshalb nimmt er die Hintertür, und das erste, was ihm auffällt, ist nicht das nutzlose Gerät, sondern sein Fäßchen. Da muß er lachen, und anstatt nach seinem Rennpferd zu befehlen, für die Verfolgung, hebt er das Fäßchen auf und trägt es hinein, während seine Leute warten. Dann bleibt er vielleicht einen ganzen Tag im Salon, sitzt vor ihm, als wollte er es hypnotisieren. Und am Abend räumt er es in das Hinterzimmer, wo Louise schlief, und verbietet, es von dort zu entfernen. Ja, so ist es. Aber auch Longoué wußte, was dieses Fäßchen barg. Louise hatte es ihm gesagt. Und als La Roche ihm das Ding zehn Jahre später vor die Füße wirft, glaubt er sofort, das Tier sei zu ihm zurückgekehrt, wegen seiner eigenen Schwäche; deswegen, weil er hingegangen war und den Kopf aus Lehm unter der Wurzel im Wald zerbrochen und verstreut hatte. Seit jener Zeit hat übrigens niemand in der Hütte das Fäßchen geöffnet. Longoué selbst hatte zu La Roche gesagt:

„Sei's drum, wenn sich das Tier gegen mich wendet. Denn (sagte der Quimboiseur, indem er seine geöffnete Hand dahin streckte, wo die Börse dieses Nichts aus Staub zeigte) das war darin. Eine Schlange."

Der Wind bebte gegen die Beine: Mathieu kratzte sich instinktiv, als wollte er eine Bedrohung abwenden; er erwartete an seinen Füßen stets eine Schlange. Dann träumten sie beide, reglos vor dem Stäubchen. „Du siehst dieses Ding", sagte Mathieu. „Nichts als eine kleine Tonne. Es lag also die ganze Nacht vor der Tür, während sie feierten und Louise legte sich dicht daneben zum Schlafen. Und das Tier lebte da drinnen. Dann nimmt La Roche es mit in das Hinterzimmer, möglicherweise auf Louises Strohsack. Wieviele Jahre bis dieses verrückte Tier in Stücke fiel? Es stieß mit dem Kopf gegen das Holz. Oder vielleicht rollte es sich auf dem Boden zusammen und schlief so ein. Dann trocknete es aus, die Haut zerfaserte sich, am Ende ist der ganze Leib nur ein Staub, der hin und her fällt. Und Stéfanise nahm ihn auf ihren Kopf.

„Und sieh, wie unerschrocken La Roche war. Jedenfalls versuchte er, das Zeichen zu erwidern. Er hätte das Tier Longoué ins Maul gesteckt. Oder ihm vielleicht ganz einfach das Fäßchen gegeben, vor den sprachlosen Jägern. Ein unberechenbarer Mann."

„Und", sagte Mathieu, „er konnte schlafen, während das Tier neben ihm wach war, nur getrennt durch eine Wand aus Holz, in einem Haus, in dem es nur der Form halber Türen gab. Und irgendeiner von denen, die du die Leute nennst, konnte nachts hinschleichen, er brauchte nur das Fäßchen zu öffnen. Aber sein Wahnsinn beschützte ihn. Er hat hundert Jahre gelebt, wo Senglis zehnmal gestorben wäre."

„Er war gebrandmarkt. Denn es ist einfacher, jemand plötzlichen Tod zu geben, als die künftige Todesart zu bestimmen."

337

„Du glaubst, daß ..."

„Ja", sagte der Quimboiseur. „Das ist der Grund, warum das
Fäßchen nicht geöffnet wurde. Weder Longoué, noch Melchior,
noch Apostrophe, noch Stéfanise. Das Tier schön warm halten.
Damit es seine Zunge nicht herausstreckt. Es hatte sich gegen
ihn, Longoué, gewendet. Aber als Ti-René starb, gab es keinen
Grund mehr. Ich habe die Börse gemacht, und am selben Tag,
als ich das Papier des Todes vergrub, öffnete ich das Fäßchen. Es
war Staub darin und da war noch ein kleines Pergament. Seit der
Zeit hat sich alles in der Börse verloren. Aber ich trage sie auf
der Haut."

„Ach", sagt Mathieu ergriffen, „du bist ein größerer Bandit als
ich glaubte."

Der alte Hexer lachte leise.

II

Der Junge hatte zu jener Zeit also nicht das Gefühl, daß er seine
Energie verschwendete. Im Gegenteil, seine Begeisterung knatterte, wenn für ihn und seine Freunde die große Kavallerie
aufsaß, diese Trunkenheit an der Welt, in der sich die Welt
ständig entzog. Doch ärgerte ihn zuweilen, daß er das chaoti-
sche, brennende Wort, für das er seinen Wahrnehmungssinn
wachsen fühlte, nicht bis in sein feinstes Pulsieren verfolgen
konnte. Denn er war aufgeschlossener, selbstsicherer, vielleicht
auch naiver als alle, die ihm nahestanden, vor ihm eröffnete sich
bereits die lange, geduldige Wache ohne Glanz und Übermaß,
in der er das von unten kommende Licht ausspähen würde. Er
spürte, wie die Leute (er ging nicht einmal so weit, sie Volk zu
nennen) weggehen konnten, ohne eine wirkliche Nachkommenschaft, ohne eine künftige Fruchtbarkeit, eingeschlossen in

ihren Tod, der im Grunde nur das äußerste Ende ihres Zustands war, aus dem einfachen Grund, weil auch ihr Wort gestorben, geraubt war. Ja. Denn die Welt, deren besessenes oder passives Lauschen sie waren, hatte kein Ohr für die Abwesenheit ihrer Stimme. Mathieu wollte schreien, die Stimme erheben, aus der Tiefe des winzigen Landes hinüberrufen zur Welt, zu den verbotenen Ländern und fernen Räumen. Aber sogar seine Stimme war verfälscht. Mathieu wußte es schon. Auf seltsame Weise wurde er an Grenzen verschleppt, die zwischen dem unentrinnbaren Universum des Zuckerrohrs, des Lehms und des Strohs lagen (dort half das Wort nicht beim *Spähen* und *Wühlen*), und dem anderen Sektor, dem der redenden Leute, er spürte, daß ihr Sagen nichtig war, ein Rauch, schon bläulich im Abgrund des weiten Himmels.

Was Papa Longoué noch „die Béluse" nannte, war lange nicht mehr die einheitliche Sippe, die sich nach dem Vorbild der Longoué einer nach dem anderen in der Hütte von *Roche Carrée* gefolgt waren. Mathieu Béluse, der Vater, hatte die Welt gesehen, nichts hielt ihn mehr in dieser Hütte. Er hatte eine beträchtliche Anzahl von Berufen ausgeübt, bevor er in den eng geschlossenen Kreis der Plantagenverwalter eintrat. Er hatte sich keine Frau genommen, zumindest war er keine feste Beziehung eingegangen, und man behauptete, er hätte ein Abenteuer mit einer Französin gehabt. Ringsum wurden ihm eine ganze Anzahl von Kindern zugesprochen. Wenn er auf sich selbst zu sprechen kam, versicherte er: „All der Gebrauch hat ihn noch nicht verbraucht." In seiner Jugend hatte ihm ein einziges Komma oder ein *accent aigu* bei irgendeinem Examen gefehlt, er erzählte unentwegt von dieser Angelegenheit. Zwischen den Zeiten, in denen er voll arbeitete, erlaubte er sich kurze Denkpausen, die anderen stellten sich dann vor: „er zählte die Blätter der Tamarinde von unten." Aber er war ein Mann von Verstand und, wie der Quimboiseur versicherte, von Würde. In der verschwommenen Zone, wo sich die dem Zuckerrohr Entronnenen regten, sah er, wie eine Generation ihn überholte, da sie weiterreichende Vorzüge besaß. Er hegte vielleicht einen Groll, und machte sich als Reaktion mit einem schönen Bewußtsein an seinen Beruf des Aufsehers, in dem er eine unleugbare Autorität erlangte. Am Ende wurde er Verwalter auf einer Besitzung. Seine Auffassung von Ehre und Gerechtigkeit, verankert (und wie eingemeißelt) in seiner imposanten Statur, hätten ihn in einer anderen Welt mit anderen Möglichkeiten als der berufene Patriarch erscheinen lassen: Einer von den armen, aber strahlenden Männern, die ihr Licht der Umgebung aufzwingen. Aber zwischen den Generationen entstand ein Gedränge, Mathieu der Vater blieb zurück; er las die Illustrierten aus Frankreich und kommentierte endlos, als ginge es um sein Land, die Politik von Daladier.

Mathieu der Sohn hatte zu diesem Vater nur wenig Beziehungen. Er empfand sich nicht als Wahrer des Familienbesitzes, ihm gefiel im Gegenteil das Geschäft seiner Onkel. Einer von diesen Brüdern seiner Mutter hielt jedesmal, wenn er in die Kleinstadt kam (das war freilich vor dem Krieg und der Hast, die dieser mit sich brachte), sein Pferd an und kam herein, um mit dem Kind zu spielen. Die zahlreichen weitverstreuten Béluse begannen eine andere Geschichte. Mathieu hatte seinen Großvater. Zéphirin nicht gekannt. Das wenige, was er über ihn wußte, hatte er vom Quimboiseur erfahren: Auch Zéphirin war ein Schatten, aus dem die Béluse hervorsprangen. Was Zéphirins Frau betraf, Mathieus Großmutter väterlicherseits, so hatte der Junge nie mit ihr zu tun gehabt, außer jeden zweiten Sonntag nach der Messe, bei der die strenggläubige Frau nie fehlte.

Zuweilen war er verärgert. Er wußte noch nicht, wie unangenehm das Leben ist, wenn man nie in voller Erkenntnis sagen kann: „Einst". Er verstand noch nichts von diesem Fieber nach den anderwärtigen Ländern, das in ihm brodelte. Er nahm im Land keinen der Orte wahr, wo das Land sich geregt hatte. – Drei Mängel, die in seinem Kopf solidarisch mit Leere und Schwindel verknüpft waren. Doch ist derjenige, der sich um den Horizont sorgt und in seiner Kajüte breitmacht, schon bessergestellt. Er stieg hinauf zur Hütte, um im Damals zu wühlen und den Boden zu messen.

Die Marine Petains besetzte das Land, ihre Schiffe wachten darüber, daß es isoliert blieb. Mathieu hatte diese Matrosen insgeheim beobachtet, wie sie Lastwagen an Land brachten und eine Besitzung kleiner Leute ausplünderten, sie nahmen mit (Brotfrüchte, Yams, Banane), was sie wegfahren konnten. Wieder war die Peitsche über den Negern drohend erhoben. Das Meer unfruchtbar, unüberwindlich. Die im Land eingeengten jungen Männer fuhren dennoch übers Meer, um sich in den Armeen der Alliierten zu verpflichten. Wenn man sich Sorgen machte, weil einer plötzlich verschwunden war, lautete die rituelle Antwort: *„Sille pa noyé, i Ouachingtone,* wenn er nicht ertrunken ist, ist er in Washington."

Das Leben stürzte ab. Es blieb stecken. Es bereitete sich vor (nach dem Krieg, seinem blutleeren Schweigen, nach der Explosion, der Luftbewegung im Raum, nach der Blendung, die sein Ende bezeichnete) auf den platten Takt, der dies Leben bald skandieren würde, wenn auch ohne Überzeugung: Rum und Mandelmilch in den *ajoupas* zum Fest in der Kleinstadt, Blutwurst und heiße Pastete an Weihnachten, *Quinquina des Princes* an Neujahr, das Krebs-*Matoutou* mit stehendem Reis am Pfingstmontag, der *Noilly-Prat* am Ostersonntag (Weihwasser am Palmsonntag), Butterbrot mit Milchschokolade zur Erstkommunion, der Aperitif im Gemeindehaus am Nationalfeiertag und in der Zeit zwischen dieser geheiligten Fülle (jeder hätte sich dafür ruiniert) dieselbe eintönige Enthaltsamkeit.

Doch am Rand dieses geschwächten Daseins, in dem die Städte und Marktorte schlummerten, strahlte eine Hochebene, eine große, reiche Auflösung, ein Chaos irdischer Lichter, verborgener Rufe, naiven Horchens, eine dunkle Fruchtbarkeit, zügellos wie die Lézarde, das Reißausnehmen von übervollen Strömen, schrillen Schreien, Kindheiten, Milch aus Sand: In dieser Region des Unsicheren und Fruchtbaren begegnete Mathieu Marie Celat. Ein jeder, der sie sah, sagte unwillkürlich: „Ah! Mi Celat, schau mal an!" Daher der gebräuchliche, anrührende Name: Mycéa. Sie war eine Schönheit, die sich aufbäumt und dann ergibt wie ein *Mahaut*-Tau. Aber Mathieu stieß das Mädchen mit den düsteren Augen weg, er überredete sich zu unmöglichen Liebschaften, er delirierte. Er war unruhig bei diesem Mädchen, das sich als erste von ihrer Familie vorstellte mit den Worten: „Ich bin Marie Celat." Vielleicht spürte er, daß in ihr der Starrsinn, die Kraft, das Sehertum der Longoué bewahrt waren. Doch er wußte nicht, oder hatte es vielmehr vergessen, daß die Celat *die Longoué von Unten* waren.

„Ach, Monsieur Mathieu", sagte Papa Longoué belustigt, „du hast Angst vor dem jungen Mädchen. Du kannst die Prügelei auf der *Rose-Marie* immer noch nicht hinnehmen."

„Was hat das damit zu tun?", schrie Mathieu.

„Schau in den Registern nach", murmelte der Greis mit zugekniffenen Augen, „die Register werden es dir sagen."

In solchen Momenten zog Mathieu es vor, das Gewicht seiner Erbitterung auf andere zu verlagern. „Wenn du bedenkst", sagte er (einige Regentropfen sammelten sich plötzlich im Staub vor der Hütte; und Papa Longoué stimmte der Rede zu, ja ja ja), wenn du bedenkst! Diese Dicke, ihr Urgroßvater war auf dem Schiff, ganz bestimmt, aber wenn sie einen von denen in den

Flur kommen sieht, die sie Neger vom Land nennt, rennt sie sofort weg und schließt sich in ihrem Salon ein. Ach, sie ist es nicht wert, daß ich dir sage, wer sie ist, oder wie. Und stell dir vor, wenn sie mich von den Akazien reden hört, oder von Liberté, den ich so sehr liebe, er war auf der Höhe seines Lebens, nicht? – stell dir vor – da versteht sie erstmal nichts und dann schreit sie: 'Monsieur Béluse, ein gebildeter junger Mann, und alles was er erzählt, sind Geschichten von Marronnegern!' Ach Papa, es ist nicht das Elend, nein nein, das Elend kommt dazu, aber es ist zuerst die Hälfte des Hirns, der abgeschnittene Arm, das Bein, das uns schon so lange fehlt. Und es ist so tief im Boden vergraben, Papa!"

Der Greis sagte: „Ja ja ja."

Mathieu wetterte gegen die Schwerfälligen, die glückselig ins Land zurückgekehrt waren und den Hinweis auf ihre Reisen auf der Stirn trugen wie einen Stern, dabei waren sie ebenso leicht wie vorher zurückgekehrt, ohne Dichte – nicht einmal einen Staub hatten sie im Haar. Er zeterte über die Einfaltspinsel (alle hatten sie ihren kleinen Posten, man hatte sie in ihrer Aufgeblasenheit daran aufgehängt wie Maiskolben zum Trocknen), die andeuteten – und zierten sich dabei – sie seien Nachfahren der Kariben. Nachfahren der Kariben, hörst du! Weil sie ein für allemal die Bugwelle im Meer auslöschen wollen. Diese ehrlosen Mißgeburten hatten keinen Schimmer von den Galibis: Ein Volk so stolzer Männer, Christoph Columbus, der im Juli 1502 mit seinen Waffen hier landete, war erstaunt über ihren Mut und ihre Würde. Christoph Columbus, der sich für den Erwählten und Buchführer seines Gottes hielt, gegenüber denen, die behaupteten, ihre Gipfel des *Carbet* seien die Wiege der Menschheit. Sie, die gleichen, die die Ygneris aus dem Land vertrieben hatten, bis sie ihrerseits ausgerottet wurden bis zum letzten, und ersetzt durch die hundertmal ausgeladene Fracht des Schiffs. Sie werden sich alle aus der Bucht der Verstorbenen erheben und protestieren, sie hätten keine Nachkommen und wollten nicht im Atem von Leuten ein zweites Mal verfaulen, die so verkommen waren, ihre eigenen Vorfahren zu verleugnen!

Der Greis sagte: „Ja ja. Ja, Monsieur Mathieu."

Und Mathieu bemerkte nicht, daß er genau in diesem Moment, im Aufruhr der Worte, die Chronologie begonnen und den ersten Grenzstein gesetzt hatte, von dem aus er die Jahrhunderte messen konnte. Nicht eine Spanne von hundert Jahren, die sich nacheinander abspulten, sondern der Raum, der durchlaufen wird, und die Grenzen in diesem Raum. Denn täglich versicherten sie voll Bewunderung oder Ärger, ohne weiter darüber nachzudenken, über wen auch immer: „Dieser Neger da ist ein Jahrhundert!" Doch keiner von ihnen hatte je seine Augen mit der Hand beschirmt und gesagt: „Das Meer, das du überquerst, ist ein Jahrhundert." Ja, ein Jahrhundert. Und die Küste, an der du landest, blind, ohne Seele und Stimme, ist ein Jahrhundert. Und der Wald, der sich aus eigener Kraft erhalten hat bis zum Tag deines Marronnage, ganz einfach, damit er sich vor dir öffnet und hinter dir schließt – später wird er langsam dahinsiechen, und dabei fast von selbst den riesigen Stamm umhauen über dem Stumpf, wo der Kopf aus Lehm mit dem umschlingenden Lianen-Tier abgelegt wurde – auch er ist ein Jahrhundert. Und der Boden, der nach und nach abgeflacht, entblößt wurde, wo der, welcher hinabstieg, und der, welcher in den Tälern ausharrte, sich zu der selben Arbeit des Häufelns wiedertrafen, ist ein Jahrhundert. Nicht bändergeschmückt für den schlauen Schwindel mit einer Dreihundertjahrfeier, sondern verbunden mit dem mißachteten Blut, dem Leid ohne Stimme, dem Tod ohne Widerhall. Ausgebreitet zwischen dem unendlichen Land und diesem Land hier, das benannt, entdeckt, getragen werden mußte; verborgen in diesen viermal hundert Jahren, die ihrerseits in einer Zeit ohne Worte versunken waren, oder – es kommt aufs selbe hinaus – in dem Fäßchen, wo sich das uralte Tier nach und nach in Staub und dann in Nichts aufgelöst hatte.

„Sie malen die Bildnisse der Länder", sagte Mathieu. „Sie sagen dir immer wieder: Der Oubangui-Chari ist so, Montevideo ist so. Du gehst fort, das Bild in deinen Augen; so ködern sie dich. Aber was ist es denn, das Anderswo? Du findest es, wenn du so sehr im Boden nebenan gewühlt hast, daß du schließlich das Beben fühlst, das erloschene Wort, das auf einmal von überall her aufspringt!"

„Ja", sagte der Greis. „Aber du kannst noch so viel schreien, Monsieur Mathieu, du bist für dieses junge Mädchen bestimmt! Und wer sagt, daß du nicht wie René Longoué fortgehen wirst, um zwei Schritte vom Oubangui entfernt in ein Wasserloch zu fallen?"

Die beiden Freunde badeten in der Feuchte vor dem Regen, und keinem von ihnen war bewußt, daß der Jüngere, der nur die Worte des Älteren ungefähr wiederholte, diesen ewige Wahrheiten zu lehren schien. Das Licht ist vor uns, doch Papa Longoué war am Ende seines Weges angelangt. Er blieb unweigerlich am Ort, bis er hinabsteigen würde ohne Wiederkehr. Er würde Mathieu bei seinem Rennen bestimmt nicht folgen. Im Gegenteil, als der fröstelnde junge Mann sich zusammenkrümmte wie ein ausgetrocknetes Gewächs (am höchsten Mittag hatte ein großer Schlag Nacht zugleich Himmel und Erde niedergestreckt, die Bambusrohre hatten zittrig gesungen, ihr dunkelgrünes Laub war in Hellgrün umgeschlagen, der einzige Farbfleck jetzt in der Nacht am Tag; das ganze Bersten der Gerüche – der scharfe des Indienholzes, der dichte der Farne, der ferne der Wasserlimone – war heftig wie ein Wasserguß über die beiden Männer gekentert; endlich waren dicke Tropfen im Staub zerplatzt, sie wurden sofort aufgesogen, und vom Boden hatte sich eine feuchte Hitze erhoben, die dich am Hals packte und sanft wiegte – dann hatte sich der Schauer stoßweise, aber lau und licht, mit den Düften, den Schatten und der Wärme der Erde vermischt) – sagte Papa Longoué: „Auf, du sitzt da und glühst wie ein Siedekessel! Laß uns jetzt endlich einmal in diese Hütte gehen."

13. Kapitel

Wie lange erwarte ich dich schon, ich Lehm Brennessel ich
Rauch, entwurzelt neben dem entstehenden Traum
    Die Erde dampft und nimmt dem Buschmesser – reiner
Gedanke– sein Erdenblut ab, sengender stets in den zweihundert
Jahren
    (Doch überall brennen mich Akazien, ich träumte von drei
Ebenholzbäumen!)

    Er singt nicht die Zeit, singt den reglosen, harten Gedanken,
der nicht versiegt: Sonne, Sonne und ihre Pracht wird nicht gelb
In keinem Herbst.
    (Ein Vogel hat sich aus seinen gebundenen Flügeln erhoben
und den Sommer ausgetrunken)

    Nicht Sommer – die Zeit, wenn Wolken sich im eigenen Saft
wälzen, ihre Hitze gesalbt ist
    Von eisigen Vorzeiten –
    Der starre Glanz, aus dem der Saft sprudelte, ach, wenn der
Fels unter unseren Füßen ...", da trat Mycéa ein, ganz in ihren
Heilmitteln aufgegangen, und schrie: „Au wei, du strengst dich
wieder an, ich weiß nicht, was in deinem Leib ist, man meint, du
rennst mit diesem Fieber um die Wette, um auszumachen, wer
der tollste ist."

    Und das Tollste war tatsächlich dieses *Schwingen* der Hitze,
in dem sich die schwere, dem Morast des Vergessens entrissene
Geschichte verklebte; und der lärmende Wahn, er war kundge-
tan, wurde ihnen eingehämmert (*„Sie werden weder erkennen*
noch handeln können; sie kennen den Vorzug der Jahreszeiten

nicht, den Rhythmus, der das Maß hervorbringt und die Metho-
de einführt, die stille Kälte und das belebende Erwachen: All die
Glut der Sonne hat Sie niedergeworfen und abgestumpft."), ver-
dunstete in Schreien ohne Dauer, oder in einem stetigen,
dichten Wort ohne Lehre. Denn das wirkliche, an den Klippen
hängende Land, sanft ansteigend von den Stränden, überall
ausgeglichen und vom eintönigen Kachelmuster gestreift, war
nicht einmal mehr jener Ort des Entsetzens und des Unbekannten, an dem das Schiff euch abgeladen hatte; es gab keine (nicht
einmal von Reben oder Manzanillabäumen) bezeichnete Grenze
zwischen hier dem Kulturland und dort dem Gischt, der den
Staub der Welt vor sich her schob. Die so abgeschaffte Insel
kannte im Meer nicht mehr jenen Weg ins Anderswo, auf den
Louise sich hatte werfen wollen. Wenn man nicht weit hinter
den Horizont rennen konnte, was war es, was da fehlte? Ja, daß
man den roten Boden aufwühlte und in der Mitte die Quelle des
Meers entdeckte.

Mycéa hatte die poetischen Kindereien, geboren aus dem
Schwindel des Nicht-Wissens, mit einem Mal verlassen. Sie war
zu dieser Zeit nicht mehr das junge Mädchen mit den düsteren
Augen, sondern schon die um das Wohlergehen ihres Mannes
besorgte Frau. Sie hob absichtlich die Beschwernis der Zeit
hervor, den alltäglichen Kampf, die nüchterne Notwendigkeit,
zu essen und zu trinken. Sie ahnte, daß man in Mathieu nicht
nur gegen das Fieber und die Krankheit ankämpfen mußte, die
zu jener Zeit an ihm zehrten – vielleicht die Folge des entbeh-
rungsreichen Lebens, das er während des Krieges hatte führen
müssen – sondern auch gegen eine Neigung zur Regellosigkeit,
zum unkontrollierten Ausbruch. Sie kannte mit Sicherheit die
wahren Ursachen dieses Ungleichgewichts in Mathieu, das
„verborgene Zaubergepäck", wie Papa Longoué es ausgedrückt
hätte; aber aus einer Art Scham, vielleicht auch aus therapeuti-

scher Zurückhaltung, tat sie, als verstünde sie nicht viel von dem, was er erzählte, oder aber sie antwortete ihm ganz grob: „Aber was glaubst du denn, das ist doch alles zu Ende, wenn deine Wäsche gewaschen ist, mußt du sie stärken." In solchen Augenblicken wurde sie wieder zu der gewöhnlichen jungen Frau, die ihre Bosheit im Alltag austobte. So ersparte sie es ihm, Sorgen, Träume, Impulse berichten zu müssen, er hätte ihr Prinzip ohnehin nicht klar aussprechen oder ihren Sinn entwirren können. Und unbewußt bezeugte sie damit, daß sie – ohne zur Hütte in den Akazien hinaufzusteigen und ohne je Papa Longoué von Angesicht zu Angesicht gegenüberzustehen – die lange Geschichte schon gehört, den langen Schwindel der Enthüllung schon erlitten hatte. Vielleicht wußte sie aus einer jener Eingebungen, die dich plötzlich in die unbeschreibliche Nacht versetzen, warum Marie Celat und Mathieu Béluse, jenseits der alltäglichen Dichte des Daseins, füreinander vorbestimmt waren. Warum gerade ein Béluse und eine Celat? So waren sie während der ganzen Geschichte heimlich bewahrt und dann zum Wissen berufen worden, um zusammen das Wissen zu überwinden, um endlich zur Tat zu schreiten; nicht mehr zur flüchtigen Gebärde oder zum Eifer ohne Morgen, sondern zur wirklichen grundlegenden Tat, die sich in ihrer Dauer einrichten und ihren *Zustand* finden würde.

Auf diese Weise teilte Mycéa Mathieus Anwandlungen; aber sie wußte auch, daß hier vor ihnen, in der Zukunft, andere, konkretere, schwierigere Aufgaben auf sie warteten, daher schnitt sie den Faden ab, schob das Staunen über die Vergangenheit weit von sich und kämpfte mit Hilfe von Ironie oder betont nüchternen Bemerkungen gegen die Art Schwindel an, die Mathieu beherrschte. Sie spürte, daß es tödlich war, den Schwindel nicht zu kennen (indem man seinen Ursprung verkannte), aber ebenso tödlich, sich endlos darin zu suhlen.

Wenn sie von Papa Longoué zu Lebzeiten nichts gewußt hatte, so sorgte sie sich zum Ausgleich um den Tod des Medizinmanns; das heißt vom Augenblick an, als er, endlich von seiner Bürde befreit, (da es ihm in der Endzeit seines Lebens gelungen war, einem erwählten Nachkommen – Mathieu Béluse – die Beunruhigung ohne Leib und Antlitz weiterzugeben, welche sein Los gewesen war) sich in der Hütte niedergelegt, neben den zur Pflege herbeigeeilten Greisinnen, und die Hand vor sein Gesicht gelegt hatte, als könne er sich so besser von der Gegenwart entrücken und den Wald des unendlichen Landes besser sehen, als könne er so Melchior und Stéfanise besser folgen, oder den Geruch des Schiffs der Ankunft besser riechen – und sich nicht mehr gerührt hatte, bis er seinen letzten Atemzug tat.

Papa Longoué, sein altes graues Unterhemd klebte ihm an der Haut, seine Glieder waren ausgemergelt, seine Augen bohrten eine Sonne in den Schatten der Hütte. Er horchte auf den Wind draußen, das langsame Ansteigen des Windes, das er als einziger hörte, „es ist dieser Wind", sagte er; die Greisinnen hoben den Kopf, sie versuchten, hinter das Geheimnis dieses Windes zu kommen, mit dem der Quimboiseur im Bunde war. Sie hatten eine Grube hinter der Hütte geschaufelt, denn auch der tote Papa Longoué hätte sich geweigert, zum Friedhof hinabzusteigen. Er hätte das Gesicht der Träger entstellt, die es gewagt hätten, ihn bis zur Kleinstadt zu geleiten; und er wäre als *Soucougnan* zurückgekommen, um sie zu quälen. Die Grube war schon seit Tagen bereit; von Zeit zu Zeit kam ein Alter, um nachzusehen, ob der Greis „dahingegangen" war, damit sie ihn sogleich begraben konnten. Keiner hätte in dieser Hütte eine Totenwache ausgehalten, mit der Leiche des Quimboiseurs, hier im Schatten, eine ganze Nacht. Außerdem würden sie die Hütte verschließen, sobald sie den Toten begraben hätten.

Mycéa hatte sich um diese Dinge gekümmert; sie hatte Mathieus Fährte auf dem Weg gefunden, der zwischen den Bambusrohren anstieg; sie löste Papa Longoué ab, aber sie weigerte sich, mit der Hand vor den Augen dazusitzen; sie suchte den Schwindel, um ihn besser kennenzulernen – um ihn zu bekämpfen. Er, Mathieu, wollte warten, bis er gesund wäre, bevor er dort hinaufstieg, vielleicht ein letztes Mal, um mit Papa Longoué der dunklen Chronik scheinbar einen Abschluß zu geben und mindestens zu entscheiden, ob die „logische Folge" schließlich die „Magie" besiegt hatte.

Aber wenige Tage, nachdem bei ihm eine Besserung eingetreten war, hörte er gleichzeitig (durch eine Alte, die einen großen Ballen trug und unter der Sonne ächzte), daß Papa Longoué tot war, und der Greis gebeten hatte, daß man ihm den Ballen überbringen sollte. Und als die Alte wieder gegangen war – sie hatte sich noch aufgehalten, in der Hoffnung, daß Mathieu das Paket vor ihr öffnen würde – schlitzte er den dicken Guanosack auf (er wußte schon, was er enthielt) und holte die *nach dem Abbild* des Marron geschnitzte Rinde, das wieder zusammengesetzte Fäßchen und, zwischen den Blättern, die Tuchbörse heraus.

„Au wei, das ist das Ende der Welt", murmelte Mycéa, als sie die ausgepackten alten Reste betrachtete.

Das Fäßchen war faszinierend und was die geschnitzte Rinde betraf, so erinnerte sie beängstigend an das Profil des großen Lomé, eines Bauern auf den Höhen, dem man Fähigkeiten im Quimbois nachsagte. Mycéa kannte Lomé gut, sie wollte es wissen; doch Mathieu hatte andere Sorgen und erwiderte ihr: „Ach, es sind nur Geschichten von damals ..."

Er kannte den Tod. Zuerst seine Tante Félicia, man hatte ihr Wattebausche in die Nasenlöcher, die Ohren und den Mund gestopft. Versteinert hatte er (kaum sieben Jahre alt) die zarten weißen Flecken belauert, die von der schwarzen Haut abstachen, um sicherzugehen, daß die Watte sich nicht regte, etwa aufgrund eines letzten Atemzugs. Danach sein Vetter, er war rachitisch und ganz weiß vom Land gebracht worden, schon mehr als tot vor Blutarmut. Das war während des Krieges gewesen. Der Vetter schlief mit ihm in einem Bett. Und eines Nachts wußte er, der Vetter war tot. Er war regungslos auf der Strohmatratze liegen geblieben, neben der Leiche, während es ihm schien, als spürte er ihr zunehmendes Gewicht. Bis um sechs Uhr morgens seine Mutter, Madame Marie-Rose, aufgestanden war, um das Kaffeewasser aufzusetzen.

Er kannte den Tod: er sah den von Papa Longoué vor sich. Die Greisinnen, die aufgeregt rannten, um den Mann zu benachrichtigen, während die Abendschatten schon die Gipfel ertränkten. Dann, in einer Art Wettlauf gegen die nahende Nacht, kam der Mann wie ein Blitz, der durch das Laubwerk geschickt worden war, nahm Papa Longoué auf seine Arme wie eine Tonpuppe, und trug ihn bis zur Grube, bedeckte ihn mit einem Sackleinen und begann sofort das Loch zu füllen, bald konnte man es fast nicht mehr sehen, da die Gräser sich wieder darüber legten. Und der Mann verschloß vor den Augen der drei oder vier erstarrten Frauen, die Nacht lag schon auf ihnen, die Tür der Hütte und verkeilte sie von außen mit der Holzkiste, auf die Papa Longoué sich immer gesetzt hatte. Und sie gingen zusammen fort ohne sich zu zerstreuen, als fürchteten sie, daß einer mit Macht zurückgerufen würde, um die leere Hütte zu bewachen.

Doch besser noch als diese überstürzte Beerdigung sah Mathieu den wirklichen Abschied des Quimboiseurs, den wirklichen Abstieg, den Papa Longoué ihm häufig beschrieben hatte. Der einsame Greis versuchte nicht, sich gegen die Macht zu wehren, die ihn anholte; er rief Longoué, den Ahnen, er rief Melchior, er stieg den Hügel hinab. Er zündete seine Pfeife an, sah Mathieu, der bei den Zitronenbäumen stand, und sagte: „Ach, du bist es, Monsieur Mathieu!" Dann blieb er ruhig stehen, bevor er weiterging zur Schlucht und sagte: „Was habe ich in meinem Leben anderes gemacht, als zu warten? Du bist gekommen. Aber dein Weg geht auf dieser Seite weiter, meiner fällt senkrecht ab zum anderen Ufer. Es war mir vorhergesagt, daß ich nie auf die Teerstraße gehen würde! Unsere Leiber müssen sich jetzt trennen. Man kann nicht alles auf einmal singen, wie man auch den Hügel nicht auf einmal in die Hand nehmen kann." Dann zog er an seiner Pfeife und verschwand, sich abwendend, langsam in den Schattierungen. Mathieu sah ihn fortgehen.

Das Tollste war also diese von Wasser umgebene Hitze der Erde; aber es war auch der Schwindel derer, die das Meer und das Schiff der Ankunft vergessen hatten und nicht einmal eine Jolle nehmen konnten, um über die Wasser zu fahren. Papa Longoué war fortgegangen; und vielleicht würden einige wenige im Land denken: „Ach! Der alte Verrückte hat endlich abgelegt." Aber wieviel Wahnsinn kreiste in Wahrheit im Zirkus ringsum, nur gedämpft durch den Rum und die Aussichtslosigkeit? Wollte man ihn statistisch untersuchen, er wäre sicher häufiger und stärker als Sumpffieber und Pian; er war akzeptiert, normal.

Etwa jener Flötenspieler ohne Flöte, der unermüdlich den gleichen Satz auf dem gleichen Ton sang: „Ich habe über Sie so viel geweint – MA BELLE!" Einer, der von einem Passanten zum anderen rannte, die Hand hinstreckte und posaunte: „Herzliche Fingerglieder! Mein Blut und meine Familie!" Alcide, der seit zwanzig Jahren einen Plan zur Landverteilung ausarbeitete, und deshalb den Papst und den Präsidenten der Vereinigten Staaten anschrieb. Und Alexander, mit seinen gelehrten, für normal Sterbliche völlig unverständlichen, von lateinischen Zitaten strotzenden Reden (er hatte das Staatsexamen in Literaturwissenschaften) schlug er die Zuhörer zu Boden in seiner leidenschaftlichen Verachtung. Einer, der sich urplötzlich nicht mehr bewegen wollte. Garcin, Begründer einer Sekte und ein echter Visionär. Alle waren sie ungehörte Zeugen. Täter ohne Tat. Gefallene Sonnen.

Alle waren sie trunken, weil sie die lange Stammlinie nicht gespürt hatten, und Mathieu, der sie erahnt hatte und ihr dann dank Papa Longoué nahegekommen war, litt in anderer Weise unter dieser Trunkenheit. Und diese Enthüllung des Damals war für ihn wie ein Keulenschlag des Lichts.

Dann redete er – in seiner Vision – mit dem alten Quimboiseur, solange jener noch unter dem Gezweige des Waldes zu sehen war. Und er sagte: „Es ist der Schwindel, dieses geschwinde Fallen ohne Atem, ohne Gegenwehr, dann sogleich ein so festes Licht, daß man sich daran stößt ...“

Denn er hätte es vorgezogen, in aller Ruhe die lange, methodische Prozession der Ursachen zu beobachten, die darauffolgenden Wirkungen, die logische Chronologie, eine Geschichte, die abgerollt wurde wie ein gut kardierter Stoff; in der ganzen Länge die zunächst unberührte Erde zu sehen, in dieser ursprünglichen Einsamkeit, wo kein Widerhall von anderwärts eindrang (dort mußte sich keiner mit wirrem Kopf dazu durchringen, ob er im Feuer eingeschlossen ersticken oder aus Renommiersucht fortgehen sollte), dann fortlaufend, mit den Einzelheiten und unter Mitwirkung der Zeit – der Wald rötete sich und der Fels wurde gepflügtes Land – die langsame Besiedelung besingen, die unglückselige Umklammerung, weshalb diese „Leute" und dieses Land verdient hatten, unzertrennlich zu sein, und wollte, immer noch auf dem Weg der Logik und der geduldigen Methode, untersuchen, wie ein La Roche und ein Senglis sich herausgeschält hatten, jenen Moment abhorchen, nachdenken, warum der Boden, der ihnen Reichtum eingebracht hatte, mit einem Mal nicht mehr zu ihnen sprach (ob es deswegen war, weil sie ihn immer als Rohmaterial angesehen hatten, ein Haben, das keine Verrücktheit des Hasses oder der Zärtlichkeit aufs Spiel setzen konnte), um danach – da würde er aber genau auf die Nuancen achten – den anderen Moment zu studieren, als die dem Zuckerrohr Entronnenen, von seinem Pech reingewaschen zu werden begannen, was man „anständige Leute" nannte, in einem Maß, daß der erste hergelaufene Dummkopf von Gouverneur – sein Aufzug war üppig, Verachtung strich unwahrnehmbar durch seinen Blick, während er einer blumigen Rede lauschte – sich für berechtigt hielt, sechs Monate nach Amtsantritt das Land zu *erklären*, wobei er (und warum nicht auch noch er, so viele hatten es vor ihm getan) in der unwahrscheinlichen Vielzahl der Basen und Doudous, der Nymphen und Nanas schwelgte, die er als Grundlage der Tradition anerkannte. Und vielleicht wollte er auch, ja, sicher, die tieferliegende Region suchen, das heißt, den erbärmlichen Ort, die Zeit, den Urgrund, wo immerhin ein Messer und einige Stricke unversehrt geblieben waren, ein alter, an einen *boutou* gebundener Sack, die Kette des Lebens und verblichene Gebeine.

Ja, all das gemäß der Ordnung und des allmählich ansteigenden Winds in der Reuse der Akazien, all das vernünftig und schlüssig – stattdessen driftete er, Mathieu, plötzlich in dieses für ihn wie neue Land, sah (zum ersten Mal seit so vielen Jahrhunderten) diese Häuser, man meinte, sie wären in einem anderen Universum erbaut worden, in denen die Larroche und die Senglis sich tiefer eingruben als in einen Steilabfall der Klippen; urplötzlich sah er Longoué (der mitten in der Nacht in das Haus von Monsieur de La Roche eingedrungen war) und Louise (die als Kind unter den Zweigen der beiden Acajous rannte) und hörte sie schreien, sie hätten keine Nachkommen: Zumindest keinen, der den Pfad vor den Akazien gefunden hätte.

Denn er hätte vorgezogen o Gegenwart alte Gegenwart o verblichener o Tag und festgemacht ich Geduld („plötzlich, im Blau erstarrt die weißen Fassaden, fern hinter den schattigen Gärten, sie waren alles, was man von den Larroche oder Senglis ahnen konnte, von ihren Seelen oder Häusern: Vielleicht stagnierten in ihnen meergrüne Dramen: ein degenerierter Sohn – das glückliche Heiratssystem hatte nicht nur Vorteile – den man einsperren mußte, oder eine leidenschaftliche Liebe, die im Dämmer eines Zimmers ranzig wird und nicht mehr draußen umherzuspringen und sich in Zerstörung auf Hecken und Zweige zu legen wagt, oder es ist vielleicht ein uneheliches Kind, von einer Negerin, und man muß an die Bezahlung seiner späteren Ausbildung denken") du Wächter alter Wächter Schaum an deinem Mund und tiefes Du Mumie am Ort bleiben sich verwurzeln versenken vergraben o Vergangenheit („sie sind keine Großen Familien und auch keine Dynastien mehr, die alte Rauheit ist abgegriffen, verkommen der hochfahrende Traum, in ihnen kommen auch nicht mehr grausame Mächte auf, die einst ihre Kraft in La Roche oder Senglis oder Cydalise Eléonor verknüpften, inzwischen sind sie recht unauffällig, eine Perle im Rosenkranz, der Vetter wird bei der Bank untergebracht, der Schwiegersohn ist Kaufmann bei *Bord de Mer,* alle sind sie verkettet in der tristen, blutleeren und habgierigen Macht, aus der sich der Boden zurückgezogen hat – doch sie sind auch fern, ungreifbar, bestimmt unfähig, zu verstehen, daß ein Fäßchen das Salz eines Fluchs enthalten kann – und sie sind unerbittlich, gefürchtet, ihr Name ist im Register derer eingeschrieben, die von Natur aus, durch Geburt, das Recht haben, Schlüsse zu ziehen") o Akazie zerstoßenes Ich gefallener Tag Horizont o Vergangenheit du unendliches Land das Land du Fels, und: –

„Donnerwetter!", schrie Mycéa, „dieses Fieber kommt im Galopp zurück! Es steigt dir in den Kopf." Mathieu lächelte, antwortete ihr (während sie die Lippen spitzte, um zu unterstreichen, daß er wirklich auf dem absteigenden Ast war): „Nein nein. Es sind all diese *Kräuter-für-Leben-und-Tod,* die ich jetzt verfaulen lassen muß."

Und da sich tatsächlich andere Wege eröffneten, da dieser Schatten der Hütte sie nicht mehr nach drüben rief, sondern im Gegenteil vielleicht (indem er die Vergangenheit in die fiebrige Gegenwart brachte) fortan jeden auf dem Boden ringsum leiten und unterstützen würde, lernte Mathieu wieder, was Mycéa „die Höflichkeit" nannte. Die Wildheit seines Charakters, die ihn so lange Zeit von der Gemeinschaft ferngehalten hatte, war durch die Beunruhigung und Ratlosigkeit noch verstärkt worden, das erkannte er jetzt, und schon wich sie, freilich nicht im Blitz eines deutlichen Wissens, doch wenigstens in der Trunkenheit dessen, was er selbst „ein so festes Licht" genannt hatte, und was die Erleuchtung war. Mycéa ermutigte ihn, seine Erfahrungen mit der Wirklichkeit wiederaufzunehmen.

Manchmal kam er, noch zitternd vom Feuer des Fiebers, bei Einbruch der Nacht unters Missionskreuz und setzte sich auf die Stufen. Die beiden Anführer hatten sich nicht verändert, sie kämpften jeden Abend in schwindelerregenden Turnieren gegeneinander, danach konnte Mathieu Mycéa jedoch nie berichten, wer der Beste war. Feinde, Verbündete, Charlequint und Bozambo (beim ersten war es der richtige Name – der zweite verdankte seinen der Ähnlichkeit mit einem Kinohelden) machten Mathieu zum Schiedsrichter ihrer Wettspiele und beriefen seine Bildung zum Zeugen. Beide zahnlos, fanden sie in dieser Besonderheit den berechtigten Anlaß für ihre Meinungsverschiedenheiten. An diesem Abend dachte Charlequint ein wenig nach, mit theatralisch zurückgelegtem Kopf, dann sagte er: „Ho

Bozambo, dein Mund ist wirklich die Savanne ohne Bäume."

„Ach", sagte Bozambo, „wenn du sprichst, dann sehe ich, daß du ein Maul hast, aber es ist ein Oben-ohne-Maul!"

Mathieu klatschte Beifall, schrie: „Bozambo!"

„Du ziehst ihn immer vor", sagte Charlequint.

„Er zieht mich nicht vor. Der, der ihm zwei Ohren hinters Gesicht geklebt hat, hat eben nicht vergessen, die Pfropfen aus den Leitungen zu nehmen! ..."

Das Missionskreuz schwamm in den Schatten, gestreichelt vom Licht oben auf einem alten Holzpfosten. Die baufälligen Hütten, unsichere Phantome, tauchten halb hinter den Pflaumen- und Mangobäumen auf; an der Ecke ließ der Laden von Madame Fernande durch die halboffene Tür ein sehr langsames Fädchen Rauch austreten, es kam von der Petroleumlampe, die noch nie richtig funktioniert hatte. So war es. Mathieu badete im Wiegen der Tage, mischte sich in die alltägliche, freudige Verlorenheit, er sah keinen der Hügel ringsum. Die grauen kurzhaarigen Hunde liefen bis hinauf zum Kreuz und rannten im Höchsttempo wieder herunter, von der eigenen Schnelligkeit bis zum Fuß der Treppen geschossen. Charlequint arbeitete fünf Monate im Jahr in der Fabrik, Bozambo verkaufte Krebse oder polierte Autos (je nach dem), jetzt gingen sie aufeinander los. Ringsum stellte die Kleinstadt ihren ruhigen Verfall zur Schau; manchmal schob sich der unbezwingbare Vorsprung einer tristen Vegetationsinsel zwischen zwei Blocks von Hütten.

Dies war das Land, so winzig, ganz aus Biegungen, Windungen, in Besitz genommen (ach, noch nicht, aber mit Beschlag belegt) nach dem langen, eintönigen Wettlauf. Das Land: eine Wirklichkeit, der Vergangenheit entrissen, aber auch eine Vergangenheit, die aus dem Wirklichen ausgegraben worden war. Und Mathieu sah die Zeit fortan mit dem Land verknüpft. Aber wieviele waren es ringsum, die diese dumpfe Mühe hinter dem

Schein spürten, vermuteten? Wieviele kannten sie? (Konnte ein Wissen, das so wenige teilten, von Nutzen sein? Würde dieses Wissen nicht vielmehr endlos die beunruhigte Trunkenheit hervorrufen, die vielleicht nichts weiter war als das Stigma der Einsamkeit? Ist Wissen nicht dann erst fruchtbar, wenn es vor allem gemeinsam ist?) Keiner im Lande fragte sich zum Beispiel, ob die *Negerspitze* nicht die gleichen Lieferungen erlebt hatte wie die *Sandspitze*. Ob sie ihren Namen von einem Negermarkt hatte, der einst dort abgehalten wurde, oder vielleicht von dem Mastpferch, den man dort eingerichtet hatte? Die Vergangenheit. Was ist die Vergangenheit anderes als das Wissen, das dich im Boden versteift und dich mit der Menge ins Morgen drängt? Zwei Wochen zuvor waren die Frauen vom Land in die Stadt hinabgezogen, die Polizei hatte einen Zuckerrohrschnitter verhaftet, als Anstifter einer „aufrührerischen Bewegung", es wurde behauptet, dieser Gewerkschaftsführer *habe sich einen Arm gebrochen*, als er in dem Zimmer, in dem er verhört wurde, hingefallen war, die Gendarmerie hatte in die Menge geschossen, Tote und Verwundete waren in der Sonne aufgedunsen, bevor man sie wegtragen konnte. Das war nicht die Vergangenheit, sondern ein aus der Vergangenheit ererbter Mechanismus, der durch seine eintönige Wiederholung die Gegenwart in einen absterbenden Ast verwandelte. Ach, man kann die Gegenwart nie einfangen, man rennt, die Augen blind in der Hitze, man fällt hin – Strafexpedition einst, oder heute die Erschießung von Streikenden – und plötzlich kommt man in der Zukunft heraus, der Kopf ist an diesem Licht geborsten, das fester ist als Mahagoniholz.

Der lange Abstieg, begonnen im friedlichen Geheimnis der Hütte unter den Akazien, endete also hier in dieser alltäglichen Kleinstadt. Doch was war die Kleinstadt? Sie bezeichnete gewiß nicht einen Grenzstein am Ende des Weges. Wenn man den

Schwindel weiter aufspüren, ihn eingrenzen mußte, ging er nicht ebenso aus der Unkenntnis (oder der Furcht vor) der Zukunft hervor, wie aus einer allzu brutalen Enthüllung der Vergangenheit? Sie sollten noch kommen, und Mathieu wußte es nicht, die Zeiten der Verblendungen. Die monströse, schleichende, protzende, lächerliche Dummheit, in der sich die Kleinreichs gefallen würden, dem Zuckerrohr entronnen, wie sie ihre Lippen schürzten, wenn sie die Erklärung der Menschenrechte genössen und das Mutter-Vaterland segneten. All jene, die in sich selbst das Fleisch von ihrem Fleisch verachteten und die zum unendlichen Land nur zurückkehrten, um zu bezeugen, daß La Roche gut gearbeitet hatte; nur um La Roche zu helfen und so zu beweisen, daß sie, was sie selbst betraf, nicht nur auf ihre Vergangenheit verzichteten, sondern auch auf den Gedanken, sie könnten eine Vergangenheit haben. Und die Zeit, die unmeßbare, aufreibende, öde Zeit, die es brauchen würde, um ihnen auch nur den Kopf für diese ZEIT zu öffnen, die mit dem Land verknüpft war, und um sie auf die Höhe der Hügel zurückzubringen.

„Aber was wir brauchen, ist nicht Zeit", sagte Mycéa, „wir brauchen Taten."

Außerdem die *Konzerne*, die Herren des Landes werden zu passiven Aktionären, aber die Geschäftshäuser befinden sich in Bordeaux oder Paris. Die Experten der Beziehung zum Mutterland werden allerdings auf die alten Geschichten und die Kämpfe von Marronnegern pfeifen. Die Lapointe sind nicht mehr Negerverkäufer auf abenteuerlichen Schiffen, sondern Beamte mit einer Aufenthaltsentschädigung ...

„Das ist eine andere Geschichte."

„Zwischen mir Erdwurm und Papa Longoué", sagte Bozambo, „ist ein Unterschied wie zwischen Tag und Nacht. Der-da vergrub sich unter den Akazien, du kommst an, du schreist:

‚Keiner da?' und du sahst eine große Schlange, aufgerichtet auf ihrem Schwanz, und sie antwortete: ‚Nein, mein Sohn.' "

„Ach!", sagte Charlequint, „meine Schwester Marie-Thérèse, man sagt, sie sei mit dem großen Loulou verheiratet, und meine Schwester Marie-Stuart, sie hat die Haare verloren, beide haben am gleichen Tag am gleichen Ort eine Schlange gesehen; es war eine Vision. Denn meine Schwester Marie-Thérèse arbeitet in der Bar *Kein Wasser und Brot* und meine Schwester Marie-Stuart lebt das Leben in Terre-Sainville.

„Ja, die Schlange, das Tier", dachte Mathieu. „Da können wir das Land lange mit Mangusten füllen, bis daß das Tier verschwunden ist, und Kämpfe veranstalten, bei denen wir wissen, die Manguste gewinnt – das verleugnete Tier ist verärgert und verfolgt uns. Wenn man bedenkt, La Roche war ja nicht der einzige gewesen, nicht nur er hatte den Staub eines ausgestopften Tiers in den Wald getragen, in einem Fäßchen, worin sich die unermeßliche Zeit abgesetzt hatte, er schenkte es Longoué als Herausforderung, Longoué, den sie La-Pointe nannten, und erwiderte so das Zeichen, mit dem er, La Roche, für immer gebrandmarkt war. Wenn man bedenkt, die Colons ließen die kreuchenden, nach Rache dürstenden Tiere zu Hunderten kommen, in gut am Boden des Schiffsbauchs vertäuten Kisten, und setzten sie anschließend in den Wäldern aus, da dies das beste Mittel war, das sie im Kampf gegen die Marrons gefunden hatten. Und dieser hier hätte nicht einmal in Begleitung eines bewaffneten Regiments und einer Meute dressierter Hunde den Wald droben betreten, er würde seine Kisten am Waldrand öffnen lassen und die Tiere, gut bestiefelt, zu Dutzenden unter die Wurzeln treiben, er zählte auf sie für die Ausrottung der Marrons. Es war eine so vollkommene, so prächtig angemessene Idee, hatte nicht das Tier selbst sie dazu angeregt und in den Kopf jenes Colon geschickt (ein würdiger Nachfolger Senglis'), als er eines Morgens als erster aufgestanden war und geschrien hatte: „Schlangen, wir schicken ihnen Schlangen zwischen die Läufe"? Und als die Marrons alle herabgestiegen waren, nach der Sklavenbefreiung, als es ringsum nur noch einen Leib gab, der in der Sonne brannte, brachte man dann die Mangusten ins Land, um das Tier zu vernichten. Aber das Tier war da, es lauerte. Denn obwohl es von den Mangusten unter allen Wurzeln verfolgt und niedergemacht wurde, ruhte es immer noch im Fäßchen; und in jedem winzigen, unsichtbaren Körnchen dieses Staubs, zu dem es geworden war, war ein Auge, das uns auflauerte. Wir haben nie aufgehört, es zu fürchten; nicht einmal nachdem der Greis ohne Nachkommenschaft und Hoffnung das Fäßchen zerstört und unter dem Gewicht der Sonne, den Staub eines Fluchs, der sein Werk vollendet hat, in der Hand gehalten hatte. Ja, wenn der Fluch fällt und sich auslöscht, ach! kommt es nicht einfach daher, daß die Wolke der Erinnerung endlich in den hellen Tag dieses Himmels aufsteigt? Daß wir vielleicht nicht einmal mehr auf dem Zweig sitzen und bei jedem Wind hierhin dorthin zittern ohne Grund? Und jeden Tag wird die Anstrengung größer, wie bei einem, der ohne Unterlaß aus der Vision der eigenen Geburt geboren würde. Bozambo, ho Charlequint. Denn ich weiß heute, daß hinter eurer Ausdrucksweise der große *goumin* der Welt gewachsen ist und sich in der Stille heiser schreit, kaum ist diese Erde ihrer selbst sicher, aber sie nimmt sich selbst, und dreht sich ein für alle Mal, schwanger und tiefgründig und ihr Bauch hat sich geöffnet, um ihre Kinder herauskommen zu lassen. Ich, der ich zu euch rede, ohne zu reden, ich verstehe das Wort schon, das ihr mir ganz leise zuschreit, während ihr großartig mit Wörtern dieses volle Schweigen anfacht. Und selbst wenn ihr vor uns (vor euch und mir) den Schutzschirm der allzu schreienden Dinge errichtet, Faszination, Spielzeugglitter, den Rausch, die Autos, die Maschinen, alles, was sie uns in die Hand geben, damit wir die Zeit vergessen, die vorübergeht, und wenn ihr wie Kinder gafft im Staub des Autos, das blind auf dem Teer davonfährt, und selbst wenn eure Schreie zuallererst über uns (über euch und mich) und nicht über den unerreichbaren Anderen das Mehl des Spotts und den Staub des Gehwegs werfen, ach! ohne zu reden, oder vielmehr, zwischen den Wörtern, abgewandt, schreit ihr, du Bozambo, ich Mathieu Charlequint wir das Aufstehen des Tiers, das in sich geeint (sein zusammengesetzter Staub wieder ausgestreckt unter der Wurzel und wieder zum Leib geformt im Loch des Fäßchens, wo die Zeit sich absetzt) uns endlich anschaut und, stellt euch vor, alles vergibt, sich vielleicht unter dem Stumpf zufrieden zusammenrollt, nicht, um zu lauern, sondern um endlich einzuschlafen, während der Wind, der Wind oh der Wind ...“

„Ach, ich habe nur erzählt“, sagte Bozambo. „Du bleibst da vor ihr, du sagst: ‚Nein, Frau Schlange. Ich gehe sofort wieder hinunter, Frau Schlange. Schön guten Tag, Frau Schlange.‘“

„Aber all das verhindert nicht, daß die Autos, so sagen sie, ankommen werden wie die Fischchen im Schöpflöffel. Röter als Hummern.“

„Sie sagen, Blau wie der Preußische König.“

„Und sie sagen, die Autobahn wird vom Norden bis zum Süden führen für die Autos.“

„Sie sagen, gerade wie ein Besen in den Haaren von Charlequint.“

„Das ist wahr. Und sie sagen, seht doch, Kinder, könnt ihr denn einen so geraden Teer legen? Ihr wißt nicht einmal, was ihr seid. Ihr seid die Söhne der Mutter.“

„Sie sagen, Monsieur Béril, der reden kann, er hat sie überall erkannt, er ist der wahre Sohn der Mutter.“

„Sie sagen, all das ist der Wahnsinn, hört nicht auf die Männer ohne Treu und Glauben. Nichts ändert sich."

„Und du schreist: ‚Ich habe es nicht gewollt, Frau Schlange. Vergebung, Frau Schlange. Zu Ihren Diensten, Frau Schlange.'"

Und das Tollste war tatsächlich, daß es so vielen Schwindels bedurft hatte, und so vielen Wahnsinns, zu einer Arbeit, die so einfach hätte sein können: Das zitternde Moos unter einer Wurzel zu kennen, den Abdruck eines Fußes in dem marmorharten Boden, den Schrei der Fregattvögel (über einer Reede, wo sich der Geruch eines Schiffs seit Jahrhunderten ablagert. Als trübte – über dem Flug Erde, wo niemand mehr den entscheidenden Punkt untersuchen konnte, den erwählten Ort, wo der Wald und das bearbeitete Land ihr blutiges Turnier ausgetragen hatten – tatsächlich das lange (im Leib verwurzelte) Vergessen die Sicht und als spiegelte auf den ewigen Blättern das Pulver der Illusion, das reglose Pimperlimpim, denn es führte dazu, daß man das Auge schloß und sich wiegte wie ein Filao.

„Aber alles ändert sich, wenn man nur will", sagte Mycéa. „Man muß unentwegt auf der Stelle treten und sich festmachen, ohne zu weichen."

„Ich frage mich", murmelte Mathieu, „von wem du am meisten hast, von Louise oder Stéfanise?" Und während sie mit einem jener „tschip" antwortete, die mit dem Mund geknallt wurden und mit denen die Frauen störende, unklare oder ihrer Meinung nach lächerliche Fragen von sich wiesen, – dachte er noch einmal an Raphaël Targin, ihren Freund (sie hatten ihn so lange Thaël genannt; bis zu jener Nacht, als er Valéries Leiche bewachte, allein mit seiner toten Frau im Haus auf den Höhen), er hatte das Haus einfach verlassen, ohne Geschrei oder Jammern, und nachdem er die Hunde getötet hatte, Valéries Mörder, (sie war sozusagen gestorben, bevor sie gelebt hatte) war er zurückgekommen, um Mycéa zu sagen: „So, ich gehe jetzt eine Zeitlang fort. Auf Wiedersehen."

Denn Raphaël Targin zitterte nicht wie er, Mathieu Béluse, aus Ungeduld vor den Dingen, die getan werden mußten: Er schirrte sich ruhig an und erhob den Kopf erst, wenn die Arbeit erledigt war. Als letzter Targin hatte er gehofft, in jenem Haus Wurzeln zu schlagen, dann hatte er es einfach verlassen. Auch er war fortgegangen. Da das Land, obwohl es überall gleich, im Gleichgewicht war (denn es war der Dualität – von Hügeln und Tälern – entronnen, die es so lange Zeit sich selbst zum Feind gemacht hatte) manchmal immer noch Winkel bereit hielt, wo zwei Hunde in der Lage waren, den Tod zu geben, wo ein alter Quimboiseur, der letzte Zweig eines riesigen Stumpfes, fast in aller Heimlichkeit starb; wo Verzweiflung und Einsamkeit Fuß faßten. Denn daß das Land weder wirklich denen gehörte, die es bearbeiteten, noch denen, die es besaßen, gab ihm etwas Unwirkliches, etwas von einem in der Luft hängenden Ding, das nicht einmal Leid und Elend beschweren konnten; ganz im Gegenteil brachte es beunruhigt diese in der Sonne so blenden-den Orte zustande, wo Beschwernis und Unsicherheit doch plötzlich in eine unfruchtbare Tragik umschlagen konnten. Nachdem Raphael Targins Urgroßvater sich in diesem Haus auf den Höhen eingerichtet hatte (er hoffte dort in der Abgeschie-denheit gut zu leben), mußte er selbst jetzt wieder von vorne anfangen: Suchen und auswählen, das Haus, das er bauen, das Leben, das er gestalten wollte.

„Aber Thaël kommt zurück", sagte Mycéa. „Er ist ein Dick-kopf. Er hält fest wie Arnika."

Vielleicht war ihr bewußt, was außerdem einen Targin einer Celat annäherte: die Hartnäckigkeit, in der unterschiedslosen Zeit zu überdauern, und eine Zähigkeit, eine widerspenstige Dichte in Leib und Geist. Diese Targins hatten von Aurélie bis Raphaël das Blauholz gerodet, ihre Hütte gebaut, die Vierecke mit Gemüse gezogen, die dicken Stämme gepflanzt, die Tiere

gefüttert und noch Zeit und Anmut gefunden, um zwei Blumen-
rabatten entlang der Auffahrt vor dem Flamboyant zu pflegen –
bis in dem Haus nur noch dieser junge Mann geblieben war, er
hatte die Hunde bei einem Nachbarn in Pflege gegeben und die
Türe verschlossen, da eine aufreizende Kraft ihn in die Kleinstadt
zog. Einer nach dem anderen war von der Wurzel getrennt
worden: der Vater, die Mutter, die drei Söhne und drei Töchter
(Edmée nicht gerechnet, die nicht einmal die Zeit gehabt hatte,
die neue, auf den sogenannten Berg gebaute Hütte kennenzulernen), die Frau des dritten Sohnes, seine Kinder, die Kinder
seiner Kinder – bis zu Raphaël, er war gewiß nicht der Mann, der
immer wiederholen würde: „Auf ein andermal", er war mit
einem Schlag im Glanz der weiten Welt untergegangen (ebenso
wie die Celat sich einst im Getöse mit der Masse der Leute
verschmolzen hatten), er wartete offenbar auf den Moment, die
Stunde, den Ort, an dem er sagen konnte: „Hier bin ich, ich bin
Raphaël Targin." Denn für die Celat und die Targin gab es kein
anderes Mal; nur immer dieselbe erdige, feste Geduld.

„Um wohlzureden", sagte Mycéa, „und in deinen Wahnsinn
zu fallen, Tatsache ist im großen und ganzen, daß wir lernen
müssen, was wir vergessen hatten, aber indem wir es lernen,
müssen wir es auch wieder vergessen. Und in der ganzen
Geschichte, die du mir erzählst, freut es mich am meisten, wenn
Louise Longoué gesteht: ‚Ich kenne meine Mutter; La Roche
weiß es nicht, aber ich kenne sie.' "

Damit wollte sie aus Mathieu herausholen, daß an jenem Tag
noch eine andere Sache geboren war, als Ersatz für alle früheren. Denn anläßlich einer Stammlinie, die dort begann (und
nicht in einer wunderbaren Ferne), hatte das Gedächtnis sein
Gewächs im neuen Land vergraben; daß Louise womöglich ihr
Leben damit verbracht hatte, an ihre bekannte und unbekannte
Mutter zu denken, die fern von ihr gelitten hatte – und so nah.

Sie wollte ihm zärtlich zu verstehen geben, daß auch sie, Mycéa, weit jenseits der Wasser nach jener Hälfte des Leibes gesucht hatte, ohne die kein Glück andauerte. Daß aber, nachdem die Angelegenheit einmal ausgesprochen war, es jetzt darum ging, sicheres Werkzeug zu bekommen. Da Papa Longoué nun gestorben war. Da sich jetzt unmittelbarere Formen des Handelns und der Erlangung von Kenntnissen aufdrängten. Da das Meer die Menschen, die von so weither gekommen waren, durchgerüttelt und das Land der Ankunft sie mit einem anderen Saft gestärkt hatte. Und die roten Böden hatten sich mit den schwarzen vermischt, der Fels und die Lava mit dem Sand, der Lehm mit dem flammenwerfenden Feuerstein, die Tümpel mit dem Meer und das Meer mit dem Himmel: Um auf der von den Wassern verbeulten Kalebasse einen neuen menschlichen Schrei, einen neuen Widerhall hervorzubringen.

Mycéa blieb stehen, plötzlich nachdenklich geworden, abgedriftet, auf der Höhe des Kamms, von wo man das Meer überblickte (die Hitze des Salzes schwoll in den Augen genau in dem Moment, wenn man den letzten Zweig zurückbog – der Himmel löcherte den Glanz der starren Hitze mit unerträglichem Weiß – man erbebte in dieser vermehrten Leichtigkeit, wie ausgedehnt auf die Weite der salzigen Luft – man sah in der Ferne den Gischt, das tänzelnde Band, und dann, vom Gischt ausgehend, die langsame Wucht der Savannen, der verbrannten Felder, den getrockneten Morast, die niedrigen Gräser, das Gestrüpp, die Woge der dicken Äste, das Gewirr der Wipfel, das Frösteln des Winds auf den Höhen – man atmete gleichzeitig das Meer, das verdunstet, Zuckerrohr, das sauer wird, das dicke Blatt, dessen Geruch schwindlig macht) und sagte scherzend zu Mathieu: „Wir haben jetzt schon 1946; ganz schön lange her, seit wir über das Meer kamen." Dann entfernte sie sich, um allein zu sein oder das Schweigen besser genießen zu können, und – mit der Fußspitze zerstreut eine Brennessel oder einen Amarant abtastend – rief sie zu Mathieu hinüber: „Thaël werden wir bald wiedersehen, er hat hier irgendwo den Boden umgegraben, er wird kommen, um nachzuschauen, ob er gelb geworden ist."

Und in ihrer Gewißheit war die Welt endlich offen und hell, und vielleicht so nah. Länder, die von überall her zu dir eilten, und mit ihren Sanden, ihrem roten Lehm, ihren Flüssen bis ins Unendliche, den Rufen ihrer Bewohner zu dir redeten. Die wirklichen Länder und die Erkenntnis aus der Ferne, die deiner Erkenntnis nützte. Ein Schiff, auch das Schiff war offen und durchsichtig, es ließ endlich eine Abfahrt auf die Ankunft folgen, eine Ankunft auf die Abfahrt. Das schwarze Loch der Zeit und des Vergessens, aus dem du auftauchst. Der Boden um dich ist nicht eine Rattenfalle, in der du fühlst, wie du ranzig wirst: Es gibt das Meer (das Meer ist da!) und jenen Faden, der am Grund der tiefen Wasser stärker wird, um das Korn der Erde mit dem Korn der Erde zu vertäuen, das hiesige Ufer mit dem sichtbaren Ufer gegenüber.

Und was bedeutete schon der Ort, an dem Raphaël Targin sich in diesem Land niederlassen und neu beginnen würde. Die Schwierigkeit würde überall gleich sein. Es gab außerdem keine erwählten Orte mehr; was die bezeichneten Orte betraf, wenn auch nicht die verwunschenen, so wurden sie allmählich von der klaren Kenntnis abgelöst. Die Longoué, die Herren droben, waren ausgestorben. Die Béluse, die ihnen so lange gefolgt waren, (um sie einzuholen oder vielleicht zu besiegen) waren verstreut, einer kannte den anderen nicht mehr. Die Stadt, die Kleinstadt, die flache Straße unter der Sonne waren nicht der Grenzstein, die Spitze, das, was ein La Roche „den endgültigen Schlußpunkt" genannt hätte. Hatte nicht René Longoué hier irgendwo im Geschiebe der übereinandergestapelten, unentwirrbaren Hütten die mütterliche Wärme gesucht, die ihm

geraubt worden war, als Edmée seine Mutter, vom Wind gescho-
ben, den Hügel hinabfiel? Kein Vulkan – so hoffen wir – wird
mehr seinen Aschendonner auf die Unwissenheit im Verbund
mit der Schamlosigkeit auskotzen müssen. Es war kein Vulkan
mehr nötig, seitdem der unsichere, aber unermüdliche Mensch
selbst jenes aus der Ferne gekommene Licht zwischen seinen
Füßen hatte aufscheinen sehen und an der Schicht der Brennesseln gekratzt (die Tiefen des Meers belauert) hatte, um dieses
Licht freizuräumen.

Die Longoué waren ausgestorben. Und gewiß war das unendliche Land dort jenseits der Wasser nicht mehr jener Ort der
Wunder, von dem der Deportierte geträumt hatte, sondern der
unabweisbare Zeuge des Einst, die Quelle einer erstandenen
Vergangenheit, der verleugnete Teil, der seinerseits das neue
Land verleugnete, mit seiner Bevölkerung und seiner Mühsal.
Da sie ausgestorben waren, ruhten die Longoué in allen. In
einem Béluse, dessen Schwindel und Ungeduld die Kenntnis bis
an den Rand des Weges brachten, wo sie bald von allen geteilt
würde. In einem Targin, einem unerschrockenen Leib, geschaffen zur Tat, das heißt, für den Moment, in dem Schwindel und
Wahnsinn um die wieder verwurzelte Wurzel *herabstürzen.* Nur
das Leben stürzt nie ab. Es scheint zu versanden. Es wartet, die
Gräser und Lianen in der Trockenzeit nachahmend, es gewinnt
in dem heißen Brand an Kraft, es kauert sich auf dem glühenden
Boden zusammen. Es zerstreut (mit flammenden oder ironi-
schen Wörtern – wie die von Bozambo und Charlequint auf den
Stufen des Missionskreuzes) die Ungeduld seines Fließens. „Es
kommt von so weit her", dachte Mathieu, „noch dazu in Eisen,
den Hunden vorgeworfen, so trüb, entstellt, kein Wunder, daß
es strauchelt, es kugelt über sich selbst, es wartet; aber du,
verzweifele du nicht an ihm." Und in dem ruhigen, eintönigen
Wohlwollen, das aus der Nacht aufstieg, und fern aus allen

Inseln, den kahlen Feldern und den tönenden Wäldern, sah er das hohe, durchsichtige Schiff einlaufen, das auf den Ländereien segelte. Er hörte den Lärm der Ketten, mit denen sie hantierten, das *Oué* im Takt, das Zuckerrohr, das unter der Schraube zerbrach, unter der Sonne, ja, in der langen, heißen Jahreszeit – es ist das Fieber, es ist eine Welt die Welt und das Wort drückt ihr die Stimme auf wird stärker die Stimme brennt im starren Feuer und kreist im Kopf reißt mit, fegt weg, läßt reifen – und hat kein Ende ho und keinen Anbeginn.

Eine „Datierung"

LONGOUÉ

1788 Der erste Longoué kommt ins Land. Wird auf die Plantage „L'Acajou" verkauft. Entläuft.

Raubt eine Sklavin

1791 ein Sohn: Melchior wird geboren

1792 ein Sohn: Liberté wird geboren

BÉLUSE

1788 Der erste Béluse kommt ins Land. Wird auf die Besitzung Senglis verkauft. Gehört zum Personal des Hauses Senglis Wird mit einer Sklavin gepaart.

1820 Die ersten Targin bewirtschaften La Touffaille

1830 Melchior wird Quimboiseur in den Wäldern

1831 Liberté wird von Anne getötet

1833 Melchior wird eine Tochter geboren: Liberté (Ahnin der Celat)

1835 ein Sohn: Apostrophe

1848 die Marrons gehen in die Ebene

1858 Apostrophe lebt mit Stéfanise zusammen

1872 Geburt von Papa Longoué

1830 Anne nimmt eine Frau, die von Liberté begehrt wird

1831 Anne tötet Liberté

1834 Anne wird eine Tochter geboren: Stéfanise

1835 ein Sohn: Saint-Yves

1848 Befreiung der Sklaven

1872 Saint-Yves zeugt Zéphirin

1873 Geburt von Edmée Targin
1890 Edmée verläßt La Touffaille, um mit Papa Longoué
zusammenzuleben

1890 Papa Longoué wird ein Sohn geboren: Ti-René	1891 Zéphirin wird ein Sohn geboren: Mathieu

1898 Tod von Edmée
1905 Die Targin geben La Touffaille auf

1915 Ti-René fällt im Krieg	1920 Mathieu kehrt aus dem Großen Krieg zurück
	1926 Geburt von Mathieu dem Sohn

1935 Erste Begegnung von Papa Longoué und Mathieu, dem Sohn, bei einer „Sitzung"

1940 Erster der regelmäßigen Besuche von Mathieu, dem Sohn, bei Papa Longoué

1945 Tod von Papa Longoué

1946 Mathieu Béluse und Marie Celat (Mycéa) heiraten

Anmerkungen der Übersetzerin

Canari: Küchengerät aus gebranntem Ton; Gerichte, die darin gekocht werden

Lambi: Große Muschel, sie wird zur Ankündigung des Todes geblasen.

Ou pa bisoin moin: kreol.; frz.: „Vous n'avez pas besoin de moi." = Sie brauchen mich nicht.

Goumin kreol.: der große Kampf. *Ou té dan goumin-an?* Frz.: „Etais-tu dans le combat?" = Warst du im Kampf?

Pa moli; frz.: pas mollir = nicht weich werden

Chelché rivé l'esclavage fini. Frz.: „Schoelcher est arrivé, l'esclavage est fini"= Schoelcher ist da, die Sklaverei ist vorbei!

Coui kreol.: Kalebasse; sie wird als Gefäß verwendet

Zephir: Westwind;

Alizé: Passatwind

Courbaril; heimische Pflanze (hymenea courbaril)

Cachibou: gelbes Harz des Weißgummibaums

Si yo pa finille en créol: frz.: sans la finir en créole = ohne ihn auf Kreolisch zu beenden

„Fé an dité ba moin!" Frz.: „Fais un thé pour moi!" = Mach mir einen Tee!

Baramine: kreol.: eine Waffe ähnlich einem Buschmesser

„Ou pa palé anpil", frz.: „Tu n'a pas parlé en pile; = du hast nicht gerade im Stapel geredet

„Ti-Mathieu nèg, sa ki rivé 'oü?"; frz.: „Petit Mathieu nègre, qu'est-ce qui est arrivé?" = Kleiner Neger Mathieu, was ist geschehen?

Tray: Tablett, das die Frauen auf dem Kopf tragen

„Hitlè, nou kai roulé 'oü anba monn'la!" Frz.: „Hitler, on va vous

rouler en bas de ce morne!"; rouler = rollen, wogen, bezieht sich auch auf die Bewegung des Schiffs auf dem Meer

Ajoupa: Hütte aus Bambus und Blättern

Mahaut-Tau: zentrales Tau des *gommier,* des Segelschiffs der Antillen, an dem die anderen Taue festgemacht werden

Soucougnan: Geist im Voodoo

Loulou: Geist im Voodoo

Inhalt